扫描二维码
可获得中文在线资源

SUPPLY CHAIN LOGISTICS MANAGEMENT

5th Edition

供应链物流管理

（原书第5版）

[美] 唐纳德·J. 鲍尔索克斯（Donald J. Bowersox） 戴维·J. 克劳斯（David J. Closs） M. 比克斯比·库珀（M. Bixby Cooper） 约翰·C. 鲍尔索克斯（John C. Bowersox） ◎著

密歇根州立大学

梁峰 ◎译

机械工业出版社
CHINA MACHINE PRESS

图书在版编目（CIP）数据

供应链物流管理：原书第 5 版 /（美）唐纳德·J. 鲍尔索克斯（Donald J. Bowersox）等著；梁峰译 . -- 北京：机械工业出版社，2021.9（2024.9 重印）

（华章教材经典译丛）

书名原文：Supply Chain Logistics Management, 5th Edition

ISBN 978-7-111-69028-3

I. ①供… II. ①唐… ②梁… III. ①供应链管理 - 物流管理 - 高等学校 - 教材 IV. ① F252.1

中国版本图书馆 CIP 数据核字（2021）第 181839 号

北京市版权局著作权合同登记　图字：01-2021-1762 号。

Donald J. Bowersox, David J. Closs, M. Bixby Cooper, John C. Bowersox. Supply Chain Logistics Management, 5th Edition.

ISBN 978-0-07-809664-8

Copyright ©2020 by McGraw-Hill Education.

All Rights reserved. No part of this publication may be reproduced or transmitted in any form or by any means, electronic or mechanical, including without limitation photocopying, recording, taping, or any database, information or retrieval system, without the prior written permission of the publisher.

This authorized Chinese translation edition is jointly published by McGraw-Hill Education and China Machine Press. This edition is authorized for sale in the Chinese mainland (excluding Hong Kong SAR, Macao SAR and Taiwan).

Translation copyright © 2021 by McGraw-Hill Education and China Machine Press.

版权所有。未经出版人事先书面许可，对本出版物的任何部分不得以任何方式或途径复制或传播，包括但不限于复印、录制、录音，或通过任何数据库、信息或可检索的系统。

本授权中文简体字翻译版由麦格劳 - 希尔教育出版公司和机械工业出版社合作出版。此版本经授权仅限在中国大陆地区（不包括香港、澳门特别行政区及台湾地区）销售。

版权 © 2021 由麦格劳 - 希尔教育出版公司与机械工业出版社所有。

本书封底贴有 McGraw-Hill Education 公司防伪标签，无标签者不得销售。

本书将物流放在供应链一体化框架之下，通过一体化的商业战略来拓展供应链管理的应用范围，并强调物流在协同供应链支持全球经济中的重要作用。本书阐述了为实现一体化物流管理所需的各项任务、业务流程和战略，力求在全球经济环境下对现有的物流实践进行全面的阐述，探讨如何通过物流原理实现企业的竞争优势，并将物流作为一种核心竞争力整合到企业供应链中。本书将预测和计划合并为单独的一章，把搬运及包装合并到仓储中，增加了物流和供应链管理的应用范围、价值链管理的相关概念、运输定价、物流和供应链管理未来的发展趋势等。

本书可作为高等院校物流管理、电子商务、工商管理、市场营销等专业本科生和研究生的教材，还可供 MBA、EMBA 学员以及物流管理、物流工程等相关从业人员学习参考。

出版发行：机械工业出版社（北京市西城区百万庄大街 22 号　邮政编码：100037）			
责任编辑：李晓敏		责任校对：马荣敏	
印　　刷：北京建宏印刷有限公司		版　　次：2024 年 9 月第 1 版第 3 次印刷	
开　　本：185mm×260mm　1/16		印　　张：21	
书　　号：ISBN 978-7-111-69028-3		定　　价：79.00 元	

客服电话：(010) 88361066　68326294

版权所有·侵权必究
封底无防伪标均为盗版

Preface 前 言

在过去的80年中,对于商业物流这一学科的讨论已经不仅局限于仓库和货运码头了,它逐渐成为全球领先企业董事局会议的重要议题。我们有幸能够从研究、教育和咨询等各个方面积极参与到这项变革中来。《供应链物流管理》涵盖了在供应链框架下物流学科的基本原理及其发展过程,同时它也代表了我们对商业物流和供应链管理未来发展的前瞻,以及它们二者在企业竞争中所扮演的角色。

尽管我们四位作者曾经单独或与人合作撰写了大量有关物流各个领域的文章和图书,但是我们仍然决定编写《供应链物流管理》,并在首次出版后继续修订。这是因为本书实际上是对我们多年研究和讨论的一个综合与总结,并且从很多方面来讲,本书对作者此前撰写的,由麦格劳-希尔出版的相关图书进行了补充与更新。本书的主要思想是将对物流的研究放在供应链一体化的框架之下,通过将其纳入一体化的商业战略来扩展供应链管理的应用范围,并且突出物流在协同供应链支持全球经济中日益上升的重要性。

物流包含了供应链各成员之间在产品和信息传递过程中所需的各种活动。供应链为商业企业以及它们的供应商提供了一个框架来高效、密切地合作,从而为客户提供可持续的产品和服务。

本书阐述了为实现一体化物流管理所需的各项任务、业务流程和战略,我们希望本书能够实现以下三个目标:①在全球经济环境下,对现有的物流实践进行全面的阐述;②介绍运用物流原理以实现企业竞争优势的方法和手段;③提供一种概念性的方法,将物流作为一个核心竞争力整合到企业供应链战略中。

本次修订得到了来自学生、同事和评审专家的很多建议。新版本所涉及的变化和增补信息如下。

- 在第1章中专门增加了一节来讨论物流和供应链管理的广泛应用,除了货物的移动之外,还包含许多其他方面的应用。
- 导入了价值链管理的相关概念。
- 在第2章供应链信息技术综述中展现了广阔的应用前景,并且在后续应用章节中对这些相关技术进行了回顾。
- 讨论了客户和技术扰动是如何影响物流和供应链管理的。
- 将计划与预测合并成一章,主要聚焦于一体化运作计划。
- 将采购与制造合并成一章,主要聚焦于采购和制造战略及其与物流之间的对接。

- 增加了一些新的内容，比如考虑运输定价的原材料升级，以及谈判、监管、现代发展趋势、面临的挑战和可能出现的机遇。
- 将关于物料搬运和包装的内容与仓储合并到了第9章中。
- 将合规性的讨论纳入全球供应链那一章。
- 拓展了供应链网络设计的讨论，包含了可以应用在非传统环境当中的一些原则，以及供应链设计的主要驱动要素。
- 在最后一章讨论了物流和供应链的发展趋势。

在过去的53年中，许多曾经参加过密歇根州立大学物流管理决策发展研讨会年会的高层管理者，一直不断地温习书中提到的基本概念，并慷慨地贡献出他们的时间和经验。我们还要感谢密歇根州立大学供应链管理系的捐赠基金提供的长期支持，该基金是由沃辛顿工业公司的创始人约翰·H.麦克康奈尔以及鲍尔索克斯－图尔公司的物流和供应链管理总监罗布·图尔共同发起和捐赠的。

如今，世界各地从事物流教育的人数日益增加，所有这些执教人员，尤其是我们在密歇根州立大学的同事，对于我们完成和充实本书的内容都提供了很多建议和帮助，在此对他们表示由衷的感谢。

多年来，教师们不断从与学生的交流中获得灵感，许多学术经验往往来自课堂和各种研讨会。我们有幸从许多杰出的青年学者那里获得建议。这些学者目前在学术界和商业界都具有非同寻常的影响力。特别地，我们要感谢那些将本书原稿进行电子输入，并为提高书稿质量而提出了许多有益建议的学生。我们同样要感谢朱迪斯·惠普尔博士、斯坦·格里菲斯博士、严·博鲁莫博士和托马斯·戈尔兹拜博士，他们参与了大量的案例编辑和文字编辑工作。

我们还要感谢以下各位在本书前几版的手稿修订中所做的贡献：古尔坎·阿卡林、乔·T.费兰、恩苏·李、佩妮娜·奥伦斯坦、托马斯·帕塞罗、詹姆斯·L.帕特森、弗兰克·R.希尔和乔治·扬。

我们还要感谢费利西亚·克莱默和帕梅拉·金斯伯里在本书前几版的手稿准备过程中所做的贡献。谢丽尔·伦丁也为本书的原稿准备了大量资料。如果没有费利西亚、帕梅拉和谢丽尔的帮助，我们将无法完成本书的出版。

尽管本书的出版获得了来自各方的大量协助，但是书中仍然不可避免地会出现一些错误，这些错误完全是我们自己的责任。

戴维·J.克劳斯
M.比克斯比·库珀
约翰·C.鲍尔索克斯

Contents | 目 录

前　言

第一部分　供应链物流管理

第1章　21世纪的供应链 /2

1.1　供应链革命　/3
1.2　一体化创造价值的原因　/4
1.3　供应链的基本模型和应用　/4
1.4　供应链定义与活动　/7
1.5　一体化管理与供应链流程　/7
1.6　供应链价值主张　/11
1.7　响应性　/12
1.8　全球化　/14
1.9　产业扰动　/15
本章小结　/17
学习型思考题　/18
挑战型思考题　/18
注释　/18

第2章　供应链信息技术　/20

2.1　信息系统功能　/21
2.2　供应链信息系统的组成模块　/23
2.3　物流运作模型　/28
本章小结　/29

学习型思考题　/29
挑战型思考题　/29
注释　/29

第3章　物流　/30

3.1　物流业务的重要性　/31
3.2　物流的价值主张　/32
3.3　物流的职能工作　/34
3.4　物流运作　/38
3.5　物流整合目标　/40
3.6　物流的运作模式　/42
3.7　柔性结构　/44
3.8　供应链的同步化　/46
本章小结　/50
学习型思考题　/51
挑战型思考题　/51
注释　/51

第4章　客户关系管理　/52

4.1　以客户为中心的市场营销　/53
4.2　客户服务　/57
4.3　客户满意度　/62
4.4　客户成功　/67
4.5　客户关系管理策略　/69
本章小结　/72

学习型思考题 / 73
挑战型思考题 / 74
注释 / 74

第二部分 供应链运作

第5章 一体化运作计划 / 76

5.1 供应链计划 / 76
5.2 供应链计划的应用 / 77
5.3 销售和运作计划 / 79
5.4 高级计划与排程系统概况 / 83
5.5 协同计划、预测和补货 / 89
5.6 预测 / 90
本章小结 / 101
学习型思考题 / 101
挑战型思考题 / 102
注释 / 102

第6章 采购与制造 / 103

6.1 质量要求 / 103
6.2 采购的重要性 / 106
6.3 采购目标 / 106
6.4 采购策略 / 109
6.5 物流与采购的对接 / 113
6.6 制造 / 115
6.7 制造过程 / 115
6.8 制造策略与市场需求的匹配 / 116
6.9 制造策略 / 117
6.10 大规模定制 / 118
6.11 精益生产 / 119
6.12 六西格玛 / 120
6.13 面向物流的设计 / 120

本章小结 / 121
学习型思考题 / 122
挑战型思考题 / 122
注释 / 122

第三部分 供应链物流运作

第7章 库存 / 124

7.1 库存的功能与定义 / 124
7.2 库存持有成本 / 130
7.3 库存计划 / 132
7.4 不确定性管理 / 136
7.5 库存管理策略 / 145
7.6 库存管理实践 / 156
本章小结 / 158
学习型思考题 / 159
挑战型思考题 / 159
注释 / 159

第8章 运输 / 161

8.1 运输的作用和参与者 / 161
8.2 从运输管制到自由运输市场 / 164
8.3 运输的组成结构 / 166
8.4 专业化运输服务 / 172
8.5 运输的经济性与定价 / 176
8.6 运输运作管理 / 184
8.7 单据服务 / 188
8.8 产品定价与运输 / 189
本章小结 / 191
学习型思考题 / 192
挑战型思考题 / 192
注释 / 192

第9章 仓储、物料搬运及包装 /194

- 9.1 战略仓储 /194
- 9.2 仓库所有权的分类 /199
- 9.3 仓库决策 /202
- 9.4 仓库运作 /205
- 9.5 主要仓库作业 /205
- 9.6 次要仓库作业 /214
- 9.7 系统 /217
- 9.8 包装作业的前景 /220
- 9.9 包装提高物料搬运效率 /221

本章小结 /225
学习型思考题 /225
挑战型思考题 /225
注释 /226

第四部分 供应链物流设计

第10章 全球供应链 /228

- 10.1 经济全球化 /228
- 10.2 全球供应链一体化 /229
- 10.3 国际采购 /235
- 10.4 全球合规 /239

本章小结 /240
学习型思考题 /240
挑战型思考题 /241
注释 /241

第11章 网络设计 /242

- 11.1 企业设施网络 /242
- 11.2 仓库的要求 /244
- 11.3 系统概念及分析 /246
- 11.4 总成本整合 /247
- 11.5 物流战略规划 /255
- 11.6 物流网络设计的其他问题 /260
- 11.7 计划方法 /261
- 11.8 阶段Ⅰ：问题定义和计划 /262
- 11.9 阶段Ⅱ：数据收集和分析 /268
- 11.10 阶段Ⅲ：建议和实施 /271
- 11.11 供应链原理的应用 /273

本章小结 /280
学习型思考题 /281
挑战型思考题 /281
注释 /282

第五部分 供应链的行政管理

第12章 协作关系管理 /284

- 12.1 内部物流关系的开发与管理 /284
- 12.2 发展和管理供应链协作关系 /289
- 12.3 长期的供应链协作关系管理 /293

本章小结 /296
学习型思考题 /297
挑战型思考题 /297
注释 /297

第13章 绩效测量 /298

- 13.1 测量系统目标 /298
- 13.2 运作评价 /299
- 13.3 财务评价 /309

本章小结 /317
学习型思考题 /317
挑战型思考题 /317
注释 /318

第14章　供应链的发展趋势 / 319

14.1　理解端到端的供应链管理 / 319

14.2　培养供应链管理人才 / 320

14.3　管理风险和复杂性 / 323

14.4　管理威胁和环境变化 / 326

14.5　理解安全、监管和合规环境 / 326

14.6　理解采购和总成本管理 / 326

本章小结 / 327

学习型思考题 / 327

挑战型思考题 / 327

注释 / 328

课后习题 / 案例集 / 术语表⊖

⊖ 课后习题/案例集/术语表扫码阅读。

PART 1

第一部分

供应链物流管理

第一部分介绍了物流的重要战略意义,指出物流能够在国内供应链和全球供应链运作中创造价值,并实现商业成功。第1章综述了当前企业对物流、供应链和价值链管理的关注程度,指出供应链为制定和实施物流战略提供了一个框架,同时还讨论了企业从供应链到价值链管理的转变。第2章介绍了供应链信息系统的框架。之所以在本书开头就对其进行介绍,是因为供应链信息系统的应用程序提供了信息存储和数据通信支持,这有利于物流及供应链的计划和执行。第3章则介绍了本书的主题——物流,探讨了如何整合客户关系管理、采购、制造和一体化运作计划,以引入一体化物流这一概念。第4章指出了客户关系管理对于物流方面的成功具有相当重要的影响。物流创造的价值是推动客户成功的驱动力。供应链一体化管理中的一大挑战就是跨职能、跨企业的协作。

第 1 章
21 世纪的供应链

　　20 世纪 90 年代，对大多数企业而言，产品经过加工后，通过仓库配送到客户手中的平均时间是 15～30 天，有时候甚至更长。典型的订单交付流程通常包括：通过电话、传真、电子数据交换或者邮件下达和传送订单；使用手工操作或计算机系统，运用信用授权和将订单分配给仓库的方法进行订单处理；最后，将产品配送到客户手中。当一切都按计划进行时，客户收到订购产品的平均时间仍然较长。然而，一旦出现如缺货、订单丢失、订单出错或发货地址不正确等问题，所需的总时间将会更长。在实际运作中，这些情况屡见不鲜。

　　为了解决从订货到发货过程中，交货时间漫长和交货时间难以预测的问题，企业通常采取的方法是增加库存。例如，供应链上的多个渠道商通常会重复持有同一种商品的库存。尽管这样会增加大量的额外库存，但是由于产品类型繁多，加工过程千差万别，仍然会经常出现缺货或延迟交货的现象。

　　那些在 20 世纪被广为接受的商业惯例，以及用于实现配送的分销渠道结构，都是从工业革命多年的经验积累中演变而来的。这些长期保留下来的商业惯例仍然存在，并且被完全接受，因为没有明显更好的选择。传统分销过程的目的在于战胜挑战，获得利益，然而这些利益早已变得不再重要了。供给不足已经不再是工业化社会的特点。消费者的生活水平不断提高，同时，他们对多种产品和服务的需求日益增加。工厂的生产效率和产能也随着数字化加工技术的应用极大提高。事实上，现在的消费者更希望从大量的产品和资源中挑选出满足自己独特需求的那些产品和资源。由于信息技术的飞速发展和网络的普及，消费者不再被动地接受产品，相反，他们积极地参与到个性化产品或服务的设计和交付过程。随着运输能力和运作绩效的不断提升，运输过程的经济性和可靠性也有了显著提高。借助先进的信息系统，现代运输能够实现预测精度更高、更加精确的配送，而持续跟踪装运过程、延期交货必须即时通知等已成为从业者的共识。

在本章中，供应链管理的商业模式和价值主张被介绍为现代企业日益提升的战略承诺。本章首先回顾了商业实践中供应链革命的发展过程，这一过程催生了供应链的基本模式；其次在战略框架下介绍了供应链的基本概念；最后指出一体化管理、快速响应性和全球化是导致供应链产生的主要驱动力。本章明确了支持21世纪供应链战略的物流挑战，指出供应链就是一个应对物流挑战，并包含了相关运作管理模块的战略架构。

1.1 供应链革命

我们认为，当今管理者正在经历一场供应链革命以及与之相关的物流复兴。这两者高度关联，都涉及企业的最优运作绩效，被业界所期待并争相实施。然而，供应链和物流又是现代企业管理中完全不同的两个方面。

本书的研究重点之一是一体化物流管理。为了学习物流知识，读者必须对供应链管理有一个基本的理解。供应链战略为物流的发展提供了一个运作框架，而供应链实践正在发生巨大的变化，我们将对这些变化做简要的介绍。相应地，物流最佳运作实践是随着供应链构架和战略的发展而发展的，是一种处于不断变化中的活动。第2章介绍了支持供应链计划和执行的各类信息技术。第3章研究了物流最佳运作实践的复兴过程，这部分内容为以后各个章节的进一步阐述奠定了基础。

最初，供应链管理或许是一个很模糊的概念。有关供应链管理的著作很多，但是却很少涉及它的基本定义、理论框架和常用词汇。人们不禁疑惑，供应链到底由哪些要素构成？与综合性的内部运作相比，供应链到底在多大程度上实现了与其他企业的整合？如何在竞争条例和法律的限制下最好地执行供应链战略？对绝大多数管理者而言，供应链管理有不可抵挡的强烈吸引力，因为它是一种新型业务模式，具有提升企业竞争力的极大潜力。供应链管理的理念同样意味着建立高效的商业关系网络。这个网络可以消除重复的、不创造价值的工作，从而提高效率。通过回顾传统分销渠道的运作，我们能够更透彻地了解供应链革命。

为了应对商业贸易中出现的挑战，企业提出与其他产品或服务的供应商建立业务关系，联合完成必需的业务活动。这种相互依存的关系非常必要，有助于企业将更多的精力放在自己的专业领域，这已经成为业界的共识。在经历了早期的工业革命后，管理者开始站在战略的高度考虑企业的核心竞争力、专业化以及规模经济等问题，这使他们意识到，只有与其他企业紧密合作才能不断获得成功。与早期的垂直一体化的观念相反，现在管理者明白任何企业都不能完全做到自给自足。[1]企业间的相互依存引发了有关**分销**以及**市场渠道**的研究。

鉴于过去各种企业之间的区别相当明显，早期的渠道运作研究主要根据分销过程中的具体职责进行分类管理。例如，如果一家企业在批发过程中提供增值服务，那么，与批发商进行交易的企业就很想知道自己能获得哪些服务，同时需要为这些服务支付多少酬劳。在对具体的分销渠道进行深入研究后，可以发现领导者、分销渠道成员的共同协作以及解决冲突的方法，对整个分销渠道而言都是必不可少的。研究渠道结构和战略的学者指出，使用类型学法能够对各种运作模式进行分类，从单笔交易到高度形式化的连续业务关系。

渠道一体化的特点到目前为止仍然是一个比较模糊的概念，唯一确定的是所有的成员企业都能够因为相互合作而获得好处。然而，缺乏高质量的信息沟通将导致整个渠道处于相互敌对的状态。当这种情况愈演愈烈时,渠道中的所有企业都将首先关注如何实现自身的目标,这样最终导致渠道经常处于激烈的竞争环境中。

在20世纪的最后10年中,渠道战略以及渠道结构有了根本性的改变。传统的分销渠道运作朝着更加强调一体化和协作的方向发展。因此在论述供应链基本模型之前,要先理解一体化是如何创造价值的,这一点非常重要。

1.2 一体化创造价值的原因

为了介绍企业进行一体化管理的好处以及面临的挑战,我们至少要了解消费者的三种价值观。

消费者的第一种价值观即传统价值观,是**经济价值**。经济价值和效率一样,都建立在规模经济基础上。规模经济就是通过充分利用企业的固定资产,实现总成本最低。经济价值关注的焦点是生产产品或提供服务的效率,要尽可能廉价地做好所有工作。消费者寻求的经济价值是**物美价廉**。

第二种价值观是**市场价值**。市场价值就是在正确的时间和地点,提供有吸引力的分类产品以实现产品效用。市场价值关注的焦点是推出产品或服务时实现范围经济。多商家大型购物中心、大型量贩式零售商店和多供应商互联网订单履行中心的产生就是为了实现市场价值。对消费者来说,市场价值就是**实用的产品或服务分类及选择**。

经济价值和市场价值的实现对消费者来说都很重要。但是,越来越多的企业认识到,企业成功还与第三种价值观有关,即**关联价值**。关联价值包括定制化增值服务,这种服务超越了基本的产品特性及实体位置,给客户带来了真正的差异化服务。关联价值是指以市场价值所反映的正确产品和服务,以经济价值所反映的正确价格,对产品或服务进行修改、排序、同步和定位,以创造特定的客户价值。从消费者的角度来看,关联价值就是将食材做成可以直接享用的食品。在百货零售业中,关联价值就是将产品变成时尚的服装。在制造和装配过程中,关联价值就是通过将特定的零部件整合到产品中,以满足特定客户的需求。客户需要的关联价值是独特的产品或服务类别。

要想同时获得经济价值、市场价值和关联价值,就必须对整个企业的流程进行整合,即众所周知的一体化管理的价值主张,如表1-1所示。

表1-1 一体化管理的价值主张

经济价值	市场价值	关联价值
最低的总成本	有吸引力的分类	定制化
规模经济	范围经济	分阶段多样性
生产产品或提供服务	产品或服务的展示	产品或服务的定位
采购/制造战略	市场/分销战略	供应链战略

1.3 供应链的基本模型和应用

密歇根州立大学提出了供应链管理的基本模型,如图1-1所示。这张图用箭线将供应链成员企业连接在一起,形成了一个协同合作、具备竞争力的整体,从而很好地阐述了供应链一体化这个基本概念。

供应链一体化指的是在一个有限的关键资源相互流动的框架下，多个企业之间的合作关系。为了获得竞争优势，企业必须与客户、分销商和供应商结成联盟，从而形成供应链结构和战略。因此，供应链模型整合了多种活动，包括从最初的物料采购到将最终产品和服务交付到客户[2]手中的一系列运作过程。

供应链中的价值来源于供应链成员企业之间的协同作用。其中，信息流、产品流、服务流、资金流和知识流（见图1-1上方的双向箭头）对价值有重要的影响。物流是供应链模型中产品流和服务流的主要载体。供应链中每家企业都要参与全部物流过程的某些方面。如何实现供应链上的物流一体化和物流的高效率是本书关注的重点。图1-1描述了供应链一体化的基本模型，它从逻辑上和物流上将核心企业及其分销网络、供应网络和客户连接在一起。由此可见，一体化增值过程的实现要求企业必须从物料采购时就开始进行管理，直至将产品或服务配送到客户手中，以实现高效益、高效率、高关联及可持续发展。

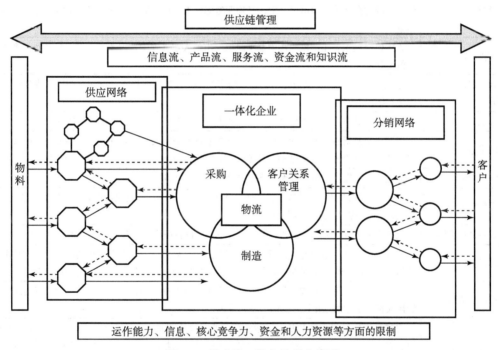

图1-1　供应链一体化的基本模型

供应链一体化通过科学的管理方法将多个彼此独立、相互买卖产品的企业从松散的关联个体变成了一个相互协作的整体，提高了企业的市场影响力、整体效率和竞争力，并能不断进行完善，这是供应链一体化与传统渠道运作的根本区别。然而在实践中，大量复杂的原因导致供应链无法像单线图表示的那么容易理解。例如，许多个体企业同时也是多个相互竞争的供应链中的成员。由于供应链已经成为竞争的基本要素，因此，在多个供应链中开展活动的企业难免会遇到保密问题以及忠诚问题。这些问题常常会导致利益冲突。

同时，供应链的高度动态性和变化性也是导致供应链结构变得复杂的原因。观察供应链的流动性是一件非常有意思的事情：成员企业可以自由地加入或退出供应链，通常情况下，这对供应链的整体连接性并不存在明显的影响。比如，一家企业或服务提供商也许会在某段特定时间内积极参与到供应链中来，例如销售旺季，但它并非整年都如此积极。2017年圣诞季，亚马逊新增 100 000 个工作岗位以满足圣诞节期间季节性需求的增长，这些岗位大部分是在订单履行中心（分销中心）和物流集散中心，这充分证明了企业对于供应链柔性的要求。

传统的供应链研究基本上聚焦于由制造商、供应商、分销商、零售商以及服务提供商组成的供应网络，但是仍然有很多在非传统领域中供应链的应用案例，如表 1-2 所示。

表 1-2 供应链的应用

供应链的应用	描 述
产品供应链	产品供应链是由制造商、供应商、分销商和零售商组成的面向消费品的传统模型，这是目前许多供应链研究的焦点
促销供应链	促销供应链主要针对那些需要被大力推荐的商品，例如在批发会员店通道末端的食品品尝会。其主要的挑战是所有与促销相关的东西，如商品、器皿、食物原料和宣传展示材料等，都必须根据周末的促销计划，装车之后运到商店
散货供应链	散货供应链主要是用来运送粮食、金属和化工产品等散货。大多数情况下，这些散货都是低值的，因此在运输和搬运过程中，必须要考虑规模效应，而且这些散货常常需要特种车辆进行运输
人才供应链	人才供应链主要是把供应链的基本原则应用到人才管理中，人才被看作一个产品，培训和教育就是其增值过程
企业-客户（B2C）供应链	企业-客户（B2C）供应链代表越来越多的产品通过在线售卖的方式从制造商或分销商直接配送到客户手中
逆向供应链	逆向供应链指的是把产品回收，将产品或零部件再利用、再加工并重新包装
资源供应链	资源供应链旨在为基于信息的供应链（如云计算或社交媒体应用的服务器农场）提供设施资源。资源供应链包括土地的采购和测序、监管审批、公共服务以及设备，以提供技术服务
建筑供应链	建筑供应链提供了建筑过程中所需的设备和建筑材料
修复供应链	修复供应链是用来修复那些已经达到使用年限的材料。修复供应链在军工行业、建筑行业、采矿行业和钻探行业中非常适用
人道主义供应链	人道主义供应链为灾后重建提供支持，包括提供救援设备、食物、医疗物资和帐篷等
全球供应链	全球供应链即在全球各地进行采购和配送。大部分供应链都有全球化的一面，这时考虑供应链的一些全球化特征就变得非常重要，如需求的波动性、物流配送的长距离和文档的跨国交互
耐用品供应链	耐用品供应链用于完成农业、建筑业、军工等行业中重型设备的搬运和运输。耐用品供应链的最大特点是它的运输设备受限于基础设施
农产品供应链	农产品供应链将农产品从农场运输到农产品仓库或加工厂。在大部分情况下，如何将这些散装农产品经济合理地运输到下一程是一个挑战，尤其是如何确保即使是在购买者定价的情况下，农场主依然能够赚到钱。换句话说，如果农场主距离购买者太远的话，那么他的农产品可能就没有市场了
创新供应链	创新供应链用于快速地把新产品推向市场。这是一个典型的响应型供应链，必须根据市场快速升级产品。例如，当某些事件（如音乐会、电影、开幕式等）发生时，要快速推出相关的纪念品或定制化的产品介绍
军事供应链	军事供应链是用来支持军事活动的。专业化的军事需求要求军事供应链必须具有把大量物资（如食物、药品、装备、弹药）配送到极端环境（如沙漠、丛林、战斗现场）中的能力
临床试验供应链	临床试验供应链用于满足药物临床试验中的精细要求。临床试验必须对剂量、原料配比、合并用药进行精确控制

虽然很多人觉得供应链的理论及实践只和制造业有关，但是表 1-2 证明了供应链可以被应用到其他不同的行业和场景中。对供应链的研究者来说，理解供应链的应用场景是非常重要的。

1.4 供应链定义与活动

关于供应链的研究有很多，在不同的视角下，供应链所包含的机构、流程和活动也不尽相同，甚至哪些流程或活动应该被包含在其中都没有定论。

本书对供应链的定义和战略背景提出了一个明确的说法，这是阅读本书的基础。**供应链管理**包含一套流程，可以有效且高效地把供应商、制造商、分销中心、分销商和零售商整合到一起，以生产出正确数量的产品，并将产品在合适的时间配送到合适的位置，同时以最低的系统总成本实现满足客户需求的价值主张。

供应链的概念开始于 20 世纪 90 年代，并在 21 世纪得到了快速的发展，这时被称为**基于信息或数字的供应链**。在信息或数字时代，相互协同的商业组织之间的互联互通驱动了一个新的关系秩序，即供应链管理。管理者开始不断地完善并整合传统的营销、制造、采购和物流等环节。随着信息技术的不断发展，供应链管理的定义也在不断扩充：它是一种协同的跨职能战略，涉及内部和外部的合作伙伴，利用流程和信息来提高运作效率和提升战略定位。供应链战略运用职能和流程，有效并高效地将供应商、制造商、分销网络、分销渠道以及终端客户整合在一起，最终确保以最低的系统总成本实现企业的价值主张。

物流管理是由一系列流程和活动组成的，关注物流系统的设计和管理，目的是以最低的成本在时间和空间上控制原材料、在制品和成品的库存。物流是由订单管理、库存管理、运输管理和仓储管理等一系列活动组成的一体化网络。一体化物流将整个供应链连接起来，形成一个连续不断的流程，并实现供应链各环节的同步化，这对于实现企业的价值主张非常重要。

虽然在不同的视角（供应管理协会、美国生产与库存管理协会、供应链管理专业委员会）下，供应链管理有不同的定义，但是仍然有一些关于供应链架构的基本共识。这些定义都强调了一些关键的理念，包括有效并高效地流动、跨职能的协同、相互协作的机构合伙人、满足客户需求的价值主张以及最低的系统总成本。"有效并高效地流动"强调企业和供应链伙伴协同工作，把产品以最低的成本交付给客户。"跨职能的协同"要求企业的内部职能部门，尤其是与供应链相关的职能部门，共同努力来减少时间和资源的浪费与冗余。"满足客户需求的价值主张"意味着供应链应该通过提供产品或解决方案来满足客户的个性化需求。"最低的系统总成本"意味着企业及其合作伙伴交付产品或解决方案的同时，应该设法最小化在供应链上发生的所有活动的总体成本。

1.5 一体化管理与供应链流程

从企业运作的各个方面来看，企业关注的是如何实现并不断完善一体化管理。企业长期存在的以职能部门为基础的运作模式及传统的衡量标准，成为实现一体化管理的障碍。自工业革命以来，为了实现最佳运作，职能部门的专业化日益成为关注焦点。[3] 管理者普遍认为，单个职能部门的绩效越好，整体的效率就越高。100 多年以来，这种职能专业化的基本共识已经被扩展到企业的组织结构、绩效衡量以及财务会计等方面。

按照管理学的观点，将企业划分成不同部门能够提高工作的专注度、程序化和标准化，从而增强控制力度。为了衡量各部门的绩效，相应地产生了会计制度。大多数绩效衡量方法关注单个职能部门的运作情况。例如，单位产品的生产成本和每英担[注]产品的运输成本，就是企业最常用的两个衡量指标。跨职能部门的绩效衡量指标则只局限于所有职能运作的共同间接成本，如一般管理费用、人工费用、杂费、保险费以及利息等。

供应链要取得卓越的绩效，必须同时具备八种主要的运作流程。表 1-3 列出了这八种流程，并对每种流程进行了简要的介绍。尽管这些流程并不专门属于供应链物流，但是物流绩效的一些关键要素是企业取得高水平运作绩效不可缺少的成分。因此，供应链结构、供应链战略以及持续的运作所关注的焦点是实现并不断改善这八种重要的运作流程。同时实现这八种运作流程是实现整合运作和卓越绩效的根本。

表 1-3 八种供应链运作流程

流　程	描　述
需求计划响应	进行需求评估和战略设计，以实现对客户需求的最大化响应
客户关系协同	进行客户关系开发和管理，以实现战略信息共享、联合计划和一体化运作
订单履行 / 服务交付	具有优质的、可持续的订单交付能力，以及相关的核心服务
产品 / 服务的开发和投放	参与产品 / 服务的开发和精益投放
定制化生产	支持生产战略和供应链延迟策略的实施
供应商关系协同	进行供应商关系开发和管理，以实现战略信息共享、联合计划和一体化运作
全生命周期支持	实现产品全生命周期的支持，包括保修、维护和修理
逆向物流	通过经济安全的方式实现产品的回收和处理

如何将传统意义上对职能部门的重视转变为对实现整体流程成功的重视，是一体化管理面临的最根本的挑战。在过去的几十年中，管理者越来越清楚地意识到，即使单个职能部门的绩效达到最优，也不一定能够实现企业整体总成本的最小化，或是提高企业的整体运作效率。一体化管理可以通过部门间的协调，实现企业总成本最小化这一目标。我们举一个有关物流的例子，来进一步说明此问题。一家企业为了提供更快更优质的运输服务而增加了投资，于是运输服务提升了，进而降低了库存费用，而且节约的库存费用远大于在运输上投入的资金，最终反而降低了总成本。因此，一体化管理要致力于实现整个**流程总成本的最小化**，而不是流程中单个运作环节成本的最小化。

本书的后续章节将详细描述供应链的流程及活动，以便于读者加深理解。表 1-4 总结了供应链的流程和活动。第一个流程是需求计划响应，它通过库存平衡了供应与需求之间的差异。第二个流程包含了和客户关系管理有关的活动，第三个流程包含了和计划订单交付、仓库商品拣选、产品配送有关的所有活动。第四个流程是新产品的设计、制造和促销。第五个流程是原材料的采购、管理和制造（产品变更）。第六个流程包含与采购源的鉴别、采购成本最小化、供应商选择、供应商关系管理等相关的活动。第七个流程是和备件管理有关的活动。最后一个流程包含了和产品的回收与再循环有关的活动。这些流程和活动在后续章节会详细说明。

表 1-4 供应链的流程和活动

流　程	典型的供应链活动				
需求计划响应	预测	库存计划	跨职能协调	销售和运作计划	产能管理
客户关系协同	关系管理	订单管理和处理	客户服务		
订单履行 / 服务交付	物流计划和控制	运输	仓储	交付管理	外包

[注] 1 英担 =50.802 3 千克。

(续)

流　　程	典型的供应链活动				
产品/服务的开发和投放	产品设计	产品投放	跨职能协调		
定制化生产	物料管理	生产和库存管理	生产过程控制	产品转换	
供应商关系协同	采购战略	采购计划	总成本分析	供应商选择	供应商协同
全生命周期支持	维护备件库存	提供快速响应			
逆向物流	设计回收系统	运作回收系统	修理和再循环	可持续发展方案	

部门间相互协同的理念和总成本最小化这一目标，对于企业具有相当大的吸引力。虽然看上去很简单，但是管理者却发现在日常运作中通过发现问题、衡量绩效以及优化流程来降低总成本，是一项非常艰难的工作。由于难以获得各流程中的绩效数据以及能够量化跨职能部门间协同的成本数据，一些新的一体化管理工具应运而生，如总成本分析法、过程工程学、作业成本法（ABC）等。

供应链管理中的以下三个重要方面引起了管理界的日益关注：①协同合作；②企业扩展；③整合服务提供商。

1.5.1　协同合作

正如上文提到的那样，商业发展的历史证明，企业既希望相互合作，又常常处于不得不彼此竞争的环境中。虽然在自由市场经济中，竞争仍然占主导地位，但是随着供应链合作重要性的不断提高，供应链随之成为竞争的主要单元。在当今全球经济环境下，为了提高客户的忠诚度，供应链与供应链之间展开了激烈的竞争。亚马逊、塔吉特、沃尔玛等公司的供应链在许多市场上是直接的竞争者。在娱乐业、食品业、汽车业和医药业，也有类似的供应链联盟。玛斯特公司的全球战略就反映了现代供应链管理的复杂性，世界各地生产的服装被直接送往零售店，并在各个时装销售季节卖给全球顾客。亚马逊则通过多种不同的销售渠道完成数以百万计的商品的销售。

1984年美国颁布的《国家合作研究开发法案》是促进企业间协同合作最根本的推动力。这项法案在1993年和2004年的修订中得到了进一步完善。[4] 这项全国法案及修正案的颁布，标志着传统的反托拉斯法发生了根本性的变化，它鼓励企业积极合作，以增强美国企业的国际竞争力。正是由于管理者广泛意识到政府允许并鼓励企业相互合作，于是产生了新型的供应链运作模式。

诚然，企业间串通价格仍然属于违法行为。政府颁布合作法案的目的是帮助跨组织企业共享生产信息、分享技术以及共同承担风险，从而增强企业的竞争力。随之涌现出了多种全新的运作模式，企业扩展是其中的一种产物。

1.5.2　企业扩展

企业扩展的优势在于超越单一企业所有权的边界，拓展管理影响力，提高控制力度，与客户、供应商一起推动联合计划及共同运作。它的根本理念是企业间的合作整合了业务流程，能够提高企业的影响力，降低总体风险，并显著提高效率。信息共享和过程专业化是企业扩展的基础。

信息共享是一种早已被广泛接纳的理念，要实现企业间的高度合作，供应链成员必须自愿共享运作信息和战略规划。跨企业的协同合作除了包括销售记录外，还应该包括详细的促销计划、新产品介绍以及日常的运作计划。需要强调的是，共享的内容不仅仅限于历史销售数据或者当前的销售数据，共享未来的战略信息显得更为重要。获得了这些战略信息之后，企业之间的业务合作就变得更加容易。为了更迅速有效地满足客户需要，供应链中的所有参与者必须信息共享。

过程专业化指的是企业协同合作、共同规划，以便消除供应链中非生产性或者非增值的冗余环节。它的基本理念是在设计供应链的整体流程时，确定特定企业在供应链中的竞争力和具体职责，尤其是在确定所承担的核心工作任务时，必须考虑如何实现整体收益的最大化。

供应链中的成员企业在运作中有相同的战略目标，分别扮演各自特定的角色。信息共享和共同规划能够降低库存导致的风险。企业之间通过合作，将任务分配或授权给供应链中的专业成员，让其完全承担责任，以消除企业自身重复和冗余的工作，如重复的质量检查工作等。但是企业扩展的一体化也引发了新的挑战，如衡量方法、收益共享、风险共担、信任机制、领导能力以及冲突解决等问题。显而易见，协同合作和企业扩展所带来的挑战又形成了新的管理问题。于是，有关整合服务提供商的认知发生了快速转变，这是第三类推动供应链发展的驱动力。

1.5.3　整合服务提供商

如前所述，现代商业起源于职能部门的专业化。因此，企业将业务外包给在特定领域内有专业优势的企业就不足为奇了。从事运输和仓储管理的专业企业，是两种传统的物流服务提供商。

运输业是一种运力租赁行业，由成千上万个运输公司组成，它们将货物在不同地域之间进行移动。经过多年的积累，运输行业已经建立起广阔的运输网络，能够提供多种运输服务，并充分利用各种可用的运输形式（被称为"方式"）及相关的运输技术。运输行业通过专业化分工、高效运作和规模经济获取利润。运输公司则通过向多个托运人提供共用的运输服务来创造价值。托运人既可以选择将资金投入到运输设备和运作中进行自营运输，也可以选择委托专业运输公司代理运输业务。一般而言，大多数企业会综合考虑上述两种运输方案。

除运输之外，还有很多提供仓储服务的企业，传统上将它们称为**公共仓库**。这些企业提供产品存储业务及相关的专业服务。当托运人使用公共仓库时，它们能获得两大好处：首先，可以避免在建筑仓库上投入资金。其次，当运输批量较小时，托运人可以与共同使用该公共仓库的其他企业组合发货，换句话说，也就是将不同企业的产品组合在一起运输。这种把多个不同托运人的货物组合在一起的方式，能够帮助企业提高运输效率，相比之下，自营运输的企业则无法取得这类优势。许多企业将自有仓库和公共仓库两种方式综合在一起，建立了面向市场的产品供应网络。

1980年美国的运输服务行业发生了巨大变化。由于通过了《汽车承运人规章制度改革和现代化法案》（MCA-80）以及《斯塔格斯铁路法案》，[5] 在短短的几个月内，美国政府解除了对运输业的经济和政治管制。这些法规的调整促使政府减少了对运输市场的调控，为包含所有运输形式的开放运输市场服务。不久后，这种演变趋势延伸到了世界各地，促使大多数以自由市场经济为主导的工业化国家解除了对运输业市场的管制。

与运输不同，提供公共仓储服务的企业不受联邦政府或州政府的管制。因此，为了避免管制，大多数仓储服务企业并不提供运输服务。然而，当政府解除了对运输行业的管制后，情况很快发生了变化。几乎在一夜之间，仓储服务企业纷纷开始提供运输服务。同样，许多运输公司也开始为客户提供仓储服务。

在物流服务行业中发生的种种变化，都揭示了从单一功能到多功能物流外包的根本性转变。**整合服务提供商**（ISP）开始为客户提供一系列的物流服务，它囊括了从下达订单一直到交付最终产品的所有物流环节。在通常情况下，大量专业化服务的出现大大地扩展了传统运输和仓储服务领域的范围。这些扩展的定制化服务通常被称为**增值服务**（VAS）。例如，联合包裹服务公司（UPS）在它位于路易斯维尔市的仓库里存放着耐克牌运动鞋，并随时待命，可以以小时为单位处理订单。与耐克客户的沟通以及财务管理方面的业务全部由 UPS 的电话呼叫中心处理。如此一来，耐克便成功地将基本物流业务和相关的增值服务转包给了 UPS。

在物流行业，整合服务提供商通常被称为第三方物流提供商或第四方物流提供商。一般意义上，我们将整合服务提供商分为两类：基于资产的服务提供商和非基于资产的服务提供商。两者之间的区别在于：基于资产的服务提供商（第三方）拥有运输设备和仓库，并自行管理，而非基于资产的服务提供商（第四方）则致力于为客户提供详细的信息服务，使客户能更好地实施供应链运作。第四方服务提供商通常代表它们的客户，对第三方服务提供商提供的服务进行合理的安排及整合。

2018 年，美国第三方物流市场约占总运输费用的 55%，占仓储费用的 40%。[6] 整合服务提供商的增长使供应链的形成和分解变得相对更加容易。整合服务提供商会随着企业组织对速度和操作灵活性要求的变化而调整。供应链的参与者也能够更好地投入到运作中，充分发挥一体化物流网络的能力。因此，外包服务促进了以运作为重点的一体化管理。

正如前面我们讨论过的那样，协同合作概念的提出，扩展企业的出现，整合服务提供商数量的日益增多，都成为推动新型供应链变革的主要驱动力。其中，共享和协同合作能更有效地增强供应链中各企业间的密切关系；企业扩展则通过信息和计划的共享以及供应链各企业间的专业化运作，提高了企业的运作效率和效益，增强了企业的相互联系，实现了可持续发展；运输业管制的解除则像催化剂，促进了整合服务提供商的发展，这种发展重塑并拓展了专业化服务的范围，从而更有效地促进了供应链的运作。总而言之，这些驱动力对供应链一体化管理的出现功不可没。它们明确并巩固了一体化管理中的战略收益，增强了企业的核心竞争力，同时为虚拟供应链的产生带来了机遇和挑战。

1.6 供应链价值主张

价值主张与供应链提供给客户和消费者的产品及服务组合有关。传统的供应链价值主张是用最低的成本提供期望的服务，但今天的供应链价值主张则变得非常复杂。理解这种复杂化的价值主张对于设计一个合适的供应链战略非常重要。图 1-2 展示了这个复杂的供应链价值战略模型，它由四个维度组成，分别是效率、效益、相关性和可持续性。这个由四个维度组成的价值战略模型被称为 EERS 价值模型。下面将详细讨论每个维度。

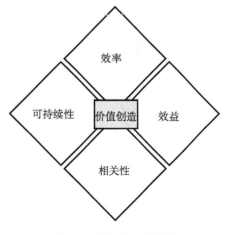

图 1-2　EERS 价值模型

1.6.1 效率

效率指的是供应链准时将产品配送给客户期望地址的能力。传统上，产品是配送给制造商的客户（比如分销商或零售商），而现在，则是配送给供应链的合作伙伴甚至是终端消费者。

1.6.2 效益

效益指的是供应链用最小化总成本将产品配送给客户的能力，总成本既包括原材料采购、生产制造、仓储、库存和运输方面的成本，也包括整合整个供应链的成本。效益的概念实质上就是将产品移动过程中的成本和浪费最小化，同时也必须将所投入的资产最小化。

1.6.3 相关性

相关性指的是当环境、市场和客户需求发生变化时供应链的响应能力。例如，客户的配送需求可能会随着季节性需求、竞争环境和消费者需求的变化而变化。如果供应链具有足够的柔性来适应这种变化，那么就可以满足价值主张中的相关性维度的需求。

1.6.4 可持续性

可持续性指的是企业具有重新配置供应链来提升公司竞争力和环境友好性的能力。可持续性包括通过减少燃料消耗和排放来提高环境的友好性，还包括通过供应链的设计来降低风险，吸纳高素质人才以及营造良好的政治和监管环境。

1.6.5 价值主张总结

本节论述了供应链价值主张是怎么从传统的效率、效益转化到更加复杂的 EERS 价值模型的。EERS 价值模型列出了价值主张的四个维度，但是必须认识到不是所有的维度都有同样的权重。权重实际上是随客户或客户所处的位置而改变的。例如，在某些情况下，客户可能会把低成本（效益）的权重设置为最高，但在另外一些情况下，又会把柔性（相关性）的权重设置为最高。一个高性能的供应链必须在各个维度上追求卓越，同时又必须保持足够的柔性，来适应客户在特定场景下的需求。

1.7 响应性

人们通常认为，一体化管理带来的机遇和挑战为供应链的改革提供了充足的条件。其实不然，还有一些驱动力也推动着供应链的发展。信息技术的发展直接影响了企业的战略思维，使之发生了根本性的转变。信息的连通性为响应型商业模式的提出创造了有利条件。为了详细阐述其中的深远意义，我们将在下面对传统的**预测型**（推式）商业模式与新兴的**响应型**（拉式）商业模式进行比较。响应型商业模式也被称作"**需求驱动型**"商业模式。

1.7.1 预测型商业模式

自从工业革命以来，主要的商业模式都是以消费者未来的需求预测为基础。由于无法立即获得采购信息,分销渠道中的各个企业也只是保持松散的联系,同时它们也不认为有必要与其他企业共享自身的计划,因此商业运作通常由预测来驱动。制造商根据市场预测组织生产。与此类似,批发商、分销商和零售商则根据它们自身的预测与促销计划进行库存采购。由于预测结果经常不准确,企业的实际行为与它们的预测之间往往存在较大的偏差,因此造成了大量计划外的库存。这种以预测为基础开展业务的方法带来了高成本和高风险,导致合作伙伴之间往往出现敌对关系,毕竟任何企业都要保护自身利益不受侵害。

图1-3列出了企业采用预测型商业模式时的几个典型阶段:预测、购买零部件和原材料、制造、仓储、销售以及配送。对零售或批发商而言,其运作主要是为了满足预期的销售而采购各种库存产品。关键点在于几乎所有的重要工作都是以未来的需求预测为基础而展开的。如果错误地估计了消费者的需求,则将给预测型商业模式带来极大风险。而且,在分销渠道中的每一家企业都重复着类似的预测过程。

图1-3 预测型商业模式

1.7.2 响应型商业模式

预测型商业模式供应链与响应型商业模式供应链之间最本质的区别在于对及时性的把握。响应型商业模式通过供应链参与者之间的共同计划和信息快速交换,减少或消除了对预测的依赖性。

由于以较低成本就能获得所需信息,企业与企业之间不得不展开基于时间的竞争。企业的管理者不断共享信息,以便提高供应链物流的速度和准确性。例如,企业可以通过信息共享改善预测的准确性,甚至能够取消预测以杜绝由预测产生的计划外库存。从预测型商业模式到响应型商业模式的转变之所以可行,是因为当今的管理者意识到先进的信息技术能够帮助企业快速获得并共享准确的销售信息,同时改善对运作流程的控制。如果供应链的所有成员都能做到协同运作,就可以降低整体库存,消除那些重复、高成本的冗余环节。更重要的是,消费者能快速获得他们所需要的产品。

图1-4描述了根据客户订单进行生产或装配的响应型商业模式。它与预测型商业模式的本质区别在于驱动商业运作的事件顺序有所不同。我们可以很直观地看到,与图1-3相比,响应型商业模式需要的步骤更少。步骤的减少通常意味着费用的降低以及从接收订单到最终交货过程中总时间的缩短。响应型商业模式由销售驱动,随后是原材料采购、定制化生产和直接将产品送到客户手中。

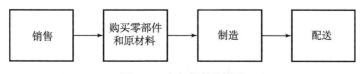

图1-4 响应型商业模式

响应型商业模式与传统的接单生产(BTO)的制造模式,在很多方面都有相似之处。两者之间的主要区别在于交付时间和客户定制服务的程度上。从接收订单到交付订单所需的时间来看，现代的响应型系统比传统的接单生产系统更快。企业每天都根据销售情况对零售店进行补货，这已经逐渐成为一种普遍现象。现在，汽车商家承诺在 10 个工作日之内，就能根据客户要求将汽车交付到客户手中，商家们甚至想进一步缩短从订货到交货的时间周期。而仅仅在几年前，压缩从订货到交货的时间周期还是一件难以想象的事情。

与传统的大量接单生产相比，响应型供应链最突出的特点在于它具有独特的小批量定制生产能力。通过互联网，企业能够直接与客户沟通，这进一步促进了定制化生产的发展。在大多数传统的预测型分销系统中，客户是一个被动的参与者，所拥有的唯一权利就是决定是否购买产品。与之相比，响应型供应链则强调客户的直接参与，这至少具有以下三个方面的优势：首先，在选择产品或者服务的时候，客户的参与能使他们在更大范围内进行考虑和选择。其次，客户能获得更全面的价格信息，有些时候甚至可以通过拍卖和竞价的方式影响价格。最后，这种对信息高度敏感的响应型系统有利于企业不断创新，例如，**客户配置选择板**能够让客户自行设计或者进行产品配置。

1.7.3 实施快速响应系统的障碍

在现实中，当前最成功的供应链运作方式既不是极端的预测型商业模式，也不是极端的响应型商业模式。在很大程度上，大多数企业仍然在使用预测型商业模式。然而，响应策略的发展势头也非常迅猛。也许，应用响应型商业模式的最大阻碍来自上市企业实现预期季度利润的要求。这种要求规定企业必须对连续销售和财务结果做出预测，而这种预测又经常促使企业采用促销策略，利用分销渠道及时进行销售。但是，这种方式永远不可能大量减少渠道中的库存数量。企业尝试着减少库存，使用一种响应速度更快的运作机制。要实现这一点，就意味着供应链的参与者不得不承担一次性的销售损失。由于新创企业不需要面对减少渠道库存的问题，因此它们是响应型商业模式最理想的使用者。

另外一个阻碍实施快速运作模式的因素是必须建立并维护企业间的合作关系。大多数的企业管理者既没有从事协同运营的相关经验，也没有接受过这方面的培训，因此他们无法认识到收益共享、风险共担到底有什么好处。虽然管理者高度赞同建立长期的、以快速反应为基础的战略联盟，但是他们却面临着大量的执行难题，不知道该如何行之有效地实施这种供应链合作机制。

在不久的将来，大多数企业会把预测型和响应型供应链两种商业模式结合起来，进行战略规划。因此，企业会进一步加强与客户和供应商的合作，更积极地参与到响应型商业模式中去，以充分享受这种基于网络的运作模式所带来的好处。

1.8 全球化

据保守估计，90% 以上的全球需求在当地并没有得到满足。在今后 10 年内，世界人口数量以每天 20 万人的速度增长，增加的人口数量相当于一个巨大的潜在市场，因此这将极大地促进当前的市场需求。在工业化经济与新兴经济领域中，产品和服务的增长潜力大不相同。在全球经济的工业化领域里，企业将重点放在提供满足高端客户需求的产品上。先进的经济模式为企业的发展提供了机遇，帮助企业了解如何在进行销售的同时提供增值服务。不可否认，与发达国家的消费者相比，发展中国家消费者的购买力要小得多，但是他们对基本用品和生活必需品却有非常大的需求。发展中国家的消费者更加关注如何提高日常生活的质量，而不会过分追求时尚产品或高科技产品。例如，印度和中国的人口不断增加，这为日常生活用品提供了巨大的市场，食品、服装以及耐用消费品（如冰箱、洗衣机等）的市场需求量就非常大。对那些希望不断提高经营业绩的企业而言，全球化市场的商业前景不容忽视。

除销售市场的扩大之外，企业运作效率的大幅度提高也促进了全球业务的开展。全球化运作至少能够在三个方面有助于企业提高运作效率：第一，全球市场为原材料和零部件的战略性采购提供了极大的便利；第二，企业可以在发展中国家建立工厂和配送中心，以便从当地极低的劳动力成本中获利；第三，某些国家提供优惠的税收政策，这使得全球化带来的增值作用显得更有吸引力。

随着业务的不断扩展，企业自然而然地参与到全球化的运作中，既扩大了市场份额，又提高了运作效率。一般而言，企业往往通过从事进出口贸易进军国际市场，进出口贸易涉及大量的国际商业运作，这是企业完成国际化的第一阶段。第二阶段是企业在国外的贸易地区设立分支机构。设立分支机构的方式包括对当地企业进行授权经营，或者企业自己投资建设厂房和配送中心。从事进出口贸易与在当地建立分支机构对企业而言有着显著的区别，企业的投资金额不同，同时在管理的控制程度上也存在明显的差异。国际化的第三阶段是企业跨越国界的限制，自由地在国际市场上全面开展业务。这是参与国际业务的最高阶段，我们称之为**全球化**。

与国内或区域内的物流运作相比，国际化的物流运作有四个明显的不同之处：第一，从订货到发货，与国内的业务相比，国际化物流运作的运输距离要远得多；第二，为了适应各国政府的政策和法规，企业进行商业交易所需的文件更加复杂；第三，在设计国际化的物流运作模式时，必须针对不同地区，考虑当地的运作环境以及员工工作习惯的多样性；第四，掌握不同文化之间的差异，了解当地消费者对产品的需求，是物流运作取得成功的关键。

我们必须注意到，21世纪的商业运作在一定程度上也受到了恐怖主义的威胁，因此企业迫切需要更加有效的安全保障制度。恐怖主义者的破坏活动包括毁坏运输工具以及利用物流设施运送炸药和化学药品等，这些恐怖活动具有极大的破坏性。我们将在第14章中详细讨论国际化物流中的安全问题。对企业而言，只有解决了与国际化物流相关的挑战，才能真正实现国际化物流的成功。

虽然在实现国际化和本土化的运作时，供应链一体化的物流准则与理念基本相同，但是国际化物流所具有的上述特点使其运作变得更加复杂，同时成本也更高。这些增加的成本用于支持企业拓展国内市场，并同时开展包括发达国家与发展中国家在内的全球商务活动。然而，投资于国际化的供应链管理以及物流运作将导致极高的资金风险，为了解决这个问题，企业必须采取一体化的运作战略和相关策略。

1.9 产业扰动

高质量的供应链和物流系统必须能够适应客户需求和技术的变化。尽管这些扰动（disruptors）会随着时间的推移而演变，但识别当前的扰动，并明确扰动是如何驱动供应链和物流变化的仍然非常重要。这里有很多扰动会影响到供应链和物流的战略制定与运作决策，其中最有代表性的就是客户需求和技术能力的变化。当前的研究已经表明客户和技术就是影响供应链和物流的最主要的扰动。[7]

1.9.1 客户需求

加德纳咨询机构的研究表明，有5个客户需求的变化影响到了供应链：①"马上就要"的心态；②个性化；③千禧一代的偏好；④全渠道购物；⑤老龄客户的需求。下面将进行简要介绍。

"马上就要"的心态来源于客户希望需求马上得到满足，并且在他们期望的地方得到需要的产品。在大部分情况下，这意味着需要实现在一日或更短的时间内配送到客户的家里或工作场所。这会促使管理者在制定供应链战略时，大量增加分销中心来提高运输的柔性。

个性化是指客户越来越期望他们所需要的产品是定制化的。这个定制化可能是独有的产品图案或者标签，也可能是特有的尺寸、定做的耐用品或是加量的食物和饮料。这表明会有更多的产品在商店的货架上售卖，而且从制造商到客户的产品流动会变得更加复杂。

千禧一代的偏好指的是客户在产品包装尺寸上具有需求波动性。由于千禧一代的生活方式和所处的环境，他们的需求波动性很大，这导致许多产品都有多种包装尺寸和规格。他们通常喜欢较小的、可以重复使用的包装。这种波动性使得供应链变得更加复杂。

全渠道购物指的是客户希望通过多个分销渠道来购买商品，如零售商、制造商、批发会员店或者在线购物。虽然有很多人通过电子商务网站在线购物，但是如果客户追求的是快速获取或者低价格，那么从实体商店购物仍然是一个很常见的选择。这就导致企业必须同时通过多个渠道配送商品。

老龄客户同样对供应链运作有不断增加的需求。二战后，生育高峰期出生的那一代人需要更加定制化的产品和服务，尤其是在医疗保健和救护方面。这些老龄客户对供应链的最主要需求是更加定制化和更加快速响应。

这些不断增加的需求要求今天的供应链变得更加快速响应、更加柔性和更加定制化。这推动着只关注规模经济的传统供应链，变成具有高度适应性且更加复杂的现代供应链，同时还必须保持成本最小化。

1.9.2 技术

研究表明有6项技术的变革给供应链和物流的战略与运作提供了新的机遇和挑战，它们分别是：①自动驾驶技术和物联网；②人工智能；③"优步化"；④3D打印；⑤大数据；⑥可替代燃料。以下将进行详细说明。

自动驾驶技术给那些用于长途运输和配送的无人驾驶运输工具提供了机会，比如无人机。交通堵塞和驾驶员短缺使得商品运输，尤其是小批量、多频次的及时运输变得非常困难。无人驾驶的卡车或列队行驶卡车可以降低每吨英里⊖货运所需的驾驶员数量。物联网技术可以帮助供应链监视生产设备、运输设备、需求和库存水平，不需要额外投入人力时间和成本。自动驾驶技术和物联网使得供应链可以在人才缺口不断增大的情况下，满足不断增长的专业化需求。

⊖ 1英里=1 609米。

人工智能（AI）是一项基于信息的技术，它建立了决策逻辑的架构，可以自动地应用决策逻辑进行商业决策，而不需要浪费行业专家的时间。在供应链中，AI 程序通常包含需求预测、生产计划与调度、库存管理、设备修复以及车辆路径规划等。当供应链技术和供应链人才的交互变得越来越复杂的时候，AI 有助于捕捉和扩展行业最新的专业知识和技能。

优步化指的是优步形式的出租车系统在货运行业中的应用。传统的货运一般是使用自有的、合同式的或者公共的承运商来完成，这意味着承运商必须通过拥有一个由多个自有设施组成的运输体系来完成运输服务。大部分情况下，承运商会尽量把小批量的运输合并在一起，以实现规模经济。对托运人来说，可以在货运中应用优步的理念实现更多小批量货物的定制化配送。举个例子，所有的实体店零售商和在线零售商都可以用优步的形式提供小包裹的快速配送。在供应链中，这种基于优步形式的服务可以由提供优步或者 Lyft 客运服务的组织来提供，或者是由提供优步形式货运服务的合同组织来提供，甚至是零售商的员工在回家的路上也可以顺手将小包裹捎带配送给客户。

3D 打印技术正在被广泛应用在供应链中，以提供定制化的产品或零部件。对供应链来说，3D 打印的重大意义在于它可以管理所有类型设备的备件。举个例子，汽车厂家需要在全世界各地的分销中心保有一定数量的备件库存，以确保当客户需要的时候，这些备件可以快速提供给客户。这种供应链策略会导致出现大量的备件库存，而这种高额的库存会增加企业的成本，同时这些备件经常会随着新技术和新产品的出现而被淘汰。3D 打印技术的应用可以减少这种供应链上的备件库存，因为每个零部件都可以只在需要的时候才被打印出来。

大数据技术指的是与供应链活动有关的海量数据会被搜集起来。供应链的大数据类型包括客户订单、供应链订单、保修数据、运输数据以及制造和装夹设备的性能数据等。这些数据记录了供应链上的相关活动，搜集和分析这些数据使得供应链专家可以识别和理解这些活动之间的相互关系、驱动这些活动的内在机制以及由此产生的成本。

今天的供应链基本上都是使用基于原油的燃料，例如柴油、汽油、航空燃油、船用重油等。人们一直在探索可替代燃料技术，以降低运营成本和实现可持续运营。液化天然气和压缩天然气正在被应用到卡车运输中，它们可以提高里程数和降低排放量。与此同时，电池驱动的车辆也正处于测试阶段。这些可替代燃料提供了更加可持续的廉价能源，但是相关的支持基础设施有限，这意味着这些燃料可能无法在当前的供应链中使用。尽管如此，我们仍坚信随着基础设施的不断建设，未来可替代燃料会得到广泛的应用。

1.9.3 结论

客户需求的柔性和快速响应性对供应链的设计和运作提出了更多的要求。当新的技术提供了满足客户需求的可能性时，必须在技术所带来的机遇和在现有体系上的投入之间进行权衡。基于这种权衡的决策会是供应链专家长久的挑战。

本章小结

企业只有不断增强一体化管理的能力，才能不断提高生产力。这种一体化的管理必须从职能和流程两个方面提高运作质量。从职能上说，要尽可能用最高的效率完成关键工作。从流程上说，单个企业的业务流程创造了价值，同样，供应链中相互协作的企业之间的业务流程也创造了价值。企业必须对这两种流程进行不断的改进。

曾经有人设想将大多数企业，甚至所有企业全部连接起来组成一个高效运转的端到端的供应链。遗憾的是，这种想法在今后若干年内都无法实现。自由竞争市场所具有的动态性阻碍了这种想法的实现，然而供应链中跨企业间的一体化越来越普遍。一旦能成功实现这种一体化，那么将孕育出新的、激动人心的商业模式，从而有助于企业获得竞争优势。而新的模式一旦出现，上述供应链的一体化就要持续不断地变革以适应新的模式。有关供应链的一体化的认识仍然处于不断完善中，也许今天还奏效的方法到了明天就不再适用，反过来说，今天不适用的方法在以后或许会有用武之地。

因此，供应链协同具有高度的动态性。供应链的魅力在于它提供了一种全新的方法，提高了市场份额和运作效率。21世纪的物流管理者必须高度重视供应链所带来的机遇，并尽可能把握住这些机遇。而供应链一体化只是提高企业盈利能力和发展能力的一种手段，一体化本身并不是其最终目的。

从一体化物流管理的角度来看，供应链战略的制定为一体化物流管理的实现提供了运作框架，企业必须将物流运作直接与供应链的结构和战略连接起来。确定了国际化的供应链结构和战略后，全球化就会给物流绩效带来诸多挑战。简而言之，供应链战略和相关的供应链结构组成了物流需求的基本框架。在第3章中，我们将对物流进行详细阐述。

学习型思考题

1. 请比较现代供应链与传统分销渠道的基本概念，并详细分析它们的相同点和不同点。
2. 物流在供应链运作中扮演了什么样的角色？请详细说明。
3. 什么是整合服务提供商？整合服务提供商与传统的服务提供商有哪些区别，比如那些提供货物运输或服务的公司？
4. 请比较预测型和响应型两种商业模式，并解释为什么响应型商业模式更有利于供应链战略与合作。
5. 请列举五个非典型的供应链应用，并讨论它们与传统供应链应用的相同点和不同点。
6. 请分别列举一个客户需求扰动与技术扰动，并讨论它们是如何影响供应链的设计与战略的。

挑战型思考题

1. 一家实体玩具店计划建立600家临时的季节性零售店，与这一计划相关的运营挑战有哪些？请具体说明在圣诞销售旺季之前、期间以及之后供应链面临的挑战。
2. 基于你的知识背景和所在的行业，列举至少一项客户需求扰动或技术扰动，并讨论它给供应链管理带来了怎样的影响。
3. 逆向物流如何创造价值？请详细讨论。
4. 基于你对非典型供应链应用的认知，讨论供应链的准则是如何应用在非典型供应链中的。

注释

1. Henry Ford, *Today and Tomorrow*（New York: Doubleday, Page, and Company, 1926）. Reprinted by Productivity Press（Portland, OR, 1988）.

2. 客户被认为是供应链的终点。客户既可以自己消费产品,也可以将其作为其他流程或产品的一个不可分割的组成部分。其中的关键在于,客户消费了产品之后,原有产品将不再具有其特有的形态。举例来说,从制造商手中购买产品用于销售的批发商和零售商,通常被看作中间客户。

3. Frederick W. Taylor, *Scientific Management* (New York: W.W.Norton, 1967).

4. 1984年10月11日,里根总统签署了《国家合作研究开发法案》(Public Law 98-462),以促进研究和发展,鼓励创新,刺激贸易,并对反托拉斯法做出适当的、必要的修改。这项法案允许企业通过合作进行产品研发,直至制作出样品。同时,这项法案进一步明确了反托拉斯法应当建立在"合理的准则"的基础上,全面地考虑各种影响竞争的因素。1993年6月10日,克林顿总统又签署了一项补充法案:《国家合作生产修正案》(Public Law 103-42)。这项法案不但允许合资企业共同开发,而且还可以共同进行产品、运作或服务的生产和测试。相应地,又产生了一项新法案:《1993年国家合作和研究生产法案》,从而取代了1984年的旧法案。此外,这项法案确定了一个新程序,要求商业机构向司法部和联邦贸易委员会通报它们的合作安排,从而享有民事反垄断责任的单方损失限制。2004年,布什总统签署了《标准发展组织改进法案》(SDOAA, H. R. 1086),该法案对1993年的法案进行了修订,给予了发展组织一定的豁免权,从而进一步使合作条例具有法律效应。

5. Public Laws 96-296 and 96-488. 我们将在第8章中对此处提到的各项法律文件进行更详细的讨论。

6. "2018 Third Party Logistics Report," Penske Logistics.

7. Gresham, Tom. "6 Technologies Guaranteed To Disrupt Your Supply Chain." Inbound Logistics (July 2016), pp. 138-144.

第 2 章
供应链信息技术

　　信息技术的快速发展给供应链和物流的战略与运作带来了很多新的机会和挑战。自从 2000 年以来，计算机的小型化、互联网、价格低廉的信息快速传输、全渠道的供应链运作给全球商业带来了极大的影响。信息的特点是快速、可访问、准确、相互关联和容易获取，而且与信息相关的业务处理都已经形成了规范。互联网是一种常见的经济型的方式，人们可以在互联网上完成企业－企业（B2B）和企业－客户（B2C）的业务操作。互联网浏览器已经变成了供应链伙伴之间完成业务交互和数据交换的默认的标准方式。3D 打印技术也使得物理产品在互联网上的传输变成可能。全球互联网的传输能力和标准化也在推动着企业全球化业务的执行和追踪。

　　20 世纪的最后 10 年是信息或数字时代的启蒙阶段，同时，数字时代将继续在 21 世纪呈现持续发展的趋势。数字时代的本质就是合作商业组织之间的相互联通，这推动着供应链管理的持续发展。与此同时，管理者们也在不断增强和整合传统的营销、制造、采购及物流环节。通过这种方式，企业可以根据准确的客户需求提供产品和解决方案，并快速配送到全球各地的消费者手中。物流系统则可以确保实现产品的准时配送，消费者订购产品和产品分类配送能在短短几个小时内实现。在以往的服务中常常出现的错误变得越来越少，取而代之的是不断增加的管理承诺，比如零缺陷或者通常所说的六西格玛。完美订单，即按照所需的产品种类和质量要求，准时将产品完好无损地配送到指定地点，并开具正确的发票。这在过去是非常少见的，而现在已经成了意料之中的事情。或许，这源于一个不可忽略的事实——如今，花费远低于过去一般情况下的总成本和少量的资金就能够实现上述这种高水平的服务。然而归根结底，所有这些商业结构和战略上的根本性改变，很大程度上来源于信息技术的不断发展。

　　供应链和物流中的很多环节都会应用到信息技术，因此在许多章节中都会有关于信息技术的讨论。本章将介绍供应链信息技术的基本框架，以使读者理解信息技术在供应链的设计、战略和执行中所扮演的角色。这个框架描述了供应链信息技术的蓝图，后续章节会针对其中的单个技术模块展开详细的论述。

2.1 信息系统功能

信息技术是供应链计划和执行的推动器。供应链信息系统发起了所有的供应链活动，并追踪运作过程中的相关信息，这有利于企业内部以及企业与供应链合作伙伴之间的信息共享，同时可以辅助企业进行管理监督和决策支持。一个综合的信息系统是由业务模块、决策支持模块和通信模块组成的有机整体。

最初，企业把物流运作的重点放在产品的存储以及产品在供应链中的流动上。由于传统的观念认为信息的传递和准确性对客户来说无关紧要，因此企业往往忽视了进行准确的信息交流所具有的重要意义。此外，由于纸质邮件和人力传输信息的速度较慢，因此信息的交换速度也受到了一定限制。

及时准确的信息之所以对供应链的设计和运作来说变得越来越重要，是因为受到了以下5个方面影响。第一，客户希望得到包括订单状态、产品的可得性、配送状态及费用清单在内的所有信息，他们认为这是日常交易运作中必须得到的信息，而且他们希望获得的是实时信息。第二，为了管理供应链资产总额，管理者逐渐开始意识到，有效地利用信息可以减少企业对库存以及人力资源的需求。尤其当企业以实时信息为基础制订需求计划时，就可以有效减少需求的不确定性，从而减少库存。第三，信息能够提高企业的灵活性，告诉管理者应该在何时、何地、用何种方法使用资源，从而获得战略优势。第四，互联网的发展大大地增强了信息的传输与交换，促进了企业之间的合作，并且重新定义了供应链中各个成员之间的关系。最后，随着供应链对于消除不确定性和波动性的需求不断增加，增强库存的透明性和可见性变得越来越重要。

国际航运是综合信息系统推动供应链优化应用的典型例子。对国际航运企业来说，常常需要根据当地市场的实时反馈信息重新调整在途集装箱的目的地，信息技术推动了这样的调整，在提升物流服务水平的同时，也提高了资产利用率。

供应链信息系统（SCIS）连接了各种物流活动，并将它们串联成一个有机整体。具体来说，它由以下4个不同层次的功能模块组成：①业务处理系统；②管理控制；③决策分析；④战略规划。图2-1阐述了每个层次上发生的物流活动及所需的信息。正如这个金字塔结构所显示的一样，一个强有力的业务处理系统为提高管理控制、决策分析以及战略规划水平奠定了坚实的基础。

业务处理系统的特点在于，它有正式的规则、制式的程序以及标准化的沟通模式。同时，业务处理系统注重日常操作，拥有庞大的业务处理量。业务处理系统将结构化的运作与庞大的业务处理量结合在一起，因此信息系统的运作效率成为关注的焦点。在最基础的层次，业务处理系统发起单个物流活动，并且记录其运作情况和功效。典型的业务活动通常包括订单录入、库存分配、订单拣选、发货、定价、结算及提供客户查询服务等。举例来说，企业完成了客户订单的录入，就意味着该客户的产品需求信息已经进入了信息系统。订单录入的同时又引发了第二个业务活动,即为订单分配所需的库存。紧接着又产生了第三个业务活动,即根据订单的要求,将货物从仓库中拣选出来。第四个业务活动是将货物发运给客户。最后一个业务是结算并记录相应的应收账款金额。在整个过程中,企业和客户都希望能够获得与订单状态有关的实时信息。因此,经过了信息系统的一系列处理之后,客户订单的运作周期得以圆满完成。

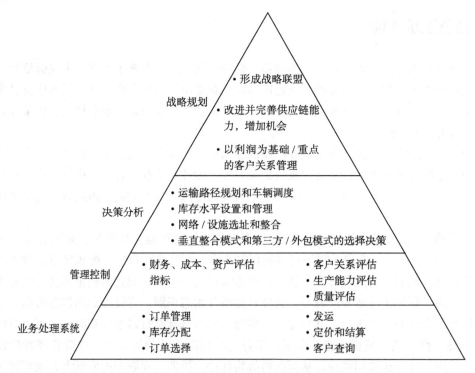

图 2-1 供应链信息系统的功能模块

供应链信息系统的第二个层次是**管理控制**,它把重点放在对运作绩效的评估和汇报方面。绩效评估能够非常有效地提供反馈,帮助企业了解供应链绩效及资源的使用情况。通常,绩效评估的指标包括成本、客户服务、生产能力、产品质量和资产管理等。例如,可以使用每英担货物的运输和仓储成本、存货周转率、订单完成率、单位劳动力每小时的工作效率以及客户服务水平等指标来完成特定的绩效评估。

供应链信息系统在报告系统历史绩效的同时,也应该具备分辨异常运作信息的能力。对异常信息的管理有助于企业增强对潜在的客户失误或操作故障的重视程度。举例来说,企业如果希望供应链信息系统具有一定的预见性,那么该系统就必须能够做好需求预测和库存计划,以避免将来出现库存短缺的情况。异常信息的报告应该能够识别出潜在的运输、仓储及人力等方面的需求约束。有些控制指标的含义非常明确,如成本;但是有些指标的含义却不十分明确,如客户服务或者产品质量等。举例来说,客户服务既可以从内部即企业自身的角度来进行衡量,同时也可以从外部即客户的角度来进行衡量。内部的衡量指标比较容易测定,而外部衡量就相对较难掌控,因为外部衡量要涉及客户和其他外部合作伙伴。

供应链信息系统的第三个层次是**决策分析**,它利用软件工具进行辅助管理。决策分析有助于企业对多种战略和策略进行分析、评价和比较,从而选择出最合适的战略,提高运作效率。典型的分析包括供应链设计、库存管理、资源配置、路径安排以及计算各种运作的利润率。在理想情况下，供应链信息系统的决策分析还应该包括数据库维护、建模、分析和实时报告。与管理控制类似，决策分析同样也涉及一些运作层面的考虑，如运输路径规划及仓储计划。此外，决策分析还能用于管理客户关系，帮助企业进行有效权衡，使客户满意，并帮助客户取得成功。

战略规划是供应链信息系统的最高层次，它收集各种业务处理数据，然后将它们集成起来，形成一个关系型数据库，用以辅助企业战略的制定和评估工作。从本质上来说，战略规划关注的重点是各种信息，它不断地利用信息对企业的供应链和物流战略进行评价，并加以完善。建立战略联盟、提高和改善生产能力以及提升客户关系管理能力等，都是企业进行战略规划决策的典型内容。图2-2中两个相对的三角形揭示了供应链信息系统的特点，并且针对这些特点进行了论述。开发和维护成本不仅包括购买硬件和软件的费用、沟通和培训方面的开销，还包括人力成本的支出。过去，在进行系统开发时，许多企业往往将注意力放在提高业务处理系统的效率上。尽管这种方法最初可以提高运作速度并降低运作成本，但是随着运作速度的不断提高，可以完善的空间就大大缩小了。当前，在大多数供应链信息系统的开发和实施过程中，企业应该重点关注如何加强供应链系统的一体化运作和提升企业的决策能力。

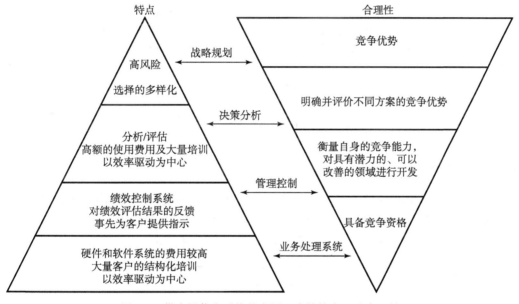

图 2-2 供应链信息系统的应用、决策特点以及合理性

2.2 供应链信息系统的组成模块

一个综合的供应链信息系统在企业的决策过程中起到了推动、监控以及辅助决策的作用，同时它还可以及时报告企业完成供应链运作、实施供应链计划所需的各种活动。供应链信息系统的主要组成模块以及交互接口包括：①企业资源计划（ERP）；②通信系统；③执行系统；④计划系统。图2-3是面向应用视角的供应链信息系统架构。下面将从企业应用视角详细阐述每个模块的具体特点和功能。

对大多数企业而言，图2-3中所示的ERP系统是企业物流信息系统中最核心的部分。它包括维护当前数据和历史数据、对业务进行处理从而促使运作的开展，以及监控运作水平等内容。

20世纪90年代,大量企业逐渐用ERP系统代替了自主开发的功能模块(称为"遗留系统")。ERP系统是一个集成的业务处理模块和过程集,它建立在通用的、稳定的数据库基础之上,该数据库存储了运作(即基于产品和企业活动的运作)和财务(即基于货币的财务管理)相关的信息。ERP系统既有助于企业顺利开展一体化运作,又为企业对关键活动的推动、监控和跟踪提供了便利,如对订单的交付、补货过程等活动进行跟踪。除此之外,ERP系统还包括一个集成的、涵盖了整个企业所有运作的数据库(我们有时也称之为数据仓库),并且建立了适合企业自身特点的业务处理方式,以便于企业从事物流和供应链的计划与运作。使用了ERP系统后,供应链中的各种业务都得到了优化,如订单输入和订单管理、库存分配和运输等。除了这些供应链的应用之外,ERP系统通常还具有财务、会计和人力资源管理等功能。企业在进行数据挖掘、知识管理以及应用其他一体化的方法时,都可以使用ERP系统来深入洞察企业的客户、产品和运作。

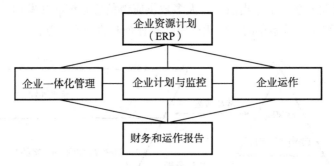

图 2-3　面向应用视角的 SCIs 架构

2.2.1　企业的一体化管理

企业的一体化管理模块并不是ERP模块中专门应用于供应链管理的模块,但是供应链的运作与一体化管理模块关系密切。一体化管理模块的主要组成部分如图2-4所示,包括:①综合管理;②应付账款和应收账款;③库存财务会计;④总账管理;⑤人力资源管理。

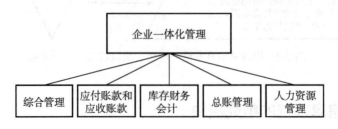

图 2-4　企业一体化管理模块的组成部分

综合管理包括各种与企业组织架构和企业运作流程规范相关的管理活动。在供应链运作中,综合管理模块用于制定报表规范、明确和调整组织架构、规范运作流程(如订单交付和补货)等。应付账款和应收账款模块的作用包括处理应收款项(客户)和应付款项(供应商)。这只是基本的会计功能,供应链运作中更重要的是处理材料或服务的购置对应付账款的影响,以及已完成订单的交付和开具发票对应收账款的影响。库存财务会计模块的作用是跟踪供应链中的增值环节以便制作财务和税务报表。供应链中的增值环节(如生产、库存控制、包装等)发生在何时、何地与企业的纳税额度和财务表现（如股票价值的浮动）紧密相关。总账管理模块的作用是管理并制定细分账目的结构，这些细分账目既用于监管纳税和财务状况，也用于制作相关报表。在供应链中企业内外的各个环节处理着大量业务往来，这些业务总会涉及总账中的部分内容，因此总账深刻影响着客户服务成本的衡量、监控和汇报。ERP系统中人力资源管理模块用于跟踪员工的工作绩效和技能水平。在很多企业中，员工分布在供应链的各个部门（如制造部门、配送部门、采购部门等），甚至分布在全球各地，因此跟踪员工的薪酬等级与技能水平对有效制定供应链人力资源决策至关重要。

2.2.2 企业供应链运作

企业运作包括供应链信息系统中用于支持供应链日常运作的各个模块，具体如图2-5所示，分别是：①客户关系管理；②物流；③制造；④采购；⑤库存部署。将企业运作系统和ERP系统结合起来，就能为各种供应链运作活动提供有力的支持。有的ERP系统支持所有必要的供应链运作模块，而有的则缺少支持某些功能的模块（如仓储和运输）。

客户关系管理（CRM）系统，是用于客户、销售人员、运作管理人员进行信息交互的应用模块。物流模块用于指挥和监控物流活动，包括成品库存管理、订单处理、仓储管理、运输管理和堆场管理。制造模块用于调度和分配生产资源、制订零部件的需求计划。采购模块用于发起和跟踪采购活动，包括采购订单的下达、推动和供应商管理。库存部署模块用于调度并监控物料的流动，以满足生产和库存配置的需求。图2-5列出了每一模块中典型的运作应用程序，这些应用程序将在与运作相关的章节里详细讨论。

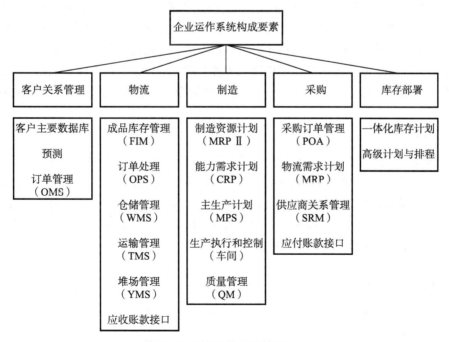

图2-5 企业运作系统模块

传统的信息技术交付方式是为了管理和维持企业自有的计算机能力，大型主机的计算能力是使用多样化信息技术系统驱动供应链运作的基础。进入21世纪后，这种对内部计算系统要求颇高的状况得到迅速改变。企业越来越多地以外部主机系统的形式购买供应链信息技术的支持服务。这些外部主机系统包括基于云端的硬件和软件系统。技术应用企业开发了多种提供并维护高水平绩效体系的技术系统，如**仓储管理系统（WMS）**、**运输管理系统（TMS）**、**堆场管理系统（YMS）**等。这些应用程序会在本章的后续部分进行简要讨论。这些应用程序的软件包通常被称为"**软件即服务**"（SaaS），企业可以通过内部使用或外部主机系统的形式购买。开发主机系统的服务企业所开发的应用具有调用海量计算机资源的能力，这类应用被称为"**云计算**"。

2.2.3 企业计划与监控

企业计划与监控模块包括企业内部和企业外部供应链伙伴之间进行计划交互和信息共享的过程和技术。图 2-6 说明了企业计划与监控模块的构成，具体包括：①销售和运作计划；②供应链可视化和异常管理；③供应链合规管理。由于此模块的很多活动涉及企业内部的多个部门以及企业外部的其他供应链成员，所以企业各部门之间、供应链成员之间必须建立规范的标准以保证相关活动的有效实施。

销售和运作计划（S&OP）是指企业和供应链成员之间平衡需求和供应能力的过程（具体参见

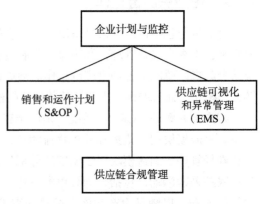

图 2-6　企业计划与监控模块

第 5 章）。销售和运作计划本质上是各部门相互协调和整合的过程，因此需要利用信息技术来评估需求量、供应能力，以及企业资源的均衡配置。主要应用的信息技术是计划和调度应用程序。供应链可视化和异常管理的作用有两个：一是对在途的产品进行跟踪，二是提高对供应链中异常事件的预测能力，尽可能避免生产中断或服务失败。供应链合规管理系统监控零部件和产品的流动信息，确保产品的标注、纳税和安全标准等遵守当地政府的法规以及其他相关规章制度。

2.2.4 通信技术

通信技术包括用于系统之间信息交互的硬件和软件，以及企业内部、供应链成员之间的通信基础设施。企业内部和供应链成员之间实现实时信息交换以后，企业内部材料供应、生产、库存、客户订单履行和运输等方面的协作水平将大大提高。从供应链角度来看，供应链成员之间需求的常规性和稳定性、各成员企业的活力水平以及绩效信息的交互水平能够提高整个供应链的效率、效益、相关度及可持续发展能力。

2.2.5 联通消费者

互联网的迅速发展与普及应用是企业与其客户对接的新方式，无论是零售商还是制造商，都越来越多地通过互联网直接与终端消费者联系。这一新的联通方式促生了两种主要的沟通：订购沟通及售后服务沟通，二者均对供应链具有重要的影响。

在订购方面，互联网为消费者提供了直接与零售商或制造商取得并保持联系的方式。从本质上来说，这种双向的联通是传统邮件订购的衍生形式。互联网联通具有快捷、灵活的特点，这就使得订货、库存安排、加工时间及地点、产品配送等方面的互动沟通变得更加多样化和综合化。例如，从订货到交付全程跟踪订单变得十分常见。通过便捷的互联网联通方式可以全程监控从订货至送货到家或零售店自提的过程。

在退换货或者我们通常所说的"**逆向物流**"方面，互联网为实施、追踪产品维修或替换提供了快捷、准确的方式。此外，消费者与产品制造商之间的直接沟通能够促使企业快速地解决客户服务中与产品使用和保修相关的问题。

除了信息技术，其他四种相互关联的因素也推动了供应链运作的快速发展，它们分别是：①一体化管理和供应链流程；②响应性；③财务管理优化；④全球一体化。在可预见的将来，这些驱动力将推动供应链结构和战略的发展，使其遍及绝大多数行业。我们将对供应链的每一种驱动力进行简单的探讨，从而在此基础上更好地理解供应链管理给当前物流绩效带来的挑战。

2.2.6 区块链

区块链是一种通信技术，可以帮助财务和供应链机构实现安全通信。供应链合作伙伴之间采用传统的电子数据交换（EDI）的方式进行信息交换和共享，存在着很多关于数据准确性、一致性和安全性方面的问题。尤其是当涉及分布式系统中的原材料溯源、生产设施跟踪、产品跟踪和全球跟踪时，这种情况表现得更为明显。

目前有很多行业面临商品造假、原材料来源伪造、盗窃转售等问题，因此很多企业不得不面临诸多挑战，尤其是对于那些高价值的品牌商品、耐用品的维修部件、医疗服务的供应、酒精和药物等更是如此。商品的高价值和易于仿制的特性，给在灰色市场的制造商和分销商提供了很多的销售机会。由于假货的包装和假货本身看起来与真货很相似，造假者会把假货以高价卖出，这样不但欺骗了消费者，还给品牌商带来了损失。

医药行业是受假货影响最大的行业。高价值、原材料易于伪造、灰色市场的制造商和分销商，这些都给造假的厂商获取巨额利益带来了便利，但也给消费者带来了很多危险。这促进了《药品供应链安全法案》（DSCSA）在美国的颁布，其他许多国家也颁布了类似的法案。DSCSA要求不管是原材料、成品还是包装，从制造的第一阶段开始，一直到销售给零售商或患者进行诊疗的医疗机构，都必须能够跟踪。

区块链是一种分布式的数据库技术，它可以存储业务或事件的数据内容，并防止这些数据被篡改。许多机构，例如供应商、制造商、分销商、零售商和物流服务提供商等，可以访问、检索或者增加数据，但是无法改变或者删除原有的数据信息。原始数据信息会被存储在一个永久的公共信息节点上，或者业务链中。

为了便于理解，我们来打个比方：如果整个区块链存储着客户订单和补货订单的信息的话，每个独立的订单就是区块链中的一个单独的"区块"。和供应链不同的是，这个链中并没有一个组织（如供应商、制造商、分销商、零售商和物流服务提供商等）来控制这些业务。一旦这个"区块"被加载到区块链中，它就无法被任何一方改变，这使得供应链通过互联网来监控和追踪交易信息变得更加容易和安全。

区块链技术允许企业以更加安全和透明的方式，跟踪产品从生产到销售的所有移动。这样可以减少时间的延误，减少移动过程中所增加的成本，以及减少人为失误。使用区块链技术的供应链数量在不断增加，未来很有可能那些容易变质或者有保质期限的产品必须使用区块链技术，而且这将会变成业界的共识。

具体来说，区块链技术可以从以下方面提升供应链的运作绩效：[1]

- 当资产（通过托盘、挂车、集装箱等）在供应链的节点之间移动时，记录资产的数量和转移的行为。
- 跟踪采购订单、变更订单、收据、装运通知或者是其他与贸易相关的文档。
- 分配或验证实体商品的许可证书或某个特定的属性。
- 将实体商品和序列号、条形码及数字标签（如RFID）联结起来。
- 在供应商和厂商之间共享商品的制造、装配、配送和维修信息。

区块链技术给供应链的运作带来了很多益处，具体包括：

- 更高的透明性：记录一个商品的供应链全流程，可以显示出其真实的来源和供应链中所有的接触点，这有利于增加信任，同时可以帮助消除在当前不透明供应链中存在的偏见。零部件制造商也可以通过与装配制造商和监管机构共享日志信息来减少有可能发生的召回。
- 更大的扩展性：几乎供应链上所有参与者都可以从任何节点上访问数据。
- 更好的安全性：一个共享的、无法擦除的、有编纂规则的账套，可能会消除内部系统和流程所需要的审计工作。
- 不断增加的创新性：区块链的分散式架构使得大量创造新的、专业化的应用在技术上成为可能。

2.3 物流运作模型

供应链信息系统的关键组件包括：一个运输管理系统（TMS）、一个仓储管理系统（WMS）、一个堆场管理系统（YMS）。这些系统会在后续的相关章节中进行详细讨论（TMS在第8章，WMS和YMS在第9章）。以下对每个系统进行简要介绍，以说明这些组件是如何融入整个供应链信息系统的。

运输管理系统管理与供应链中商品的移动、分析和绩效评价有关的业务和资源。TMS可以被安装在本地的主机上，但是在大部分情况下，TMS的服务需要通过外部服务提供商或者云服务提供商来提供访问，这样可以通过多个用户共享程序来实现规模效应。TMS的典型功能包括：①完成来自多个订单的装载；②确认有可能的承运商；③维护运输费用的数据库；④确定运输模式和运输路线；⑤提供相关资料来选择发运和中转的产品；⑥编制发运文件；⑦跟踪在途订单；⑧将发运信息推送至应收账户。TMS的应用将在第8章中进行详细的讨论。

在大部分情况下，仓储管理系统管理和推动与收货、存货、取货和发货有关的所有业务。WMS可以驱动人工业务或一个复杂的自动化系统。TMS通常是在一个云服务环境中，这样有利于在车间和公司之间共享运输信息。而WMS通常是分散在每个车间中，这样一旦车间之间发生通信错误，也不会迫使整个仓库关闭。WMS的典型功能包括：①发货单据；②产品的存储和保管；③仓储地点的产品回收；④组织产品的发运；⑤提供增值服务，如包装、标签标记或其他形式的定制化服务。WMS的应用将在第9章中进行详细的讨论。

堆场管理系统管理在公司堆场或者是仓储区域的货车拖车或轨道列车。一个大型的分销中心可能会有成百上千辆拖车在堆场里等待装货或卸货。从概念上来说，拖车在堆场里和托盘在仓库里很相像。当分销中心需要空车来装运时，YMS会指导堆场司机驾驶空车到达指定位置。当分销中心需要从堆场的拖车里接收货物时，YMS会告诉堆场司机那个拖车的位置，并指导他完成拖车卸货。实际上，YMS管理着堆场中重车和空车的详细情况，并且推动拖车在堆场和分销中心之间的移动。YMS的应用将在第9章中进行详细的讨论。

本章小结

供应链信息系统给现代的供应链提供了"骨架"和"神经系统"。ERP系统就是"骨架"，它包含数据仓库和整个供应链业务处理的能力，比如数据录入、库存接收和发运。ERP系统的关键需求是数据的完整性、一致性和透明性。业务处理系统的关键需求是安全性、柔性和速度。ERP同样也提供了会计和人力资源方面的支持，从技术上来说这些并不是供应链信息系统的组成部分。供应链运作包含支持客户关系管理、物流、制造、采购和库存部署的业务能力。

企业的计划与监控系统提供了完成制造和库存计划的能力，这通常需要在预测准确性、生产成本和库存存储成本之间进行权衡。监控系统可以跟踪库存在供应链中的移动，同时提供异常事件（恶劣天气、拥堵或者其他原因导致的运输延迟）的可视化功能，这些异常事件会影响供应链的绩效。通信和区块链技术则有助于订单和库存信息在整个供应链中的交换和记录。

学习型思考题

1. 讨论供应链信息系统是如何给企业带来竞争优势的。
2. 比较供应链业务处理、管理控制、决策分析和战略规划系统的区别。
3. 请描述区块链技术给供应链带来的益处。
4. 讨论TMS、WMS和YMS在供应链中的角色。
5. 讨论供应链异常事件管理系统在供应链竞争中的角色。

挑战型思考题

1. 讨论区块链技术和跟踪系统是如何给企业的客户提供增值服务的。
2. 与传统的数据处理服务中心相比，SaaS和云计算技术有什么区别？
3. 比较和分析当一个公司分别采用自有信息系统、云计算和SaaS时，公司的运作管理有什么区别。

注释

1. Cottrill, Ken. "The Benefits of Blockchain: Fact or Wishful Thinking." Supply Chain Management Review（January/February 2018）. pp. 20-25.

第3章
物　流

无论是从复杂程度来看，还是从跨越的地理区域的广度来看，没有一种业务运作可以比得上物流。每年52周，每周7天，每天24小时，物流时时刻刻都在世界的每个角落不停地运转着，它将合适的产品在合适的时间送往合适的地点。如果缺少了物流，我们难以想象市场营销、生产制造和全球贸易将如何进行。尽管美国联合包裹运送服务公司（UPS）在2010年以"我们爱物流"的主题广告，让物流闻名于全球消费者，但是大多数发达工业国家的消费者并不真正理解物流，他们都以为高水平的物流服务是理所当然的事情。当他们在零售商店，或者通过电话和互联网购买商品时，他们希望商家能够遵守双方达成的交货承诺。事实上，即使是在最忙碌的时期，他们也期望每一个订单都能有及时准确的物流服务，几乎不能容忍任何失误。在过去十年间，消费者期望随着电子商务的发展而持续提高，这直接导致消费者运输变成了现代商业的一个主要内容。

尽管自从人类文明出现以来物流就始终存在，但是如何按照21世纪的最优模式开展物流运作，仍然是供应链管理研究中最具有挑战性、最吸引人的领域之一。由于物流具有新旧双重性，因此我们将寻找物流最优模式运作所带来的快速变化称为物流**复兴**。

物流涉及一系列的流程管理，包括订单处理、库存管理、运输管理以及对仓储、物料搬运及包装的一体化管理，物流设施网络将上述所有过程有机地结合在了一起。在IT架构支持下，物流的目标是给采购和生产活动提供支持，并满足客户提出的要求，以适应供应链运作的需求。如何协调企业各职能部门之间的冲突，使它们形成一个以满足客户服务为目标的有机整体，是进行企业内部管理时面临的主要挑战。在广阔的供应链环境中，运作的同步化能够实现企业内部和外部运作流程的一体化，对原材料供应商、服务供应商以及消费者都非常有利。

物流管理是由一系列流程和活动组成的，通过以总成本的最小化为目标对系统进行设计和管理，从而控制原材料、在制品和产成品在整个供应链运作中的时间和空间定位，以此来创造价值。物流是订单管理、库存管理、运输管理和仓储管理的组合，并将它们通过物流设施网络有机地结合在一起。一体化的物流服务联结并同步化整个供应链，从而形成一个持续不断的过程，这对于实现供应链价值主张的期望收益是非常有必要的。

要实现总成本的最小化，就意味着企业必须最大限度地减少与物流相关的财务费用和劳动力投入，并且必须在实现客户服务目标的同时将运作费用控制在尽可能低的水平。将物流运作所需的资源、技能和系统三者有效地融合在一起，是非常具有挑战性的，但是一旦实现之后，这种一体化的竞争优势就很难被竞争对手模仿。

在本章中，我们将重点探讨物流对一体化供应链管理所做的贡献。我们首先指出了成本和服务的重要性，然后给出了物流的价值主张。接下来探讨了如何将传统的业务职能结合起来形成新的物流过程，并分析了一体化物流的整合目标。最后从运作周期的构成和动态性的角度，阐述了物流同步化对供应链一体化的重要影响。

3.1 物流业务的重要性

通过物流过程，企业将原材料送往制造厂进行加工，然后经过配送将产成品运到客户手中。现阶段全球业务的快速发展扩大了物流运作的规模和复杂性。

当生产出的产品用于销售时，物流就在供应链的各个环节中增加了产品的价值。创造物流价值所需的成本非常高昂。尽管物流费用难以衡量，但是大多数专家一致认为，2016 年美国的物流成本约占国内生产总值的 7.5%，当年美国的国内生产总值为 185 660 亿美元，因此物流成本约为 13 925 亿美元。[1] 2016 年的运输费用是 8 950 亿美元，约占物流成本的 64.3%，GDP 的 4.8%。表 3-1 是 2007 ~ 2016 年美国物流成本的详细数据，我们可以从中进一步认识到物流的重要之处。

表 3-1 美国 2007 ~ 2016 年的物流成本

	2007	2008	2009	2010	2011	2012	2013	2014	2015	2016
名义国内生产总值（10 亿美元）	14 478	14 719	14 419	14 964	15 518	16 155	16 692	17 393	18 037	18 566
总库存成本（10 亿美元）	2 047	2 195	1 933	2 032	2 271	2 344	2 413	2 514	2 470	2 493
库存持有成本率（%）	21	18	19	18	18	17	18	16	17	16
运输成本（10 亿美元）	749	774	623	682	749	786	810	879	901	895
库存持有成本（10 亿美元）	421	397	372	375	400	409	428	407	423	410
其他成本（10 亿美元）	73	74	68	70	74	79	83	87	90	88
总物流成本（10 亿美元）	1 243	1 245	1 063	1 127	1 223	1 274	1 321	1 373	1 414	1 393
总物流成本占 GDP 的比率（%）	8.6	8.5	7.4	7.5	7.9	7.9	7.9	7.9	7.8	7.5
总库存成本占 GDP 的比率（%）	14.1	14.9	13.4	13.6	14.6	14.5	14.5	14.5	13.7	13.4
运输成本占 GDP 的比率（%）	5.2	5.3	4.3	4.6	4.8	4.9	4.9	5.1	5.0	4.8

注：表中数据经四舍五入，与实际数据略有出入。
资料来源：科尔尼分析报告。

虽然物流成本的数目大得惊人，但是物流所具有的吸引力并不仅仅在于控制和削减物流成本，同时也在于如何帮助企业充分利用物流能力获得竞争优势。那些拥有世界顶尖物流能力的企业为它们最重要的客户提供了卓越的服务，因而能够在竞争中立于不败之地。领先的企业通常利用信息技术，实时监控物流在全球范围内的运作情况。

信息技术能够帮助企业发现物流过程中存在的潜在问题，以便在交货之前采取必要的补救措施，以减少损失。一旦企业无法及时完成补救措施，它们往往会提前通知客户，让客户知道货物配送中出现的问题，从而减少由于无法避免的服务失误给客户带来的担心。在很多情况下，企业与客户和供应商之间的相互协作，能够帮助企业采取正确的办法杜绝运作故障，避免由于客户服务失误所导致的高额成本。供应链中理想的合作伙伴，是那些能够在库存管理、运作速度、交货的稳定性和运作效率等方面高于行业平均水平，同时经验丰富的企业。

3.2 物流的价值主张

迄今为止，我们已经完全了解到，必须对物流进行一体化的管理，从而以最低的总成本实现客户满意。在这种方式下，物流运作能够创造价值。在本节中，我们将详细讨论物流价值主张的构成要素——服务收益和成本最小化。

3.2.1 服务收益

只要企业愿意大量投资，那么提供任何水平的物流服务都可以实现。在当今的运作环境下，主要的限制因素是经济情况，而不是技术。例如，企业可以将库存设置在尽可能靠近主要客户的地方，运输车队也可以随时做好发货准备。为了便于处理订单，在物流运作方面，客户和供应商可以通过实时沟通的方式进行交流。假设所有物流环节都处于随时可用的状态，那么一旦明确了客户需求后，企业就能够在很短的时间内完成产品或零部件的交付过程。

企业的关键战略问题在于如何使用最具有成本效益的方式击败竞争对手。如果在生产时出现某种关键原料的短缺，那么很有可能会导致工厂停产，带来巨额的停产成本，同时也造成了潜在的销售损失，甚至可能失去重要客户的业务。类似的失误对于利润的影响十分重大。与之相反，在补充仓库库存时，1～2天的发货延迟对整个物流运作的利润影响则可能非常小，甚至微乎其微。通常而言，物流失误导致的成本效益影响与该失误对终端客户服务的重要性直接相关。在企业日常运作中，如果物流服务的失误对客户业务的影响程度越大，那么执行无失误物流绩效的优先级就越高。

物流绩效可以通过可得性、运作绩效和服务的可靠性这三个指标进行衡量，其中**物流服务**是指企业为所有客户提供的服务水平。

可得性是指企业通过维持一定的库存量，稳定地满足客户对产品或物料的需求。在传统模式下，可得性越高，相应的库存量和成本就越高。信息技术实现了系统的灵活性，也提供了一种在不增加库存投入的情况下提高可得性的新方法。因此，信息对于企业实现高水平的物流绩效非常关键。

运作绩效与完成客户订单所需的时间相关，它涉及交货速度和交货的一致性。显而易见，大多数客户都希望能尽快收到产品。但是，如果企业各个订单之间的一致性很差，那么实现快速配送的可能性就非常低了。如果供应商承诺第二天交货，但事实上却总是延期交货的话，就会大大地损害客户的利益。为了确保运作的通畅，企业通常首先关注交货的一致性，然后想方设法提高交货速度。运作绩效的其他方面也同样重要。例如，企业所具有的、能够满足客户特殊需求的**柔性**，也是企业运作绩效的一个表现方面。企业的运作绩效还体现为运作中出现失误的频率，以及出现失误后恢复正常运转所需的时间。几乎没有企业从未出现过运作失误，因此，预先估计出现失误的可能性就显得非常必要了。失误是指物流运作中发生的不正常的情况，如产品受损、配送错误、单据记录不正确以及分类错误等。一旦物流运作出现失误，就可以通过恢复时间来衡量企业的物流能力。运作绩效还涉及企业如何处理与客户日常需求相关的各个方面，其中也包括服务失误等。

服务的可靠性反映了物流的质量特性，需要对可得性以及运作绩效进行准确的衡量。只有全面、系统地衡量了运作绩效之后，才能判断出物流的整体运作是否实现了预期的服务目标。实现服务可靠性的关键在于确保库存的可得性以及确定衡量物流运作绩效的方法。企业如果希望物流运作能够持续地满足客户期望，就必须对管理方法进行不断的完善。因为物流是一个综合产物，它涉及员工培训、良好的运作、全面测量以及持续的改进等诸多方面，所以实现高质量的物流并非易事。为了提高服务水平，企业必须有选择性地设定目标。一些产品和其他产品相比，可能对客户来说更重要，所贡献的利润也更多。

企业应该根据客户的期望和提出的要求，将物流服务的水平控制在一个可行的范围之内。很多时候，企业面临的困境在于许多客户的服务需求与购买能力之间存在显著的差异，以及有些客户希望企业能够提供特殊的增值服务。因此，管理者要意识到，客户之间存在差异，必须针对不同客户的特殊要求和购买能力提供差异化的服务。通常情况下，当企业达到平均服务水平或者基本满足了客户需求后，它们往往表现得有些过于乐观。但是，与其追求毫无现实意义的高水平的物流服务，不如在制定服务目标时选择那些切合实际的物流服务，因为前者将会导致物流运作中出现更多问题，也会使客户关系变得更加复杂。如果企业做出了不现实的承诺，那么只会降低企业自身的能力，使其无法满足具有很强购买力的客户所提出的特殊需求。

3.2.2 成本最小化

对物流成本的关注可以追溯到近年来总成本理论的发展及应用过程中。1956 年，一篇有关空运经济学的经典专著提出了一种有关物流总成本的新观点。[2]当专著作者刘易斯、卡利顿以及斯蒂尔在解释在什么情况下利用高成本的航空运输比较合理时，他们使用了**总成本物流模型**这个概念，他们认为总成本包括执行物流活动所需要的全部费用。他们研究了一个电子零部件分销策略，在这个策略中，在工厂与客户之间采用直接空运所产生的高可变成本，被存货和现场仓库成本的减少所抵消。他们最终得出结论：将库存集中在一个仓库并采取空运的方式，可以提供较为满意的客户服务，同时实现物流总成本的最小化。

然而，这种关于总成本的观点并没有被广泛运用到物流运作中。或许是因为当时所处的经济形势，又或许是因为这种观点完全背离了传统惯例，物流总成本的概念引发了诸多争论。当时盛行的管理惯例是强化会计和财务的控制，通常将工作重点放在实现各职能部门运作成本的最小化上，却没有重视甚至完全忽视了总成本的大小。管理者习惯关注职能部门运作成本的最小化，如运输成本，期望通过这样的方式实现多项成本加总的最小化。总成本概念的提出和发展，为审视各职能部门之间运作成本的相互联系和影响提供了依据，这类影响被称为"**成本间均衡**"。随着总成本概念的不断完善，企业对物流成本的组成要素也有了更深刻的认识，了解了分析运作成本时需要关注哪些关键信息，同时也提高了自身**基于活动的成本**分析能力。然而，进行有效的物流运作成本核算仍然是企业在 21 世纪所面临的主要挑战之一。许多长期存在的会计制度阻碍了总成本物流方案的全面实施。

3.2.3 物流价值的产生

企业要想在物流运作方面处于绝对的领导地位，就必须依照关键客户的期望和要求，实现运作能力与客户承诺之间的高度统一。从成本结构的角度分析，客户承诺就等同于**物流的价值主张**，它是企业对单个客户或客户群体做出的一项特殊承诺。

企业往往希望通过发展和实施综合物流能力，以切实可行的总成本费用满足客户的要求。很少有企业会单方面追求物流总成本的最小化，或者仅仅以提供最优质的客户服务作为物流战略的目标。企业必须将总成本最小化与优质的客户服务有机地结合起来，针对不同的客户需求提供不同的解决方案。一个设计精良的物流方案既能够提供高水平的客户服务，又可以降低库存。此外，最重要的一点是，企业提供的服务必须与特定用户的需求紧密相连。请记住第 1 章中的 EERS 价值模型。

为了对**成本和服务之间的均衡点**进行测定，涌现出了大量的辅助管理工具。一个完善合理的运作战略公式，必须可以估算出实现不同的服务水平时，所需的物流运作成本。

优秀的企业早已意识到，一个设计精良且运作良好的物流系统有助于提高企业的竞争力。事实上，企业依靠物流竞争力获得战略优势，并成为行业内绩效标准的制定者，已经成为一种普遍规律。最近几年，亚马逊通过它著名的 Prime 服务计划（一项以配送作为增值服务的服务计划），已经成功地利用物流运作创造了竞争优势。

3.3 物流的职能工作

在供应链管理中，物流的作用在于以最低的总成本移动和定位库存，在规定的时间内将其送往指定地点。只有在正确的时间将产品送到正确的地点，完成所有权的交换或实现增值过程后，库存才具有了真正的价值。如果一家企业长期无法满足客户对交货时间和地点的要求，那么它最终将会失去所有客户。如果供应链希望借助物流来实现最大的战略收益，那么就必须将供应链中的各种职能工作高度集成起来。这是因为供应链任何一个职能环节中的决定都将影响其他环节中的成本。但是，各职能环节之间的高度相关性却为实施一体化物流管理带来了极大的困难。图 3-1 直观地描绘了物流的 5 项职能工作之间的相互关系：①订单处理；②库存管理；③运输管理；④仓储、物料搬运及包装；⑤设施网络。下面，我们将具体地介绍这些职能工作是如何有机地结合在一起，从而创造了实现物流价值的能力的。

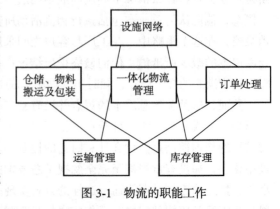

图 3-1　物流的职能工作

3.3.1 订单处理

长期以来，人们都低估了信息的准确性对于实现卓越物流运作的影响。很多方面的信息都对物流运作有极其重要的影响,其中,订单处理信息显得尤为关键。如果不能准确地理解订单处理过程中的信息失真和运作错误是如何影响物流运作的,那么也就无法完全理解订单处理信息的重要性。[3]

信息流的快速传递有助于实现各运作环节之间的平衡。假设某企业希望将若干个销售点的订单积累一周后,寄往该地区的处理中心对订单进行批量处理,随后将处理后的订单发送到分销仓库,最后通过空运方式完成快速交货。遗憾的是,这种做法非常不现实。与之相反,如果企业利用互联网与客户进行沟通,直接获取订单信息后,使用低成本、相对较慢的运输方式完成配送,或许能以较低的总成本完成交货服务,同时速度反而比上述方式更快。因此,关键在于如何实现物流系统中各个组成部分之间的协调与平衡。

预测以及客户沟通是与物流运作相关的两个方面,它们都受到信息的影响。供应链究竟采用预测模式还是快速响应模式,会影响运作信息的相对重要性。如第 1 章所述,预测型模式与响应型模式之间的平衡构成了 21 世纪供应链设计中的基本发展趋势。供应链设计的响应性越高,信息就越重要,企业就必须更及时、更准确地获得有关客户采购行为的信息。

在大多数供应链中,客户的需求都以订单的形式进行传递。订单的处理过程涉及客户需求管理的各个方面,如接收初始订单、产品交付、货物计价和结算以及收款等。企业处理订单的能力直接反映了企业的物流能力。

3.3.2 库存管理

企业的库存需求与其设施网络设计和预期的客户服务水平直接相关。从理论上说,为了满足所有客户的需求,企业可以在供应链的任何一个节点上都存储各种类型的待售产品。然而,几乎没有企业会采取这种库存部署策略,因为维持大量库存会带来极高的总成本。库存策略的目标是在实现期望客户服务水平(一般称为订单完成率)的同时,尽可能降低库存量。过量的库存也许能够弥补物流系统中的某些不足,却会导致完全不必要的物流总成本。

在制定物流战略时,企业既要尽可能减少在库存上的投资,又要提供令客户满意的服务,而最终目标是要实现库存周转率的最大化。要想制定一个完善的库存策略,就必须将以下 5 个方面有机地结合在一起。

关键客户细分:企业将产品销售给大量不同的客户,难免会遇到需求不稳定的问题。有一些客户能够为企业带来高额收益,同时具有较大的增长潜力,但有些客户则不然。客户能否给企业带来利润取决于客户购买产品的类型、数量、价格、是否需要提供增值服务以及是否需要企业从事其他活动以维持和发展客户关系等。企业的关键细分市场由那些最能为其创造利润的客户组成,鉴于此,企业在制定库存策略时必须将重点放在这些客户身上。因此,要优先满足关键客户,实现所有客户的"区别对待",这是构建一个高效系统的关键。

产品的盈利能力:对大多数企业而言,各种产品的数量和盈利能力之间存在着明显差异。企业很有可能会发现,那些占总数量不到 20% 的产品却为总利润做出了 80% 以上的贡献。这种规律在商业运作中相当常见,通常被称为 **80/20 法则**,或**帕累托法则**。为了应对这种现象,管理者必须以正确的产品分类为基础,实施有效的库存策略。同时,企业还必须实事求是地评估存储低利润或低销量的产品能否为企业增加利润,这可以帮助企业杜绝库存过量的情况。显而易见,对最有利可图的产品而言,企业希望能够增加该类产品的可得性,同时为产品提供准确可靠的交货服务。然而,有时候为了满足关键客户的需求,企业也不得不为盈利能力较弱的产品提供高水平的服务。总而言之，企业要避免为那些次要的、非关键客户采购的、盈利能力较弱的产品提供高水平的服务。由此可见，有关产品盈利能力的分析对于企业制定库存策略有着极其重要的影响。

运输整合：具体位置或设施上的库存策略将对运输效率产生直接影响。大部分运输公司是通过规模经济效应来实现盈利的：运输量越大，单位货物的运费越低。在某个特定的仓库储存足够的库存和多样化的产品，以便进行合并运输，可能是一个合理的库存策略。这样，节约的运输成本足以抵消由于库存增加所带来的存储成本。

基于时间的运作：为了满足客户需求，企业提出了快速交货承诺，这是体现其竞争优势的一个主要方面，这个承诺被称为运输提前期。如果企业能实现产品和物料的快速配送，那么客户就没必要持有大量库存；同样，如果零售商店能够实现快速补货，那么便可以在降低安全库存的同时减少缺货情况的发生；而如果想完全消除安全库存，就必须准确无误地、及时地补充库存。尽管基于时间的运作方式能够尽可能减少客户的库存量，但是这种物流运作方式对时间的敏感度非常高，从而增加了供应链的其他成本，因此必须将节约的成本与增加的成本加以比较，然后再决定应该采取何种策略。

竞争能力：企业无法在一个缺乏竞争的环境下制定库存策略。假如企业能够承诺快速稳定地交货，并能真正兑现这种承诺，那么它就比竞争对手更具有优势。因此，考虑到竞争压力，企业有可能选择在特定地点部署库存，或是采用加急运输服务，以此来赢得竞争优势，即使导致总成本的增加也在所不惜。

在物流系统中，维持物料和零部件库存的原因与维持成品库存的原因有所不同。企业必须站在总成本的角度审视各种类型的库存以及服务承诺。第 7 章将会对不同类型的库存和策略进行深入研究，比如生产延迟和地理延迟，这些策略有助于提高系统的整体绩效。理解不同的物流职能是实现一体化物流的基础。

3.3.3 运输管理

运输是物流运作的一个重要职能，它实现了货物在地理位置上的移动以及库存定位。运输对企业有非同寻常的重要影响和显而易见的成本，管理者在运输管理上投入了大量精力。一般而言，无论企业的规模有多大，绝大多数企业都设有专门的运输管理人员。

运输需求能够通过以下三种基本的方式得以满足：第一，企业自身拥有运输车队；第二，企业与专业运输公司签订合同，将运输职能转包出去；第三，企业与大量运输公司签订服务协议，根据客户对交货的具体需求，要求运输公司有针对性地提供不同的服务。从物流系统的观点来看，运输成本、速度和稳定性是影响运输绩效的三个关键因素。

运输成本包括两部分，货物在两个地理位置之间的运输费用以及维持在途库存所需的费用。企业的物流系统应该致力于优化运输过程，实现**系统总成本**最低。也就是说，最便宜的运输方式并不一定意味着物流系统的总成本最低。

运输速度是指完成某项特定运输任务所花费的时间。运输速度和成本之间有着紧密的联系。一方面，如果企业愿意支付高额费用，那么运输企业就能够实现快速送货。另一方面，运输速度越快，就意味着库存滞留在运输过程中的时间越短。因此，企业在选择最理想的运输方式时，需要考虑如何实现运输速度与运输成本之间的均衡。

运输稳定性指的是当企业完成相同的运输任务时，所需的运输时间是否会发生变化。运输稳定性反映了运输的可靠性。长期以来，物流管理者在衡量运输服务水平的高低时，都将运输稳定性作为一项最重要的因素。如果将货物从甲地运往乙地，一次用了3天时间，而另一次用了6天时间，那么这种不确定的运输时间就会给供应链的运作带来很大的麻烦。当运输缺乏稳定性时，企业就必须依靠安全库存来防止服务跟不上的情况，这种做法将影响卖方和买方的库存策略。不过，随着先进信息技术的出现，企业能够对运输状况进行实时控制与监测。因此，在维持运输稳定性的同时，物流管理者开始积极寻求更快速的运输方式，尝试着将运输速度和运输稳定性有机地结合起来，提供更高质量的运输服务。

企业在设计物流系统时，必须维持运输成本和运输服务水平两者之间的平衡。在某些情况下，企业以较低成本提供速度较慢的运输，或许能够满足客户要求。但是，如果运输速度对客户来说非常重要，那么企业就必须提供快捷的运输服务。因此，根据客户要求，选择和管理合适的运输组合策略，是物流管理的一项关键职责。

3.3.4　仓储、物料搬运及包装

企业可以将物流过程的前三个环节——订单处理、库存管理和运输管理，组合成多种不同的运作模式，每一种模式都对应着不同的总成本以及一定的客户服务水平。总之，将上述三个环节有机地结合起来，能够为实现一体化物流提供有效的解决方案。物流的第四个运作环节是仓储、物料搬运及包装，它同样也是物流运作方案中一个必不可少的组成部分。然而，仓储、物料搬运及包装等功能密切相关，并非彼此独立。例如，在物流过程中，库存往往需要存入仓库；运输车辆需要物流搬运设备完成装卸工作；只有对单个产品进行包装，然后放到传送带上，才能实现高效的搬运工作。

当需要在物流系统中建立分销设施时，企业既可以委托专业的仓储公司，通常被称为第三方物流公司（3PL），也可以自己投资建设配送中心。在制定上述战略决策时，企业必须考虑需要提供什么样的增值服务，以及企业是否有能力支持这些服务。这些增值服务包括产品分类、产品排序、订单分拣、合并运输，以及在某些情况下根据延迟策略对产品进行改装和装配等服务。

物料搬运是仓储管理中的一项重要活动。企业需要对产品进行收货、入库、存储、分拣和组装，以满足客户的要求。直接人工成本和企业对物料搬运设备的投资是物流总成本的重要组成部分。对产品进行搬运的次数越少，产品遭受损坏的可能性就越小。大量的机械设备以及自动化设备都能辅助企业进行物料搬运。总之，仓库以及它所具备的物料搬运能力构成了整个物流体系中的一个小型系统。

最后，仓储管理的一个重要环节是如何接收、处置和清理退货以及受损库存。大多数企业都面临过处理过剩库存、受损库存或瑕疵库存的问题，这一过程通常被称为逆向物流。

当企业将仓储、物料搬运及包装等环节有效地整合到物流运作中时，物流系统中产品流动的速度和整体畅通性都能够得到明显改善。第9章将会更加详细地讨论仓储、物料搬运及包装。

3.3.5　设施网络

古典经济学往往忽略了设施的位置以及网络的整体设计对于提高商业运作效率所具有的重要影响。最初，经济学家在研究需求与供应之间的关系时，他们假设设施位置和运输成本的差

异对各个竞争者而言都是相同的。[4]然而，在商业运作中，开展物流活动所需的设施数量、大小以及所处的地理位置，将直接影响企业的客户服务能力和成本。设施网络设计是物流管理者的一项主要职责，物流设施通常包括制造工厂、仓库、直接转运设施以及零售商店。

进行设施网络设计时，企业首先要确定完成物流运作各种所需设施的数量、地理位置及所有权，然后还需要确定每个设施中存储产品的种类、数量以及每个设施的客户服务区域。设施网络为物流运作的开展建立了一个总体架构，实现了信息与运输能力的集成，与客户订单处理、库存存储以及物料搬运相关的各种具体业务全都可以在设施网络中进行。

众所周知，不同地域的市场之间存在着明显区别。因此，在设计设施网络时需要对地理环境的差异进行细致的分析。按照人口数量来计算，美国50个最大的城市几乎占据了零售市场的全部份额。因此，当企业在全美国范围内对某种产品进行市场推广时，它所建立的物流网络必须能够为其关键市场提供所需的服务。除此之外，原材料和部件在地理位置上的分布也存在显著差异。由此可见，当企业参与全球化物流运作时，与设施网络有关的问题将会变得更加复杂。

但是，企业也不能为了满足需求和供应结构的变化而过分强调不断改进设施网络的重要性。在动态的竞争环境下，产品分类、客户、供应商和制造需求不断地发生变化。正确的设施网络决策是企业赢得竞争优势的重要一步。

3.4 物流运作

图 3-2 中的阴影部分表明了一体化物流的内部运作过程。当客户信息从客户端流出后，以销售活动、供应链协作预测以及订单等形式在企业中流动。企业从中提取关键信息，组织相应的制造、销售以及采购活动。当产品和物料的采购活动完成之后，企业开始管理具有增值作用的库存流，并最终将成品的所有权转移给客户。因此，物流过程可以被看成两个相互联系的流动——库存流和信息流。内部流程的一体化对企业的成功固然有着重要影响，但同时，企业也必须对整个供应链进行一体化管理。为了在当今竞争环境中取胜，企业必须扩大一体化管理的范围，将客户和供应商也囊括到一体化管理中来，这种协作式扩展反映了物流在广义供应链管理中的重要地位。我们将在本章的后半部分讨论供应链的一体化（参见"供应链的同步化"一节）。

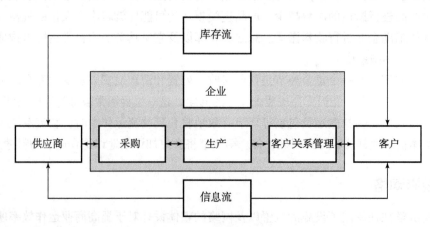

图 3-2　一体化物流

3.4.1 库存流

物流的运作管理涉及库存的移动和存储。在流动过程中,库存通常表现为原材料、在制品或产成品。物流运作的起点是从供应商处购买原材料或零部件,终点是将经过加工或制造的产品配送到消费者手中。

从原材料和零部件的采购开始,物流活动应当在合适的时间将库存运送到正确的地点,从而实现价值的增加。当所有运作环节都不存在问题时,在将原材料和零部件加工为产成品的过程中,原材料和零部件在每一个步骤上都获得了更大的价值。

为了辅助生产活动,企业必须对在制品库存进行妥善管理。每种原材料或零部件的成本及其在供应链中的运动都是增值活动的组成部分。为了便于理解,我们可以将物流运作分成三个部分:①客户关系管理;②生产;③采购。这些部分组成了企业的物流运作单元,如图3-2中的阴影所示。

1. 客户关系管理

物流的最终目标是将产品运送到客户手中,客户指定的运输地点就是供应链的最终目的地。产品的可得性是所有渠道参与者从事市场营销的关键。如果无法做到在恰当的时间将分拣过的产品高效地配送到正确的地点,那么就会妨碍企业开展市场营销活动。处理客户服务各方面事宜的过程通常被称为**客户关系管理**。正是通过客户关系管理过程,企业才实现了库存在时间和空间上的配置,使其真正成为市场营销中必不可少的组成部分。在高度商业化的国家里有多种市场营销模式,为了支持这些模式,相应地产生了许多不同的客户服务系统。但是,所有客户服务系统都有一个共同的特点,即它们将制造商、批发商和零售商连接到供应链运作中,从而确保了产品的可得性。

2. 生产

生产的重点是管理在各个生产环节之间流动的在制品库存。对生产过程而言,其最主要的物流职责是参与制订主生产计划,并通过适时地提供原材料、零部件以及在制品库存来完成主生产计划。因此,生产支持所关心的不是如何进行生产,而是产品将于何时、何地,以何种方式生产。

生产与客户关系管理有很大的区别。客户关系管理试图为客户提供所需的服务,因此必须适应需求的不确定性。生产支持则是在制造企业的控制下对物料的移动进行合理安排。由于客户随机订货导致的不确定性在生产过程中并不多见,同时,在客户服务中屡见不鲜的不确定需求,在生产中也很少见。从整体计划的角度来看,将生产从客户关系管理和采购活动中分离出来,有助于提高生产效率,同时为实现其专业化发展提供了有利条件。

3. 采购

采购包括获取物料和零部件,以及安排物料、零部件、成品库存从供应商流向制造/装配工厂、仓库或零售商店的过程。在不同的情况下,这个获取过程常常被冠以不同的称呼。例如,在制造业中,获取物料的过程通常被称为**采购**;从传统意义上说,政府部门的获取行为通常称为**采办**;在零售业和批发业,**购买**则是最常用的词汇;在许多行业中,还可以称之为**供应管理**。在本书中,采购包括所有类型的获取活动。物料指的是流入企业的物资,不管其目的是用于销售还是加工。产品指的是出售给客户的、完成了增值过程的物品。换句话说,物料在生产过程中实现了价值的增加,而产品则用于最终消费。两者之间的根本区别在于,产品是物料经过生产、分拣、装配等活动后实现了增值的最终产物。

在典型的企业中,物流运作的上述三个环节有时候会相互重叠,可以把它们都看成是所有增值流程中不可缺少的组成部分,这样就为总体物流过程中各个组成部分的资本化创造了机会,同时也有利于过程的专业化。表3-2对物流中每个子过程的日常工作给出了更为准确的定义。供应链面临的挑战在于如何有效地整合各个参与企业的物流过程,从而提高整体的运作效率。

表3-2 物流运作中客户关系管理、生产及采购的具体事宜

客户关系管理	有关客户关系管理的行为活动。它在供应链中执行订单的接收和处理、库存调配、储存和物料搬运、货物运输等活动。主要包括:协助市场计划部门制定价格、支持促销活动、维持客户服务水平、确定发货标准、处理退货商品以及提供产品全生命周期支持等。它从战略角度出发,以最低的总成本提供较高的客户服务水平,满足主要客户的需求,从而创造利润和价值
生产	有关规划、计划以及支持生产运作的行为活动。它主要包括制订主计划表,执行在制品的存储、物料搬运、运输、分拣、排序等运作以及对元件按时间进行分段管理。它在生产地存储产品,协调生产和客户服务之间的装配延迟活动,具有非常大的灵活性
采购	从外部供应商处获取产品和物料的行为活动。它主要包括制订资源计划、组织货源、谈判、下达采购订单、进货运输、接收、检测、储存和物料搬运以及质量保证工作等。它和供应商在计划安排、供应连续性、套头交易、投机买卖等方面进行协同合作,并且和供应商一起从事新项目和新货源的研发工作。采购的主要目标是以最低的总成本实现及时采购,从而支持企业的生产或者转售业务

3.4.2 信息流

信息流反映了物流系统中特定环节上的需求情况,有助于实现物流运作中生产、配送和接收三个环节的信息整合。信息可能包括订单大小、物流工作过程的状态、库存的可得性以及订单的紧急程度。信息流管理的主要目标是通过调节信息的连通性,来提高供应链的整体绩效。需要强调的一点是,信息流与客户关系管理、生产以及采购等领域的实际工作是平行的,这些领域都包含了实际的物流工作,而信息则实现了实时状态的更新,有利于实现日常运作的协调、计划和控制。如果缺少了准确的信息,物流系统中的所有工作都无法正常进行。

3.5 物流整合目标

为了在供应链中实现物流整合,必须同时达到六个运作目标:①响应性;②减少差异;③降低库存;④合并运输;⑤质量保证;⑥全生命周期支持。每个目标的相对重要性都与企业的物流战略直接相关。

3.5.1 响应性

响应性是指公司及时满足客户需求的能力。正如我们之前所提到的,通过信息技术可以使某些作业在最后一刻进行,然后进行快速交付,这样实施快速响应战略将更加容易。实施快速响应战略,可以减少为了满足预测的客户需求而持有的库存。快速响应使企业的运作重点发生转移,从预测客户将来的需求转移到通过快速地完成订单至发货之间的作业,满足客户需求。在理想情况下,在一个快速响应系统中,企业在接到客户订单以后才进行库存配置。为了支持这种运作模式,一旦客户订单到来,企业必须拥有快速实现库存可得性的物流能力,并能做到

准时交付。

3.5.2 减少差异

物流系统的所有运作领域都有可能出现差异。产生差异是因为不能按照预期的效果完成物流运作。例如，延期完成客户订单、订单分拣过程中的意外中断、当到达客户地点时发现货物损坏以及不能及时在正确地点完成交货，这些都是订单到交货过程中可能产生的差异。通常，防止这些差异造成负面影响的办法是在各环节运作过程中设置安全库存来进行缓冲。为了克服运输中出现意外变化而导致计划交货的延迟，一个通用的办法是使用加急运输服务。以上这些方法都会增加成本，可以应用信息技术，在保证物流积极运作的同时，减少这些方法带来的成本。如果差异性降低了，从一定意义上说物流生产效率就提高了。因此，减少差异、消除系统运作的中断是整合物流管理的一个基本目标。

3.5.3 降低库存

为了降低库存，在一体化物流系统内部，必须控制库存投资和库存周转率。库存投资是指系统中配置库存的财务价值。库存周转率反映了一定时期内库存补给的速度。高的库存周转率和满足需要的库存可得性，就意味着投入库存的资金被有效使用，同时也说明支持一体化运作的总投资实现了最小化。

我们应该牢牢记住一点，库存有助于实现企业的预期收益。在生产和采购中，库存对实现规模经济是非常重要的。我们的目标是在实现供应链总体绩效目标的同时，尽可能地降低库存水平。

3.5.4 合并运输

物流成本中最重要的成本之一就是运输成本，平均而言，每支出1美元的物流费用就有60美分用于运输。运输成本与货物种类、货物批量大小以及运输距离有直接关系。许多物流系统通过高频率、小批量运输进行直接补货，这种补货方式的成本很高。系统目标是通过合并运输来降低运输成本。一般来说，货物的批量越大、运输距离越长，那么每单位货物的运输成本就越低。企业在利用技术实现合并运输方面表现得越来越成功。举个例子，成功的电子商务企业将来自同一个仓库的货物，根据配送地的邮政编码进行分类，同一个邮政编码的货物被合并完成最后一公里的配送，甚至可以将不同邮政编码的货物合并在一起配送，而不是通过仓储网络进行多次转运来完成。这种合并运输的方式缩短了运输时间，减少了运输过程中的接触次数和运输成本。

3.5.5 质量保证

持续提高质量是企业的根本运作目标之一。**全面质量管理**（TQM）是贯穿整个行业的主要理念。如果产品有瑕疵或者未能信守服务承诺，那么这样的物流过程就不能实现增值。物流成本一旦发生，就不可能再收回。事实上，如果在产品交付给客户之后发现产品存在质量问题，那么就必须更换产品，这样物流成本会迅速增加。除了最初的物流成本外，还必须承担回收和更换产品的成本。这种计划外的运输比最初产品配送的成本要高。因此，物流运作中的一个主要目标是实现订单到交付过程的零缺陷管理。

物流运作本身就面临着很多挑战。由于物流作业是在广阔的区域内全天候进行的，并且没有对此进行直接监督，因此要实现零缺陷的物流运作就更加困难。

3.5.6 全生命周期支持

最后的整合设计目标是**全生命周期支持**。如果产品达不到广告中承诺的标准，那么就不会有人购买。在某些情况下，已经送达客户的产品必须召回。越来越严格的产品质量标准、产品有效期限制以及对客户造成危害的责任追究使产品回收也变得越来越普遍。由于越来越多的法律鼓励饮料瓶和包装材料的循环使用，因此产生了逆向物流。逆向物流最重要的用途是在出现潜在的产品责任问题时，如潜在的产品污染问题，对该产品进行最大限度的控制。当企业被要求召回产品时，设计良好、协调运作的逆向物流尤为重要。2010年，强生公司被迫召回若干产品，其过程持续了几个月，并且涉及不同品牌，而高效和有效的逆向物流能力是促使其实现成功召回的主要因素。逆向物流的运作目标很广泛，从总成本最低（如回收饮料瓶时）到对有缺陷产品进行最大限度的控制。设计有效逆向物流的企业通过减少产品生产数量来收回部分价值，否则这些生产出来的产品将被废弃或者打折销售。只有仔细地评估了逆向物流需求，才能制定出正确的整合战略。

对于像复印机这类产品，它们的主要收益在于耗材的销售和维修机器的售后服务。当主要收益来自售后市场时，全生命周期支持的重要性就大不相同了。对生产耐用消费品或工业设备的公司来说，全生命周期支持的承诺形成了一个多用途、高需求的市场机会，同时也是物流运作成本中的一个很大的组成部分。全生命周期支持需要"从摇篮到摇篮"的物流服务。"从摇篮到摇篮"的物流服务除了提供逆向物流和物料的循环使用，还包括售后服务、产品召回和废弃产品处理。

3.6 物流的运作模式

物流服务对客户具有直接影响力，这种影响力与运作系统的设计有直接的关系。物流运作的绩效需求表现在许多不同的方面，这大大增加了设计运作系统的难度。精心设计的物流运作结构必须实现绩效、成本和柔性之间的平衡。在世界范围内，物流系统的类型可谓是多种多样，它们为广阔多样的市场提供服务。尽管物流系统的种类众多，但是令人惊讶的是，它们在结构上具有许多相似之处，这是因为所有物流运作都有两个共同的特点：第一，均被设计用于库存布置；第二，物流的发展受到了现有技术的影响。这两个特性决定了物流运作系统在结构的设计上必然具有相似之处。当前使用最为广泛的三种物流系统结构分别是递阶式结构、直接式结构以及混合式结构。

3.6.1 递阶式

物流系统所具有的递阶式结构指的是当产品从起点流向终点时，通常根据企业已有的组织结构进行流动。企业选择递阶式结构的原因在于，根据总成本分析，在供应链中维持一定水平的库存或者在不同的供应链层面上进行某种具体的工作是非常必要的。

在递阶式系统中，仓库的作用是进行库存的分拣以及实现大批量合并运输带来的经济利益。

企业对仓库中的库存产品进行快速调配，以满足客户需求。典型的递阶式供应链的构成如图 3-3 所示。

图 3-3　递阶式供应链

典型的递阶式系统通常使用散货仓库或者集散仓库。散货仓库通常接收来自多个供应商的大批货物，然后基于对消费者需求的预测，进行库存分类和存储。这种散货仓库最典型的例子就是由主要的食品供应商和批发商管理的食品配送中心。集散仓库则按照相反的方式进行运作。有些制造企业在不同的地区设有工厂，因此这些企业常常希望能够将产品合并起来进行运输。在合并运输模式下，企业将不同工厂生产出来的产品存放在一个中心仓库中，然后根据客户需求，将其所需的全部产品一次性发送给客户。主要的消费品制造商是使用递阶式系统实现全部产品合并运输的典型代表。集散仓库在生产的供应物流中也十分常见，供应商的零部件及组件按需依次运往工厂，支持生产运作。

3.6.2　直接式

与递阶式结构形成对比的是直接式结构，在直接式结构中，产品被从一个或几个库存集中地直接配送给最终消费者。直接配送将高质量、高效率的运输服务与信息技术结合起来，快速完成客户订单的处理以及相应的产品配送。这种方式将各种能力有机地结合在一起，既减少了时间延迟，又克服了由于客户地理位置的分散带来的问题。应用直接式运输的例子很多，比如将产品从工厂送往客户所在地的货车运输，不经过分销中心直接送往零售商店，以及通过各种方式将网购商品直接发送给消费者等。同样，直接式物流结构在制造工厂的零部件和物料的供应物流中也非常普遍，这是因为每次采购的平均批量都非常大，所以进行直接运输比较有利。

当经济实力允许时，物流设计者通常倾向于采用直接式结构，因为这有助于降低库存，简化相关产品的处理环节，但直接式物流的局限在于运输成本过高。一般而言，大多数企业现在已经不再使用以前惯用的仓库运作模式了，它们对递阶式结构进行了逐步调整，并且把直接式运作模式融入进去。图 3-4 显示了如何将直接式物流能力融入递阶式物流结构中。

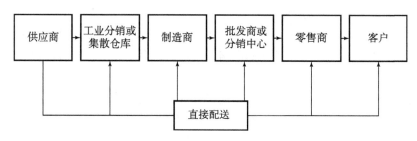

图 3-4　递阶式供应链与直接配送相结合

3.6.3　混合式

最理想的物流运作模式是将直接式和递阶式物流结构各自的内在优势有机地结合在一起，

构成一种混合模式。企业在运用库存策略时，通常将移动迅速的产品或物料存放在靠近客户端的仓库中，而把那些高成本或高风险的物品存储在中心仓库，采取直接配送的方式将其发送给客户。基本的服务承诺和订单大小的经济效益决定了企业向特定客户提供的最合适、最经济的物流运作模式。

进一步举例来说，在汽车行业中，企业通常采用混合式的物流策略将汽车备件配送给客户。以客户的需求特点和需求量作为考虑基础，企业将特定的汽车备件存储在不同地点的仓库中。根据基本规律，备件的周转速度越低，需求的不稳定性就越高，那么集中库存就能带来更大的收益。周转速度最低的备件意味着它的需求量最少，因此企业只用在一个地方存储这种备件，同时保证能为全球范围内的客户提供满意的服务即可。而那些需求可预测、周转速度快的备件通常被存储在离批发商和零售商较近的仓库中，以便实现快速、低成本的交货。

与此相反的例子是企业将机器部件销售给工业企业的业务，它的本质在于采用与混合式完全相反的分销设计。为了给机器出现故障或遭受意外生产中断的客户提供高质量的服务，企业把那些周转速度较慢的部件储存在当地仓库中。与汽车行业相反，该行业具有较高的需求以及快速的部件周转率，这有助于进行日常预防性维护，从而提高预测的准确性。对这些周转速度快的部件而言，成本最低的物流方式是将它们存储在靠近制造工厂的中心仓库中，然后在有具体需求时从中心仓库直接送往客户所在地。

上述这些策略都使用了不同形式的物流能力。因此企业要综合考虑客户的特定需求、提供服务所需的总成本以及自身所面临的竞争情况，再决定应该采取何种策略。比如说，在新车的保修期内，汽车的制造商是配件的唯一供应商，因此必须为经销商提供快速的供货服务，以便及时完成汽车的维修工作。经销商则需要对配件库存进行快速补货来满足客户需求，同时尽可能降低在库存上的投资。经过一段时间以后，汽车过了保修期，客户对配件的需求有所增长，其他供应商也加入配件市场的竞争中，为客户提供所需的配件。那么，在汽车的寿命周期中，当竞争进入了白热化阶段之后，企业物流所具有的快速响应能力就成为竞争的焦点。而当汽车款式落伍后，配件市场的竞争逐步减弱，最终只剩下汽车的原制造厂作为该市场中唯一的供应商。

与汽车供应商不同，生产工业部件的供应商提供具有高度竞争力的标准化机器部件。虽然企业能够预测普通产品的需求情况，但是却很难对周转速度慢或需求不稳定的产品进行预测。这就使客户在评价供应商服务水平的高低时，通常以修复出现意外故障的机器所需时间的长短作为一项主要的衡量指标。如果企业无法达到客户期望的服务水平，那么它将失去该客户，同时为竞争对手创造了展示其实力的机会。

所有企业都面临着特殊的客户需求，为了在竞争中获胜，它们必须使用不同的物流战略。那些能够以最低的总成本满足客户期望的战略，往往是结合了递阶式与直接式两者优点的混合式运作模式。

除了上述基本的结构之外，企业还可以通过开发新项目，将柔性能力纳入物流系统中，同时通过使用其他设施或者不同的运输方式为客户提供服务。

3.7 柔性结构

柔性运作是企业为了杜绝物流发生故障而预先制定的可行策略。由于设施中的物料发生短缺或其他原因，导致无法及时履行客户订单，是物流运作中比较常见的紧急情况。例如，仓库中某种物品出现了短缺，而企业在客户指定的交货日期之前却无法完成对该物料的补货工作，那么，为了避免订单延迟或由于延迟交货而导致客户取消订单，一种可行的运作策略是将总订单，或者至少是无法获得的所需物料，分配给其他仓库进行发运。企业通常根据特定客户的重要程度以及客户订购产品的重要程度，来使用柔性运作模式。

随着供应链中各节点企业之间的沟通不断完善，柔性物流运作得到了广泛的运用，它作为基本物流战略的一个组成部分，为特定客户的运作提供服务。柔性物流运作的规则和决策方案详细说明了企业如何通过不同的方案来满足客户的特定需求，比如，可以将不同的运输设施重新进行分配或改变交付方式。企业通常在以下四种不同的情况中采用柔性的运作策略。

在第一种情况中，两个不同的物流设施为客户提供所需的交货服务，两者的物流成本和交货时间都相差无几。如果客户所处的地理位置无关紧要，那么供货企业就更应该充分利用自身的可用库存以及物流能力。在这种情况下，企业可以有效利用资源，从最合适的仓库中发出货物，选择最恰当的运输方式，实现及时交货，满足客户需求。这种柔性物流运作在保证了客户服务水平的同时，通过平衡各个设施之间的工作量帮助企业充分利用系统能力。它的好处在于提高了企业的运作效率，提高了效率信息对客户的透明度，同时也实现了无间断的客户服务。

第二种可以合理利用柔性配送的情况是，根据客户订单规模的不同，企业可以通过选取不同的物流运作方式来提高物流效率。例如，进行小批量运输时可以通过分销商配送来实现最低的物流总成本；而进行大批量运输时，把产品从工厂直接发送给客户则能够实现物流总成本的最小化。假如这两种运输方式都可以满足客户的交货要求，那么企业就可以通过柔性运作策略来降低物流总成本。

第三种灵活运作模式是选择性库存策略的产物。企业必须对与库存存储相关的成本和风险进行仔细分析，从而决定每个仓库中存储物料的种类及数量。对部件而言，企业可以采取前面已介绍过的一种常规策略，即将一些部件有选择性地存放在各个指定的仓库中，而将该系列的所有其他部件仅仅存放在中心仓库中。在销售常规商品的零售业中，位于小型社区附近的零售店、商场以及配送中心可能只存放企业全部产品中的一部分。当客户需要产品但没有库存时，商店就从其他仓库中调配货物以满足客户的需求。**母设施**指的是一种库存策略，即将较大的仓库作为那些存储有限产品库存的较小仓库的后备资源。企业普遍将递阶式选择性库存存储方式作为一种常用的策略，以减少整体库存风险。产品的盈利能力较低而单件产品的库存维护费用较高，是企业采取这种策略的主要原因。使用递阶式的差异化存储策略，是企业对全线产品的库存实行有效分类管理的方法之一。在使用这种经过分类的存储策略时，企业必须预先取得客户的同意，然后对订单进行拆分，最终完成交货。然而有些时候，企业也使用差异化的库存存储策略合并客户订单，从而进行同时发货，这样也可以提高客户订单运作的透明度。

在某些情况下，企业之间完成特定的交货时，并不采用已有的递阶式或直接式物流结构，这导致最后一种柔性运作模式的产生。其中，使用最为广泛的两种特殊方式是**直接转运**和**整合服务提供商**。直接转运指的是众多供应商在指定的时间将货物发往物料搬运地点。在接到货物后，企业根据目的地对物料进行整理合并，然后用拖车运送出站，直接将货物发往目的地。这种直接转运的操作方式大量应用于需要多门店备货的零售业，是实现大件商品连续补货的常见方式。通过合并运输把货物从生产厂家直接运往客户的零售店，既减少了工作量，也节约了使用分销仓储设施的成本。

在另一种形式的柔性运作模式中，企业利用整合服务提供商实现产品的合并运输，最后完成交付。这与本章前一节中讨论过的合并运输的运作模式非常相似，不同的是，在这种柔性物流运作中，企业利用专业的服务提供商，采取递阶式的物流结构，避免存储和搬运那些周转速度较慢的产品。这些服务提供商能为企业提供重要的增值服务。例如，美国真值公司与第三方物流商日邮物流建立了合作伙伴关系，由日邮物流完成真值公司在中国两个工厂的零担采购订单的合并运输。这种合并运作把多个采购订单合并在一起，采用整车运输，直接配送到真值公司的区域分销中心。

图 3-5 在前文阐述过的物流运作结构中引入了柔性运作的概念。企业要实现有效的柔性运作，前提就是运用信息技术通过物流网络来监管库存，以及利用信息技术提高处理订单时的快速应变能力。在紧急情况下使用柔性运作就是一个绝佳的例证。信息技术的全面进步促进了柔性运作的发展，使其逐渐成为基础物流战略中越来越重要的组成部分。

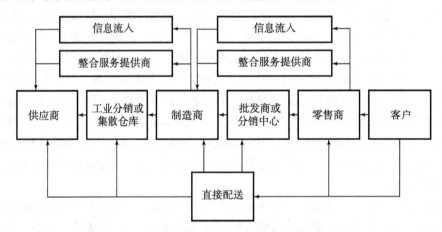

图 3-5 柔性递阶式供应链与直接配送相结合

注：箭头反映了某个特定服务的信息流动。

3.8 供应链的同步化

前面的讨论将物流定位为单个企业内部的一体化管理流程。供应链管理面临的一个挑战是实现多个企业之间的运作整合。为了促进物流运作过程，供应链中的所有成员必须联合起来，共同制订计划并开展物流运作。**供应链的同步化**指的就是供应链中多个企业运作的一体化。

供应链的同步化致力于协调供应链伙伴之间的物流、产品流和信息流，将重复和不需要的冗余工作减少到最低限度。它也希望完成供应链各企业内部运作的重组工作，从而实现供应链总体运作能力的平衡。经过平衡后的运作要求供应链中每个参与企业必须共同制订计划，规定各自应该负责的物流工作以及需要履行的职责。供应链一体化的核心目标是协调各个成员企业的核心竞争能力，从总体上降低**库存闲置时间**。

闲置时间是一个比值，指的是库存在闲置状态下的时间，与它在供应链中为实现某种目的而流向指定位置所花时间的比率。具体地说，在仓库中停滞不动的产品和零部件就是处于闲置状态；而那些通过运输车辆运往客户目的地的相同零部件，则进行着有目的的调度活动。最理想的情况是，货物能够准时到达目的地，并立刻被投入到某一增值过程中。企业要实现的目标是完成产品与客户的增值过程的直接整合，尽可能杜绝产品的存储或者其他方式的停滞不动。同步化带来的诸多好处证实了一个结论，即在时间上实现供应与需求之间的同步，比为了提供特定服务以及实现产品移动而强调速度显得更为重要。

3.8.1 运作周期的构成

运作周期是指完成与客户服务、生产和采购相关的物流活动所需的各项工作，包括从确定客户需求到产品发送等一系列过程中的所有具体操作。因为运作周期集成了物流中各方面的工作，因此它成为进行物流设计和同步化分析时最主要的对象。信息和运输必须将供应链中的所有企业有效地连接起来，这是一个最基本的要求。我们把那些被信息和运输连接起来的运作位置称为**节点**。

运作周期涵盖的方面很多，除了供应链中的节点和连接线之外，它还涉及库存资产。我们衡量库存的依据是企业对维持节点或在途的产品和物料的运作而投入的资产水平。供应链节点的库存由**基本库存**和**安全库存**组成。一部分库存存储在节点上，另一部分库存在各个节点之间进行流动，因此企业需要提供多种不同形式的物料搬运活动。

运作周期之所以具有动态性，是因为它必须满足**输入/输出**的要求。运作周期的输入是需求，通常是订单，它详细确定了某种产品或物料的需求情况。高产出的供应链与低产出的供应链相比，前者需要更有差异性、更广泛的运作周期。当运作需求具有可预测性或产量相对较低时，支持供应链物流所需的运作周期结构就能得到简化。例如，塔吉特公司或沃尔玛等大型零售企业与从事产品目录销售的公司相比，支持前者供应链所需的运作周期在结构上就显得更为复杂。

供应链的输出是指将多种物流活动结合起来所能达到的运作水平。在第1章中，EERS价值模型（效率、效益、相关性和可持续性）给出了每个供应链输出都想要满足的价值构成。这些构成要素就是运作周期结构的基本组成部分。

对供应链运作周期的运作目标进行了分析之后，与运作周期相关的工作就能完全处于供应链中的单个成员或多个企业的控制和管理之下。例如，生产支持周期的运作通常由某个企业进行控制，而与客户服务或采购相关的运作周期则需要由多个企业共同控制。

企业还必须意识到各个运作周期之间的交易频率和强度存在差异，认识到这一点非常重要。一些运作周期的目的是完成一次性的采购或销售活动，在这种情况下，供应链的设计、实施以及在交易完成后的废除等都必须与运作周期的特点保持一致。另外一些运作周期则体现了长期的运作安排。如果在一个供应链系统中，任何操作或设施都有可能同时参与到多个供应链的运作周期之中，那么情况就变得比较复杂了。例如，一家海运或陆运的物流公司有可能同时参与上百个供应链的运作。

当运作涉及多国公司之间形成的供应链时，企业面对的是更多客户、更多产品系列的需求。因此企业需要在全球范围内采购物料，完成生产和分销，并配送给客户。运作周期将供应链中所有企业的运作连接在了一起，因此，企业的管理者会觉得运作周期的观念非常难以理解。这正如估计凯洛格公司或IBM的供应链中有多少个运作周期一样困难。

不管供应链中不同运作周期的数量有多少，也不管其目标是什么，为了满足物流需求，必须单独对每一个运作周期进行设计和运作管理。但是，并不能过分强调运作周期设计和运作管理的重要性：物流运作周期是进行供应链设计和运作控制的基本单元。实质上，运作周期结构是在供应链中实施一体化物流的基本架构。

图 3-6 通过一个递阶式的供应链结构对基本的物流运作周期进行了阐述。图 3-7 则显示了柔性运作周期网络与递阶式物流结构的整合。

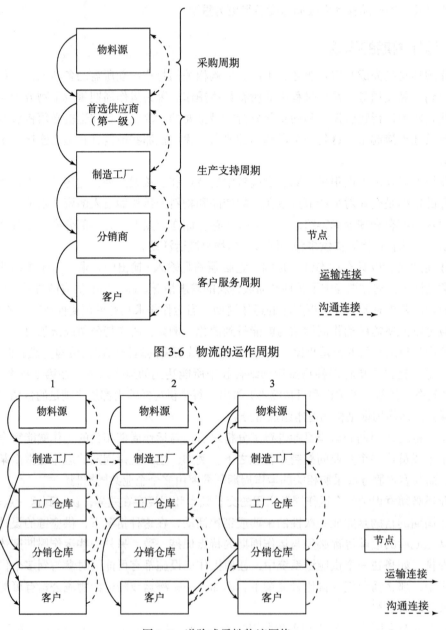

图 3-6　物流的运作周期

图 3-7　递阶式柔性物流网络

我们想要了解一体化供应链中物流系统的架构,有三点非常重要:第一,如前文所述,运作周期是实现供应链中物流一体化的基本单元;第二,从节点和连线的观点来看,无论是涉及客户关系管理、生产还是采购,供应链中各个运作周期结构的本质都是基本相同的,不同之处表现在单个企业对不同运作周期的控制程度上;第三,不管供应链的整体结构多么复杂,涉及的范围多么广阔,企业必须从运作周期的设置和相关管理责任方面对关键接口与控制流程进行确定及评估。

3.8.2 运作周期的不确定性

所有运作领域的物流管理都必须实现一个主要目标,即减少运作周期的不确定性。然而,存在的问题是,运作周期自身的结构、运作条件以及物流运作的水平都会随时导致运作差异的产生。

图3-8描述了运作周期中产生的差异种类和程度,我们以产品库存的交货为基础对运作周期进行阐述。如图3-8所示,时间的分布情况很好地反映了特定运作周期中各项工作运行的历史数据,即完成各项工作所需的最少时间和最多时间以及相应运作周期的整体时间分布情况。图3-8中垂直的虚线则反映了完成各项工作所需的平均时间。

在一些特殊的工作中,工作自身具有的性质也会造成差异。例如,使用**电子数据交换**(EDI)或互联网进行订单传输,肯定比使用电话或日常的邮件传输数据更为可靠。除了运用技术程度的影响,每天工作量的不同以及对突发事件采取不同的应变策略也会导致运作的差异性。

订单处理的时间和差异取决于工作量的大小、自动化程度以及企业进行信用审核的相关政策。订单的选择、运作的速度和相关的延误都与企业的生产能力、物料搬运能力以及现有人力资源的情况直接相关。当产品出现缺货时,完成订单选择的时间则包括安排生产计划或采购该产品所需的时间。完成产品运输所需的时间取决于送货的距离、送货量的大小、运输的方式以及运输的环境等因素。将产品发送给客户的最终交货也会因为双方达成交货的具体时间、交货约定、劳动力供给、交通状况的不同以及完成特殊卸货作业、使用特定卸货设备而存在差异。

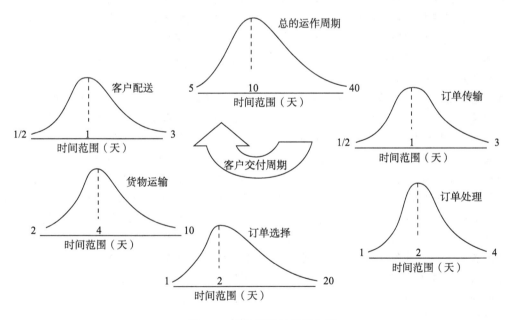

图3-8 运作周期的不确定性

图3-8中的历史数据显示,从订货到交货,所需的最短时间是5天,最长时间是40天。5天几乎是一个难以达到的极端,即便各项工作都能够在最短时间内完成,整个运作周期也很难控制在5天以内。而40天则代表了另外一个极端,即完成各项工作所需的时间都是最长的时间。企业为了实现预期的订货发货周期,必须对运作中的所有变动进行有效控制,从而将实际

的运作时间尽可能控制为10天。当预计的实际运作周期差不多为10天时,企业需要通过管理手段将预期的差异及计划的纠正措施告知客户。

运作周期同步化的目标在于使运作按计划进行。供应链中任何一个节点上的操作延误都有可能导致运作出现中断。企业可以通过设置安全库存来避免出现此类延误。当运作速度比计划快时,企业就需要处理一些计划之外的工作,并存储那些提前到达的物料。提前或延迟交货都会给管理工作带来麻烦,同时增加企业的费用,正因为如此,物流经理才会格外强调运作的稳定性。一旦实现了稳定持续的运作,那么企业所付出的各项努力都将有助于缩短运作周期所需的时间,实现运作周期的最小化。换句话说,较短的运作周期可以降低资产的投入,因而备受企业青睐。然而,速度对企业的重要性与运作的稳定性直接相关。假设企业将运作的稳定性作为它的首要目标,那么较短的订单运作周期将有利于企业降低库存风险,并且提高库存周转率。

本章小结

物流是将供应链中所有成员连接起来实现一体化运作的过程。在供应链和大多数企业的运作中,物流活动的成本是总成本的主要组成部分。

物流服务的衡量指标通常包括可得性、运作绩效和服务可靠性,每一种服务必须满足客户的需求和期望。物流服务是以最低的总成本提供令客户满意的优质服务。在确定的成本范围内实现客户关系管理是物流的价值所在。

物流活动从本质上说是物流的各项职能。企业必须建立设施,组成设施网络;准确地传递信息,并实现信息的共享;对运输和库存进行有效的管理;同时在一定程度上,还必须完成仓储、物料搬运以及包装等工作。传统意义上的物流运作是对每个职能任务分别进行管理,尽可能好地完成各自的任务,却很少考虑各个职能之间是怎样相互影响和相互联系的。由于物流工作过于细致和复杂,因此企业自然而然地会倾向于重视各职能模块的运作绩效。各个职能的良好运作固然非常重要,但更重要的是如何提高物流运作的整体竞争力。因此物流所有职能的整合绩效就成为最首要的了。

物流的职能运作需要与客户关系管理、生产以及采购这三个主要的运作环节进行结合。为了实现内部整合,企业必须实现对在各个环节之间流动的库存和信息进行有效的协调。

在供应链的同步化中,企业关注的重点是物流的运作周期。运作周期是企业进行物流系统设计和分析时的主要单位。运作周期结构为节点、连线、层次以及资产分配的设计提供了理论依据,企业所从事的客户服务、生产支持和采购等活动也正是建立在这种理论基础之上的。在上述物流运作领域中,各运作周期之间的相似点和不同点都直接影响物流活动的有效开展。只有完全理解了这些相似点和不同点,才能帮助企业更好地计划和控制供应链的一体化。无论物流的一体化运作有多么庞大、多么复杂,企业都可以通过对运作周期结构及其动态性的分析,来更好地理解和评估物流的一体化。

在尽可能提供使总成本最小化的服务时,实现物流的稳定性是企业头等重要的目标。企业所面临的问题在于如何设计一个既能快速地执行各项物流工作,同时更重要的是,又能尽量维持这些运作稳定性的供应链。无法预料的延迟以及计划之外的提前到货,将延长或缩短完成运作周期所需的时间。从运作的角度来讲,提前交货或延期交货都会给企业带来不利影响。

我们在本章介绍了物流运作管理中的一些重要概念,指出物流是如何在供应链中创造价值的。这些观点涉及物流运作模块的本质特征、实现企业内部运作的库存流和信息流管理的重要性、将运作周期结构视为企业进行供应链分析的基本单位,以及如何管理运作中的不确定性等。这些观点形成了一整套至关重要的物流概念，从而有助于支持供应链管理。物流与供应链并不是相同的概念，供应链是将满足客户需求的所有方面进行整合的战略，而物流则是通过供应链来实现库存的布置与管理的过程。我们将在第4章中重点阐述什么是客户关系管理，并解释它们为什么是促进供应链运作的关键驱动力。

学习型思考题

1. 请阐述一种典型的物流运作职能之间的权衡关系。
2. 讨论并详细地阐述以下观点：良好的设施网络决策会为企业创造巨大的竞争优势。
3. 为什么与生产及采购活动相比，客户关系管理具有更高的不稳定性？
4. 请描述物流的价值主张，并从客户关系和成本的角度进行具体论述。
5. 当采购、生产以及客户关系管理与物流控制相联系时，请描述三者的运作周期之间主要存在哪些相同和不同之处。
6. 讨论总体物流运作周期中的不确定性，并分析和阐述企业应该如何控制运作周期中出现的差异。

挑战型思考题

1. 自从2007年以来，运输成本在物流总成本中所占的比重发生了什么变化？请具体阐释最近的变化趋势。
2. 为什么客户不能一味偏好最小化总成本运作？请举例说明。
3. "亲自钉住订单"（stapling yourself to an order）有何成效？请具体举例说明。
4. 真值公司与日邮物流的合作会带来哪些增值服务？这种战略合作关系的优点和缺点分别是什么？

注释

1. A. T. Kearney, "CSCMP's Annual State of Logistics Report," Council of Supply Chain Management Professionals and Penske logistics, Oakbrook, Illinois, 2017.
2. Howard T. Lewis, James W. Culliton, and Jack D. Steele, *The Role of Air Freight in Physical Distribution* (Boston: Harvard University Press, 1956).
3. Benson P. Shapiro, V. Kastur Rangan, and John J. Sviokla, "Staple Yourself to an Order," *Harvard Business Review*, July-August 1992, pp. 113-121.
4. Alfred Weber, *Theory of the Location of Industries*, translated by Carl J. Friedrich (Chicago: University of Chicago Press, 1928); August Lösch, *Die Rümliche Ordnung der Wirtschaft* (Jena: Gustav Fischer Verlag, 1940); Edgar M. Hoover, *The Location of Economic Activity* (New York: McGraw-Hill Book Company, 1938); Melvin L. Greenhut, *Plant Location in Theory and Practice* (Chapel Hill, NC: University of North Carolina Press, 1956); Walter Isard et al., *Methods of Regional Analysis: An Introduction to Regional Science* (New York: John Wiley & Sons, 1960); Walter Isard, *Location and Space Economy* (Cambridge, MA: The MIT Press, 1968); and Michael J. Webber, *Impact of Uncertainty on Location* (Cambridge, MA: The MIT Press, 1972).

第4章
客户关系管理

对企业而言，物流的重要性不言而喻。物流能够满足客户对交货服务以及库存可得性的期望和要求，从而推动企业走向成功。但是，准确掌握"客户"这个术语的确切含义并非易事。企业在进行供应链管理时，必须认真琢磨"客户"一词的深层含义，并认识到从不同的角度来看，对"客户"的理解可能存在许多区别。

从整个供应链的观点来看，终端用户就是产品或服务的最终客户。长期以来，企业始终对两种不同类型的最终客户加以区别对待，这对企业来说非常有必要。一类是个体或家庭消费者，他们为了满足个人需要而购买商品和服务。当一个家庭打算购买一辆汽车作为日常交通工具时，这个家庭就成为供应链的客户。另一类是组织用户，即一个组织或机构为了完成某项工作或达到某个目标而进行采购。当一家企业为销售人员购买汽车，或为生产车间的装配工人采购生产工具时，这家企业就成为购买供应链产品的用户，而销售人员和装配工人是供应链产品的最终客户。从供应链管理的观点出发，无论客户是个体消费者还是组织用户，供应链中所有企业都必须将工作重点放在满足最终客户的需求上。

对某些特定的企业来说，在供应链中还存在另外一种类型的客户。在企业和最终客户之间经常存在中间组织，专业术语把它称为中间客户。例如，在宝洁公司向最终客户提供"汰渍"牌洗衣粉的供应链中，克罗格（Kroger）和西夫韦（Safeway）超市就是中间客户，它们从宝洁公司购买"汰渍"牌洗衣粉，然后将其销售给最终客户。

最后，对物流工作人员来说，客户就是交货的最终目的地。通常，交货目的地包括消费者的住处、零售店、批发商、制造工厂和仓库的货物接收点等。有些时候，客户是企业或个人，它们拥有产品或服务的所有权；而在另外一些时候，客户则是供应链中同一企业内的不同组织，或是供应链中位于不同地区的商业合作伙伴。例如，配送中心的物流经理常常将各个单独的零售店作为其客户，尽管事实上这些零售店和配送中心都是同一企业的不同组成部分。

不管客户的动机和交货目的是什么，接受服务的客户是企业制定物流绩效标准时必须考虑的关键因素，它同时也驱动了物流运作的发展。在制定物流战略时，非常关键的一点就是企业一定要认识到满足客户需求的重要性。本章将详细介绍管理客户关系的多种不同方法。4.1节将介绍什么是以客户为中心的市场营销以及与其相关的基本概念，并分析物流运作是如何支持企业的总体市场营销战略的。4.2节阐述了供应链的产出对最终客户有哪些影响，以及如何有效地组织供应链的产出以满足客户需求。在接下来的几节中，我们将探讨企业如何不断提升客户承诺水平，从提供传统类型的物流客户服务到满足期望的客户满意度，直至帮助客户走向成功，企业的投入水平可以分为不同的层次。最后，本章结尾部分将提出客户关系发展的策略框架。

4.1　以客户为中心的市场营销

以客户为中心的市场营销的基本原理来源于**市场营销理念**，即一种提倡商业战略要以目标客户为中心的商业理念。这种理念认为，企业要想实现其目标并取得成功，就必须比竞争对手更清楚地了解客户的具体需求，然后将各种资源及运作集中起来满足客户的这些需求。很显然，企业必须将战略中的多个方面集成起来，而物流就是其中的一个方面。市场营销理念包含以下四个基本概念：①与产品和服务相比，客户的需求更为重要；②不同的客户有不同的需求；③只有从客户的角度来考虑产品或服务的定位和可得性才真正具有意义，同时这也是企业物流战略的核心；④对企业来讲，盈利水平比销售量更为重要。

有一种观点认为客户需求比产品或服务更为重要，这是因为客户需求可以帮助企业充分了解哪些因素能带来市场机会。在这种观点中，至关重要的一点在于将产品和服务有效地结合起来，从而满足客户需求。例如，如果客户只需要三种不同颜色的设备，那么为其提供六种颜色的设备就显得毫无必要了。同样，如果客户更看重色彩的多样性，那么当企业只能提供白色的设备时，势必会影响其销售情况。因此，关键在于深入调查客户的基本需求，并提供与需求相匹配的产品或服务。成功的市场营销必须以深入的客户研究为基础，真正了解客户对产品和服务的确切需求是什么。

市场营销理念的另一个基本方面是，对任何产品或服务而言都不存在唯一的市场。所有市场都由各种不同的细分市场组成，每一个细分市场的需求情况都存在一定程度的差异。要进行有效的市场细分，企业必须对每一个细分市场进行明确定位，然后选择具体的目标群体。尽管在本书中我们不会对市场细分进行详细的讨论，但是企业必须认识到，客户对物流运作的需求通常是进行市场细分的一个重要的基础，意识到这一点非常重要。比如，新房屋的建筑承包商或许在设备安装几周前就通知供应商关于设备的采购事宜，而有些客户为了尽快修复有故障的设备，或许在下订单的时候就要求企业立刻送货并完成交货。企业既不可能在每一个细分市场上都进行运作，也不可能针对所有客户需求都实现盈利。鉴于此，企业必须仔细地将自身的能力与确定的细分市场进行匹配，这便是市场营销理念的一个关键方面。

企业要想市场营销活动取得成功，就必须保证客户能够获得所需的产品和服务。换句话说，市场营销理念的第三个基本方面是客户必须能够获得他们所需的产品。企业可以通过有效地利用以下四种经济要素，为客户创造额外的价值：形式、所有权、时间和地点。产品的形式多半与生产过程中的加工环节有关，比如，洗碗机部件或零件的装配作业，可以从产品形式的角度为客户创造价值。通过告诉潜在客户关于产品或服务的可得性以及所有权转换等信息，市场营销便完成了所有权的转移。物流则满足了时间和地点的要求。究其本质，这意味着物流必须确保在客户规定的时间，准时无误地将产品运送到目的地。要满足时间和地点的要求，企业需要付出大量的精力，并支付高额的成本。企业只有按照客户要求对上述四种经济要素进行组合，才能真正从交易中获利。

市场营销理念的最后一个方面则是企业应该将关注的重点放在盈利能力上，而不是销售量。衡量企业是否成功的一个重要指标是，企业在与客户的交易中获得多少利润，而不是企业的销售量有多少。因此，如果客户或客户的细分市场重视企业在四种基本经济要素（形式、所有权、时间和地点）上所做的调整，并愿意为这些调整支付费用，那么这些调整便物有所值。在刚才那个家用电器的例子中，假设一个客户需要一种特殊颜色的洗碗机，并愿意为此支付额外的费用，如果企业觉得有利可图的话，那么企业就应该尽可能地满足这种需求，从中获得边际收益。总而言之，企业在进一步完善市场营销战略时必须认识到，在对产品和服务的各个方面进行调整时，一定要从是否盈利的角度判断其可行性。

4.1.1 交易型与关系型市场营销

传统的市场营销战略重视与客户之间的成功交换或交易，从而推动企业收入和利润的增长。在这种战略下，企业通常与客户进行短期交易，这便形成了**交易型市场营销**。传统的市场营销理念强调满足客户的需求和期望，关于这一点几乎没有企业存在异议。然而，许多企业实施这一方案的结果却仅仅是片面地追求供应商和客户之间每一笔成功的交易而已。

几乎与供应链管理思想的发展同步，人们对于市场营销战略本质的理解也发生了变化，通常将这种变化所带来的理念称为**关系型市场营销**。关系型市场营销强调与重要的供应链合作伙伴保持长期关系，如客户、中间客户和供应商等，从而建立和维护长期的品牌偏好和忠诚度。关系型市场营销认为，在许多行业中，努力寻找新的客源固然重要，但是同样重要的是留住现有客户，在他们的购买活动中占据较大的市场份额。[1]

企业进行市场细分以及关系型市场营销的最终目标都是为了重点满足个体消费者的需求，我们把这种方式称为**微观市场营销**或**一对一的市场营销**。这种市场营销观点认为，每一个客户都有自己独特的需求。例如，尽管沃尔玛和塔吉特都是大型的零售业巨头，但是当它们与供应商合作时，对物流提出的要求就有显著差别。那些希望与这两大零售业巨头从事商业贸易的制造商必须针对它们各自的特殊需求，提供相应的物流运作服务。企业要想获得长期成功，最好的方法就是对客户进行深入的调查，并采取合理的措施来满足每个客户的特殊要求。虽然这种方式对有些客户而言也许并不适用，但是一对一的市场营销确实能够帮助企业大幅减少交易成本，为客户提供更好的服务，并且促使一对一的交易形式常态化。

4.1.2 供应链的服务产出

假设存在这样一个社会，在该社会中每一个人都能完全自给自足：每个人都有能力生产出满足自身生存需求的产品和服务，并且独自消费这些产品和服务。这样，社会中就不再需要任何涉及产品交换或提供服务的经济活动了。但是，这种社会显然无法存在。在现实生活中，当个体开始从事特定产品或服务的专业化生产时，必须针对这些产品和服务建立起一套交换机制，以满足个体的消费需求。为了有效地实现这一点，企业必须克服以下三种问题：空间上的不一致，时间上的不一致以及数量和类别上的不一致。

空间上的不一致指的是从事生产活动的位置和消费所在地的位置往往不相同。举一个家具行业的例子，在美国，大多数家用家具的生产地都集中在北卡罗来纳州一个很小的区域里，而大量的办公家具则在密歇根州的西部完成加工制造。但是，家具的需求所在地在哪里呢？答案是，遍布整个美国！这种生产所在地和消费所在地的地域差距，给运输带来了极大的难题，然而企业必须克服这些难题，并最终完成产品交易。

时间上的不一致是指生产和消费活动的间隔时间存在差异。有些产品，比如农产品的加工时间虽然非常短，却能长期维持稳定的需求量。与之相反的是，很多产品的生产并不是基于实际需求，而是以客户未来需求的预测为基础。正是因为制造过程常常与产品的需求时间不同步，才导致了库存和仓储的产生。请注意，本书中所进行的大量讨论，都是为了帮助企业更好地实现生产与市场消费之间的匹配。

数量和类别上的不一致则是指制造企业通常会选择有限的产品种类进行大规模的生产。然而，客户却常常希望能获得多样化的产品，每一种产品的需求量则比较小。企业必须合理协调这种生产和消费环节之间的差异，为客户提供所需的各种类型的产品。

为了消除上述这些不一致，巴克林提出了一种长盛不衰的理论，将满足客户需求的服务分为四种通用的服务产出：①空间上的便利性；②批量大小；③等待时间或配送时间；④产品种类的多样性。[2] 正如我们在上文中提到的那样，不同的客户对服务有不同的要求。因此，企业为了满足不同的服务要求，必须采取有差异的供应链结构。

1. 空间上的便利性

空间上的便利性是第一种服务产出，它指的是为客户提供服务所需的运输时间以及在运输过程中所付出的努力。在供应链中，如果要实现高水平的空间便利性，企业就必须确保能在更多地区提供产品，使客户能够随时随地购买到这些产品，从而减少客户在购买时所付出的精力。例如在家具行业中，一方面，制造商通常会构建起自己的销售网络，包括百货公司、大型零售商店、众多连锁店以及独立的家具特色经营店等。另一方面，伊森·艾伦（Ethan Allen）则严格执行品牌管理，只授权给少数几个伊森·艾伦零售店进行销售。这种空间便利性上的区别对于整个供应链的结构有极大的影响，同时也会影响供应链中的物流成本。当然，也有一些客户愿意花更长的时间和更多的精力选择他们青睐的其他产品或品牌。

2. 批量大小

第二种服务产出是批量大小，它指的是在每一项交易中所购买的产品数量。当客户进行大批量采购时，他们就必须支付产品的存储费用和库存维持费用。如果供应链允许客户从事小批量采购，那么他们就可以更容易地实现消费需求与采购活动之间的协调。在发达的经济体系中，供应链常常允许客户在购买量上自由选择。例如，消费者既可以在山姆俱乐部或开市客购买12卷或24卷装卫生纸，也可以选择在当地的杂货店或便利店购买单卷卫生纸。毫无疑问，那些允许客户购买小批量商品的供应链通常具有较高的成本，因此单件商品的价格会高一些。

3. 等待时间

等待时间是第三种服务产出，它是指客户从下达订单到接收产品所必须等待的时间，等待时间越短，供应链的服务水平就越高。一些供应链为消费者和终端客户提供定制化的等待服务。例如，在个人电脑行业中，客户可以亲自逛电子商店或电脑专卖店，选择所需的电脑，完成购买以后就可以直接将电脑搬回家，不需要花费任何等待时间。另外，客户还可以通过阅读产品目录或者互联网下达订单，然后等着企业将产品送货上门。通常而言，从客户角度来看，等待的时间越长，就越不方便。但是，这种类型的供应链通常具有较低的运作成本，因而客户可以在付出较长等待时间的同时享受到产品的价格优惠。

4. 产品种类的多样性

产品种类的多样性是第四种服务产出。不同的供应链为消费者和最终客户提供了不同程度的多样化产品。供应链中的超市通常提供大量不同类型、不同品牌以及规格的产品。在实际生活中，一家超市或许拥有超过 35 000 种的不同产品。而仓储式商店中产品的品种就要少得多，通常有 8 000～10 000 种不同的产品，并且品牌和规格种类有限。与超市相比，便利店中的产品种类则更少，往往只有几百种。

供应链为它的客户提供了多种附加的服务产出。除了上述四种类型的服务产出之外，一些研究人员还指出，与信息、产品定制化以及售后服务相关的服务对某些特定的客户而言非常重要。企业必须牢记一点，那就是不存在完全相同的市场，在这种市场中所有客户都需要一模一样的服务。这是因为，在不同的客户看来，服务的重要性有所区别，同时，满足他们特定需求的服务水平也会具有差异。例如，一些客户希望他们购买的个人电脑马上就能到货，而另一些客户则觉得为了获得完全符合他们要求的电脑而等上 3 天也非常值得。除此之外，客户愿意为服务支付的金额也存在区别。鉴于高质量的服务通常需要较高的市场分销成本，因此企业必须仔细分析客户对减少等待时间、提高便利性以及其他服务产出的要求，同时了解客户对完成这些服务产出所需价格的敏感程度。

4.1.3 全渠道市场营销

虽然过去很多公司也利用多个分销渠道来满足细分市场的需求，但是从 2010 年以来，这种多个渠道共同营销的现象大大增加，我们把这种方式称为**全渠道市场营销**。关于全渠道并没有一个明确的定义，但是有个说法得到了大家的一致认可，那就是全渠道是一种多个渠道的销售方式，目的是提供给客户无缝连接的购物体验。在全渠道市场营销中，客户既可以通过电脑或手机等移动设备在网络上下单，也可以在实体商店下单。有一点很重要，全渠道市场营销不但适用于零售商，而且适用于制造商和分销商。

全渠道市场营销深深地吸引了客户的注意力，因为它可以为客户提供以上讨论的供应链服务产出的多种组合。比如空间便利性，客户无论是在哪下单或何时下单，只要能连接网络，就能完成。当然，他们仍然可以选择在正常的营业时间去逛商场。公司通过采用全渠道市场营销，可以给客户提供更大范围、更多种类的商品，甚至比零售店还要多。

等待时间也是全渠道市场营销的重要方面，它会直接影响企业的物流能力。很多客户希望网上下单以后能够快速收到商品，但是想要用经济高效的方式来完成这一点很有挑战性。企业发现想要对客户订单进行分类，并决定如何满足他们的需求，是非常困难的。举个例子，亚马逊已经建立了 300 多个仓库（还有更多在规划中）来实现这一点。传统的零售商尝试决定哪种方式的效率更高，到底是通过零售商店的库存来满足，还是通过分销中心的库存来满足，或者是通过单独的履约中心来满足客户订单。

毫无疑问，全渠道市场营销的方式正在持续增长，关于如何满足客户订单有一系列有趣的问题。下单当天（甚至是一个小时以内）就能完成配送吗？是配送到客户的家里、办公室还是其他地址？如果客户对于配送速度和配送地址有更多要求的话，需要额外付费吗？这些由全渠道市场营销引起的物流问题，在不同企业有不同的答案。满足客户对于服务产出的需求，会深刻影响以下几个方面：供应商最终是如何配置的？什么样的供应链伙伴企业可以共同去满足客户需求？在此过程中存在哪些类型的成本？现在对于满足客户需求，把更多的焦点放在了物流方面。以下我们将讨论三个层次的客户承诺：客户服务、客户满意度和客户成功。

4.2 客户服务

物流服务承诺的基础在于以经济高效的方式提供客户服务。尽管许多高层经理都认为客户服务对企业而言非常重要，但是他们常常会觉得解释什么是客户服务，以及客户服务体现在哪些方面，是相当困难的事情。通常，对客户服务的理解包括"容易与之做生意"以及"对客户做出快速响应"。但是，如果企业希望对客户服务有全面透彻的理解，就必须建立起一个更加完善的体系。

从理论上讲，客户服务是企业进行市场营销时物流活动需要完成的一项职责。客户服务计划必须明确企业所要从事的工作，帮助企业区分这些工作的优先次序，这样才能使企业战胜竞争对手，或者不逊于竞争对手。在制订客户服务计划时，企业必须为每项工作制定明确的执行标准，并确定衡量这些标准的指标。在基本的客户服务计划中，重点通常是物流的运作方面，以及确保企业能为客户提供"七项正确"的服务：按照正确的信息，在正确的时间、正确的地点，以正确的数量、正确的价格、正确的质量提供正确的产品。

卓越的客户服务可以增加整个供应链的价值，这点毋庸置疑。企业在实施服务战略时，必须要明确一点，**即为了实现特定的服务绩效而付出的成本是否属于一项合理的投资**？仔细分析企业的竞争能力以及客户对服务各种特性的敏感程度将有助于企业制定基本的服务战略。在第 3 章我们曾经提及客户服务的基本特性，包括产品的可得性、运作绩效以及服务的可靠性。下面我们将详细地讨论这些特性。

4.2.1 可得性

可得性是当客户提出需求时，企业能够立即提供产品的能力。虽然这看上去似乎很容易实现，但是不难发现，尽管企业花费了大量时间、金钱和精力来满足客户需求，却往往无法按照客户订单的要求提供所需的产品。在传统的运作方式中，企业对客户的需求量进行预测，然后根据预测结果做出库存安排。典型的库存计划通常以产品的需求预测为基础，企业针对特定产品的销售情况、盈利能力以及产品对整个产品线的重要性采取不同的库存策略。

本书在第 7 章中将阐述企业建立库存计划的具体细节，在此我们只需要明确一点，即企业只有进行大量的计划才能确保实现较高的库存可得性。究其本质，关键在于尽量降低企业对库存和设施的总投资额，同时保证高水平的产品可得性。企业制订并执行库存可得性计划时不能一概而论。可得性以三项绩效测量指标为基础，即缺货频率、订单完成率和完美订单率。

1. 缺货频率

缺货，顾名思义，就是指企业无法提供满足客户需求的产品。缺货频率则指的是出现缺货的可能性。例如，一项对零售超市的研究表明，在一周内的任何一个时间点，所有超市的平均缺货率大约为8%。对于某些促销商品，其缺货率可能会高达16%！[3] 但是，需要注意的是，只有当客户真正存在某种需求而企业无法提供该产品时，缺货才会产生实质性影响。企业可以将全部产品的累计缺货数量作为一项指标，衡量企业为实现产品可得性所提供的基本服务水平。在这里我们并没有考虑不同产品的可得性在重要性上是否存在差异，因为对缺货的研究只是分析库存可得性的一个起点。

2. 订单完成率

订单完成率衡量了缺货随时间变化的程度和影响情况。只有当客户提出产品需求时，缺货才会影响企业的服务水平。因此，判定哪些产品发生了缺货以及客户的需求量有多少就显得非常重要了。在第7章和第13章中还会阐述诸多衡量订单完成情况的指标，订单完成率只是一个常用的指标。例如，如果客户需要100件产品，而企业只能提供97件时，那么订单的完成率就是97%。为了更有效地研究订单完成率，企业的通常做法是对一段时间内客户订单的完成情况进行评估。这样，企业便可以针对特定的客户、特定的产品以及客户、产品和业务部门的组合来分析订单的满足情况。

订单完成率可以用于区分企业为不同产品提供的服务水平之间的差别。在前面所举的例子中，如果订购的100件产品对客户来说都非常重要，那么订单完成率为97%则会导致客户的工厂或仓库出现缺货，这将严重影响客户的生产运作。我们不妨假设一下，如果一条装配线原计划生产100辆汽车，却只接收到97个所需的刹车部件，会出现什么情况。如果有些产品对客户的运作并不具有重要影响，那么97%的订单完成率也是可行的。在这种情况下，客户可能愿意接受缺货物料的延期交货，或者愿意稍后再重新下达订单来补足这部分物料。企业在制定与订单完成率相关的战略时需要考虑客户对产品的需求情况。

3. 完美订单率

在衡量产品可得性及订单交付绩效时，最准确的指标便是完美订单率，它将客户订货过程中涉及的所有环节都看成是标准的、可接受的运作。在处理客户订单的过程中，即使企业仅仅是无法提供一件物品，但是从整体交付的角度来讲，这张订单的效果却为零。

将可得性的上述三个指标结合起来便能衡量一个企业库存策略满足客户需求的能力和程度。这三个指标同样也是企业评价是否应该将可得性与基本的物流服务计划相结合的基础。企业为了提高产品的可得性，通常需要维持高水平的库存量。然而，借助信息技术，企业能够在客户下达订单之前就了解客户的需求，于是就可以采取新的策略，在不增加库存的条件下提供高水平的可得性。

4.2.2 运作绩效

运作绩效涉及处理完成客户订单配送所需的时间。无论涉及的实际运作周期是处在客户服务阶段、生产支持阶段还是采购阶段，通常都能够从速度、一致性、柔性以及故障的解决这几个方面对运作绩效进行衡量。

1. 速度

运作周期的速度是指从客户下达采购订单、配送产品直到客户能够使用产品这一系列过程中所花费的时间。完成整个运作周期所需的时间取决于物流系统的设计和运作战略。在交通和通信技术高度发达的今天，订货周期甚至可以短到仅需要几个小时，当然，在多数情况下，订货周期通常为几周或几个月。

毫无疑问，大多数客户都希望订货周期的时间越短越好。在许多准时和快速响应的物流战略中，速度是至关重要的影响因素，这是因为快速的运作周期能够降低客户对库存的需求。然而，不可忽视的一点是，提高服务的速度常常会带来高额的成本，导致总成本的增加，并不是所有客户都希望以最快的速度满足自身的需求。因此，企业必须在服务速度和成本之间做出合理的权衡。也就是说，企业需要建立一套相关体系用于评估服务速度的价值，这样才能实现客户的感知价值。

2. 一致性

订货周期的一致性是指实际运作周期符合计划所规定时间的次数。尽管服务的速度对企业而言非常重要，但是物流管理者更加重视运作一致性，这是因为一致性将直接影响客户计划和开展自身工作的能力。举例来说，如果订货周期发生了变化，那么客户必须持有一定数量的安全库存从而应付可能出现的延迟交货。这样，订货周期的变化程度就会直接影响客户对安全库存的需求。订货周期的执行过程包括了大量的活动，因此，在许多环节上都可能存在运作的不一致（如图3-8所示）。

越来越多的客户在下达订单时就明确提出了期望的交货日期，有的客户甚至在订货时就对送货事宜进行了具体的约定，因此保证订货周期的一致性是企业进行有效物流运作的基础。在制订详细计划时，企业也许会考虑供应商以往的绩效，但并不是任何时候都需要这样做。事实上，企业经常在货物销售完之前的一段时间内，就下达订单补充存货。在这种情况下，客户就很难理解为什么在早已确定好交货具体事宜的情况下供应商还是会出现问题。客户在判断供应商的实际运作是否一致时，往往考察供应商以往能否按照要求准时交货。在这种情况下，我们就需要对一致性的定义进行修改，因为仅从预期完成时间（比如需要4天完成运作周期）这个角度来衡量一致性就显得不够全面和充分了。企业必须明确能否在客户期望的时间内完成运作周期，这一点至关重要。因此，在当前的物流环境下，一致性通常用来衡量企业是否具备准时交货的能力。

3. 柔性

柔性包括企业应对特殊情况的能力，以及满足客户特殊的或预期之外的需求的能力。例如，一家企业的标准客户服务模式是在卡车上装满产品后发往客户仓库。然而，有时候客户或许会提出要求，希望以小批量的形式直接将产品送到各个零售地点。企业的物流能力直接表现在它如何解决这种意料之外的情况。企业通常需要采取灵活的运作方式完成以下活动：①对基本服务协议内容的修改，如变更发送目的地；②支持特殊的销售或市场营销计划；③新产品的引进；④产品的回收；⑤供应的中断；⑥对特殊客户或细分市场进行的一次性定制化服务；⑦对物流系统中的货物进行更改或提供定制化服务,如标价、混合以及包装等。从很多方面来讲,卓越物流运作的本质在于它所具有的柔性能力。

4. 故障的解决

不管企业的物流运作多么顺畅,多么高效,发生故障是在所难免的事情。对企业来说,每天都不断地提供服务承诺是一项非常艰难的工作。最理想的情况是,企业有能力调整措施以应对特殊情况,从而防止运作故障的发生。举例来说,如果仓库中某种关键物料发生了缺货,企业则可以从其他仓库中以快运的方式将短缺的物料迅速调配过来。有效的客户服务通常认为在运作中难免会出现故障或服务失误,因此,企业事先就需要制订出适当的应急计划,以便尽快解决问题。

4.2.3 服务的可靠性

服务的可靠性综合体现了物流的多种特征,它涉及企业完成与订单相关的所有活动的能力,同时还为客户提供有关物流运作和物流状态的重要信息。除了可得性和运作绩效之外,服务可靠性还包括以下特征:货物到达时必须完好无损;正确无误地结算;将货物准确送达目的地;产品的数量完全符合订单要求。服务的可靠性体现在很多方面,我们无法将其一一列举出来,最需要关注的重点在于,客户要求供应商能按照日常处理模式完成交易中大量的细节工作。除此之外,服务的可靠性还包括企业是否愿意向客户提供准确的运作信息和订单状态信息,以及企业是否具有提供准确信息的能力。研究表明,企业提供准确信息的能力是企业实现优质服务的一个重要组成要素。[4] 越来越多的客户认为,企业应该将运作中出现的问题及时告诉他们,例如哪些订单无法按时完成等,这类信息比订单完成信息显得更加重要。客户最讨厌的事情莫过于在订货过程中发生意外。如果客户能够事先得到通知,那么他们就可以针对延期交货或不完全到货的情况采取相应的调整措施。

4.2.4 完美订单

物流服务的终极目标是做好每一件事,并且第一次就把所有事情全部做好。企业既要确保到货的准确性,又要保证按期交货,两者缺一不可。如果企业能够按期交货并确保到货的准确性,但出现结算错误或在订单处理及运输过程中损坏了产品,这同样是不可取的。过去,绝大多数物流经理都用下列几个相互独立的指标来评估客户服务的绩效:订单完成率、准时交货率以及货物的损坏率等,并与标准水平进行比较,当每个指标均符合标准水平时,我们就认为整体的服务绩效是可以接受的。

然而,近几年来,物流和供应链的管理者将更多的注意力放在了零缺陷管理或六西格玛管理的运作上。企业的物流运作流程从全面质量管理(TQM)中衍生而来,它和制造流程以及其他企业运作流程一样,都受到了严格的控制。如果企业对于每个服务项目都设立了相对独立的标准,即使这些服务都达到了各自的标准,但由于这些服务的标准彼此独立,那么仍然会有许多客户无法获得满意的服务。举例来说,假设订单配送的完成情况、平均准时交货率、平均货物损坏率以及平均正确记录的比率均为97%,那么所有订货都正确无误完成配送的概率大约是88.5%。这是因为,任何一项失误的发生都是和其他失误互相关联的,因此,其零缺陷概率的计算公式为97%×97%×97%×97%。当然,与此相对应,订货运作失误的概率则是11.5%。

完美订单的定义就是所订购的货物要按照时间要求，完好无误地运送到正确的目的地，同时，也必须保证与货物相关单据的完整性和准确性。表4-1列示出了完美订单中的典型错误操作。每一个单独的要素都必须与客户的具体要求相吻合。因此，完全到货的意思就是交付客户最初订购的所有货物，按时则意味着按照客户指定的时间和日期完成交货。换句话说，要达到完全到货，整个订货周期的运作必须实现零缺陷，产品的可得性和运作绩效必须保持非常高的水平，并且所有辅助活动都必须完全符合对客户所做出的承诺。虽然企业不可能向所有客户都提供零缺陷的服务，并将其作为基本服务战略，但是，企业可以有选择地向一些重点客户提供这种优质的、高水平的服务。

表4-1 完美订单的典型错误操作

• 数量错误（过多或过少）	• 目的地错误
• 品类错误	• 单据（如提货单、发票）错误
• 配送提前或延迟	• 货物损坏
• 信息（如价格或促销码）缺失或错误	• 装载或发运顺序错误
• 运输方式错误	• 支付处理错误

显而易见，企业实施完美订单时需要投入大量的资源。要想有极高的订单完成率，企业就必须维持较高的库存水平，从而满足客户各种不同的订购需求和特殊要求。可是，要实现这种完善的服务并不能仅仅依靠高水平的库存。为了提高物流运作绩效，企业可以将客户联盟、信息技术、延迟战略、库存策略、优化运输以及选择性计划结合起来。采用这种方式，企业的物流绩效几乎能达到零缺陷水平，从而更好地实现自身的物流资源与关键客户需求之间的协调和匹配。在后面的章节中，本书会对上述每一个方面进行详细的阐述。企业要想提供出色的客户物流服务，就要充分认识到在实现零缺陷时所面临的各种挑战。如果企业能够尽量杜绝任何运作错误，或者一旦发生失误后能立刻为客户提供解决办法，那么就能超越竞争对手，获得更有利的竞争优势。

4.2.5 物流服务平台

企业要建立物流服务平台，首先必须从可得性、运作绩效以及可靠性等方面入手，明确对客户应该提供哪种水平的服务承诺。因此，企业需要回答一个最关键的问题——究竟应该提供多少服务？然而，这个问题并不好回答。在实际运作中，很多企业根据以下两个要素建立自身的物流服务平台。第一个要素是竞争对手或本行业中已被广泛接受的惯例。大多数行业都设有最低服务标准以及平均服务标准，通常，行业中的供应商和客户都对这些公认的服务标准了如指掌。物流和供应链管理者常常把客户服务挂在嘴边，他们把客户服务作为与竞争对手抗衡或战胜竞争对手的一种方法。另一个要素从企业的整体市场营销战略中衍生而来。如果企业希望在物流方面与竞争对手有所区别，那么就必须为客户提供高水平的基础服务。如果企业力图在价格上取得优势，那么企业有可能会降低物流的服务水平，因为提供高水平服务会增加企业的运作成本，同时需要使用较多的资源。

事实上，即使企业能够为客户提供高水平的基础服务，也并不意味着企业将给予所有客户零缺陷承诺。企业做出服务承诺的通常做法是针对各项不同的服务要求，制定出相应的执行标准。这些标准通常反映了行业内的普遍做法，并在成本和资源的使用之间进行了仔细权衡。[5]

企业不仅要设立一些常规的服务标准，例如97%的订单完成率和3天内完成交货等，还要依据这些标准开展运作，并实时监控运作的情况。尽管企业通常认为采取这些策略后，它们在客户服务方面的表现会优于竞争对手，或者至少不会输给对手，但是应用这些策略并不能真正确保客户一定会满意。客户或许对整个行业内的运作水平存在不满，甚至也可能对那些提供超出行业标准服务水平的企业有所不满。因此，只有一种方法能确认客户是否满意，即询问他们的真实感受。

4.3 客户满意度

长期以来，客户满意度始终是企业市场营销以及商业战略中最核心的理念之一。在制订衡量客户满意度的方案时，企业首先要回答的问题就是：客户得到满足究竟意味着什么？定义客户满意度时，最简单同时也是企业使用最多的方法就是以客户期望为基础。简单地说，如果卖方的服务水平能够达到客户的要求，甚至超过了客户的期望值，那么客户就能够得到满足。与之相反，如果企业无法提供客户期望的服务，那么客户就得不到满足。许多企业都以这种方法为基础来理解客户满意度，并且努力达到或者超越客户的期望值。遗憾的是，不少企业过于强调提供超出客户预期的服务，并以此来取悦客户。

尽管上述客户满意度的定义简单易懂，但是，在物流运作中建立客户服务平台却是一项非常复杂的工作。要建立这样一个平台，企业需要更全面地了解客户期望的本质究竟是什么。客户的期望是什么？客户是如何形成那些期望的？客户满意度与客户对整个物流服务质量的要求之间有什么关系？为什么许多企业无法提供使客户满意的服务？为什么客户认为大部分企业提供的物流服务的质量不高？企业的服务能够使客户满意，做到这一点就足够了吗？在下面的讨论中，我们将对上述问题一一做出回答。

4.3.1 客户期望

当客户与供应商进行交易时，毫无疑问，他们会有各种各样的期望，其中不少期望都涉及供应商所提供的基本物流服务。也就是说，客户的期望往往与可得性、运作绩效以及服务可靠性有关。一般情况下，企业通常会针对这些维度制订正式的计划和方案，对供应商的物流服务绩效进行评价。在帕拉苏拉曼、泽丝曼尔和贝里所做的一项创新性研究中，他们提出了10种不同类型的客户期望，并构建了一个框架用于评价物流的影响作用。[6] 表4-2利用他们的研究，详细阐述了各种与物流运作绩效相关的客户期望。

表 4-2 与物流运作绩效相关的客户期望

可靠性：可靠性是企业基本服务体系中的一个方面。然而，这里所指的可靠性则是供应商对所有承诺的履行情况。如果供应商承诺第二天交货，但实际花了两天的时间才交货，客户就会觉得该供应商的服务不可靠。如果供应商接受了生产100箱某产品的订单，这就意味着供应商承诺交付100箱货物。只有当客户收到这100箱货物之后，他们的期望才能得到满足，此时客户才会对供应商的工作表示满意。客户根据基本服务系统中的各个方面来判断供应商的服务是否可靠。此外，客户预先也对货物的损坏以及单据的准确性等方面进行了考虑

响应性：响应性指的是客户希望供应商的工作人员愿意为其提供快速的服务，并且具有提供快速服务的能力。这种要求不但包括快速配送，而且还涉及快速处理客户查询的需求，以及快速解决问题等诸多方面。很显然，响应性是一个基于时间的概念，它代表客户对供应商及时处理各种相关问题的期望

可得性：可得性指的是客户希望供应商具有容易接触、方便联系等特点。例如，客户能够方便地下达订单，以及比较容易从供应商那里获取库存信息或订单状态信息等

(续)

沟通：沟通指的是供应商能够预先向客户提供有关信息。与被动地查询订单状态信息相比，客户更希望供应商能够主动及时地为他们提供这些信息，尤其是出现交货问题或发生产品缺货后，这种主动的沟通能够降低客户的损失。客户不喜欢出现意外事件，因此，供应商对于类似情况所做的提前通知就显得非常必要了

可信度：可信度指的是客户希望供应商提供的信息是真实、可信的。可信度既要求供应商不能有目的地误导客户，还对双方之间沟通的完整性有一定的要求

安全性：安全性涉及客户在与供应商交易过程中所感觉到的风险和疑虑。客户往往以对供应商运作绩效的预测为基础，来制订自身的计划。例如，在进行了初步预测后，客户在供应商按时交货的基础上，冒一定的风险制订生产计划，安装机器和生产线。如果发生延迟交货或者不完全交货，客户就必须更改原先的计划。安全性的另一个方面是，客户希望他们与供应商的交易过程是保密的。这在供应链背景下显得尤为重要，特别是当与某客户进行交易的供应商同时又为该客户的竞争对手提供服务时，安全问题的重要性就不言而喻了

礼貌：礼貌包括是否有礼貌、是否友善以及是否尊重他人。这可能是一个令人伤脑筋的问题，因为客户需要接触企业内的大量人员，包括销售代表、客户服务人员以及卡车司机等。其中任何一个人的无礼行为都有可能破坏客户对整个企业的印象

胜任能力：客户是通过与供应商的各种接触来判断其胜任能力的，如同礼貌一样，它也是一个让人头痛的问题。这是因为，一旦在与客户接触的任何一个环节中出现失误，都会对全局产生影响。换句话说，在供应商交货时，客户可以判断卡车司机的能力是否能够胜任；在核对订购货物时，客户可以判断仓管人员的能力是否能够胜任；在打电话时，客户也可以对服务人员的能力进行判断。同样，任何一个人员的失误都会影响客户对整个企业的感觉

外部特征：外部特征指的是客户对企业的设施、设备及其工作人员的期望。举例来说，如果供应商用一辆又破又旧、性能极差的卡车交货，客户会有什么样的感觉呢？这种外在的特点也是客户衡量企业整体运作状况的指标之一

对客户的了解：一方面供应商要根据客户的共同特点划分客户群体，进行市场细分，而另一方面，客户却认为他们都具有独特性。客户希望供应商能够充分了解他们的独特性，并且能够提供专门的服务来满足他们的特殊需求

在物流和供应链环境下，客户期望的概念则相当复杂，这是因为供应链中的客户通常是由大量部门和个体组成的商业组织。组织中不同的工作人员对服务绩效评估标准的优先顺序有不同的理解，因此他们对这些标准也有不同的期望值。例如，一些员工认为企业的快速响应能力最重要，他们期望企业能够快速处理订单状态的查询。而其他员工则更加强调订单的完成情况或企业能否按照承诺要求完成交货。企业要想满足客户的期望，就必须了解客户是如何形成这些期望的，同时也要了解不少企业无法满足客户期望的原因。

4.3.2 客户满意度模型

图4-1提供了一个理解客户满意度的框架，从中我们可以了解到客户对供应商绩效的期望是怎样形成的，另外我们建议供应商为了实现客户满意，必须解决一系列的问题。

影响客户期望的因素有很多，一般可以从两个方面进行考虑：一是对上文中讨论过的各项指标进行优先排序；二是针对各项指标，研究相应的客户期望的具体服务水平。第一个影响因素非常简单，是客户的需要或需求。客户根据自身的商业战略对供应商提出相应的需求，而能否满足这些需求则在很大程度上取决于供应商的运作绩效。毋庸置疑，客户希望自己的需求能够得到满足。然而，有趣的是，客户的期望往往与他们的实际需要或需求并不一致。供应商以前的运作水平是影响客户期望值的一个主要因素，如果供应商长期以来始终能够确保准时交货，那么客户就有理由相信该供应商以后仍然能够准时交货。同理，如果供应商以往的服务水平很糟糕，那么客户则会认为它将来的服务也不会好到哪里去。需要注意的一点是，客户与一家供应商进行交易后，他对该供应商的印象也可能会影响到客户日后对其他供应商的期望值。举例来说，联邦快递公司为客户提供小件包裹第二天到货的快递服务，当许多客户接受了这项服务之后，他们自然而然会对其他快递公司提出类似的要求。

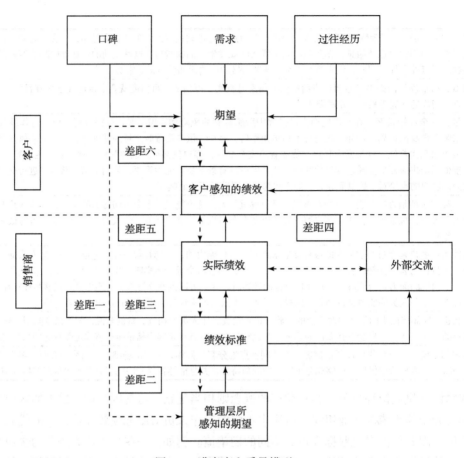

图 4-1 满意度和质量模型

资料来源：Adapted from A. Parasuraman, Valerie Zeithaml, and Leonard L. Berry, "A Conceptual Model of Service Quality and Its Implications for Future Research," Report No. 84-106 (Cambridge, MA: Marketing Science Institute, 1984).

客户对供应商以往运作水平的了解往往与供应商的口碑有关。换句话说，客户之间常常进行交流和沟通，彼此交换对特定供应商的认识和感受。在贸易和行业协会的会议上，高级管理人员之间常常谈论与供应商有关的问题，大多数的讨论都围绕着供应商的工作能力展开。通过这些讨论，客户形成了各自的期望值。影响客户期望的最重要因素或许是供应商自身的主动沟通能力，这些沟通能力体现为销售人员或客户服务代表对客户所做的承诺、市场营销活动中发表的声明、促销活动中涉及的信息、企业的政策和业务的执行过程等。这些沟通是客户形成期望的主要基础。企业对客户所做的交货承诺，提供完全满足客户需要的产品，确保产品的可得性等都是客户期望的组成部分。许多企业为了获得客户订单而做出了过多的承诺，提高了客户的期望值，却因为无法一一兑现承诺而自食其果。图 4-1 提供了一个框架，可以从中了解到企业为了实现客户满意需要采取哪些措施。不少企业之所以无法满足客户的需求，是因为存在下列意识方面的差距。

差距一：认知

认知是第一种类型的意识差距，同时也是最根本的差距，它指的是客户的实际期望与企业管理者对客户期望的认识之间存在差异。这种意识差距反映出企业的管理者对客户缺乏必要的了解和认识。虽然多种原因都会导致这种情况的出现，但是，显而易见，如果企业的管理者不能充分理解客户的期望究竟是什么，这些期望所具有的不同的重要性以及这些期望是如何形成的，那么就无法建立起一个行之有效的客户服务平台。由于销售活动是企业与客户进行沟通的主要方式，因此企业很难获得客户对物流服务的期望值。

差距二：标准

即使企业能够完全理解客户的期望，它仍然需要为实际操作设定一些具体标准。如果企业内部的操作标准无法充分或准确地反映出客户的期望，那么就会产生标准方面的意识差距。当企业为了调查内部运作能力，或者为了审查其服务绩效的竞争能力，并以此为基础开展服务时，常常会遇到这类问题。

差距三：绩效

绩效差距指的是供应商制定的标准与实际的运作水平之间的差异。假设根据对客户满意度的调查，标准的订单完成率是98%，而企业实际的订单完成率仅为97%，那么就产生了绩效差距。许多企业都致力于消除绩效差距，并为此花费了大量精力，希望能够提高客户的满意度。但是，如果企业一开始就不能完全理解客户的期望，那么仍然有可能导致客户不满意情况的出现。

差距四：沟通

在研究客户满意度时，企业不能过分夸大沟通的作用。正如前文中所提到的，过多的承诺或者承诺那些自己根本无法达到的高水平服务，是导致客户不满意的主要因素。因此，在对客户做出承诺时，企业不能过分夸大自身具有的实际业务能力。

差距五：感知

客户有时候存在感知偏差，觉得自己获得的服务绩效水平低于实际的绩效水平，或者高于实际的绩效水平。物流经理常常弄不清楚，"我们提供的服务明明跟上一次完全一样，为什么客户会觉得存在明显的不同呢？"即使在很长的一段时间内企业始终保持良好的服务水平，但是，一次延误交货、不完整交货或者不符合标准的交货都会引起客户的极大不满，从而导致客户对服务绩效产生不满。

差距六：满意度／质量

上述意识差距的存在会导致客户认为供应商的实际运作绩效并不如期望的那么好。换句话说，这些意识偏差造成了客户的不满意。因此，当企业构建服务平台以提高客户满意度时，必须确保已经完全消除了上述各种意识差距。

4.3.3 增加客户的期望

作为全面质量管理的重要组成要素之一，持续改善的概念已经得到了大多数企业的认同和接受。持续改善带来的必然结果之一就是客户对供应商能力的期望值也在不断增加。因此，随着客户对企业服务水平要求的不断提高，或许仅仅一年之后，那些曾经能满足客户期望的服务很有可能会引起客户的强烈不满。

从一定程度上讲，客户期望的增加是动态竞争的产物。正如前文中所提到的，绝大多数行业都有明确的或潜在的内部绩效水平标准。如果企业想成为某一行业中真正意义上的竞争者，那么它所提供的服务至少要符合行业内的最低标准。然而，一旦行业中的某些企业将物流作为其核心竞争力，并承诺提供高水平的运作服务，客户就希望其他企业也能做到这一点。例如，当联邦快递公司为客户提供了实时查询货物状态的服务之后，UPS 和其他包裹快递公司也很快在短期内向客户提供了类似的服务。

企业实现了完美订单绩效之后，客户就一定会满意吗？表面看来的确如此。毕竟，假如在交货时所有货物都没有任何缺陷，那么客户还会有什么不满意呢？要回答这个问题，我们就必须认识到，尽管完美订单非常重要，但它所涉及的只是单笔交易和交货工作。而客户满意度的涵盖范围更广，除了交易和交货之外，它还涉及供应商与客户之间各个方面的关系。举例来说，客户在订货过程中或许从未遇到过任何问题，即客户接收到完美订单，却对双方关系中的某些方面存在不满，如难以获取所需信息、供应商处理客户查询的时间过长，甚至供应商的一些工作人员对客户的态度不够友好等。因此，客户满意度不仅仅与企业的运作绩效有关，还涉及供应商的员工个人表现以及人际关系等诸多方面。

4.3.4 客户满意度的不足之处

为了使客户满意，企业以客户为对象做出了承诺，这是企业继建立基本的服务平台之后为发展客户关系所做的另一项努力。显而易见，如果企业能够提供比竞争对手更高水平的服务，满足客户的期望，那么它就能获得更大的竞争优势，从而在市场竞争中占有一席之地。然而，我们在强调客户满意的同时也必须认识到，强调客户满意同样也存在一些制约因素和不足之处。

很多企业的管理者在理解客户满意度时常常会犯一些基本的错误，这是第一个不足之处。很多企业都认为，一旦客户得到了满足，他们就会对供应商的绩效很满意，甚至是欣喜若狂。然而，在实际中，有时候并不是这样。企业必须牢记一点，客户满意度的高低取决于客户的期望值以及他们对供应商实际绩效的感受，而不是取决于客户的需求情况。图 4-2 可以帮助我们更好地理解满意与喜悦之间的区别。事实上，客户有时候也许会希望企业不要提供过高的服务水平。如果客户只需要企业提供较低水平的服务，同时也认为企业的确提供了满足自身要求的服务，那么企业的服务就与客户的期望达成了一致。根据定义，我们知道客户此时得到了满足。同理，对需要中等水平服务或高水平服务的客户而言，只要企业能够提供与客户期望相吻合的服务，那么客户也能够得到满足。

		期望		
		低	中	高
绩效	高	非常满意	非常满意	满意
	中	非常满意	满意	不满意
	低	满意	不满意	不满意

图 4-2 满意并不等于喜悦

下面我们通过一个例子来说明上述观点，即低水平的服务同样能使客户得到满足。假设客户对供应商提供的服务有以下要求：订单完成率高于 95%、时间延误低于 10% 的到货率、货物损坏率低于 2%。如果供应商能够提供这种水平的服务，并且客户也认同的话，那么客户就得到了满意的服务。如果供应商提供的服务低于客户的预期水平，那么客户就会对此表示不满。那些得到满意服务的客户，就一定会对供应商提供的订单完成率或延迟到货率感到高兴吗？答案当然是否定的。尽管企业提供了让客户满意的服务，它们实际的表现超过了竞争对手，或者至少与对手持平，但是这并不意味着客户会为此感到高兴。甚至当企业提供的服务水平高于客户的期望时，也无法确保客户一定会觉得愉快。有关客户期望的研究忽略了一个事实，即期望并不等同于需要或需求。

另一个需要考虑的不足之处与第一个相关，即得到了满意服务的客户也并不一定是忠诚的客户。即使企业满足了客户的需求，但他们仍然有可能选择与企业的竞争对手做生意，这是因为客户希望竞争对手能够提供更优质的服务，或者至少是同等水平的服务。长久以来，市场营销和供应链的管理者一直认为满意的客户就是忠诚的客户，然而调查研究表明，尽管大多数客户声称自己得到了满意的服务，但他们仍然有可能惠顾企业的竞争对手，并与之进行业务往来。由于满意度在客户得到预期的东西时便会实现，而客户通常会从稍逊于其真正所想或所需的服务中得到满足，这种情况被称为**客户牺牲度**。[7]

企业常常遗忘了一点，即客户的满意与单个客户的期望和认同有关，这是对客户满意度认识的第三个不足之处。企业通常倾向于将大量客户的期望累积起来，却忽视了市场营销战略的基本原理——客户群体与客户群体之间、个体消费者与个体消费者之间都存在差异。简单来说，也就是能使一个客户满意的服务并不一定能让其他客户满意，更不用说使所有客户都满意了。

尽管存在如此多的不足之处，客户满意度理论仍然反映了企业在提供基础服务之外所做的承诺。它明确指出，企业要确保满足客户需求只有一种方法，那就是把更多的精力放在客户身上。如果企业将重点主要集中在基础服务的行业标准或竞争对手的基础服务水平上，那么它就很难提供让客户非常满意或极其满意的服务。

4.4 客户成功

近几年来，越来越多的企业逐渐开始意识到，另外一种形式的服务承诺可以为企业的物流运作带来真正的竞争优势。这是因为企业认识到，如果想要不断壮大并且提升市场份额，就必须拥有吸引并留住行业中最关键客户的能力。那么，企业应用自身的运作能力确保关键客户取得成功，就成了实现以客户为中心的市场营销的关键所在。企业对客户成功的重视，体现了企业为满足客户需求所做的主要承诺。表 4-3 总结了以客户为中心的企业所经历的演进历程。需要注意的是，企业之所以强调客户服务，目的是建立一系列内部标准，用于衡量企业基本服务的绩效水平。企业通常根据这些内部标准的执行情况来评价其客户服务水平。客户满意度平台是建立在这样一种观点之上的：客户对企业绩效具有一定的期望值，而确保客户满意的唯一方法就是根据这些期望值来评估客户对企业绩效的认同程度。

表 4-3 管理理念的发展

理　念	要　点
客户服务	符合内部标准
客户满意	满足期望
客户成功	满足客户需求

客户成功将企业关注的重点从客户期望转移到了重视客户的真实需求上。如前所述，客户的需求虽然是形成客户期望的基础，但并不等同于客户期望。客户通过了解企业以往的运作情况、企业的口碑以及与企业进行交流和沟通，往往能够摆脱不切实际的期望，根据实际情况设定自己的需求目标。正是由于客户存在不切实际的期望，所以会出现企业满足了客户期望，而客户却仍然不高兴的现象。举例来说，客户可能对企业提供的 98% 的订单完成率表示满意，但是为了成功地实施自身战略，对某些产品或零部件而言，客户需要企业的订单完成率达到 100%。

4.4.1 实现客户成功

客户成功计划包括两个方面，一是全面了解单个客户的需求情况，二是承诺与客户建立长期业务关系，以获得更大的增长空间和盈利空间。但是企业并不会为所有客户都提供这种服务承诺。企业做出服务承诺时，需要广泛地与客户进行接触，了解客户的具体需求、客户内部的业务流程、客户所处的市场竞争环境，以及为了使客户在行业内获得成功需要采取的措施。此外，企业还需要进一步了解如何利用自身的能力来提高客户的运作绩效。例如，雷神公司采用"客户成功便是我们的使命"作为服务口号，并对其进行商标注册。

从很多方面来说，要想实现客户成功计划，企业的物流管理者就必须对供应链进行全面的了解。图 4-3 中所描绘的关系直观地解释了这一点。一般而言，基本服务与满意度计划的重点在于企业必须尽可能满足未来客户所提出的标准和期望，这些客户有可能是消费者、工业企业的终端客户、中间客户或者内部客户。而这些客户如何与他们自身的客户从事业务交易则通常不在考虑范围之内。从供应链的整体观念以及客户成功计划的角度出发，企业的物流管理者意识到他们必须改变关注的重点，即他们必须了解整个供应链的运作情况，明确供应链内部的客户处于哪些不同层次，然后制订并执行计划，确保企业能够使未来的客户成功地满足其供应链下游客户的需求。

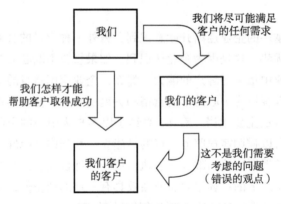

图 4-3 实现客户成功

为了保证客户获得成功，企业需要不断改进产品的生产方式、分销方式或者销售方式。事实上，供应商和客户之间的合作不但能够给双方带来更多的收益，或许还可以带来更大的改革和突破，如重新构造供应链流程等。本书将在第 12 章中介绍有关协作关系和战略联盟的基本内容。此外，我们还需要指出一点，为了深入了解客户需求和供应商的能力，双方必须进行大量与业务有关的信息交流，否则就无法实现合作。当企业在执行客户成功的战略中遇到难题时，通常采用的解决方法是为客户提供增值服务。

4.4.2 增值服务

随着客户成功理念的演变和发展，产生了一个重要的概念，即增值服务。顾名思义，增值服务是指企业与企业之间共同开展的一些独有的或特别的活动，目的是提高企业的效率和效益，稳固彼此之间的协作关系。针对不同的客户，增值服务具有很强的独特性，因此增值服务能够帮助企业实现客户成功。

当企业对其主要客户提供增值服务时，就需要进行定制化的物流运作，为特定客户提供独有的服务从而帮助它实现自身的战略目标。在物流运作中，企业为了实现客户成功，可以采用独特的产品包装，按照客户要求设计专用的货物装载工具，提供特殊的信息服务，实施供应商管理库存策略，以及进行定制化的运输安排等。

在实际操作中，一些得到买卖双方认可的增值服务有时候还涉及整合服务提供商，这些服务提供商专门为企业提供此类增值服务。运输企业、仓储企业以及其他专业化公司都可以参与到供应链的运作中，为供应链中的企业提供增值服务。下面我们将举例说明这些专业化公司是如何在供应链中提供增值服务的。无论是自有仓库还是第三方仓库，都可以被用于从事定制化的服务活动。例如，零售商在进行特殊的托盘操作时需要独特的装运服务，帮助它在仓库中完成交叉作业，从而最终满足其各个销售商店对产品的特殊需求。为了在实现库存最小化的同时保证正常运营，每一个销售商店都根据自身的库存情况，对产品的数量和种类提出了不同的需求。再比如，急救工具箱中包含了各种各样不同的物品，它最终的组装工作实际上是在仓库中完成的，在组装时操作人员根据客户的特殊要求，在急救箱中放入客户所需的各种工具。同样，仓库还可以为制造商提供分拣、标价、再包装的服务，以满足不同客户对产品配置的特殊需求。

另一种形式的增值服务则是为了满足特定的客户需求，对产品进行合理的分类和整理排序等活动。例如，汽车装配厂不仅要求零部件供应商能够准时交货，还要求供应商按照一定的方式对零部件进行分类和排序，那么当特定型号的汽车在装配线上的各个环节中进行加工时，就可以确保零部件的供应与需求相吻合。这样做的目的是减少汽车装配厂对零部件进行的搬运工作和检验工作。对不少零部件供应商来说，除提供一些基本服务之外，它们并不具备提供这种精确的配送服务的能力。因此，借助第三方专业公司提供增值服务就成为一种必然趋势，尤其是当企业需要对不同供应商提供的部件进行整合并完成正确排序时，这种必要性就显得更加突出了。

提供增值服务的对象，既可以是与企业有业务关系的参与者，也可以是专业的服务公司。近几年来，越来越多的企业选择了专业服务公司，这是因为专业公司具有更大的灵活性，它们能够更好地集中精力为企业提供所需的服务。然而，无论企业如何组织和实施增值服务，物流增值服务始终是实现客户成功的一个关键所在。

4.5 客户关系管理策略

随着对营销概念和关系型市场营销的进一步讨论，人们发现必须对不同客户采取不同的措施和策略才能更有效地管理客户关系。对一些客户来说，基本的物流服务可能就足够了；对另一些客户而言，则需要保证客户满意；对其他客户也许就必须想办法取得客户成功。实际上，供应链物流管理的一个基本原则是必须针对客户不同服务水平的需求对客户进行细分，并设法分别满足不同类型的客户需求。[8]

举个例子，宝洁公司针对它的主要零售客户建立了一个被称为客户衡量服务（SAMBC）的方法。和大多数公司一样，宝洁公司内部也有自己的衡量指标，用成本、订单完成率和及时交付率评价对所有客户的服务。通过采用SAMBC方法，宝洁公司主要评价"表现如何"来替代评价所有客户服务的那些单个绩效指标。实际上，SAMBC方法指的是宝洁公司所服务的那些符合或超出客户期望的客户数量占所有客户总量的比例。

这个方法识别了对客户而言，哪些指标是最重要的，应该定义哪些衡量指标，每个指标的标准期望水平是多少。虽然其中有些指标对零售商来说很普遍，但是这些指标被跨组织使用的时候，仍然会有所变化。即使是最常见的准时交货率和订单完成率，对于不同的零售店，计算方法也有所不同。[9]因此宝洁公司应用这种方法满足了那些关键零售商的独有需求。

4.5.1 策略选择模型

实现客户成功显然需要企业投入较多的人力和物力。因此企业不可能期望在每一个潜在的客户身上都能实现客户成功。实际上很多客户自身也并不愿意同供应商保持这种亲密关系。从战略管理角度来看，企业必须决定哪种关系策略适用于哪种类型的客户。

这个问题的答案比较复杂，其中一种解决办法基于帕累托法则（即80/20法则）。简而言之，这个原则的意思是企业收入和利润的绝大部分（约80%）来自企业的一小部分客户（约20%）。这个百分比也许并不确切，但该法则的意义毋庸置疑。此法则同样也适用于营销管理，大部分的销售收入和利润同样来自销售业务中的一小部分产品。在这些事实的基础上，我们可以基于利润大小将客户分为A、B、C、D四类，产品分为1、2、3、4四类，如表4-4所示。[10]比如，A类客户带来利润最多，B类利润一般，C类利润较少，D类无利润。类似的，1类产品到4类产品也按相同依据分类。[11]在第13章中我们将详细阐述衡量客户利润和产品利润的方法。

很显然对企业来说，只有一小部分客户/产品有利可图。而这一类客户/产品就是企业要实施客户成功计划的对象，如表4-4所示。另外，即使是A类客户中，也有可能有部分产品不需要如此高水平的服务。因此，就只需对这部分产品提供客户满意服务水平，或者仅仅提供基本服务水平的服务就足够了。

要谨慎地决定落在右下角的客户/产品组合是否还有必要继续保留。很多时候，保留这部分客户也许是合情合理的。因为其中有些可能属于新客户，也可能一些客户的业务量虽小但是发展潜力不容小觑。同样的，对于落在这个区域的产品也应该持有相同谨慎的态度。然而，有些情况下停止和一个无利可图的客户做交易或者停止经营某种利润微薄的产品也许是一个更明智的选择。

以上选择客户关系管理策略的方法只是一种建议，并非唯一的方法。举例来说，某些情况下也许必须对所有产品的A类客户都维持客户成功关系；某些时候尽管目前从某客户获得的收益极其有限，但对该客户实施客户成功计划却可以显著提高来自该客户的收益。要牢牢记住的重要一点是，由于资源的限制，只能对一部分客户/产品实施典型的客户成功计划。其他的也许只能维持客户满意，而基本的物流服务则显然是企业要同客户做交易的最低要求。

表 4-4　客户关系管理的策略选择模型

客户分类	产品分类			
	1	2	3	4
A	成功	成功	成功/满意	基本服务
B	成功/满意	成功/满意	基本服务	基本服务
C	基本服务	基本服务	基本服务	基本服务/删除
D	基本服务/删除	基本服务/删除	基本服务/删除	基本服务/删除

资料来源：Adapted from Robert Sabbath and Judith M. Whipple, "Integrating Marketing and Supply Chain Management to Improve Profitability," *CSCMP Explores* 4 (Summer 2007), p. 8.

4.5.2　客户关系管理技术

很多企业都采用了**客户关系管理**（CRM）这个名词来描述他们对更好地满足客户需要以及不同客户需求所作的努力。然而，CRM 也被用来描述对组织中各种资源数据进行管理和分析，以深入了解客户购买行为（如电话订货、通过订货中心或实地购买等）的技术和软件。事实上，很多软件供应商都提供名为 CRM 的软件包来实现这一目的。CRM 技术是为了拓展 ERP 系统的销售与交付应用模块的功能。CMR 为销售代表和客户提供最新的历史销售情况、发运历史情况、订单状态、促销活动概要、交付情况等信息。企业把现有及历史的状况信息与产品开发、定价及促销结合起来，能够更好地获取、管理客户订单。企业与客户及时、准确地进行信息交换，能够更好地确保产品销售和促销计划能够得到所需产品的支持。图 4-4 展现了一个典型的 CRM 系统所包含的元素及信息流动情况。

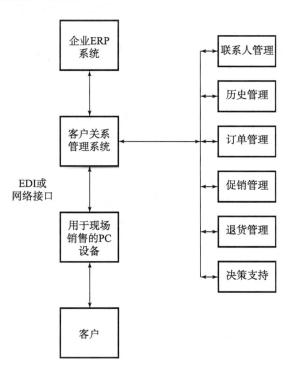

图 4-4　典型的客户关系管理拓展系统

传统的 ERP 系统关注如何有效地获取客户订单，但企业发现，必须改变观念，不再把客户当作可开发的收入来源，而是视为可培养的资产。尽管传统的销售和交付技术能够接收各种形式的客户订单，并且能够管理订单完成的整个过程，但企业需要具备更多必要的能力米管理整体客户关系。一体化的 CRM 系统包括基于服务器的公用数据库、销售代表携带的远程 PC 设备以及确保企业和销售代表能够获取及时、一致信息的全球同步程序。除了这些基本功能外，现在的 CRM 系统还要求具有销售跟踪、销售历史分析、定价管理、促销管理、产品组合管理以及品类管理等功能。在某些情况下，客户期望供应商的销售人员能够在客户的设备上管理所有的产品品类。例如，杂货店期望供应商能够对饮料、特产等主要产品品类进行产品组合以及上架数量管理，这一做法越来越常见。这种做法被称为"**品类管理**"，需要从制造商处获取大量的信息支持，并且还要求推动信息共享。

亚马逊是网络零售业中使用 CRM 技术的引领企业之一。该公司具有良好的网络界面、大规模的数据储量以及强大的计算能力，因而能够根据个体偏好及购买习惯，建立客户的个人画像。例如，亚马逊的客户经常会收到新书推介邮件，而新书的作者正是他们之前购买书籍的作者。此外，每次登录 Amazon.com，客户都会收到他们可能会喜欢的书籍的信息，这是以他们之前的购买数据为基础的。并且，当客户从亚马逊网站上搜索某一特殊书名时，网页上会列出其他客户选购的、与这一书名相关的书籍名称。所有这些举措当然都能增加亚马逊的销售额。不仅如此，大多数客户都很欣赏亚马逊这方面的能力，因为这样的做法能够让他们更好地享受阅读的乐趣。

CRM 的目标是构建以客户为中心的组织。CRM 的概念既包括用于收集和分析不同客户的需求和购买习惯的多种技术，还包括企业全方位地提高满足不同客户需求能力的过程。随着企业对客户的意愿和需求理解越来越充分，预测得越来越精确，企业的绩效越来越高，CRM 得到了长足的发展。

重视 CRM 的企业把客户看作所有运作环节的唯一推动力。除了技术之外，企业的其他运作都围绕着如何更深入地理解客户需求以及如何与关键客户保持稳定关系而进行。例如，越来越多的供应商在关键客户的公司附近甚至公司内部设置办公场所。这样一来，供应商就容易从客户那里得到客户的需求和计划的关键信息，从而提高预测客户下一步行动的精度。宝洁就是这样一个例子，沃尔玛是它最大的客户，因此宝洁公司的管理者直接安排了很多职员在沃尔玛位于阿肯色州本顿维尔市的总部工作。

CRM 和物流的关系在于 CRM 需要物流运作来增强企业与客户之间的交互透明度。产品增值和实施客户成功的很多环节都有赖于物流运作。CRM 系统提供了一个发展和管理恰当的客户关系的商业平台。而在实际的物流运作中怎样发展和维护客户关系的问题将在第 12 章进行更深入的讨论。

本章小结

物流的基本要求是开发客户关系，而不管这些客户是终端客户、中间客户，还是内部客户。市场营销理念为实现客户服务提供了有力的理论依据。市场营销观点认为：应该将关注的重点放在客户身上而不是产品或服务上；从客户的角度出发进行产品和服务的定位；在不同的细分市场中，客户的需求存在差异；企业在做出承诺时，利润是首要考虑因素，销量只能位居其次。

当代的市场营销观点认为，与客户维持良好的关系远比正确无误地完成与客户的交易更为重要。这种理解还强调企业应该更多地了解每个客户的需要和需求，并将其视为关系市场营销的核心。从供应链的角度来说，物流运作必须满足与地域的便利、批量大小、等待时间长短及产品品种的多元化等相关的各种客户需求。

企业通过三层递进的服务来满足客户需求。第一层是基本的物流服务。企业要获得竞争优势，就必须具有足够的能力，为所有客户提供产品可得性、运作绩效以及服务可靠性等方面的服务。在对各项服务内容做出不同水平的承诺时，企业还必须仔细地分析其竞争能力以及成本/利润关系。基本物流服务的最高目标是实现完美订单，这就需要企业实现零缺陷承诺的物流运作。此外，这种完美订单模式只适用于企业的部分重要客户。

在基本物流服务的基础上，能够实现客户满意的服务是第二层次的服务。基本物流服务的关注重点是企业内部的运作绩效，而客户满意则更强调客户、客户期望以及他们对供应商的运作绩效的感受。客户的期望不仅包括了对物流运作的一般期望，还包括下列相关因素：沟通、可信度、响应性、详细了解客户以及供应商运作的可靠性和快速反应能力等方面。有些时候，企业能够向客户提供与竞争对手相同，甚至更好的物流服务，却仍有可能令客户不满意。导致这种现象的主要原因在于：供应商对客户的期望缺乏了解、操作标准不合适、服务中存在失误、沟通不畅以及客户对供应商的绩效缺乏正确的认识等。随着客户期望的日益增加，企业的物流管理者必须密切关注客户对服务的满意程度，并且不断地提高物流运作绩效。

最高层次的服务是实现客户成功。为了满足甚至超越客户的期望，企业的客户满意计划应该把精力集中在客户的需要或需求上。客户期望不等同于客户的需求。要实现客户成功，供应商就必须熟知客户的需要，了解他们的潜在需求，协助他们增强竞争力，使其在各自的市场领域内获得更大的成功。增值服务是企业的一项物流服务，它有助于实现客户成功。通常情况下，客户成功与一对一的市场营销关系有紧密联系。但是在某些时候，它又表现为一种能够确保整个客户群体得以长期存在的、最可行的方法。

只有深入了解不同客户的物流服务需求，才能正确选择合适的客户关系战略。CRM技术在这一过程中的运用日益频繁，为企业及其客户提供维持长期高效协作关系所需的各种信息。

学习型思考题

1. 请解释交易型市场营销和关系型市场营销之间的区别，并阐述这些区别如何引起了供应链管理者对物流运作的重视。
2. 为什么四种主要的服务产出——空间上的便利性、批量大小、等待时间或配送时间和品类的多样性，对物流管理而言非常重要？请针对以上四种服务产出，分别举例说明相互竞争的企业为客户提供的服务究竟有哪些不同。
3. 请根据表4-2中所列的10种不同类型的客户期望，以你自己为例，说明客户是如何评价供应商的运作水平的。
4. 请比较供应链中客户服务、客户满意和客户成功之间的异同之处。
5. 增值服务指的是什么？为什么说增值服务在实现客户成功的计划中扮演至关重要的角色？
6. 请解释图4-1中的客户满意度"差距"。

挑战型思考题

1. 吉利应用了全渠道市场营销方式，通过建立订阅服务，可以把剃须刀刀片配送到客户家里。这与通过自身的分销渠道进行销售，在服务产出上有什么区别？

2. 一般来说，对消费品的制造商来说，如果想要实施全渠道市场营销，主要面临哪些挑战？

注释

1. Don Peppers and Martha Rogers,"Return on Customer: A New Metric of Value Creation," *Journal of Direct, Data, and Digital Marketing Practice*（April-June 2006）, pp. 318-321.
2. Louis P. Bucklin, *A Theory of Distribution Channel Structure*（Berkeley, CA: IBER Special Publications, 1966）.
3. Tom Gruen and Daniel Corsten,"Improve Out-of-Stock Methods at the Shelf," *Chain Store Age*（July 2006）, p. 35.
4. Donald J. Bowersox, David J. Closs, and Theodore P. Stank, *21st Century Logistics: Making Supply Chain Integration a Reality*（Oak Brook, IL: Council of Logistics Management, 1999）.
5. 如果想了解更多的关于成本和服务的信息，请查阅 Mariah M. Jeffery, Renee J. Butler, and Linda C. Malone,"Determining a Cost-Effective Customer Service Level," *Supply Chain Management*（March 2008）, p. 225。
6. A. Parasuraman, Valerie Zeithaml, and Leonard L. Berry,"A Conceptual Model of Service Quality and Its Implications for Future Research," Report No. 84-106（Cambridge, MA: Marketing Science Institute, 1984）.
7. Joseph B. Pine II and James N. Gilmore,"Satisfaction, Sacrifice, Surprise," *Strategy and Leadership*, 28, no.1（2000）, pp.18-23.
8. David L. Anderson, Frank F. Britt, and Donovan J. Favre,"The Best of Supply Chain Management Review:The Seven Principles of Supply Chain Success," *Supply Chain Management Review*（April 2007）, p. 57.
9. Adapted from Dan Gilmore,"P&G's New Services as Measured By Customer - Supply Chain Industry Inflection Point?" *Supply Chain Digest*（November 3, 2011）, p.1.
10. This discussion is adapted from and based on Robert Sabbath and Judith M. Whipple,"Integrating Marketing and Supply Chain Management to Improve Profitability," *CSCMP Explores* 4（Summer 2007）, pp. 1-15.
11. 出处同 10。

PART 2

第二部分

供应链运作

　　一体化供应链管理的关键挑战之一就是跨职能、跨组织的运作计划。第5章聚焦于组织内及组织间的运作计划所面临的挑战,并探讨了应对这些挑战的方法和工具。第6章讨论了采购与制造的运作领域,并重点关注了物流是如何关联并支持这些运作活动的。

第 5 章 一体化运作计划

供应链管理的核心主题就是实现供应链的一体化运作。供应链一体化运作的收益与构成国内或跨国供应链的企业内各职能部门的收益,以及供应链各成员企业的收益紧密相关。本章重点阐述了供应链运作计划为什么能创造价值以及怎样创造价值,并详细讨论了有效实施供应链计划将面临的挑战。本章从跨部门、跨组织的高效合作角度讨论了销售和运作计划系统的运作过程,其中包括对高级计划与排程的描述和说明。在介绍完销售和运作计划系统后,本章探讨了许多企业已经开始实施的综合性一体化商业计划,然后简要介绍了协同计划、预测与补货,最后围绕预测进行了更深入的探讨。

5.1 供应链计划

在供应链运作计划的管理过程中,主要运作环节(见第 1 章)之间的相互协作至关重要。尤其是为了满足客户需求并有效配置和管理资源,需求计划、客户关系协同、订单履行/服务交付、定制化生产、供应商关系协同、全生命周期支持以及逆向物流等环节必须协同运作,而一体化供应链计划正是用来整合支持协同运作的相关流程和技术的。

供应链计划系统与信息支持系统尝试整合相关信息,协调整体的物流及供应链决策,与此同时,还要识别其他企业职能与流程之间的动态变化。有效的供应链计划取决于三个方面:①供应链的可见性;②资源的同步考虑;③资源的利用率。

5.1.1 供应链的可见性

开发供应链计划系统的第一个原因是对供应链库存和资源的位置及状态的可见性需求。可见性并不仅是对供应链中的库存和资源进行追踪,而且还要对可用资源的信息进行有效评估和管理。例如，在任何时间点，制造商都有可能有数以千计的货物在运输途中，全球有数百个地点存储货物。仅仅识别出所有位置的货物运输和库存是不够的；供应链的可见性要求对货物的运输流动及库存部署的改变进行例外管理，以最大程度地减少或避免有可能出现的潜在问题。

对在途库存和预期到达时间的有限可见性将导致可提供的产品会有巨大的不确定性。在产品可用性至关重要的情况下，缺乏确定性会导致额外的库存和需求，以避免有可能出现的缺货现象。尽管没有任何军队能够容忍供应不足，但是库存过剩的成本很高，并且也浪费了大量的关键资源。

5.1.2　资源的同步考虑

一旦供应链计划系统通过可见性确定了资源状态和可提供的资源能力，那么开发供应链计划系统的第二个原因是需要同步考虑供应链的需求、能力、物料需求及约束。供应链设计必须考虑客户对产品数量、交付时间以及交货地点的要求。其中，一些客户需求可能需要经过协商后才能确定，物流必须按照达成一致的需求和标准执行。

满足客户需求的约束有物料、生产能力、库存能力和运输能力，这些代表了过程和设施的物理约束。传统的计划方法通常是按照顺序方式来考虑能力约束。例如，首先根据生产能力约束制订初始计划；然后根据物料和采购约束对初始计划进行调整；接下来考虑库存和运输能力约束对计划再次进行调整。尽管制订计划的流程和顺序可能有区别，但是这种按照顺序制订计划的方法会导致制订出的计划不是最优的，并且也不能最佳地利用各种能力。

要取得最优的供应链绩效必须同步考虑相关的供应链需求和能力约束，以便在某些职能的成本增加时，如生产成本或库存成本，能够很好地进行权衡，这样才有可能实现系统总成本最低。一个供应链计划系统必须能够对这种权衡进行量化评价，并提出优化总体绩效的计划。

5.1.3　资源的利用率

物流和供应链管理决策对许多企业资源都有影响，包括生产设施、分销设施、库存设施与设备、运输设备和存货等。这些资源消耗了企业的大部分固定资产和流动资产。职能管理者关注的焦点是他的职责范围内的资源利用率。例如，生产管理者的目标是在生产中使用最少的车间和设备资源。这样就会造成较长的生产周期，以及较少的准备时间和设备转换时间。但是，较长的生产周期通常会产生更多的成品库存，因为实际生产的数量比计划生产的数量要多。额外增加的这部分库存又会增加对于流动资产和存储空间的需求。延长的生产周期也要求长期的、更加准确的市场预测。

当进行职能资源权衡时，推动开发供应链计划系统的最后一个原因是需要使用一个协调的方法，在实现服务需求的同时最少地使用供应链的资源。这是一种至关重要的能力，尤其是当供应链和企业的绩效非常重视总资产利用率的时候。

5.2　供应链计划的应用

供应链计划的应用频率和应用范围都在不断增加，而且此类应用在不断发展，以适应供应链计划范围内更广泛的业务活动和资源。有的应用适用于大多数的供应链环境，这些应用包括需求计划、生产计划和物流计划。

5.2.1 需求计划

由于提供的产品和市场营销策略日益复杂，再加上产品的生命周期不断缩短，使企业在制定库存需求时要求更高的准确性、灵活性和一致性。需求管理系统正是试图为企业提供这种能力。

需求管理对预期的供应链流程进行预测，包括每月、每周，甚至每天的生产和库存需求的预测。预测结果一部分是来自预期的客户需求产生的未来订单，还有一部分是基于历史数据所产生的预测需求。从本质上说，需求管理过程综合考虑了两个方面：一是根据历史数据进行预测；二是考虑了其他一些信息，这些信息与影响未来销售状况的一些活动有关，例如促销计划、价格变动和新产品引进，从而得到一份尽可能完整的需求计划。

需求管理过程关注的另外一个方面是：如何保证多种产品和多个仓储设施之间需求预测的一致性。有效的一体化管理要求企业对每种产品和每个仓储设施都有一个准确的预测，而总体需求又必须与各部门和整个公司的销售与财务计划保持一致。需求管理系统是销售和运作计划中的信息技术组成部分，其目标是制订不受约束的市场计划。需求管理系统首先进行一个基本预测，然后再结合一些因素进行调整，如产品生命周期、分销渠道的变化、定价和促销策略以及产品组合变化等。需求管理系统必须使每个仓库和产品的独立预测及详细的物流计划与总体的产品族群及全国的预测计划相一致。例如，各个仓库的销售量之和应该与全国的总体销售计划相符。同样，每种产品的需求水平应该根据相关产品的活动水平进行调整。例如，当引进一种新产品时，市场中原有产品的需求应该减少；在某种产品的替代品进行促销时，该产品的需求也应该调整。

5.2.2 生产计划

生产计划是根据需求管理中制定的需求报告，同时考虑制造资源和约束得出的一套可行的制造计划，其中需求报告说明了何时需要何种产品。尽管现在**按订单生产**（MTO）和**按订单装配**（ATO）的生产模式日趋流行，但由于生产技术、生产能力、资源约束以及客户需求的限制，这些基于响应的运作方式有时候并不能实现。这些限制表现在设施、设备和劳动力的可得性方面。

生产计划系统使需求计划与生产约束相匹配。生产计划的目标是在所有约束的条件下，以最小的总生产成本满足必要的需求。有效的生产计划在设施、设备和劳动力约束的条件下，对生产进行时间上的安排，从而高效率地生产出正确的产品。生产计划需要确定哪些产品应该按照预期需求进行生产，以便在生产约束的条件下实现库存的最小化。

5.2.3 物流计划

物流计划的作用是协调企业内部以及供应链伙伴之间的运输、仓储和库存。以前，在努力降低采购和成品运费方面，企业各部门各自为政：采购部门只与自己的供应商和进货承运人协作努力减少原材料运输成本；物流部门只与自己的客户和分销承运人进行合作减少企业的产品配送成本；另外，如果是国际运输的话，通常还有第三类管理焦点。然而，各个部门片面地从自身运输的角度来考虑问题，通常会导致规模经济效益减少、信息共享程度有限，以及运输费用增加。

通常，在决策支持系统中物流计划综合考虑了运输需求、运输车辆的可用性和相关运输成本，因此可以实现总运输费用最低的目标。物流计划的分析结果可能会提出在多个承运商之间转移货物的建议，或者实施集运的方式以实现规模经济。分析结果还可能指出企业与供应商、其他服务商之间如何更好地进行信息共享，以提高资源利用率。

物流计划对于企业资源的有效利用是非常关键的。以前，由于缺少全面而精确的物流和供应链计划工具，企业生产能力、仓储能力和运输能力资源利用率低下等问题一直无法得到有效解决。由于人们对资产利用率的关注度越来越高，随着信息管理能力和决策能力及技术的飞速发展，全面的计划系统已经成为现实。

有效的计划系统既需要信息系统提供数据，也需要管理者进行决策。接下来将要讨论的是销售和运作计划系统的应用要点、系统处理过程以及系统组成模块。

5.2.4 库存部署

库存部署是企业集成销售、市场和财务目标的主要方式之一。库存部署有多种方式可以完成：可以由供应链职能部门独立完成，可以由供应链总体以整合的方式完成，也可以由整个公司以协调的方式完成。当库存部署由整个公司以协调的方式完成时，这种方式被称为销售和运作计划。

这些战略目标通常由包括季度更新的多年规划周期制定。销售和市场方面的战略目标界定一系列的问题，包括目标市场、产品开发、产品促销、其他营销组合计划，还包括服务水平及服务能力等物流增值活动。这些目标包括客户范围、产品和服务范围、促销计划以及预期达到的绩效水平等。销售和市场目标作为客户服务的政策及目标，将界定物流和供应链的活动以及绩效目标。绩效目标包括服务可得性、服务能力以及前文探讨过的质量因素。财务战略目标对销售收入、财务活动及水平、相应费用和资金及人力约束等进行界定。

销售、市场及财务目标结合起来将界定市场范围、产品、服务及相关活动水平，而这些正是物流和供应链管理在规划周期中必须适应匹配的内容。具体的目标包括预期的年度或季度活动水平，如销售额、装运量、装箱量等。必须考虑的事件包括产品促销、新产品推广、市场首展以及兼并收购等。理想的情况下，市场营销和财务目标应该是整合一致的，因为如果不一致的话将导致糟糕的服务、超额的库存以及财务目标的失败。

库存的部署过程必须包括长期部分和短期部分。长期部分聚焦年度或季度计划，目标是要协调市场和财务计划以实现企业目标。尽管供应链和物流运作并不是关注的焦点，但也必须有相应的考虑，因为计划者必须保证有充足的总产量、仓储及运输能力。短期部分聚焦每月或每周计划，目标是要协调供应链和物流资源以保证特定的客户要求能够得到满足。库存部署系统的关键目标是制订一个能够逐渐发展成为高级计划与排程系统（APS）的整合性库存计划。本章后面的节次将对APS进行详细的探讨。

5.3 销售和运作计划

销售和运作计划（S&OP）是在组织内部协调需求与供应计划的过程，该过程通过信息共享，系统地制订出共同一致的计划。尽管 S&OP 是一个组织过程，但是它要求有大量的信息技术支持，从简单的电子表格到复杂的高级计划与排程系统（后文将详细探讨）。

一般来说，S&OP 技术整合了企业有关预测、库存可得性、制造资源以及其他资源约束的所有信息。

S&OP 的需求包括分段时间内的设施、设备、人力以及完成物流任务的库存资源。例如，在物流需求部分，将安排把成品从制造工厂装运到仓库，并最终配送到客户手中。装运量是客户要求与现有库存之间的差量。未来的需求是基于预测、客户订单及促销而计算得到的。其中预测要将销售和市场投入与历史销售水平结合起来。客户订单则包括已有订单、未来承诺的订单以及合同订单。考虑促销活动在计划物流需求方面尤为重要，因为促销活动往往会引起物流量的巨大变动，并对物流能力产生很大影响。已有库存指的是目前可以直接装运的产品。图 5-1 说明了周期物流需求的计算方式。

```
+ 预测（销售、市场、投入、历史情况、会计账目）
+ 客户订单（现有订单、未来承诺订单、合同）
+ 促销（促销、广告计划）
= 周期需求
− 现有库存
− 计划入库量
= 周期物流需求
```

图 5-1　物流需求计算

具体来说，对于每一个计划周期，无论是每日、每周还是每月，预测量、未来客户订单量及促销量的总和构成周期需求。确定已知客户订单量在预测总量中所占的比例并非易事，因此必须做出一些判断。通常情况下，周期需求是三者的结合，因为现有的预测可能量包括一些未来订货量和一些促销量。那么，周期物流需求则等于周期需求减去现有存货以及计划入库量。从理论上来说，采用这个表格进行计算后，每个周期的期末库存为零，因此计划入库量就等于周期需求。尽管从库存管理角度来说，需求和供应的完美协调是非常令人满意的情况，但对企业来说却难以做到，而且从整体而言也不是企业的最佳策略。

5.3.1　S&OP 流程

整合的 S&OP 流程对于实现有效的供应链运作越来越重要。S&OP 编制了一个协同计划，能够在企业资源约束的条件下响应客户需求。在传统情况下，企业通常连续地、独立地编制财务、销售和运作计划。首先，为了满足华尔街投资者的期望，先编制相应的财务收益计划。其次，为了实现企业的财务收益，编制企业产品组合的市场销售计划和销售目标。销售计划还包括特定产品的创新、定价和促销计划，以实现销售目标。最后，制订供应链运作计划，包括物料、生产和物流计划，这些计划必须保证在企业和其供应链合作伙伴的运作约束下，满足客户的需求。图 5-2 显示了 S&OP 中的一些冲突。从销售角度来说，销售人员希望销售的产品种类尽可能多、可以快速响应客户以及很短的提前期。实际上，销售目标是不论客户在什么时间需要什么产品，企业都能够提供给客户，以实现收益最大化。而供应链运作倾向于最少的产品种类和生产变更、限制生产进度的变化以及延长提前期，以实现规模经济。事实上，供应链运作的主要目标是实现生产、运输和物料搬运的规模经济。由于在满足客户需求和实现规模经济之间存在如此大的差异，因此有必要系统地权衡这两种目标，并且共同制订出与两种目标保持一致的计划。需要权衡的包括预测、产品引进、营销策略和运作计划，同时，这些计划必须保证在企业约束的条件下，能够实现财务目标和客户需求。

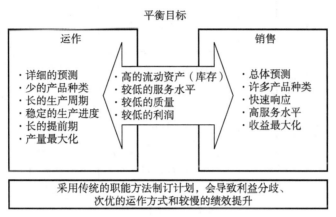

图 5-2 计划过程中的冲突

下面以一家装饰性蜡烛公司为例说明这种权衡。首先，由财务组向华尔街提供该公司下一季度销售额的预测。接着，以财务预测为目标，营销组确定产品组合、单位数量和产品定价，这些是实现目标的关键。通常，为了实现销量的增长，营销组会采用各种策略，例如在香味或包装尺寸上做出变化，或是其他类型的创新。除非可以将供应链活动外包，否则产品种类的增加通常会因需要增加必需的配置或变更而挑战现有的供应链能力。因此，在给定的财务目标下，企业使用 S&OP 可以在营销方案产生的收入增加和因产品复杂性更高或接近产能限制而导致的供应链成本增加之间进行权衡。通过这种评估，公司可以确定营销和供应链活动中利润最大的组合。

尽管信息技术在 S&OP 中的作用很大，但是 S&OP 并不仅仅是一个信息技术的应用。它是将信息系统与财务、市场营销与供应链计划中的重要因素相结合，并综合考虑了组织流程、责任和义务而开发出来的，经一致同意并合作执行的计划。因此，有效的 S&OP 要求组织层面之间的流程与技术要相互融合。图 5-3 显示了 S&OP 的流程。该流程的第一个组成部分是关于财务预测和相关预算的商业计划。该计划用于指导活动水平，并决定总体生产数量和需要的资源。第二个组成部分是销售计划，它是根据不受约束的营销计划制订出来的。不受约束的营销计划是指当没有任何供应链运作约束时，能够达到的最大销售数量和盈利水平。如图 5-3 所示，不受约束的营销计划综合了以下几个方面的信息：现有订单、当前客户、新客户、竞争情况、销售利润、潜在的新产品、定价和总体经济情况，这些信息都是没有任何供应链或运作约束情况下的信息。最后一个组成部分是资源计划，是根据公司内部或合作伙伴的资源约束制订的。运作计划综合了需要的资源和资源约束，确定并评价两者之间潜在的权衡关系。

在 S&OP 流程中，商业计划、不受约束的营销计划和资源计划是综合并同步制订的。在此过程中，要求综合使用多种技术来确定并评价所有约束，同时也可以采取一些管理方法确定哪些约束可以消除。例如，区分客户订单装运的优先级、变更市场计划、加班作业或者生产外包。一旦制订出了当前或将来时间段内的 S&OP，那么该计划就是一个共同的、一致的计划，它在企业资源能力的约束下，综合制订出财务和市场计划。一旦这份总体计划得到了认可，那么它就会成为开发更加详细的供应链计划应用系统的基础。下一节将详细讨论其中一些应用系统。[1]

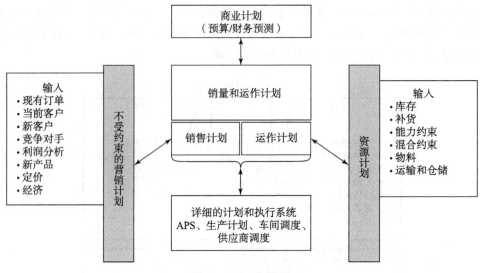

图 5-3 S&OP 流程

尽管不是每个企业都使用整合的、协作的 S&OP，但是所有企业都开发了商业、营销和运作计划。当 S&OP 没有经过整合与协作时，这些计划就没有任何反馈循环，也不是同步制订的。那么这些计划极有可能是不一致的，并且可能会产生冲突。正如图 5-2 所示，这些冲突通常会导致客户的不满意或者很低的资源利用率。值得说明的是，图 5-3 中的箭头是双向的，意味着有效的 S&OP 制订过程需要双向的信息流动与共同协作。目前企业对于正式的、协作的 S&OP 越来越感兴趣，因为在资源约束的条件下，它有利于满足日益增加的客户的精确需求，目前一些资产管理意识较强的企业正在强制推行 S&OP。

5.3.2　S&OP 系统的实施

将 S&OP 作为企业的核心业务计划实施时，首先必须对企业的运作框架有一个深入的了解。S&OP 的成功实施离不开对可用信息、共享的运作指标以及高层领导力的协同分析。成功实施 S&OP 的要点如表 5-1 所示。

表 5-1　成功实施 S&OP 系统的 8 个要点

每月执行一次流程
S&OP 流程与其他流程类似，执行过程或多或少都有些烦琐。要好好规划运行方案，只有那些在市场、渠道、供应线、产品生产线方面变动较小的业务才能降低相关计划流程的执行频率。降低了执行频率的业务必须尽可能按照计划执行并且保证同类业务中关键绩效指标达成绩效最好。其他业务则必须每月至少执行一次流程
确立领导权并明确角色和职责
S&OP 的实施需要一个领导者来推动整个实施进程，以便与部门管理者指导部门运作，确保其符合企业的长期计划战略。理想的领导者应该既是整个流程的服务者，又是决定企业战略方向的管理者
企业对高预测精确度的承诺
企业必须承诺能够达到较高的预测精度并持续改进预测方法。需求计划是整个供应链从供应计划、生产计划、库存计划、资源计划到财务计划的驱动力。如果企业不知道客户打算买什么，就不可能做出好的供应链决策
重点关注接下来的 3～12 个月
明确将会影响交易量的有关因素非常重要，因此不能纠结于过去的结果。应该放眼未来，评估接下来的 3～12 个月的形势。S&OP 系统的适当的计划周期是 18 个月。计划周期设置更长的企业能更好地把握影响业务需求趋势的因素，因此他们的需求计划更加可靠、预测更为准确、可实施性更强

(续)

整合整个组织所有活动的一体化计划
整合的 S&OP 系统的基本目的是审核预测过程、新产品计划、预算计划、资金计划以及其他与企业目标达成有关的计划，必须保证 S&OP 过程的每一步都按照企业的计划策略进行
高层管理决策的制定
优秀的 S&OP 流程的最终环节是决策制定。如果高层管理者不想采取任何行动，整个计划系统将难以进行，企业也不能从中得到任何利润。S&OP 的执行会议不仅仅是一个报告环节，更是一个决策以及布置任务的环节
自始至终坚持对供应链的绩效进行评估
很多领导者不喜欢每月公开评估绩效。对 S&OP 而言，相比那些排斥绩效评估的企业，乐意将绩效评估作为持续改进的第一步的企业实施效果好得多。在 S&OP 实施过程的每一个环节，绩效评估都很重要。评估结果可以反映企业的运作状况，并且指明需要改进的方向
正确对待 S&OP 系统的预测结果与运作计划或预算的差异
一年中大多数时候 S&OP 系统的预测结果与企业的运作计划或预算不能保持统一，这两种计划很多时候不一样属于正常情况。企业不必手动调整前者使其与后者保持同步，因为 S&OP 系统的预测结果是制定其他供应链决策的依据，手动调整预测结果既增加成本，又对达成预算目标于事无补。企业只有充分分析预测结果和运作计划或预算之间产生差距的原因，并努力采取行动减少差距才能得到更大的收益

在 S&OP 系统实施过程中，企业遇到的一个常见问题是组织的定位。S&OP 是跨部门的流程，而非仅限于某一个职能部门内部的流程，这一点对于正确理解 S&OP 非常重要，因此成功实施 S&OP 系统需要各部门的共同努力。S&OP 的每个流程都需要被认真执行和监控，以确保整个计划的成功实施，至少每个后续运作阶段都需要一份全新的或更新过的执行计划。由于这样有可能会降低工作效率，因此高层管理者也许会专门成立一个 S&OP 的专职部门来管理后续计划。这样一来，跨部门职责就转变为某一部门的职责了。

要实现 S&OP 系统的高效运作，企业的不同职能部门必须共同积极承担责任。高效的 S&OP 系统是供应链管理中不同组织共同承担责任、行使权力的最佳体现。关键运作环节的部门管理者必须承担 S&OP 流程中与本部门有关的工作，并对这部分的工作绩效负责。理想情况下，可以采取两种措施加强管理力度：首先，将部门的薪酬水平与整个 S&OP 系统的绩效挂钩；其次，除了加强职能部门的自身管理，还应该将职能部门正式纳入 S&OP 体系并明确其职责。在进行跨部门整合管理时，这两种做法都是非常必要的。

其他促进使用 S&OP 系统的要求包括：

- 兼顾运营和财务绩效指标的平衡计分卡。
- 供应链可见性和公司各个层面的数据整合。
- 执行过程监控和警报，以快速响应计划外事件。
- 跨职能协同分析，以便公司可以从考虑的替代方案中选择利益最大化的策略。

尽管 S&OP 系统的实施具有挑战性，但企业从中受益很多。具体来说，有些实施了该系统的企业指出，这一系统能够改善预测精确度，提高完美订单率，缩短现金周期，从而增加毛利率。本书的第 13 章将详细介绍以上各个指标。

Logility 公司总结了有关 S&OP 的好处和实施过程。[2]

5.4 高级计划与排程系统概况

为了与有效的物流和供应链战略的设计及实施相符，供应链计划系统必须同时从空间和时间两个角度考虑。从空间角度考虑的是物料在原材料供应商、生产车间、仓库、分销商、零售商和最终消费者之间的移动,从时间角度考虑的是物料移动的时机和进度。

如图 5-4 所示,**高级计划与排程(APS)**系统是一个网络,它包括工厂、仓库、客户,同时也包括网络中的运输流动。该网络反映了某一时点(比如在某月的第一天)的资源状态及配置情况。有效的计划要求分时段确定流程,并且在各时段内协调资源要求和约束。例如,如果客户在时段 3 中需要产品 X,那么产品 X 经过在供应链内的移动后,必须要在时段 3 前送达客户。假设供应链中每个阶段的运行周期是一个时段,这就意味着,APS 系统必须在时段 1 完成工厂发货,在时段 2 完成仓库发货。

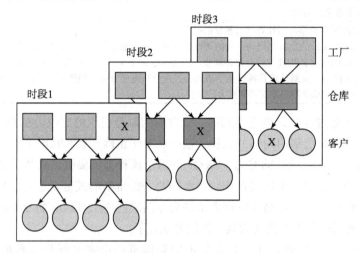

图 5-4 高级计划与排程概况

具体来说,假设一家企业面临表 5-2 中的问题。客户在接下来的 5 个时段中除了在第 4 个时段,其余每时段都需要 200 单位的产品。在第 4 个时段中,由于企业的促销活动,客户对产品的需求猛增到 600 单位,企业的生产能力是每周 300 单位。在极端情形下,有两种方法供企业选择,这两种方法都可以在生产约束条件下满足客户需求。方案 1 是等到第 4 个时段时,开始加班生产以满足客户需求。这种方案导致很高的生产成本,但是没有库存成本。方案 2 是在前 4 个时段中,每个时段多生产 100 单位产品,这样多生产的 400 单位产品就可以满足第 4 个时段的需求。这种方案不需要加班生产,但是增加了库存持有成本和存储成本。当然,在这两种极端的方案之间还有许多方案。理想的方案是生产和库存成本之和最低的方案。使用线性

表 5-2 高级计划与排程问题举例

	时 段				
	1	2	3	4	5
需求	200	200	200	600	200
生产能力	300	300	300	300	300
解决方案 1(加班)					
生产	200	200	200	600	200
多余库存	—	—	—	—	—
解决方案 2(提前生产)					
生产	300	300	300	300	200
多余库存	100	200	300	—	—

优化技术，APS 系统能够在考虑了所有相关成本的基础上，找出一个成本最低的方案。过去工厂在考虑这类问题时，为了简化分析问题，有限的分析能力只允许它们比较 2～3 种折中方案。而现在，供应链计划工具具有全面精确地评估各种复杂方案的能力，因此可以在更多的选项之间进行比较。

5.4.1 APS 系统的组成部分

尽管有许多种方法可以设计诸如 APS 这样的供应链计划应用系统，但是主要组成部分基本上是相同的，都包括需求管理、资源管理、资源优化和资源分配。图 5-5 显示了这些模块是如何相互关联，并与企业的资源计划系统或传统管理系统相互联系的。

图 5-5　高级计划与排程系统模块

需求管理模块对计划编制范围内的需求做出预测。实际上，需求管理是根据企业的历史销售数据、现已安排计划的订单情况、已安排的市场营销活动以及客户信息进行销售预测。在需求计划情况下，是对订单进行预测，但是在运输计划中，就是对发运进行预测。理想情况下的需求管理是指企业内部各职能部门之间以及供应链参与者之间，紧密协作、相互沟通，针对每个时段、每个地点、每种产品的需求进行统一的、一致的预测。预测还必须将客户的反馈信息包含在内，了解诸如广告和促销这类刺激需求的活动对于客户需求的影响。

本章后续将详细讨论需求管理的过程及方法。

资源管理模块定义并协调供应链系统的资源及约束。由于 APS 系统使用资源和约束信息来对供应链决策中的各种权衡方案进行评价，因此信息的准确性和完整性对于企业制定出最优决策并提高计划系统的可行性是非常重要的。显然，错误的计划决策不仅降低供应链绩效，而且还会严重降低计划系统本身的管理可信度。除了需求管理模块中对需求的明确定义外，APS 系统还需要以下四类信息：产品和客户定义、资源定义和成本、系统限制以及计划目标。

产品和客户定义可为企业提供支持计划过程的有关企业产品和客户的信息。产品定义对产品本身及其物理特征进行描述，如产品的重量、体积、标准成本以及物料清单。客户定义则描述了产品的发货地点、配送安排以及特殊的服务要求等。两种定义结合在一起就提供了以下几个方面的信息：企业正在生产和配送的产品、配送目的地以及配送过程的运行周期。

资源定义是指企业完成供应链活动的有形资源，如供应链中的生产、仓储以及运输作业。这些资源包括生产设备和加工速率、存储设施、运输设备及其可用性。除了定义资源的状态信息之外，资源数据库还应该提供与资源利用率有关的成本和绩效特性。

系统限制对约束供应链活动的主要因素进行了定义，包括与生产、存储和运输相关的能力限制。生产能力定义了企业在某个时间段能够生产的产品数量，同时也考虑到不同的产品组合。存储能力定义了在某个仓储设施内能够存储的产品数量。运输能力则规定了在某个时间段内，各个配送中心之间或者配送中心能够向客户配送的产品总量。

计划目标定义了企业确定作业计划的标准。计划目标包括以下几种：最小化总成本或任何一部分职能成本、满足所有的客户需求、最小化超过能力约束的发生次数。

需求管理和资源管理信息组合是 APS 系统对供应链战略进行评估的基础。这个模块包括存储了各种定义、资源、约束和目标信息的数据库，还包括促进系统有效运作和维护系统的相关程序。系统的使用者发现，要想有效地使用供应链计划系统，最主要的挑战就是如何保持这些数据的准确性和一致性。

资源优化模块是供应链计划系统的计算引擎或"黑箱"。根据需求管理模块中的需求信息以及资源管理模块中的定义、资源、约束和目标信息，资源优化模块通过数学规划和启发式算法确定如何最优地利用资源来最有效地满足客户需求。数学规划包括线性规划和混合整数规划，这两种方法的结合能够实现目标函数的最优化；启发式算法是一些快捷的计算规则，在制定综合规划时，采用启发式算法可以减少运算时间和运算资源。实际上，资源优化模块可以对多个规划方案进行系统评估，通过权衡取舍得出接近最优结果的最佳选择方案。资源优化模块也能确定在何时有些需求是不能得到满足的，以及哪种资源是约束供应链绩效的最大瓶颈。资源优化模块的应用结果是企业在未来一段时间内的计划，可以在各种主要资源约束的条件内，将供应链总成本降至最低。这个计划明确规定了企业应该生产哪些产品、在什么时间生产以及供应链中的运输和仓储需求。

我们也可以使用资源优化模块来进行敏感度分析或假设因果分析，来确定市场需求或约束的变化对计划的影响。这些分析帮助供应链计划人员避免需求和绩效的不确定性对供应链能力与运作的影响。由于能够分析各种方案并洞察不确定因素的影响，因此供应链计划中的资源优化模块能够指导计划人员制定出最有效的资源、生产、运输和仓储策略。

在计划人员对资源优化模块的结果进行检查和判断后，资源分配模块对资源进行详细配置，并且将资源分配结果与 ERP 系统进行联机协作处理。处理结果包括对采购、生产、库存和运输的要求。一些特定的请求可以以业务处理或业务指导的方式与 ERP 系统进行通信。每个处理都是对以下几个方面的详细指导，如各种供应链活动、供应商、客户、涉及的产品、需求时间以及相关产品和数量清单。资源分配模块还可以为企业提供产品的**可承诺量（ATP）**或**可承诺能力（CTP）**的信息。ATP 表明，即使目前企业不能提供足够的产品，在未来的某个具体时间企业也能够承诺将产品配送给客户。实际上，企业可以根据制定的生产进度，向客户做出承诺。CTP 表明企业何时能够对客户的需求进行承诺。CTP 要求范围更广的分析，因为它根据目前和未来的供应链需求，决定在未来时间内是否可以提供某种特定的能力。ATP 和 CTP 通过承诺未来的生产和能力，能够大幅度地提高供应链绩效和响应性。其结果是更快地实现对客户的承诺，使客户能够预先知道何时能够得到产品，并且提高了资源利用率。

5.4.2 供应链计划的收益

我们前面已经讨论了一些供应链计划系统的收益，使用供应链计划系统通常有三方面的收益，分别是对变化的响应、全面的思考角度和资源利用率。

第一，物流和供应链管理者通过延长提前期与冻结进度，对未来的供应链活动进行计划。例如，提前三四周对未来生产进行计划，然后冻结制订的计划，这样可以使不确定性最小，并有效地利用资源。冻结进度意味着在未来一个时间段内（2～4 周）的生产数量被锁定了。如果计划过程很复杂并且要求大量的分析，那么延长提前期和冻结进度是必要的，虽然这种方法在降低了不确定性的同时，也严重削弱了计划的灵活性和响应性。当今的客户要求企业更快地响应市场需求，并且企业对低库存水平的要求使较长的生产周期不再满足要求。企业通过需求管理和资源管理模块，能够对市场和企业做出迅速调整，还可以保证计划过程中使用的信息是最新、最准确的。随后，使用需求优化模块对资源进行配置，并制订每天或每周的计划，而非几周或几个月的计划。因此，供应链计划使企业能够对市场或公司的变化做出更快的反应。

第二，有效的供应链管理既要在企业各职能之间，也要在供应链合作伙伴之间进行计划和协调。计划过程必须根据各职能部门和企业之间不断变化的活动与资源，制定出统一的折中方案。由于分析问题的角度如此全面，因此大幅度增加了计划过程的复杂性，并且这种复杂性也来源于对整个供应链的活动和资源进行协调时，必须考虑大量的企业、设施、产品和资产等方面的因素。因此，供应链计划系统能够从整体的角度出发，制订出最佳的方案，从而取得最优绩效。

第三，供应链计划大大提高了供应链的绩效。由于供应链计划过程更加全面，并且降低了不确定性，因此能够提高客户服务水平，与此同时还能够提高资源利用率。由于制订计划的有效性和响应性的提高，因此能够对生产、仓储和运输能力这些资源进行更好的配置，这样使企业更加有效地利用现有能力。许多企业表明，由于平衡了资源需求，供应链计划系统极大地减少了对固定资产的需求。据估计，供应链计划系统对企业的工厂、设备、设施和库存资源的减少幅度为 20%～25%。

5.4.3　供应链计划应考虑的问题

全面的供应链计划是一种相对较新的能力，能够有效地评价和管理一体化供应链的发展，其应用前景也与技术和能力一样有价值。供应链计划可以采用全局的、动态的视角来看待整个供应链，并且更关注资本市场中供应链需求资产的减少。在实施供应链计划之前，对于应用供应链计划系统有许多问题需要考虑。管理者认为主要应该考虑三个问题：①整合应用系统与外挂应用系统；②数据整合；③应用系统培训。

第一个问题是指供应链计划系统与其他供应链应用系统的整合程度。从技术上说，开发和实施计划应用系统的方法有三种：第一种方法是利用企业内部资源进行开发。这种方法并不普遍，因为开发计划系统需要大量专家，而且对于大多数没有坚实的软件开发基础的企业，要想有效地设计、开发并维护如此复杂的计划系统是不可能的。另外，由于各个企业间的计划过程差异不大，因此针对单个企业开发出的计划系统不能使企业获得任何竞争优势。第二和第三种方法是使用与 ERP 系统集成在一起的供应链计划系统，或者采用第三方提供的供应链计划系统，外挂到公司的 ERP 系统上使用。一些 ERP 软件提供商，如 SAP 公司，可以提供与它们的 ERP 系统紧密集成的 APS 系统。这种集成系统的明显优势在于数据的一致性和完整性，并且不需要在各个系统间转换数据，这样就减少了转换数据引起的时间延迟和潜在问题。另一种方法是使用外挂方法或最佳组合方法，根据系统的性质和功能为企业选择最好的供应链计划系统，然后将计划系统外挂到公司的 ERP 系统。这样，计划系统能够更好地满足企业的特殊需求，或者提高企业的绩效，但是降低了整合水平。尽管集成的和外挂的供应链计划应用系统提供商都在想方设法提高它们与 ERP 系统提供商的整合性，但是直到今天，系统实施和系统计划之间的运作整合仍然是一个挑战。

数据整合是企业在实施供应链计划系统中应该考虑的第二个问题。计划系统有效制定决策的基础是完全整合的数据。尽管数据整合一直都很重要，但是由于数据丢失和数据不准确会极大地影响决策的可信性和稳定性，因此数据整合对计划系统尤其重要。我们经常提到的数据整合问题在于产品的细节数据，如体积和重量。尽管这些数据都是一些基本数据，但是当产品数量很多并且经常发生变化，以及引进了新产品时，保持数据的准确性还是很困难的。管理者指出，在实施供应链计划应用系统的过程中，发现几百件产品的物理性质不正确或者缺失的情况是很正常的。尽管这几百件产品在全部产品中占的比重不大，但是这些数据的不准确性却极大影响了计划系统中的决策制定。例如，体积数据的缺失或不准确会导致运输计划系统制订出错误的运输计划，按照错误的运输计划运作的话，可能会导致车辆超载。具体来说，当产品信息中的体积数据不正确或者为零时，计划系统会认为一辆卡车上可以装载大量的产品。由于数据整合问题导致的决策失误是很严重的，更为严重的是，这些决策失误会大幅度降低计划系统的可信度。一些非常明显的错误，例如，运输车辆的超载或者仓库库存过多会使管理者和作业人员对整个计划系统的整合性提出质疑。他们不再相信计划系统的结果，宁愿使用以前可靠的、正确的计划和排程方法。因此，提高计划系统水平的可能性降低了，直到人们重新对计划系统树立了信心，计划系统的发展才有可能。因此我们说高度重视数据整合的开发和维护，对于有效实施计划系统是非常关键的。

有关计划应用系统的培训是第三个应该考虑的问题。供应链实施和计划应用系统的用户培训通常把主要精力集中在信息交换技术上。用户要接受如何输入数据的培训，当系统收到了输入的数据后，会很快做出反馈。由于系统并不马上做出反馈，并且影响可能更加广泛，因此供应链计划要相对复杂一些。例如，对某个时间段某种产品的需求或预测的变化，可能会导致位于世界另一端的相关产品生产计划的改变。因此，理解计划应用系统的动态关系对于成功地运用计划应用系统是至关重要的，而要做到这一点，就要求我们对 APS 系统的机制和系统交互作用有全面的了解。尽管在训练中可以传授这些知识，但是这些知识必须通过培训和实践操作得到提炼和扩展。计划应用系统培训必须将重点放在供应链管理活动和流程之间的特点与关系上，这些活动和流程既可以是企业内部的，也可以是企业外部的。计划应用系统培训覆盖的范围必须比现有培训工作的范围要广泛，可以在假定的或模拟的工作环境中，帮助员工获得计划应用系统的经验。假定的工作环境可以实时为员工提供真正的在岗实践机会。模拟环境提供了一个实验室，没有经验的计划者可以在这个实验室中观察他们制订的计划执行的结果，这种做法对企业来说存在的风险很低。这两种方法的结合运用为成功实施供应链计划应用系统提供了坚实的基础。

5.4.4 一体化商业计划

许多企业组织的 S&OP 正在向**一体化商业计划**（IBP）演进，这一转变反映出企业需要更全面的、跨组织与供应链的商业计划体系。顾名思义，S&OP 的含义仅限于销售与运作职能。IBP 尽管与 S&OP 类似，但其设计目标却广泛地包括：①提高财务整合水平；②提高与战略举措和战略活动的融合性；③提高可选择方案的仿真和建模水平；④加强整体层面计划和细化层面计划的沟通等。向 IBP 演进的趋势促使企业能够在更高效地运用资源的同时更好地满足客户需求，因此这一演进很可能会持续下去。

5.4.5 供应链计划小结

一体化供应链计划系统的主要目的是整合并协调相关的物流和供应链资源,包括制造工厂、配送中心、运输资源等。能力管理计划的作用是平衡市场需求和生产资源,以预测系统提供的信息为基础,在约束条件下明确瓶颈资源并指导资源配置,以满足市场需求。各种约束条件影响每种产品的产量、生产、仓储和运输的时间及地点。这些约束条件众多,如周期性生产能力、运输能力、库存能力等。

当生产能力不足时,可通过加大资源投入或通过预测并推迟产品的生产或交货来解决。调整生产能力的办法包括获取外部资源或者寻求其他企业的合作,比如外包生产或租赁设备。预测出必需的生产能力后,选择提前生产或外包生产以降低瓶颈资源的影响,称为预测生产方式。推迟生产方式是指推迟生产或运货,直到生产能力能满足目前的需求。这种生产方式可能需要采取折扣或补贴的方式与客户达成推迟交货的协议。企业的 S&OP 或 IBP 在不同时期涉及的能力约束包括设施能力约束、财务能力约束和人力资源约束,这些约束是影响物流、生产、采购计划的主要因素。

5.5 协同计划、预测和补货

合理使用上述预测方法和技术,能够为企业带来优质的物流和供应链运作服务,从而为企业带来极大的效益。然而即便如此,在企业的运作中仍然可能出现一些计划之外或者未经协调的事件,导致供应链中正常平稳的产品流动出现极大的波动。对单个企业而言,它通常难以有效地协调自身对最终消费者需求的预测与能够刺激需求的市场活动之间的关系,这是产生波动的主要原因。比如,我们假设制造商在月初预计某个零售商对产品的购买量为 100 000 件,为了尽可能地促进销售,制造商进行了广告宣传并采取了促销手段。与此同时,该零售商估计在促销活动的帮助下,产品的销售量能够达到 150 000 件。很明显,如果制造商和零售商能够共同计划促销活动,实现信息共享,那么就可以大大提高双方建立成功合作关系的可能性。

协同计划、预测和补货(CPFR)是消费品行业为了实现上述协调所采用的方法。它并没有完全取代原有的补货策略,只是在其基础上进行了补充,引入了企业间的合作过程。从本质上说,CPFR 协调了供应链合作伙伴之间为了创造需求以及实现需求而进行的活动,实现了需求计划过程的一致性。图 5-6 中显示了基本的 CPFR 关系。通过 EDI 或互联网,CPFR 能够解决企业之间的信息共享问题,如共享促销信息、预测信息、产品数据、订单信息等。随后,协同企业可以共同、反复利用这些信息产生产品需求、制订补货计划,并实现生产和需求的匹配。

进行 CPFR 的第一步是共同制订业务计划,零售商和供应商需要分享它们各自的策略,进行讨论和协商,制订一份共同计划并最终实现各自的策略。通过共同计划,企业必须明确它们要销售什么产品、如何完成销售以及在何时何地如何开展促销活动。同样,企业还需要制订出共同计划的日程表,以便共享有关的产品信息。当零售商和供应商对双方的计划都有所了解后,它们就可以进行销售预测,并共享预测信息。CPFR 中还包括一个循环过程:供应链中的企业要交换各自的预测和补货计划,不断进行修改,直到最终达成一致。接着,企业根据达成一致后的预测信息开展生产、补货以及运输等活动。在理想情况下,合作预测应该被视为协同企业之间必须履行的一种承诺。

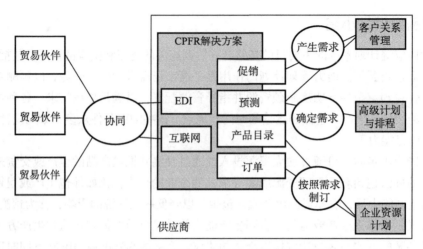

图 5-6　CPFR 在零售业信息技术领域的应用情况

资料来源：Matt Johnson, "Collaboration Data Modeling: CPFR Implementation Guidelines," *Proceedings of the 1999 Annual Conference of the Council of Supply Chain Management Professionals*, Oak Brook, IL, p. 17.

此外，分销渠道也对实现优质的物流服务有至关重要的影响。在传统模式中，渠道强调的是企业之间的竞争，重视收集信息而不是共享信息，忽略了合作的重要性，因此传统的渠道无法满足 CPFR 对物流运作的需求。战略联盟和合作机制可以帮助供应链中的企业建立长期的合作关系。一旦企业出现问题（这通常是无法避免的），合作关系就能快速有效地解决问题。总而言之，这种紧密合作的关系有助于所有渠道成员降低运营成本。我们将在第 14 章中详细讨论与合作有关的概念及内容。

例如，惠而浦公司和劳氏公司通过共同完成 S&OP 流程的计划将合作提升到了一个新的水平。该计划（它们称为"商品销售和运营计划"）以 CPFR 流程为创建基准，然后逐步发展为两家公司制订一个计划。[3]

5.6　预测

在大多数供应链中，企业为了满足客户需求，就必须进行预测。预测是指企业计划将于什么时候、在哪里销售何种产品。预测一般在之前讨论过的需求管理模块中进行。预测标明了供应链需要调用库存和可用资源来满足的需求情况。对企业而言，潜在的销售机会同样会涉及大量物流和供应链活动，因此企业的预测能力是影响客户服务的一个重要因素。

从表 5-3 中我们可以了解到，补货响应时间和规模经济对企业的需求预测存在哪些影响。当企业的补货提前期较长，同时规模经济较高时，预测的准确性就成了企业需要重点关注的问题。当补货提前期较短或规模经济较低时，预测的准确性就显得没那么重要了。表 5-3 中的内容可以从两个不同的角度理解：一方面，根据产品的特性，如果该产品需要较长的提前期，同时具有较高的规模经济，那么企业就可以把重点放在预测上；另一方面，假设产品的生命周期较短且具有很高的变化性，企业对进行准确预测的潜在影响做出评估后，最终决定将主要关注焦点放在缩短产品的提前期上。上述分析解释了以下观点：虽然企业通常希望不断提高预测的精确性，但这并非唯一的途径，仍然有不少其他方法可以帮助企业提高服务水平或减少库存。

一种方法是在总体累积水平上进行预测。另一种方法是开展具有柔性的供应链运作模式，实现按订单生产，从而减少供应链中的库存。尽管企业可以使用这些办法降低对预测的依赖性，但是企业必须认识到，在很多情况下，为了实现企业的服务目标或者享受规模经济带来的效益，预测都是不可或缺的一个环节。

表 5-3 产品特点对于需求预测的影响

	规模经济较低	规模经济较高
补充货物的响应时间较长	并不需要详细准确的预测，因为企业具有相当高的生产柔性。例如，可以通过延迟来实现最终产品的客户化定制，因而只需要对标准产品做出预测（如维持较高的总量），在临近需求发生时再进行客户化生产	在这种情况下，准确预测显得非常重要。因为从生产和运输的经济性出发，必须对未来一段时间的需求进行预测
补充货物的响应时间较短	当获得产品的速度较快，同时规模经济较低时，应该将关注的重点从预测转移到设计具有响应性和灵活性的流程上来	关键问题在于：根据市场情况和竞争策略，开展准确的短期预测。较少或者不用考虑历史情况对预测的影响

资料来源：Reprinted with permission from David J. Closs, *Forecasting and Its Use in Logistics*, Council of Supply Chain Management Professionals, Oak Brook, IL.

出于以上考虑，本节将重点分析企业对预测的需求、预测为企业带来的收益、预测的方法、预测的技术、预测的应用以及衡量预测的指标等。本节的内容为理解预测在物流中的应用、预测的组成部分、预测过程、预测技术、软件的应用、预测误差以及联合预测奠定了坚实的基础。

5.6.1 预测的前提条件

要确保物流活动的有效性，就必须实现客户对产品的需求与企业或供应链所具有的能力之间的协调和匹配。客户对产品多样性和企业服务水平的要求与日俱增，为了满足客户需求，同时减少供应链中资源的使用，企业迫切需要进行更及时、更准确的预测。物流预测的必要性体现在以下几个方面：①支持协同计划；②驱动需求计划；③改善企业的资源管理。

1. 协同计划

如果企业与企业之间不存在合作，那么各个企业就需要根据自身客户的要求，规划客户的需求水平和时间点。为了满足各个企业的独立需求预测，供应链中会出现投机性库存，这会导致过量库存或缺货现象的不断循环。以前，制造商很少与其主要的零售商进行合作，它们往往单独制订产品促销计划、确定产品价格、从事新产品开发以及其他活动。如果单个零售商的销售情况对企业总销售量的影响微乎其微，那么企业不需要与该零售商进行合作。但是，当单个主要客户占公司销售额的 25% 时，例如沃尔玛及其许多供应商就是这种情况，这种协调就变得至关重要。如果供需双方缺乏有效的协同计划，就会造成过量库存或者缺货。供应链企业已经逐渐认识到联合预测的重要性，它是企业需要实现的一个基本目标，它为企业开展有效的运作计划奠定了坚实基础。我们在本章之前的节次介绍了 CPFR 的基本概念及相关内容。

2. 需求计划

当企业完成联合预测之后，下一步的工作则是根据预测制订需求计划。该需求计划确定了企业的库存策略、补货计划以及生产需求。我们在之前节次中讨论过的 S&OP 将预测结果、经过处理后等待发货的订单、可用库存以及生产计划等内容整合融入定期库存管理的概念中。在理想的情况下，需求计划的执行过程具有合作性和交互性这两个特点，它不仅可以应用于企业的内部运作中，而且还可以用在企业与供应链合作伙伴的关系中，有助于双方达成一致，确定产品的类型以及交货的地点和时间等。

3. 资源管理

当企业完成了计划的制订工作后，就可以针对关键的供应链运作环节进行管理了，如生产、库存和运输等。当企业获得了供应链合作伙伴提供的准确的预测信息，并清楚地掌握了供应链中的资源和约束情况后，就能够有效地评价各种供应链的权衡决策。这种权衡考虑了供应链战略的相关成本，如维持额外的生产能力、不确定生产或产品移动以及开展外包活动所需要的费用。及时认识和评价这些权衡决策，能够帮助企业更好地实现需求和资源之间的匹配，从而更有效地利用资源。

5.6.2 预测的组成要素

通常，企业每周或者每个月都会对各个分销地点的**库存单位（SKU）**进行预测。预测的组成要素包括：①基本需求；②季节性因素；③趋势因素；④周期性因素；⑤促销因素；⑥不规则因素。假设基本需求是企业销售量的平均水平，并假设除了不规则因素之外，其他类型的因素都随着基本需求的增加而增加，我们可以得到以下预测模型

$$F_t = (B_t \times S_t \times T \times C_t \times P_t) + I$$

式中 F_t——时段 t 内产品的预测量；

B_t——时段 t 内基本需求的数量；

S_t——时段 t 内季节性因素的影响情况；

T——预测变化趋势指数，反映了某一时段内需求的增加或减少；

C_t——时段 t 内周期性因素的影响情况；

P_t——时段 t 内促销的影响情况；

I——不规则需求或随机需求的数量。

当然，预测并不一定包含上述所有要素。我们之所以要了解这些要素，目的在于明白它们会对预测产生影响，并掌握如何用恰当的方法将这些要素结合起来。例如，有些预测技术无法有效地估计季节性因素的影响，而另一些预测技术则可以做到这一点。

基本需求是指不考虑其他要素的影响时，企业长期需求的平均数量，它反映了需求在很长一段时期内的平均值。当不存在季节性因素、趋势因素、周期性因素或促销活动的影响时，预测值就是基本需求量。

季节性因素反映了需求每年上下波动的情况。举例来说，玩具的需求每年都会发生波动，在一年中 3/4 的时间内，玩具的需求量都非常少，但是到了圣诞节前夕，玩具的需求量就会一下子大幅增加。需要注意的是，上面提到的季节性指的是季节性因素对零售商的影响。对批发商来说，季节性因素的影响会造成批发商每年的预测数量大约是客户实际需求的 1.25 倍。

趋势因素则反映了在一段时期内，销售走势的变化情况。这种趋势既可能上升或下降，也有可能保持不变。上升的趋势意味着销售量会随着时间而增加。例如，在 20 世纪 90 年代，个人电脑的销售量每年都在不断增加。在产品的生命周期内，其销售走势或许会发生多次变化。

在过去的 10 年里，啤酒的销售数量一开始维持不变，后来慢慢有所上升。销售量之所以会增加或减少，根本原因在于大多数人的观点和消费习惯发生了改变。企业必须知道哪一种因素对销售情况有着最关键的影响，然后才能做出正确的决策。比如说，如果出生率降低了，那么人们对一次性纸尿布的需求自然会随之减少。然而，需要注意的是，可能存在这样一种情况：即使整个市场的规模缩小了，人们对某种特殊产品的需求仍然会不断增加。例如，当人们逐渐习惯用一次性纸尿布取代传统的尿布后，即使出生率下降了，纸尿布的需求量也仍然有可能增加。尽管对短期物流运作而言，趋势因素的影响作用非常小，但是我们同样不能忽视它。与预测的其他影响因素不同，趋势因素对相邻两个时段内的基本需求有一定的影响，如下式所示

$$B_{t+1} = B_t \times T$$

式中　B_{t+1}——时段 $t+1$ 内的基本需求；

　　　B_t——时段 t 内的基本需求；

　　　T——周期趋势变化指数。

当趋势变化指数的值大于 1.0 时，代表周期需求呈上升趋势，当该指数值小于 1.0 时，则代表其呈下降趋势。

周期性因素反映在一年以上的时期内，需求的周期性变动情况。需求的周期性变动既可能是向上波动，也可能是向下波动。举例来说，假如每隔 3～5 年，经济会经历一次从衰退走向繁荣的过程，那么在该经济环境下，业务运作的周期无疑会受到影响。相应地，由于业务运作周期的变化，人们对住房以及家用电器的需求也会受到较大影响。

促销因素对需求变动的影响来源于企业的市场营销活动，如广告、商业交易以及促销等。在开展促销的前期，企业的销售量会增加。随后，客户为了从促销中获利，纷纷出售其持有的库存，于是会造成企业销售量的下降。促销的种类很多，既包括企业为消费者开展的促销活动，也包括企业为了促进批发商和零售商增加购买量而提供的优惠政策。促销是一种很常见的手段，企业可以在每年的同一时期开展促销活动。从预测的角度来看，常规促销的影响几乎与季节性因素的影响完全类似。相反，非常规促销活动发生的时间通常有所不同，因此我们必须单独对它进行分析。找出促销因素的变化规律对企业有非常重要的意义，对消费品行业而言更是如此，这是因为促销会极大地影响销售的变化。在一些行业中，高达 50%～80% 的销售变化都是由促销活动引起的。因此，与其他情况相比，促销导致的需求变化更大。促销因素与预测的其他影响因素不同，企业可以在很大程度上控制促销活动的持续时间和影响力度。因此，企业在制订促销方案时，需要从销售部门和市场营销部门那里获得相关信息，了解促销的时间及可能存在的影响。在供应链渠道成员之间协调促销活动的好处在于，它可以为联合预测提供理论依据。

不规则因素指的是无法归入到其他类型范畴中的影响因素，包括随机需求或难以预测的需求。由于不规则需求具有随机性，因此几乎不可能对它做出预测。企业进行预测的目标是：通过找出其他影响因素的规律，对其做出预测，将随机因素的影响减小到最低程度。

5.6.3　预测过程

企业在制订物流计划和协调物流活动时，需要对 SKU 和地点的需求进行尽可能准确的估计。尽管预测并不是一门精确的科学，但是预测管理的过程应该包括多种科学方法，如适

当的数学和统计方法以及决策支持能力等，同时还包括接受过培训、具有一定能力的管理人员。

供应链中的预测通常以日、周或者月为单位。高效的预测管理过程由大量的要素组成，如图 5-7 所示。预测管理的基础是预测数据库，它包括经过处理后等待发货的订单、以往需求的历史数据以及刺激需求的策略，如促销、特别折扣或者产品升级等。在理想情况下，预测数据库是 ERP 系统的组成部分，但是也有些公司是独立维护预测数据库的。该数据库通常也包含了企业所需的其他数据，如经济环境的情况和竞争活动等。为了帮助企业进行有效的预测，此数据库必须采取一种有利于信息处理、总结、分析和传递的方式，及时对历史数据和计划信息进行更新。

最后，进行有效的预测还要求整合如下三个因素：方法、支持系统及管理。如图 5-7 右侧方框所示，理想的情况是企业能够持续使用一个通用统一的预测体系对所有的计划职能进行预测。

图 5-7　预测的管理过程

1. 方法

预测方法是指通过数学或统计计算方法，将基本需求、季节性因素、周期性因素与以往促销活动的组成要素结合起来，从而得出预测数量。常用的预测技术包括时间序列模型和相关性模型。在时间序列模型中，历史销售记录是主要变量；在相关性模型中，与其他自变量之间的关系是预测的主要驱动因素。本章将在下一节对预测方法进行详细介绍。尽管这些方法可以轻而易举地将历史数据融入未来的预测中，但是效果却不理想。只有当企业对未来情况做出预估，并以此为基础进行预测时，预测才具有更高的准确性。因此，显而易见的是，企业必须将预测方法与合适的支持和管理系统相结合，才能提高预测的准确性。

2. 支持系统

预测的支持系统包括多个方面，如收集并分析数据、进行预测、将预测信息告诉相关工作人员以及实现预测信息在计划系统中的传递等。支持系统还需要考虑多种外部因素所带来的影响，如促销活动、罢工、价格变动、产品线的更改、竞争活动以及经济环境等。如果企业计划对 12 盒一箱规格的饮料开展促销活动，那么我们可以预见的是，2 升装规格饮料的销售量会有所下降。企业在设计支持系统时，除了需要考虑上述因素的影响之外，还必须促进这些因素积极发挥作用。例如，市场部经理或许知道下个月的促销计划将提高 15% 的销售量，但是，如果预测支持系统不能正常运转，工作人员则无法调整下个月的预测数据，那么即使明知道需求会增加，也没办法对预测情况做出修改。与之类似，当产品的包装大小发生改变后，企业应该尽快更新历史数据，将其改成新包装的数据，这样今后的预测才能反映出产品真实包装的大小以及销量情况。如果由于某些限制原因导致企业很难完成上述工作，那么在进行预测时，企业就有可能忽略这些改变。因此，为了实现有效的预测，支持系统必不可少，它有助于企业对历史数据库进行维护、更新和操作。

3. 管理

预测管理包括企业从组织、过程、激励和人员管理等方面进行的预测管理，以及与公司其他职能之间的整合。在进行组织方面的管理时，关注的重点是个体扮演的角色和承担的职责。在定义预测管理的职能时，必须对这些角色和职责做出详细的说明。如果企业希望获得整合后的预测信息，那么就需要分清楚每一个组织在预测过程中扮演了什么样的角色，以及职责是什么。企业要开展有效的预测管理，必须制定指导方针，明确并衡量各组织的职责。除此之外，预测分析人员还需要接受多方面的培训，他们不仅要了解预测过程，还要清楚供应链物流运作的预测输入包括哪些内容。

动态仿真能够解释预测的不一致性对供应链中多个成员的影响情况。从最开始的环节直到最后的回馈，错误的信息导致的成本远大于销售或预测所需的直接沟通成本。众所周知，大多数供应链运作都是建立在对未来交易预测的基础之上的，如果企业对预测持有过分乐观的态度，就会导致其将大量精力投入到完全无用的工作中。在对供应链各节点企业之间的信息沟通进行分析后，我们可以发现当信息在供应链企业间进行传递时，各个节点对需求的预测数量会不断增加，尤其是当信息从起点流向最终客户时，情况更是如此。对于需求的每一个错误理解都会造成整个物流运作发生波动。在一项经典的研究中，福雷斯特通过模拟渠道间的相互影响关系，指出整个渠道有可能进入一种振荡往复的模式，导致企业不得不采取一系列调整措施，以满足市场的实际需求。[4] 图 5-8 描绘了当零售商将需求增加了 10%，却没有直接告诉供应链中其他成员时，渠道中库存发生振荡变化的情况。

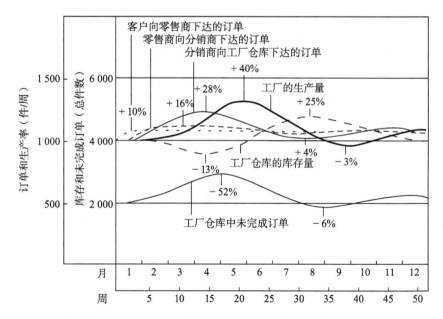

图 5-8　当零售商的销售量忽然增加 10% 后，对生产/分销系统的变化进行模拟

资料来源：Adapted from Jay W. Forrester, *Industrial Dynamics* (Waltham, MA: Pegasus Communications, 1961), www.pegasuscom.com.

从图 5-8 中可以看出，当零售商的需求增加了 10%，却没有与供应链中其他成员进行沟通时，分销商、工厂仓库和工厂的库存波动分别为 16%、28% 和 40%。这些波动毫无疑问会增加供应链的变动性，造成高昂的成本，并降低资源的利用效率。

分销渠道的根本使命在于它必须对交易需求做出响应。当接收到配送需求信息后，分销系统就必须快速开展物流活动。有一点需要引起企业的高度注意，那就是，既要确保高水平的可靠性，同时还应该维持一定的柔性以满足改变和调整的需求。

企业在进行预测时应当将各种要素有机地结合在一起，这一点非常重要。以往，企业总是将大量精力集中到个别要素上，如预测方法，认为这样可以解决由其他要素引起的问题。例如，企业认为如果能够找到一种"完美"的预测方法，那么就不再需要系统支持和一致的管理过程了。不过企业也逐渐开始明白，必须将这三种要素（方法、支持系统、管理）结合起来，才能进行准确的预测。在设计预测过程时，要全面考虑各个要素的优势和劣势，以便最终设计出一个能够实现最优运作的集成系统。

即使预测方法是需求管理过程中唯一的组成要素，企业也要明确该预测方法所适用的领域，以及应该使用哪些指标对该方法进行衡量。

5.6.4 预测方法

进行需求预测时，必须选取合适的数学方法或统计方法来完成周期性的预测。要想正确地使用预测方法，就必须首先分析当前情况所具有的特性，然后根据这些特性选择合适的方法。评价方法是否合适的标准通常包括：①准确性；②预测的时间水平；③预测的价值；④数据的可得性；⑤数据的类型；⑥预测者的经验。[5] 在选择方法时，企业要按照这六个标准，对每一种不同的预测方法进行定性和定量的分析。

预测方法通常分为三类：定性分析法、时间序列法及因果分析法。定性分析法通常利用专家意见或特殊信息等数据对未来进行预测，对于过去信息的影响，它既可以考虑也可以忽略。时间序列法将重点放在对历史数据的研究上，按照以往数据的走势分析可能发生的变化。因果分析法，如回归分析，则根据变量的确切信息，建立主导事件与被预测活动之间的关系。

1. 定性分析法

定性分析法主要依赖于过去的经验，这种方法成本较高且需要花费大量的时间。当几乎不涉及过去的历史数据，而仅仅需要从管理层面上进行判断和决策时，定性分析法非常适用。企业从销售人员那里获取一定的信息，将其作为开发新产品或开拓新市场的依据，便是在供应链中使用定性分析法的一个典型例子。但是，一般而言，定性分析法并不适用于供应链预测，因为时间是对 SKU 进行详细预测时必不可少的一个关键因素。定性预测往往是通过调查、小组座谈以及会议等方式开展的。

2. 时间序列法

时间序列法是一种统计分析法。当企业销售数据的历史记录比较清楚、完整，数据之间的相关性较稳定且变化趋势较明显时，适合使用时间序列法。通过对历史销售数据的分析，时间序列法揭示了季节性因素、周期性变化和趋势等因素对销售量的影响。当确定了单个预测影响因素之后，时间序列法假设未来能够反映出过去变化情况的趋势，并以此为依据做出预测。这种假设意味着过去的需求模式仍然可以在未来持续一段时间。通常情况下,在短期内这种假设往往是正确的,因此对短期的预测而言,时间序列法非常适用。

如果增长率或整体趋势发生了相当大的变化,那么需求走势则不可避免会出现转折点。由于时间序列法使用的是历史需求数据,并且通过取平均值来进行计算,所以它通常无法反映出转折点的变化情况。因此,企业必须将其他分析法与时间序列法有机结合起来,判断何时有可能出现转折点。

时间序列法包括多种方法,它们通过分析历史数据的变化和走势,找出那些可能重复出现的规律。根据特定的特征,可以使用各种不同复杂程度的技术来进行时间序列预测。根据复杂程度的递增,可以将时间序列法分为以下四种:①移动平均法;②指数平滑法;③扩展指数平滑法;④调节性平滑法。

移动平均法根据最近几个周期内销售情况的平均值进行预测。我们可以将任意几个连续的周期作为对象,对其取平均值。通常,我们较多使用1、3、4、12个周期内的平均值。当周期为1时,根据移动平均法算出的下个周期的预测量将与前一个周期的销售量完全一致。当周期为12时,我们通常以每个月作为一个周期,对过去12个月内的数据取平均值。当出现了一个新的周期,并获得了该周期的实际数据后,我们则需要用新数据替换掉以前的数据。这样就能够保证时间周期的数量始终维持不变。

使用移动平均法进行计算非常容易,但是它也存在一些局限。其中最主要的问题在于移动平均法的响应性非常差,对改变做出反应的速度相当缓慢,需要企业提供大量的历史数据,并且要不断更新数据。如果企业以往的销售存在大量波动,那么平均值将无法提供有用的预测信息。此外,移动平均法也没有考虑前文中讨论过的预测要素。

移动平均法的数学公式如下

$$F_t = \frac{\sum_{i=1}^{n} S_{t-i}}{n}$$

式中　F_t——周期 t 内的移动平均预测值;

　　　S_{t-i}——周期 i 内的销售量;

　　　n——时间周期的数量。

例如,假设 1～3 月的销售量分别为 120、150 和 90,那么 4 月销售情况的移动平均预测值是

$$F_{4月} = \frac{120+150+90}{3} = 120$$

为了解决移动平均法存在的种种不足,研究人员对其进行改进,提出了加权移动平均法。引入权重这一概念是为了强调近期的销售变化对未来的影响。指数平滑法就是一种加权移动平均法,它根据以往需求和预测水平的加权平均值对未来的销售情况进行估计。新的预测值是前一期预测值的函数,它们之间的函数关系用一个可调节的权重 α 来表示。α 因子反映了前一期预测值与实际销售量之间的差别。指数平滑法的基本模型是

$$F_t = \alpha D_{t-1} + (1-\alpha) F_{t-1}$$

式中　F_t——周期 t 内的预测值;

F_{t-1}——周期 $t-1$ 内的预测值;

D_{t-1}——周期 $t-1$ 内的实际销售量;

α——α 因子,或称为平滑系数（$0 \leq \alpha \leq 1.0$）。

举例来说,我们假设最近一个时间周期内销售的预测值是 100 件,实际销售量为 110 件,同时假设此时的 α 因子是 0.2,那么根据上述计算公式,我们可以计算出当前的预测值。

$$\begin{aligned} F_t &= \alpha D_{t-1} + (1-\alpha) F_{t-1} \\ &= 0.2 \times 110 + (1-0.2) \times 100 \\ &= 22 + 80 \\ &= 102 \end{aligned}$$

因此,周期 t 内产品销量的预测值是 102 件。

指数平滑法最大的好处在于,它不需要大量的历史数据就能够快速计算出预测值,同时也无须对数据进行更新。基于此,我们可以使用计算机进行指数平滑预测。这种预测方法取决于平滑指数 α 值的大小,通过调节 α 值能够控制该方法的敏感性。

使用指数平滑法进行预测时,最关键的考虑因素是如何选取适当的 α 值。当 α 的值为 1 时,该方法就相当于用最近一期的销售量来预测下一期的销售情况。当 α 的值很小,如 0.01,指数平滑法就完全等同于简单的移动平均法。当 α 值较大时,预测对改变比较敏感,能较快反映出销售的变化情况,而较小的 α 值却只能缓慢地反映出销售的变化。尽管指数平滑法具有不少优点,但它却无法区分出引起变化的原因究竟是季节波动还是随机波动。因此,企业使用指数平滑法进行预测时,还需要根据管理经验做出相应的判断。也就是说,当选择 α 值的大小时,预测人员必须权衡,究竟是希望尽可能消除随机波动的影响,还是希望预测能够完全反映出需求的变化情况。

当相关因素的具体值可判断时,扩展指数平滑法还考虑了趋势因素和季节性因素对预测的影响。扩展指数平滑法与基本的指数平滑模型相似,不同之处在于它考虑了三种因素的影响,并用三个平滑系数来反映这三种因素:基本因素、趋势因素以及季节性因素。

与基本的指数平滑法类似,扩展指数平滑法能够利用很少的数据快速完成预测的计算过程。它通过平滑系数值的大小来反映对变化响应速度的快慢。当平滑系数的值较大时,响应速度就较快,但是这有可能带来一定的负面影响,如预测的准确性降低等。

调节性平滑法从常规角度出发,为 α 值的选择提供了一种行之有效的方法。在每一个预测周期结束后,我们要重新评估 α 值的大小,以便确定 α 值为多大时能够对前一个周期进行最合理的预测。因此,在预测过程中,系统、一致的方法就能部分取代管理经验,确定 α 值的大小。大多数预测软件都包括系统地评估平滑参数这项功能,从而找出在大多数时间周期内能实现最优预测的参数值。

更为复杂的调节性平滑法则采用自动跟踪信号的方式对错误进行监控。如果发生预期之外的错误,导致信号出现差错,调节性平滑法就会自动增加平滑系数的值,以确保预测对近期销售的变化情况具有更高的响应性。假如近期销售量发生了巨大变化,响应性的增加就会减少预测的偏差。一旦预测偏差减少了,跟踪信号就会自动使平滑系数的大小恢复到原来的水平。尽管调节性平滑法能够自动根据错误进行修正,但是它仍然存在不足之处,那就是这种方法有时候会将随机误差错当成趋势或季节性影响因素,这种判断错误会导致在今后的工作中出现更多差错。

3. 因果分析法

用回归分析法进行 SKU 销售情况的预测，是基于一些相互独立的因素做出的。如果能确定各个因素之间的相互关系，如建立预期销售价格与销售量之间的关系，那么就能够有效地预测出产品的需求情况。当能够确定一个主要变量，如销售价格时，因果分析法或回归预测法就能很好地发挥作用。但是，在供应链的实施过程中，能够确定主要变量的情况并不多见。如果 SKU 的销售情况是基于一个单独的因素进行预测的，则称为一元回归。使用多个因素进行预测，则称为多元回归。回归预测方法研究了主要的、可预测的事件与由该事件决定的 SKU 的销售情况之间的相关性，并以此为依据进行预测。如果上述相关性始终维持在较高的水平之上，那么产品的销售情况与独立事件之间甚至不需要存在因果关系。我们假设销售的预测值与一些主要的、相互独立的因素是相关的，如与某产品相关的其他产品的销售情况毫无疑问会与该产品的销售情况相关。然而以事件之间的因果关系为基础，使用回归方法进行销售情况预测才是最能让人信服的方法。回归分析法考虑了外部因素与外部事件对预测的影响，因此，这类方法适用于长期预测或总体预测。举例来说，进行年度销售情况的预测或者全国销售情况的预测时，通常使用因果分析法。通过以上讨论我们可以发现，不同的预测方法在适用性和复杂性上各有不同。表 5-4 列出了各种常见预测方法的应用领域以及局限性。

表 5-4　预测方法总结

预测方法	基本描述	应用领域	局限性
移动平均值法	计算前期销售量的非加权平均值	该方法适用于只存在基本需求与不规则需求时	当存在明显的季节性影响或趋势影响时，该方法不再适用
指数平滑法	一种指数加权移动平均法，通过使用平滑系数给予近期需求更高的权重	该方法适用于需要维持数据，并对大量的项目进行预测的情况，同时考虑了个体的趋势影响和季节性影响	当其他因素对需求存在影响时，该方法就不再适用，如促销、价格变动或突发的竞争行为等
时间序列法	将时间周期作为自变量来预测未来的需求模式	当需求模式受到周期、季节或者趋势因素的影响而出现重复变化时，适合使用该方法	无法对变化做出快速响应，因为该方法利用了大量周期来确定变化的方式，以及预测应该如何对变化做出反应；同时，在选择变量时需要进行管理判断
回归法	使用其他自变量来预测销售量，如价格、促销计划或相关的产品数量等	当自变量与需求之间存在明显的线性或者非线性关系时，适合使用该方法	无法对变化做出快速响应，因为该方法利用了大量周期来确定变化的方式，以及预测应该如何对变化做出反应；同时，在选择变量时需要进行管理判断
多元预测法	使用复杂的统计方法来分析更为复杂的前期需求关系；具体方法包括光谱分析、傅立叶分析、转移函数以及神经网络等	当历史情况与需求之间存在更复杂的、非线性关系时，适合使用该方法。该方法对一系列参数进行了识别与评估，确定最佳参数之后，对未来进行预测	选择最优模型时不仅包括定量因素分析，同时还包括大量的管理判断，因此这类方法不适用于详细的项目—地点—时间周期预测

资料来源：Reprinted with permission from David J. Closs, *Forecasting and Its Use in Logistics*, Council of Supply Chain Management Professionals, Oak Brook, IL.

5.6.5 预测的准确性

预测的准确性指的是销售的预测值与实际销售值之间的差别。要想提高预测的准确性，就必须对误差进行衡量和分析。通常情况下，预测误差是指实际需求与预测之间的差别，但是当我们需要计算误差大小，并对误差进行比较时，就必须明确预测误差的真正含义。表5-5中的数据显示了在某地区配送中心，某种型号的个人电脑每月的需求量和预测情况，其中使用了不同的预测误差标准。

表5-5 个人电脑每月的需求量和预测情况

（1）月份	（2）需求量	（3）预测值	（4）误差值	（5）误差的绝对值
1	100	110	−10	10
2	110	90	20	20
3	90	90	0	0
4	130	120	10	10
5	70	90	−20	20
6	110	120	−10	10
7	120	120	0	0
8	90	110	−20	20
9	120	70	50	50
10	90	130	−40	40
11	80	90	−10	10
12	90	100	−10	10
合计	1 200	1 240	−40	200
平均	100	103.3	−3.3	16.7[①]
百分比（误差/平均值）				17.1%[②]

注：表中平均数是四舍五入后的结果。
① 表示平均绝对偏差（MAD）。
② 表示每月的预测误差/每月需求量的平均值。

衡量误差的方法之一是将某段时期内的误差全部累加起来求和，如表5-5中第4列所示。在使用这种方法时，我们通常将一年之内的误差相加，然后求出平均值。从表5-5中我们可以看到，虽然在某几个月中预测值与实际销售量之间存在相当明显的差异，但是平均误差值却近似为零。此方法的缺陷在于，取了误差平均值后，正向误差会抵消反向误差，从而掩盖了预测中存在的问题。为了解决这种问题，可以忽略误差的正、负号，通过计算误差的绝对值来衡量。表5-5中的第5列计算的就是绝对误差的大小，并计算出了平均绝对偏差（MAD）的值。为了在预测值之间进行比较，我们通常会计算出误差百分比的大小。用平均绝对误差除以平均需求量，就可以求出平均绝对误差百分比（MAPE）。

此外，我们还需要考虑测量水平和累计总量的大小。如果每个SKU的信息都有详细的记录，那么我们可以针对单个SKU、一组SKU以及全国SKU的存储情况来计算预测误差。通常情况下，累计总量越大，相应的预测误差值就越小。图5-9比较了全国范围内所有SKU、某种品牌的SKU以及单个SKU的预测误差，从图中我们可以看到某种样本消费品的最大、最小以及平均预测的误差值。同时，从图5-9中我们也可以看出，当单个SKU的预测误差百分比为40%时，以此为依据对全国范围内的SKU进行预测将造成非常大的误差。

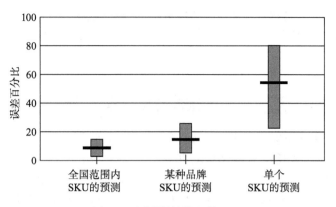

图 5-9 预测误差的比较

本章小结

有效的供应链管理需要部门之间和企业之间进行协同计划和运作。成功的供应链计划需要做到以下几个方面：①供应链的可见性；②资源的同步考虑；③资源的联合利用率。协同运作是达到这三方面要求的关键所在。

一体化总体计划的实施有赖于以下三种计划的同步实施：需求计划、制造计划和物流计划。很多企业采用销售和运作计划系统来制订一体化计划。为了成功实施销售和运作计划系统，高层管理者必须投入精力进行指导和监控。成功实施销售和运作计划系统需要考虑的因素有很多，最重要的是要时刻记住整个实施阶段是一个持续的过程，而不单单是哪些人或哪个部门的任务。并且，企业正在向一体化商业计划体系演进，从更广泛的视角将更多的职能纳入考虑范围。多个供应链成员共同制订并实施联合计划、预测和补货系统的运作方式已经相当普遍。

在大多数供应链中，企业必须利用预测来估计客户的需求。预测由很多部分组成，主要包括水平、趋势和季节性等因素。需求的波动不仅仅来源于外部因素的影响，同时还受到内部运作活动的影响，如促销活动、价格的变动、新产品的引进等。预测的过程涉及预测方法、辅助支持系统以及相应的管理。预测方法为预测提供了计算依据，辅助支持系统在考虑了市场改变的影响后对数据进行了调整，预测管理则从管理的角度引导并监控整个预测过程。预测的方法包括定性分析法、时间序列法和因果分析法，但是大多数物流和供应链在预测时都选择使用时间序列法。尽管预测的方法和技术都得到了极大的改进，然而，与预测有关的最显著的改变却是通过应用协作方法来实现的，如大量供应链合作企业纷纷使用 CPFR 方法。

学习型思考题

1. 为什么提高供应链可见性可以改善计划过程？
2. 请描述销售和作业计划系统过程。该过程应该考虑哪些主要因素之间的权衡？
3. 请指出预测的主要组成因素有哪些。为什么在进行预测时必须根据以上要求对预测进行细分？
4. 请指出时间序列预测法与一般预测法之间的本质差别是什么，并分析这两种方法分别适用于什么场合。

5. 请解释为什么在零售商的需求发生很小的变化时，分销商、制造商和供应商的需求会出现巨大的波动。

6. 请描述高级计划与排程系统的主要组成因素。实施这一系统主要面临哪些挑战？

挑战型思考题

1. 高级计划与排程系统可以用于企业、部门和区域等不同层面。请逐一阐述该系统中实施各战略所面临的挑战及收益。在哪些情况下可以推荐企业在企业、部门和区域层面实施高级计划与排程系统？

2. 协同计划、预测和补货（CPFR）可以提高制造商的预测准确度。企业实施CPFR主要面临哪些挑战？请根据实际收益情况探讨企业是否应该实施CPFR。

3. 本章介绍了惠而浦公司与劳氏公司合作开发共同营销与运作计划的案例。请分析该案例中合作双方受益与承担风险的情况。由于需要考虑其他主要客户的利益，惠而浦公司在这一合作中面临哪些挑战？

4. 高效的预测要求将方法、辅助支持系统以及管理紧密结合。假设你在一家消费品公司工作，你的主管要求你选择一些能够提高预测精确度的方案，考虑到预测方法、支持系统以及管理因素，你会具体推荐哪些方案？

注释

1. 有关销售和运作计划内容的讨论，参见：Deep R. Parekh,"S&OP More Prevalent, Global," *American Shipper*, June 2008, pp. 28-33.

2. Logility Inc.,"Successful Sales and Operations Planning in 5 Steps"（2016）.

3. "Supply Chain News: Full CSCMP Review and Comment," *Supply chain Digest*, October 1, 2010, www.scdigest.com.

4. Jay W. Forrester, *Industrial Dynamics*（Cambridge, MA:The MIT press, 1961）.

5. Spyros Makridakis, Steven Wheelright, and Robert Hyndman, *Forecasting, Methods And Applications*, 3rd ed.（New York: John Whiley & Sons, 1997）.

第6章 采购与制造

采购与制造是一个组织的供应链运作中的两个关键活动。本章研究了这两个活动的关键内容,重点在于两个活动之间的相互关系以及它们与物流运作之间的关系。同时,我们在对全面质量管理进行初步讨论之后,对采购和制造策略的主要目标和关键要素也进行了讨论研究。

6.1 质量要求[1]

对所有组织来说,任何时候质量都是一项最关键的要素。在高度竞争的市场中,没有企业愿意在质量方面落后于竞争对手。尽管质量的重要性得到了企业的一致认同,但它却是一个相当模糊难懂的概念,归根结底是因为质量的高低取决于客户的看法,取决于客户对企业、产品以及服务的感受。我们在第4章中讨论客户期望和需求时,曾经介绍了客户服务质量这一概念。供应链物流的重点在于确保企业可以按时、无损坏地完成交货,并且能够提供满足客户要求的各种服务。本节重点研究产品质量中的关键问题。

6.1.1 产品质量的各个方面

虽然我们能够一目了然地看到产品的外观,却很难直观地了解产品的质量究竟如何。事实上,不同的人对于质量一词也有不同的理解。尽管每个人都喜欢质量好的产品,但是并非所有人都觉得某个产品或某个品牌具备了所有他们希望获得的质量特性。我们通常使用以下8个不同的方面对质量进行衡量。

1. 性能

从客户的角度来看,衡量质量最常用的标准或许就是产品的性能了,也就是产品的实际性能是否能够达到设计标准。例如,可以根据处理速度对个人电脑的性能进行判断，根据音色的清晰度和噪声情况来评判音响设备的性能究竟如何，洗碗机的性能则可以根据洗涤后盘子的清洁程度来判断。通常，良好的性能是产品的一种客观属性，我们可以将某产品与同类产品进行比较，从而判断其性能是否良好。当然，一种产品可能同时具有多种性能，这就使对比过程变得相当复杂。例如，对个人电脑而言，我们不仅要比较其处理速度，还要对其他性能进行比较，包括内存、硬盘容量等许多方面。

2. 可靠性

产品的可靠性指的是在产品的预期寿命内，该产品正常工作的可能性。同时也可以体现为客户在购买产品之后，该产品出现故障或者进行维修的次数。例如，美泰克（Maytag）公司的宣传口号是"可靠的人"，该公司进行了长期的广告宣传，突出该公司的维修人员是"本镇最寂寞的人"。通过宣传维修员从未维修过一件损坏的家电，美泰克强调自己的产品特别可靠。与产品的性能一样，产品的可靠性也是衡量质量的一个客观特性。

3. 耐用性

产品的耐用性虽然与产品的可靠性有一定联系，但是两者之间还是存在差异的。耐用性是指产品的实际使用寿命。例如，在许多消费者看来，一辆预期使用寿命为 10 年的汽车要比预期使用寿命为 5 年的汽车质量要好。当然，维修或保养方式也可以延长产品的使用寿命。因此，产品的耐用性和可靠性虽然是体现产品质量的两个不同的方面，却又相互关联。

4. 一致性

产品的一致性是指产品实际上是否真正精确地满足设计时的预期标准和要求。企业通常使用内部指标来衡量产品的一致性，如产品的废品率、返工率或缺陷率等。

5. 功能

客户常常以某一产品具有多少种功能为依据来衡量它的质量如何。产品的功能指的是功能的数量，与可靠性和耐用性无关。例如，人们通常认为与只具备基本功能的电视机相比，具有遥控、画中画和屏幕编辑功能的电视机的质量更好。

6. 美观性

在鉴别产品质量时，美观性是许多客户考虑的主要方面之一。美观性是指客户从美观的角度对产品的样式和使用的原材料所持的观点。在服饰方面，客户认为羊绒衫的质量要比合成纤维的质量好。在设计汽车时，座位往往使用皮革而不用纺织物，内部构件则采用木料、金属而不用塑料，这些措施都能使汽车显得更加美观，从而体现更好的质量。

7. 可维护性

可维护性，即产品出现故障时对其进行修理和维护的难易程度，对某些用户来说这也是评价质量的一个重要方面。例如，某些新型设备具有自动诊断能力，在可能出现故障之前会提醒用户或者维修技术人员。在理想情况下，可维护性越高，用户修好产品所需的时间和费用就越少，有时候甚至完全不需要花费任何时间和费用。用户通常认为，那些能够在最短的时间内，花费最少费用修好的产品具有更优异的质量。

8. 感知质量

如前所述，根据产品可以在多大程度上满足自己的需求，用户对产品质量水平的高低进行判断。因此，用户是产品质量的最终评判者。感知质量来源于用户在售前、售中和售后过程中对产品的感受。产品的整体质量是 8 项质量评价标准的综合体，它涉及许多方面，如企业是如何把这些质量特性组合在一起的，用户对这种组合的感受是什么，等等。对两个不同的用户来说，一个可能觉得产品 A 的质量好，另一个可能觉得产品 B 的质量好。之所以出现这种情况，取决于用户更重视哪一项质量特性，比如，有的更看重产品的可靠性，而有的则更注重产品的功能。

6.1.2 全面质量管理

有趣的是，某些企业对质量的定义并不清晰，甚至企业内不同部门的管理者对质量各方面的重视程度也不一样。比如销售部门的管理者比较关心产品的美观性和功能，制造部门的管理者则更看重产品的一致性。在物流领域，衡量产品质量的因素往往与客户服务、客户满意度和客户成功有关。从客户的角度出发，他们不仅希望产品能够完全符合他们的要求，同时还希望产品能够以恰当的方式在恰当的时间准时运送到目的地。

全面质量管理（TQM）是一种管理哲学，它得到了管理系统的大力支持。该系统将工作重点放在实现企业内部各个职能部门之间的合作上，以确保能够完全满足用户的各种需求。这里所说的用户既可以是企业内部或外部的用户，也可以是企业在供应链中的合作伙伴以及最终客户。虽然 TQM 中使用的一些专用工具和方法不属于物流的研究范畴，但是 TQM 中的一些基本概念还是值得关注的：①高层领导的承诺和支持；②用户对产品、服务和运作过程的关注；③企业内部、企业之间的一体化运作；④对于不断改进的承诺。

全面质量管理中的"全面"一词包括几个重要含义：第一，产品的质量最终取决于客户的接受程度及客户对产品的使用，因此任何有关质量的探讨都应首先考虑客户最关注的产品（或服务）属性。第二，质量管理是一项全面的、涉及整个企业的活动，而非单纯的技术性任务。每个员工都与质量息息相关，而质量改善有赖于所有员工的努力。质量源于精良设计与高效生产及配送的结合。因此，必须强调跨职能决策的重要性。

关注 TQM 还必须了解所有与质量相关的成本费用，这通常需要深入其中进行分析。与质量管理过程相关的成本费用可以分为四类：

- 评估成本，指的是质量等级评估中各类检查的费用，包括检查入厂材料、检视产品及其生产过程、调查员工工资、检测设备及开发检测程序等产生的资源成本。
- 质量问题内部处理成本，指的是产品送达客户之前因发现质量问题进行处理产生的费用，包括材料报废、抢救、返工、余料库存等耗费的资源及补救过程中的其他费用。
- 质量问题外部处理成本，指的是产品到达客户手中后因发现质量问题进行处理产生的费用，包括投诉处理费用、商誉及未来销售损失、退货、保证工作以及现场服务或维修等。
- 预防性成本，指的是预防质量问题或减少评估成本和质量问题处理成本时产生的费用，包括计划、新产品评价、投资购买更好的加工设备、培训、过程控制、质量改善项目等耗费的资源。

必须注意的是，产品从供应链的一个环节进入到下一个环节，在后续环节中发现质量问题的处理成本要比之前环节高很多。在供应链后端环节中发现问题，要投入更多的资源进行处理，产生更多的成本费用。从长远来看，预防成本几乎总是比补救成本低很多，这是质量管理中至关重要的一点。因此，企业考虑如何预防质量问题的产生是值得的，与此相反，一味地关注如何补救是不可取的。

6.2 采购的重要性

对任何企业而言，无论它是制造商、批发商还是零售商，都需要从供应商手中购买原材料、获得服务、取得物料供应以维持企业的运作。以前，人们普遍认为采购是一项行政管理活动，属于低层次的管理活动，其职责仅仅是执行和处理公司其他部门所制定的订单，采购活动所起的作用仅仅是从供应商那里以尽可能低的价格获得所需的资源。然而，这种传统的观点在过去的几十年中发生了翻天覆地的变化。现代化的供应链思想更加注重总体支出情况，以及如何发展买卖双方之间的关系，因而将采购活动提升到了一个更高的战略水平之上。

采购的重要性日趋明显，这是由多个影响因索引起的。其中，最基本的原因在于企业开始意识到采购支出的金额巨大，而使用可行的采购策略则可以节约大量资金。对大多数企业来说，购买商品和服务是一项非常昂贵的支出。例如，对北美的制造厂而言，对于每 1 美元的销售收入，购买商品和服务的平均支出大约为 55 美分。与之相比，对于每 1 美元的销售收入，生产过程中的直接人工成本平均只有 10 美分左右。虽然不同行业的实际采购费用存在较大的差异，但是毋庸置疑的是，对采购进行战略管理将给企业带来相当可观的资金节约。

企业对采购成本的严格控制，使企业对外包运作日益重视。强调外包的原因在于许多公司的采购总额正在迅速增加。现在的企业除了从外部购买原材料和基本零部件之外，还需要购买具有较高增值能力的、复杂的元器件。企业通过外包将部分职能交给供应商完成，从而能够集中人力和物力专注于提高自身的核心竞争力。这样做的结果是，企业要花费比以往更多的精力来考虑如何有效地管理供应商。服务外包的趋势也很明显，尤其是物流服务，例如运输和仓储。举个例子，通用汽车公司利用第一级供应商网络完成组件的装配，然后根据需求由第三方物流提供商将完成组装后的元器件送往对应的汽车装配线。这其中的许多活动曾经都是在通用汽车公司内部进行的。建立和协调这些关系成为企业实行有效的采购策略时亟待解决的主要问题。本章的后续内容我们将针对与有效实施采购策略相关的物流需求问题进行讨论。

6.3 采购目标

企业对采购活动的日益重视使采购逐渐成为企业的一项关键能力，同时也促使采购在供应链管理中扮演起新的角色。采购原本是企业与供应商之间的一项对抗性活动，双方经过谈判最终完成交易。而现在，采购已经逐渐转变成企业之间的一种合作行为，目的在于从供应商处取得足够的支持，从而更好地完成企业的运作和营销战略。如此一来，企业就可以将大量的注意力放在保证持续供应、实现最小化库存投入、提高质量、技术与创新以及最小化所有权总成本等工作上。

6.3.1 持续供应

一旦原材料或零部件出现缺货，则会造成生产计划中断，给企业带来预期之外的损失。如果工厂出现停工，企业的运作成本就会增加，同时有可能进一步导致企业无法按时向客户完成交货。试想一下，如果一条汽车装配线上所有部件都已就位，然而轮胎却出现缺货，那么一辆辆即将完成加工的汽车在轮胎到来之前不得不滞留在装配线上，整个生产线不得不停止运转，直到轮胎到货才能恢复正常生产。因此，采购的根本目标之一就是要确保原材料、零部件和配件的持续供应。

6.3.2 最小化库存投入

过去，企业为了避免由物料短缺造成的停产，往往持有大量的原材料和零部件库存，以应付供应中断的情况。但是，维持大量库存的成本相当高昂，并且会占用企业的大量资金。现代采购的目标之一就是在保证持续供应的前提下，尽可能地降低库存投入。这就需要企业在库存维持成本与潜在的生产停产所造成的损失之间做出权衡。当然，理想的情况是，在生产过程中，所需的原材料恰好能够按时送到，换句话说，也就是能"准时"送到。

6.3.3 提高质量

采购对企业产品质量而言是一个至关重要的环节。产品的质量依赖于加工过程中使用的原材料和零部件的质量，如果使用了质量较差的原材料或零部件，那么最终产品就有可能无法满足客户的质量要求。

6.3.4 技术与创新

企业经常把供应商看作新技术与创新的重要来源，期望它们能协助设计新产品并改进现有产品。宝洁公司曾公开表示，希望产品和流程创新有50%来自公司之外，而采购部门是其向供应商寻求创新的一个主要机构。神奇魔术擦的开发与推介便是成功的案例，该产品由宝洁公司的主要供应商巴斯夫化工开发提供。[2]

6.3.5 最小化所有权总成本

传统的采购模式造成买卖双方之间相互对立，而当今的采购模式则强调买卖双方之间的合作。从本质上说，这两种采购模式的区别在于前者重视采购价格，而后者更注重**所有权总成本**（TCO）。采购人员开始意识到，尽管物料的采购价格非常重要，但它仅仅是企业总成本的组成部分之一，企业在核算总成本时，还必须考虑服务成本和生命周期成本。

无论是根据竞争投标、买卖双方的谈判，还是卖方的价格目录，购买价格和折扣无疑都是采购过程中所关注的重点，这一点毋庸置疑，因为没有人愿意支付过高的采购费用。了解卖方的价格折扣方式通常是买方获得采购价格信息的一种方式。例如，卖方希望通过提供数量折扣，促使买方增加订货量，或者卖方可以通过现金折扣的方式刺激买方尽快支付结算货款。

鉴于卖方折扣方式的影响，买方就不能只考虑采购价格，还必须同时考虑与采购相关的其他成本。在考虑数量折扣因素的同时，买方还必须考虑库存持有成本的影响。订货量的增加会导致原材料或耗材物资平均库存的大幅增加。同时，采购批量的大小还会影响与采购相关的管理费用。我们将在第7章详细介绍批量采购的策略，如**经济订货批量**（EOQ）模型，它有助于解决我们刚才谈到的成本平衡问题。

卖方的促销方式以及现金折扣同样也会影响所有权总成本的大小。如果卖方提供了非常具有吸引力的贸易信贷条件，那么这将对买方的购买价格产生极大的影响。例如，买方会将卖方提供的立即支付折扣与其他卖方提供的折扣相比较，然后根据折扣百分比的大小和时间期限选择最合适的卖方。

在传统的采购模式中，企业往往忽视了价格和折扣对物流运作以及物流成本的影响。例如，传统的经济订货批量模型虽然考虑了库存持有成本，却没有考虑订货数量对运输成本的影响，以及接收并处理各种不同批量的订单所产生的物流成本等。买方往往希望以最低的购买价格获得自身所需的商品和服务，因而没有认真考虑，甚至忽视了许多物流因素的影响。今天，企业已经越来越清楚地认识到了这些物流成本在 TCO 中的重要性。

在采购过程中，卖方通常会提供一系列的标准服务。除此之外，企业在追求 TCO 最小化的同时，还必须考虑增值服务。许多增值服务都涉及物流运作，以及买卖双方物流活动的衔接。

第 4 章我们对增值服务进行了讨论，其中涉及特殊包装以及为促销展示所做的准备活动。同样，在供应商的工厂中从事组装加工，或者在整合服务提供商的仓库中进行加工等活动也可以被视为潜在的增值服务。关键在于，每一种潜在的服务都会给供应商带来一定的成本，因此买方需要为此支付一定的费用。对企业而言，在确定能够满足采购要求的 TCO 时，需要比较每一种增值服务的成本和价格，从而达到最优的平衡，要做到这一点，企业必须将采购价格与服务价格进行拆分。也就是说，要对每一种服务实行单独定价，这样才能得到正确的分析结果。在传统的采购模式下，企业或许为了追求最低采购价格而忽视了增值服务，而现在，增值服务得到了企业的高度重视，采购人员会针对增值服务的不同类型进行仔细分析，判断该服务应该由内部、供应商，还是由双方共同完成。对服务进行合理的拆分，有利于买方做出最明智的采购决策。

实现 TCO 最小化还涉及其他很多要素，其中包括广为人知的生命周期成本。原材料、物料或者其他外部输入的整体成本不仅包含采购价格和增值服务，还进一步包含了它们的生命周期成本。一部分生命周期成本产生于实际接收产品之前，另一部分生命周期成本在使用产品的过程中产生，还有一部分生命周期成本则是在买方实际使用产品很长时期之后才逐渐显现出来的。

图 6-1 中的模型显示了 TCO 的各种组成要素。很明显，如果能够在采购过程中考虑到所有因素，那么对大部分企业来说，将会获得大量不断完善的机会，这些机会源自企业与供应商之间的紧密合作，而如果买卖双方始终保持敌对的价格谈判关系，那么很多机会便难以实现。

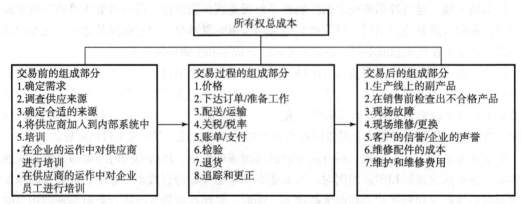

图 6-1　所有权总成本的主要组成部分

资料来源：Reprinted with permission from Michiel Leenders and Harold Fearon, *Purchasing and Supply Management*, 11th ed. (New York: McGraw-Hill Irwin, 1997), p. 334.

6.4 采购策略

制定有效的采购策略是一个复杂的过程，要求我们充分分析哪些方式最适合实现制定策略的多个不同目标。首先，我们必须决定哪些产品或服务可以在企业内部生产或加工，哪些必须向外部供应商购买。紧接着，必须制定各种采购策略与外部供应商进行交易。最后，必须决定适用于不同产品或服务的最佳采购策略，形成采购策略组合。

6.4.1 内包与外包

如前所述，每个企业都面临的一个基本决策是哪些产品或服务可以在企业内部生产或加工，哪些必须向外部供应商购买。这一决策通常被称为内外包决策，在确定某个产品或服务的需求时就需要考虑。需要指出的是，外包并不是说企业决定从外部供应商购买某个产品或服务，而仅仅表示企业决定不在内部生产该产品或服务。该决策背后潜在的过程一般被称为"自制－外购"决策。过去，管理者往往只是关注相对较少的财务指标，但"自制－外购"决策是一个极其复杂的企业战略决策过程，必须考虑诸多的因素。因此，来自不同职能部门的主管通常会组成跨职能团队，对涉及其中的各种定量、定性问题进行综合分析。

"自制－外购"分析首先要评估产品或服务与企业核心竞争力的关系。对企业的核心竞争力实行外包存在巨大的风险，为了减少这样的风险，即使外包成本更低，企业也通常内部生产或加工与核心竞争力相关的产品或服务。同样地，企业对某些产品或服务会实行外包，即使该决策会让成本增加。对非核心活动实行外包的优势在于可以将原本用于这些活动的财务资源投入到与企业核心能力相关的活动中，这也是近年来很多制造企业决定实行物流外包的主要原因，这样企业就能够集中资源进行新产品开发、生产技术改进以及市场拓展。

当企业决定对某一产品或服务实行外包后，"自制－外购"分析要求考量相关成本，尤其要突出财务方面的相对优势和劣势。在此必须仔细理解所有权总成本的概念，因为简单比较外部供应商的报价与内部生产成本是远远不够的，必须充分考虑所有相关的成本。

成本分析显示出企业内部生产所需产品或服务以及从供应商购买该产品或服务的量化成本。但是，由于不可能量化所有影响决策的因素，所以充分的"自制－外购"分析还必须调查定性因素。企业要考虑的定性因素很多，两个十分关键的因素是失控程度和供应风险。决定外包则意味着企业将控制权交给供应商，必须依靠供应商提供所需产品以及配送服务来满足需求。供应风险指的是购买、交付或使用外包产品及服务的过程中可能发生意外事故，从而对企业满足其客户需求的能力产生负面影响。除了缺货或延误等传统风险之外，供应风险还包括知识产权损失、潜在的供应商提价、产品安全问题以及其他有损企业声誉的情况。全球化外包中的供应风险更大，不仅交付延迟的可能性更高，也增加了企业监控供应商活动的难度。例如，自2015年以来，由于从高田采购的安全气囊出现问题，已经有多家车企的数百万辆汽车被召回。

6.4.2 可选用的采购策略

具体而言，采购策略可分为4种：谁使用谁购买、批量合并、供应商运作一体化以及价值管理。尽管这些采购策略代表了企业采购发展的不同阶段，但事实上每个策略都适用于一定的情境。在逐个介绍这4个策略后，我们会进一步探讨评估影响产品或服务采购策略选择的条件。

1. 谁使用谁购买

最简便的采购策略是由企业中具体的使用者决定他们各自的采购需求，评估供应源并实施采购过程。事实上，即便是实行集中采购的企业，谁使用谁购买的采购策略依然很常见，至少对部分用品来说是这样的。例如，文书职员负责基本办公用品的采购，清洁人员负责购买清洁用品，这样的情况并不少见。对企业的整体成功来说，这些用品可能微不足道，不值得过多考虑。

2. 批量合并

企业要想开展有效的采购策略，需要采取的措施之一就是减少供应商的数量，从而实现批量合并。20世纪80年代初期，对大多数企业而言，每一种所需的原材料几乎都对应着一大批供应商。事实上，在此之前，有关采购的文献常常强调多渠道供应的重要性，认为多渠道供应构成了企业的最佳采购策略。这种方法的确具有许多优点。首先，大量潜在的供应商会不断针对企业的业务进行投标，这样可以确保企业尽可能降低采购价格。其次，保持与多个供应商之间的关系，能够在一定程度上降低买方对某一特定供应商的依赖程度。这也降低了当特定供应商遇到诸如罢工、火灾、内部质量等问题时，由于供应中断给企业带来的风险。

而现在，通过减少供应商的数量，实现批量合并，采购活动就能够在供应商的业务中发挥杠杆作用，最起码这会增加企业在与供应商谈判时手中的筹码。更重要的是，批量合并减少了供应商的数量，给通过筛选的供应商带来了不少好处。同时，通过与较少的供应商不断发展合作关系，企业也会获得大量收益。比如说，从单一供应商处进行大批量的采购，最明显的好处就是供应商可以将固定成本分摊到更大的采购量中，从而获得极大的规模经济效应。除此之外，如果供应商能够获得较大的订单，那么它就有可能为了提高客户服务水平而进行投资，以便扩大生产能力或改善运作流程。假如企业不断更换供应商，那么任何供应商都不会愿意对其进行这样的投资。

显而易见，单一渠道采购会增加企业的风险。正是出于这种考虑，企业在减少供应商数量时，必须对供应商进行严格的检查、筛选和认证。在许多情况下，采购人员要与企业其他部门的人员密切合作，以确定最优供应商或者认证合格的供应商。必须注意的一点是，批量合并并不意味着任何一种采购物品都只有唯一的供应来源，它只是将企业的供应商数量控制在一个相对较小、相对稳定的范围内，而不像传统的采购模式那样拥有大量的供应商。

批量合并可以给企业带来相当可观的成本节约。一家咨询公司指出，使用批量合并后，企业在采购价格和其他成本因素方面的节约金额相当于采购总额的5%～15%。[3]假设制造企业通常将收入的55%用于采购，而批量合并可以将成本降低10%，那么当企业的年收入为1亿美元时，批量合并最少可以为企业节约550万美元。

3. 供应商运作一体化

当买卖双方开始整合运作过程和运作活动，并尝试显著提高运作水平时，运作一体化便开始了。进行这种整合时，企业通常从供应商中选择合作伙伴，形成战略联盟或者战略伙伴关系，在努力降低总成本的同时不断提高运作一体化。

实现整合的方式多种多样。例如，买方允许卖方进入自己的销售和订单信息系统，这样卖方就可以持续了解哪些产品正在销售。在获得了这些详细的销售信息后，卖方可以以更低的成本更有效地满足买方需求。卖方之所以能够降低成本，是因为它从买方获得了更多的需求信息来制订更好的计划，从而可以减少对预测、加急运输等低效运作方式的依赖。

买卖双方通过共同努力，确定为保证供应所必须遵循的运作流程，并对这些运作流程进行重新设计，可以进一步实现运作一体化。例如，建立直接的通信接口可以有效地缩短订货时间、减少错误，这就是运作整合所带来的好处。更为复杂的整合方法则涉及减少买卖双方都存在的冗余运作活动等。例如，在某些复杂的情况下，买方对供应商有很强的依赖性，同时对供应商的运作能力比较信任，那么它可以取消一些常规的活动，如买方对交付产品进行的清点和检查等活动。许多企业将精力集中在物流运作上，推出了连续补货计划以及供应商管理库存等模式，从而实现了运作一体化，[4] 这种运作一体化有助于大幅度降低TCO。

运作一体化的主要目标就是减少浪费、降低成本、建立买卖双方的双赢关系。只有将各个企业的创新能力综合起来，才能形成协同优势，任何企业都无法通过独立运作实现这种优势。据估计，与供应商进行一体化运作带来的成本节约比批量合并带来的成本节约要多5%～25%。[5]

4. 价值管理

企业与供应商进行一体化运作为价值管理创造了机会。价值管理是一种更为深入的供应商整合运作，它不仅关注买卖双方的运作流程，还将目光聚集在如何建立更加广泛和持久的合作关系上。价值工程有助于降低价值管理的复杂性。由于供应商在早期就参与到了产品设计之中，因此，企业在从事某些采购活动时就能与供应商相互配合，进一步降低TCO。

价值工程是指企业在产品设计初期就对原材料和部件的需求情况进行仔细审查，以确保在新产品设计时能够实现最小化成本与质量之间的均衡。图6-2显示了供应商早期参与对企业降低成本所具有的重要影响。企业的新产品开发从构思开始，经历了许多阶段，最终实现了商业化。在此过程中，企业产品进行设计修改的柔性逐步降低。在产品开发初期，企业对产品设计进行更改还是比较容易的，一旦进入到产品原型阶段，企业再想更改产品设计就变得相当困难了，更改设计的费用也会变得更加高昂。因此，越早让供应商参与产品设计，企业就越能够利用供应商的知识和能力获取收益。

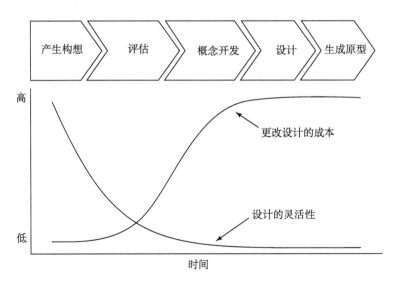

图6-2 更改设计的灵活性和成本

资料来源：Reprinted with permission from Robert M. Monczka et al., *New Product Development: Strategies for Supplier Integration* (Milwaukee: ASQ Quality Press, 2000), p. 6.

我们通过一个汽车制造商的例子来说明供应商早期参与的好处。假设在开发一种新车型时需要一种新型的前保险杠,保险杠托架的装配设计工作由设计工程师完成。在设计过程中,配件供应商派来了一位工程师(尽管新产品距离实际投产还有好几年时间,但是企业早已确定了使用该配件供应商),他询问设计工程师托架的安装位置是否可以移动 1/2 英寸⊖,设计工程师经过考虑之后认为这样做对最终产品不会产生什么影响。设计工程师随后问他为什么会提出这一问题,那位工程师说,移动托架的安装位置后,供应商就可以利用原有的工具和模具进行生产,而如果采用原来的设计方案,供应商就需要投入大量资金购买新工具,这一更改大约可以降低生产托架所需成本的 25%~30%。

很明显,价值管理超出了企业采购活动的范畴,它要求内部和外部的多个参与者进行密切协作。也就是说,采购团队、工程团队、生产团队、市场销售团队、物流团队以及关键供应商的工作人员必须共同努力,降低总成本,提高运作绩效,更好地满足客户需求。

6.4.3 采购策略组合

采购中的帕累托效应与它在其他商业活动中的应用基本相似。在采购领域中,该效应可以简单表述为:数量很少的原材料、零部件和服务占用了较多的投资金额。不同的采购方式适用于不同的采购活动,了解这一点非常重要。然而,许多企业在进行小批量采购时使用的方式与进行战略物资采购时的方式完全相同。结果就是,它们在购买 10 000 美元的原材料与 100 美元的复印纸上花费的时间和精力是一样的。

决定采购策略的一个关键步骤是了解企业目前要购买(或者计划购买)什么以及在每个购买的商品或服务上所花费的资金。**开支分析**是一种用来确认公司所有部门购买每一类产品或服务所花费资金的工具,同时它也会确认目前正在采用的所有供应商。例如,一个大型农业设备制造商通过开支分析发现,公司的 12 个组装厂要通过 20 个不同的供应商为生产人员购买 400 多种工作手套。开支分析是帮助买方确定针对每种产品和服务的最合适采购策略的重要步骤。

然而,只是简单地以资金支出作为采购需求划分的基础无疑是错误的。有的采购是针对重要战略物资,有的却不是;有的采购对业务成功有重大影响,有的却没有;有的采购非常复杂并且风险高,有的却并非如此。例如,如果没有准时为汽车装配线采购座位组件,将是大错特错,但如果没有购买清洁物料,则只会带来一点小麻烦。批量合并和减少供应商可能几乎适合每一种产品或服务的采购,但供应商运作一体化和价值管理可能更适合战略性采购的要求。

图 6-3 给出了一种确定合适采购策略的方法。这个采购策略矩阵在概念上与第 4 章的策略选择模型相似,它基于两个标准:一是从某一供应商处采购某一物品的潜在供应风险,二是该物品对企业的价值。

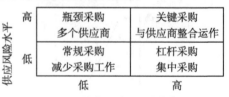

图 6-3 采购策略矩阵

资料来源:改编自 Adapted from Robert Monczka et al., *Purchasing and Supply Chain Management*, 4th Edition (Mason, OH: South-Western Cengage Learning, 2009), p. 211.

1. 常规采购

常规采购通常针对那些只占企业总采购

⊖ 1 英寸 =0.025 4 米。

金额较小比例并且采购风险很低的物资。此外，这类物资通常对企业发展来说并不重要，而且对总体绩效影响甚微。这类物资包括办公用品、保洁服务等，它们都可以通过多种渠道购买。常规采购策略的重点是减少采购工作以降低成本。具体来说，该策略要求在企业中实行标准化SKU，以减少采购商品种类（回想一下前文采购工作手套的例子）。使用电子目录、供应商管理库存以及被称为"采购卡"的公司信用卡都能降低采购成本。使用者可以用采购卡直接购买这些常规物资，对此类物资进行过多的采购工作无法带来潜在的成本节约。

2. 瓶颈采购

瓶颈采购代表了一个特殊的采购问题。这类采购只占公司总采购金额的一小部分，但采购风险很高，如果采购不到会给公司带来严重的运作问题。这类采购物资通常只有少量供应商可以提供。在这种情况下，瓶颈采购策略的重点是要维系多个采购来源，如果可行的话可以签订长期合约，以保证持续供应。

3. 杠杆采购

与常规采购相似，杠杆采购涉及的采购风险很低。这类采购通常存在多种可选货源。但是，由于花费在这些产品或服务上的资金相对较多，可以通过将采购合并到少量的几个供应商处，以节约采购成本。通常批量合并和供应商一体化运作也可以应用在杠杆采购中。

4. 关键采购

关键采购通常指的是那些预算很高并且对组织成功至关重要的战略性产品或服务的采购。由于这类采购十分重要，并且涉及很高的风险，因而强调必须通过战略上优选的供应商实行集中采购。在进行关键采购时，供应商一体化运作与价值管理是首选的采购方式。

6.5 物流与采购的对接

有效的采购战略最终还是要依靠物流来执行。物流与采购的对接将企业与供应商联结起来，对实现采购目标具有重要意义。另外由于很多企业现在都将物流服务外包，因而采购也可以将企业与其客户通过物流联结起来。准时制生产、物流服务采购以及基于绩效的物流是企业中物流与采购对接的三个关键方面。

6.5.1 准时制生产

近年来，在与供应链管理相关的各个领域中，**准时制**（JIT）的理念都得到了广泛的关注。它有时候表现为准时采购，而更多的时候则是表现为准时交付。不管它的表现形式如何多变，JIT 的根本目标始终如一，那就是按照时段对运作活动进行划分，从而使采购的原材料和产品能够在需要的时候，准时无误地到达相应的转换环节。在理想的情况下，由于减少或消除了缓冲库存，原材料和在制品的库存就可以达到最低水平。

JIT 的内涵非常丰富。显而易见，企业应该选择品质优良、服务质量稳定的供应商。可靠的物流运作无疑可以消除，至少是减少原材料缓冲库存的需求。JIT 经常要求小批量的原料供应，因此有时企业需要对运输模式进行调整。显然，为了确保 JIT 行之有效，企业的采购部门和供应商之间就必须及时沟通并做到协调一致。在 JIT 运作中，企业试图获得垂直一体化的优势，同时避免正式的所有权束缚。很多企业通过与供应商的协调和流程整合实现了上述效果。

当一些企业获悉了 JIT 的优点，认识到实施供应商一体化运作的好处之后，它们将供应商的员工邀请到自己的企业，允许这些员工查看客户的订单、全面了解企业信息、安排原材料的到货计划等。在 JIT 的基础上，JIT II 的模式由美国博士公司率先提出，现在主要用于缩短提前期和降低成本。

6.5.2 物流服务采购

从历史上看，大多数组织的采购部门主要关注"直接支出"，涉及公司所需的原材料、零部件和其他实物产品的采购策略以及与供应商的关系。物流服务采购被视为"间接支出"，并未得到同样的战略重视。谁使用谁购买方式在许多企业中是司空见惯的，但是这种情况正在迅速发生变化。随着非核心能力外包的持续增长，物流服务的采购，包括运输、仓储、第三方物流和综合物流服务受到越来越多的关注。第 1 章中我们曾经提到 2018 年美国第三方物流市场约占总运输费用的 55%，占总仓储费用的 40%。

管理层对物流服务的采购应与任何其他类别的产品或服务具有相同的战略考虑。事实上，虽然物流活动的执行绩效可能不是许多托运人的核心能力，但物流服务对客户的重要性导致在许多企业中，物流服务的支出被归类为杠杆采购或关键采购。

泰科国际是一家密切关注物流服务采购策略的公司。该公司是一家由数个独立业务部门组成的多元化制造商，仅运输服务一项的总支出为 3.9 亿美元，因此它建立了一个集中小组，专注于物流服务的采购战略和与物流服务提供商的合同事宜。这个集中小组汇总了各个业务部门的物流总支出，并与一小群核心承运人建立了密切关系，从而使每个业务部门的物流经理都可以专注于运作问题。

泰科国际的物流战略因公司在地域上分布很广而变得复杂，它使用由业务部门的个人代表和集中小组成员组成的区域委员会来为每种运输方式和运输地理区域建立运输提供商列表，然后由集中小组与选定的承运人协商合同事宜。有了这些合同，业务部门的物流经理便可以灵活地与特定承运人进行日常交易。[6]

6.5.3 基于绩效的物流[7]

近年来美国国防部创造了一种与供应商做交易的新模式，该模式被称为**基于绩效的物流**（PBL）。PBL 模式被用于购买军方专用的后勤物资。它最有意思的地方是，军方购买的是供应商绩效的输出，而不是传统意义上用于获得专用物品的委托生产模式。随着物流服务采购的增加，基于绩效的物流模式将得到更为广泛的运用。

美国国防部过去的做法是先告诉合同方所需要生产的产品、生产产品的时间以及其他与产品性能相关的活动，然后支付整个过程的开销。在这种传统模式下，合同方生产得越多，赚的钱就越多。而在 PBL 模式下，政府仅仅告诉供应商军方的需求，让供应商自己决定如何更好地满足需求。美国政府发现 PBL 是一个保证高质量、低成本的好办法。目前 PBL 仅用于政府采购，将来商业领域是否会采用这种模式，让我们拭目以待。

6.6 制造

在供应链中,大量企业都从事产品的制造工作。制造商将原材料或零部件加工成产品,满足客户的需求。当然,这里所说的客户可能是其他制造商,它们将购买的产品组装到自己的产成品中,也有可能是供应链中的中间企业,如零售商,它们可以从不同的制造商那里购买各种各样的产品,形成商品的多样化,以增强对消费者的吸引力。在有些情况下,制造商甚至可能直接与消费者打交道,如第1章和第4章中介绍的,戴尔、苹果等公司便通过网络营销渠道与消费者建立直接联系。在讨论制造过程和策略时,重点关注在可选择的众多制造策略中必须进行的权衡决策。

6.7 制造过程

为了满足企业的生产要求,有四种不同的基本制造过程。企业的生产要求与生产数量及产品种类相关,而制造过程必须能够较为容易地适应这些要求。生产大批量少品种产品的企业与生产小批量多品种产品的企业不大可能采取同样的基本制造过程。基本制造过程在其他关键方面也存在差异,如单位制造成本、资本化投资程度、客户参与程度、一般化与专业化设备的使用等。

6.7.1 单件生产

单件生产过程具有高度的灵活性,可以生产出各种不同的产品,但产量有限。每个客户订单或生产任务的原材料及加工对象都不相同。单件生产的例子包括商业印刷厂、飞机制造商、定制家具生产商、模具加工车间等。在单件生产中,产品的定制化程度很高,但每个产品的产量很小,工人掌握的技能很广泛,而设备可以根据需要进行调整,用来生产不同类型的产品。比如说,商业印刷厂的一台打印机可以完成不同尺寸纸张、不同颜色组合(如双色、四色或六色)以及不同质量的打印。在这种情况下,工人应该掌握多种技能,能够调整设备,灵活地完成多种工作。这台打印机是通用设备的一个很好的例子,它可以灵活地完成许多工作。但是,由于每一个新任务都需要对打印机进行特别的调整,因此每个任务通常都需要较长的停机时间以便进行打印前的准备。

单件生产的另一个特征是会根据一般加工的工艺特征而不是某个产品来组织安排设备及物料流动。例如,定制家具生产商很可能在某个地方放置车床(用于削圆桌子或椅子腿),一个单独的地方用于上漆,而另一个单独的地方则用来进行装饰。这样的组织方式很合理,因为不同的产品会以不同的方式经过该制造系统。比如说,一张桌子可能不需要用车床(因为是方形桌子,而不是圆形)或装饰,而一把椅子则可能三个流程(削圆、上漆和装饰)都会涉及,它们将在工厂内经历不同的制造流程。

6.7.2 批量生产

批量生产在本质上是大批量的"单件生产",重复生产同样或相似的产品。批量生产中的产品种类比单件生产的种类少得多,但是对专注于生产一个产品或一类产品的企业来说,种类又显得过多了。在批量生产中，一个生产流程会生产中等批量的同一种产品，之后再生产另一种产品。约翰迪尔公司和卡特彼勒公司会采用这一过程来生产较大型的、较昂贵的农业机械设备；生产蛋糕、饼干和馅饼的街坊烘焙店也最有可能采用批量生产方式。批量生产适用于多品种、小批量的生产。

6.7.3 流水线生产

流水线生产可以较大批量地生产相对标准的产品。当许多客户想购买相似的产品时，如家用电器、汽车或手机等，便可以采用流水线生产。企业围绕同一产品来组织工作流程，按照先后顺序分不同的步骤，并且拆到尽可能小的步骤。工人们只要专注于一个任务，设备也可能只是被设计用来专注完成一个动作。该流程中的每一个步骤都反复地进行，产品差异非常小。这种生产方式的缺点就是，工人可能会产生职业倦怠，或者对最终产品没有较好的理解，因为他们只是负责成百上千个步骤中的一个，即便经过精心设计，能够引入的多样化程度也很有限。例如，通常汽车组装线上会装载不同的音响系统或不同类型的装饰，但特定组装线上的种类通常只局限于一个模式，如果要有所改变，必须全线停工，并且需要花很多时间进行转换和调整。

6.7.4 连续性生产

连续性生产用于生产高产量的产品，该产品的需求很大，因而进行必要的资本投资是值得的。这类流程柔性很低，要调整流程生产一个不同的产品非常困难。连续性生产的例子包括石油炼制，化工产品、钢材、铝以及软饮料生产等。连续性生产需要投入大量资金，流程非常标准化，并且为了收回设备上的投资，必须进行24小时的连续运作。连续性生产的效率非常高，但是由设备故障、原材料瑕疵或工人误操作等引起的生产中断会带来巨大的成本损失，通常每小时的损失高达上万美元。

将上述四种典型制造流程综合运用，可以形成新的生产方式。例如，随着管理水平和科学技术的发展，**大规模定制**生产模式出现了。大规模定制生产模式充分利用了连续性生产和流水线生产的大批量成本优势，来生产多样化程度很高的个性化产品。个性化产品既能被迅速制造出来，又因为采用了大规模生产的方式保证了低成本。戴尔电脑就是一个大规模定制的例子。顾客只要选择一系列的组件配置和保修方式，就能在一周内得到一台价格满意又能满足个人需求的电脑。实现大规模定制生产的一系列措施包括零部件标准化、通用化、设计模块化和延迟差异化生产等。

6.8 制造策略与市场需求的匹配

在第4章中，我们曾经介绍过典型的营销策略分为大规模营销策略、市场细分策略和重点客户群体策略，后者也被称为一对一营销策略。这些策略根据客户对产品和服务的需求程度进行区分。大规模营销策略要求产品或服务的区别要小。相反，一对一营销策略则要为每一个客户提供独特的或定制化的产品或服务。企业针对特定客户需求的战略营销方式与企业的生产能力直接相关。制造企业要想具有极强的竞争力，就必须将生产能力与营销价值主张结合起来，组成一个统一的整体。

6.9 制造策略

企业通常采取的制造策略有四种，它们在满足单个客户具体产品规格需求的能力方面存在较大的差异，因而支持这些策略的物流要求也各不相同。不同的制造策略将对客户的订单交付总时间产生影响。这四种制造策略是**按订单设计**（ETO）、**按订单生产**（MTO）、**按订单装配**（ATO）以及**按计划生产**（MTP），通常 MTP 也被称为**备货生产**（MTS）。

6.9.1 按订单设计

采用 ETO 策略时，产品是独特的，是根据单个客户的具体需求进行深度客户定制的。按订单设计的产品包括定制建造的房屋、游艇、专业工业设备，甚至还包括定制生产的比赛用自行车。从定义上来看，只有在收到订单之后，采用 ETO 策略的企业才开始工作。由于每一个按订单设计的产品都需要完全重新设计，因而，尽管有的企业可能会根据产品需求的预期采购一些原材料，但库存中往往没有生产所需的物料。按订单设计的产品通常采用单件生产方式，有时可能会根据客户订单指定的数量进行批量生产。不管怎样，从按订单设计的厂家购买定制产品的客户一般要经历很长的订单交付时间。

6.9.2 按订单生产

MTO 策略与 ETO 策略非常相似，二者都是以客户订单作为生产进程开始的起点。但是，与 ETO 策略相比，在 MTO 策略中客户通常是根据标准化的产品设计下订单，而这种设计多少具有一些定制化特征，能够满足特定的客户需求。MTO 的例子包括民航飞机、定制家具以及其他许多高端消费产品。制造企业很难持有 MTO 的成品库存，因为这些产品具有很多用户定制化要求。但是，MTO 产品的一些原材料及部件则可以保留在库存中。和 ETO 产品一样，MTO 制造商的竞争力来自满足特定客户需求的能力，但是由于使用了标准化设计，准确满足客户需求的能力有所降低。MTO 策略与 ETO 策略的差异主要在于制造商的工程技术能力。出售 ETO 产品的公司必须能够清晰地理解、抓住单个客户的独特需求并进行有效沟通。而 MTO 产品是为更广泛的客户群体提供设计，因此客户不需要等待产品设计的完成。这两种策略的另一个相似之处是，MTO 策略同样依赖于单件生产或批量生产过程。

6.9.3 按订单装配

在 ATO 策略中，企业对未来的客户订单情况进行预测，据此提前生产出产品的基本部件。然而，要注意的是，只有在客户下达了订单之后，企业才会生产出成品。这种最后阶段的配置或组装反映了第 7 章我们将要探讨的制造或成型延迟策略。通过延迟最后阶段的组装运作，制造商不用持有大量的、各种各样的成品库存。物流运作能力对 ATO 的实施非常关键。事实上，越来越多的 ATO 产品的最后装配工序都是在物流分销仓库内完成的。企业要想充分执行 ATO 策略，就必须将库存运作也转换为一种增值过程，从而完成定制化的装配工作。

ATO 策略的吸引力在于它能够将流水线生产的规模经济优势与单件生产或批量生产的柔性相结合。然而，这也意味着客户在制造周期的组装部分必须等待。成功的 ATO 企业必须尽可能地缩短其组装时间。

6.9.4 按计划生产

一般而言，MTP 策略的特点是通过长期的流水线生产或连续性生产来实现规模经济。事实上，MTP 策略是自工业革命开始以来就占据主导地位的制造策略。企业完全依赖于对客户需求的预测，通常是根据对未来客户订单的预测来生产大量的成品。产品定制化程度受限于与市场细分及产品差异化相关的营销战略。任何产品类别都包括满足细分市场需求的多种可选版本，但每一种都经过单独的预测，并根据预测确定生产数量。如果采取 MTP 策略，企业的物流就要具备分类存储成品库存的能力，并能根据客户的特定要求完成产品的分配工作。此外，客户期望能够随时买到多种多样的产品，通常不愿意长时间等待订单交付。

制造策略显然会影响客户订货的提前期，图 6-4 总结了这一影响。选择 ETO、MTO、ATO 还是 MTP 策略取决于客户愿意接受的等待成本，即第 3 章中所讲的三个运作周期中的一个或更多运作周期所占用的时间。采用 MTP 策略生产的产品，如快速消费品，客户需要等待的时间，也就是订货提前期，实际上只是客户服务周期的时间，即从下订单到经销商交货的时间。在 ATO 策略中，订货提前期还包括产品按照订单要求进行组装生产的时间。在 MTO 策略中，订货提前期一般还包含制造商购买用于生产客户订购产品所必需的组件和原材料的时间。ETO 策略则要求客户等待所有的运作完成。

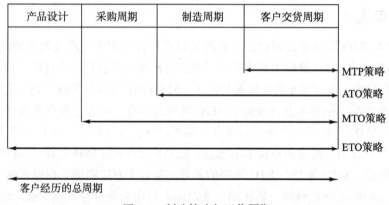

图 6-4 制造策略与运作周期

表 6-1 概括了不同制造流程的特点以及与之相适应的制造策略。对四种制造流程从产品的多样化程度和批量大小两个方面进行比较，同时比较了相应的不同制造策略的提前期。需要注意的是，一个创新的企业会将不同的制造流程和制造策略融合在一起，形成自己的制造特点。

表 6-1 制造流程特点

	产品多样化程度	产品批量大小	策　　略	订货提前期
单件生产	很高	很小	ETO/MTO	很长
批量生产	高	小	ETO/MTO/ATO	长
流水线生产	低	大	ATO/MTP	短
连续性生产	很低	很大	MTP	很短

6.10 大规模定制

多年来，制造流程和策略帮助企业高效、有效地满足客户需求。但是，随着客户对产品的要求越来越多，并且这些要求越来越个性化，制造商在保持必要的生产效率，以经济的方式推出产品的同时，不得不调整流程，提供更好的个性化定制产品。许多制造商期望在保持大批量连续性生产与流水线生产的成本优势的同时，还为客户提供多样化产品，满足这一目标的制造模式被称为**大规模定制模式**。

有的企业运用延迟制造、ATO 等方式来作为这一问题的解决方案。经常被援引的 ATO 案例是戴尔允许客户在一系列组件中根据各自特定的要求做出选择，从而以客户可负担的价格提供较大程度上的电脑定制。然而，许多企业发现要发展相似的能力并非易事。

例如，在 20 世纪 90 年代，李维斯公司开发了一个为女性定制牛仔裤的项目。在以前，女式牛仔裤不是按照腰围或内接缝尺码来出售，而是按照一个数字尺码生产、销售，这个数字尺码和具体身体尺寸没什么关系。李维斯公司在若干零售店推出了"个人定制裤型"项目，店内的电脑一体机允许女性对风格、布料、裤腰围、颜色以及纽扣等进行选择。消费者也可以输入准确的身体尺寸数据来获得最佳匹配，甚至还可以指明"我在大腿部分需要稍微宽松"之类的要求。该项目得到消费者的高度认可。但是，由于生产过程的缘故，李维斯公司未能将这个项目维持下去。首先，根据设计，工厂里的布料切割机器一次必须切割 60 层布料。此外，要把客户设计的牛仔裤排入大规模生产的计划中，是很难实现的事情。而且，定制的牛仔裤还需要更加细致的检查以保证满足规格要求。[8]最终，李维斯公司放弃了这个项目。

有的企业在大规模定制方面取得了较大的成功，玛氏和锐步便是其中两个例子。玛氏采用连续性生产方式生产、包装标准化的 M&M'S 糖果，分销到食品杂货店以及其他零售渠道。2005 年，玛氏的工程师在印刷技术上取得突破，从而允许生产个性化的 M&M'S 糖果。现在，根据特殊订单要求，消费者可以把他们自己的形象或个性化的信息印到 M&M'S 糖果上。定制的糖果首先以同样的连续性生产流程进行生产，之后在印刷环节将客户选择的特定颜色或形象印制在糖果上，然后，M&M'S 糖果会被装入六种包装中的一种，直接送往客户的家庭或工作地址。

在锐步，客户可以自己设计运动鞋，混合运用各种颜色、风格以及材料。有一个新项目甚至允许客户将照片使用在设计中，用来装饰鞋子。例如，一个客户定制的运动鞋采用的是他最喜欢的曲棍球队的颜色，鞋子的后部则印上他自己的昵称作为装饰。[9]

过程柔性对于真正的大规模定制至关重要。在生产延迟或 ATO 过程中，企业首先用库存中的标准模块组件进行半成品组装，在拿到客户订单时才根据要求完成最终的成品组装，这样可以减少订单交付时间。李维斯公司想要实现的，以及玛氏和锐步成功实现的这种大规模定制模式需要应用精益生产和柔性制造的过程理念，才能以与传统过程同样经济可行的方式生产出更多种类的产品。

6.11 精益生产

精益生产有很多不同的定义，但一般而言精益生产指的是一种强调用最少的资源（包括时间）进行企业运作的生产哲学。效率高且浪费少的运作过程才能被称作"精益"，消除浪费是精益生产的一个基本原则。

消除了制造系统中所有的浪费后，精益生产系统将大幅度降低工人、原材料以及能源的消耗成本。精益生产同时也强调只在客户需要的时间生产其需要的产品。一个实现了精益生产的企业不仅能应对更小批量的生产任务，而且可以对客户需求的变化做出更加敏捷的反应。

精益生产的主要目标包括：

（1）仅生产客户需要的产品或服务。
（2）仅在客户需要的时间内生产出产品。
（3）保证产品的完美质量。
（4）尽可能地缩短提前期。
（5）生产的产品仅包括客户需要的功能。
（6）生产过程中实现工人、材料、设备的零浪费，明确每次运作过程的目标都是实现闲置库存为零。
（7）采用能够促进员工职业发展的生产技术。

必须注意的是，第一个目标强调生产客户需要的产品或服务，这是定制化的本质。第二个目标是只在客户需要的时间生产出客户需要的一定数量的产品。如果企业管理者能够使生产系统的生产速度与客户的需求以这种方式保持同步，企业就能消除各种浪费。其他五个目标是与精益生产的运作过程相关的——完美质量要求，缩短提前期，消除多余的产品，消除浪费和空闲时间，强调将员工的个人发展作为改进运作过程的主要动力。

6.12 六西格玛

最近几年，全球很多大企业都在质量和流程改进中引入了六西格玛管理思想。在统计学上，西格玛是一个希腊字母，表示标准偏差值，用以描述总体中个体的偏离程度。传统的质量管理思想将三西格玛作为质量管理的目标。一个过程具有六西格玛能力意味着过程标准差的6倍小于设定的规格上下限之间的距离。六西格玛管理思想的主要目的是设计和改进产品及其制造流程，以减少产品缺陷。举个例子，有一个自动打磨的加工工艺过程，它的任务是将金属零件打磨成一定的宽度，随着磨床刀具的磨损，所加工零件的平均宽度就会增加，这是一种会引起质量问题的加工环节。对于一个稳定并且有具体加工标准限定的工序，三西格玛质量水平意味着企业生产的良品率为99.74%，六西格玛质量水平则意味着良品率达到99.99966%。也就是说，在六西格玛质量水平下，生产100万件产品，其中只有3.4件是有缺陷的。而在三西格玛质量水平下，做100万件产品，其中就有2600件是有缺陷的。

六西格玛管理方式实际上是一个结构化的过程，首先明确引起缺陷的原因，然后设法减少流程的缺陷。摩托罗拉公司最早采用六西格玛作为改进制造流程的目标。实际上，能达成六西格玛目标的公司少之又少。六西格玛不单纯是一个质量改进的目标，更应该将其看成企业不断改进流程、追求持续进步的管理方式。

6.13 面向物流的设计

如果在产品开发初期就引入**面向物流的设计**（DFL）概念，那么就能进一步加强物流与其他职能领域的联结与交互。回想一下，JIT的目标是要实现库存的最小化，减少物料的处理过程，在组装和加工的具体环节中及时获得所需的原材料和部件。因此不管是产品的设计，还是原材料和零部件的设计，都会对运作环节产生极大的影响，尤其是在设计过程中企业还必须考虑产品的包装和运输问题。例如，采购某零部件时，假如供应商按照标准数量要求在集装箱中装入50件，但是企业实际生产只需要30件，那么多出的20件就会造成浪费。另外，在进行产品和零部件的设计时，也必须仔细考虑原材料的运输方式和内部搬运方式，以确保达到成本效益最优和无物料损坏的物流运作。类似的物流设计考虑也同样适用于成品的运输和处理。

表6-2总结了客户关系管理、采购、制造和物流需求之间的主要关系。可以利用表中的框架，帮助企业对客户关系管理、制造和采购策略中的物流需求进行合理定位。

表 6-2 战略整合框架

客户关系管理	制造	采购	物流
重点市场： 一对一战略 提供独特的产品/服务 响应型商业模式	按订单生产（MTO）： 品种多样化 独特的设计 灵活性生产 多样性	B2B 分散数量 供应商管理库存	直接补货： 延迟策略 小批量运输
细分市场： 有限数量 客户群体 有差异的产品	按订单装配（ATO）： 品种较多 快速转型能力 客户化定制生产	B2B JIT	成型和时间延迟策略： 仓库ATO 直接补货与仓库补货相结合 联合集运
响应型和预测型商业模式相结合的大规模营销： 预测型商业模式 产品差异性非常低	品种多样、产量较大的按计划生产（MTP）： 生产周期较长 以降低成本为目标 批量大/品种少	B2B 商品拍卖 电子采购	仓库补货 满库存运作模式 品种混合 批量运输

本章小结

所有企业都关注产品质量，良好的产品质量对那些希望具有全球竞争力的企业来说更是必备的条件。可以通过多个维度来衡量产品质量。比如，质量可以体现为可靠性、耐用性、产品性能、与设计规格的一致性等。从客户的角度来看，质量还应包括产品的功能性、美观性以及可服务性。因此，世界一流的企业在所有的运作活动中都不遗余力地推行全面质量管理，以满足客户对质量的要求。

企业的采购活动负责获取生产所需的各种资源以支持企业运作。采购要关注的方面很多，如保证持续供货、最小化供应商的提前期、最小化原材料和零部件库存、开发能帮助企业实现预期目标的供应商等。专业采购人员不能一味关注采购价格，而应注重所有权总成本，这就要求企业必须综合考虑采购价格、供应商服务能力和物流能力、物料质量以及物料对成品生命周期成本的影响等因素，并做出权衡。采购策略必须以详尽的分析为基础，充分考虑物料的价值以及与之相关的供应风险。

制造商必须在产品的产量、种类、生产能力与客户的需求以及企业的资源限制之间进行权衡。不同的制造流程意味着要选择不同的制造策略（ETO、MTP、ATO或MTO）。反过来，制造策略的选择又影响着客户总订货提前期的长短。许多现代制造理论重塑了这些基本流程和策略，包括大规模定制、精益生产和六西格玛。因此，企业能够以更加整合、更高效率、更加有效的能力准确地满足客户要求。

在本章我们已经讨论了与采购和制造相关的战略因素对物流需求的综合影响,明确了许多重要的权衡决策,最基本的一点就是,在不考虑跨职能影响的情况下,对任何特定职能领域进行单独优化,都不可能实现综合绩效。

学习型思考题

1. 为什么当代商业理论认为采购是一种战略活动,而不是传统意义上的"购买"?
2. 请解释最低所有权总成本与最低采购价格之间的区别。
3. 哪种基本原理可以解释企业对采购需求进行细分的原因?请解释采购策略组合的概念。
4. 请解释为什么物流绩效对JIT非常重要。
5. 当企业从MTP模式转向MTO模式时,为什么生产成本和采购成本会上升?为什么库存成本会下降?
6. 请说明企业的营销策略是如何影响企业选择合适的制造策略的。
7. 很多人认为精益生产理念与大规模定制以及柔性制造不兼容,为什么说这个说法不正确?

挑战型思考题

1. 本章介绍了泰科国际集团采购物流服务的案例。为什么泰科国际的做法被认为是创新的方式?
2. 泰科国际在实施这一战略时,可能会遇到哪些问题?
3. 你认为李维斯公司为什么最终放弃了大规模定制项目?
4. 哪些方式可以推荐给李维斯公司,以更加精准地满足客户需求?

注释

1. 本节参考了下述文献第6章的内容:Morgan Swink et al., *Managing Operations Across the Supply Chain* (New York: McGraw-Hill Irwin, 2001)。
2. Paul Teague, "P&G is King of collaboration," *Purchasing* (September 11, 2008), p.46.
3. Mattew Anderson, Les Artman, and Paul B. Katz, "Procurement Pathways," *Logistics* (Spring/Summer 1997), p.10.
4. 这些概念将在第7章中讨论。
5. Mattew Anderson, Les Artman, and Paul B. Katz, "Procurement Pathways," *Logistics* (Spring/Summer 1997), p.10.
6. David Hanon, "Tyco Drills Down into Logistics," *Purchasing* (September 17, 2009), p.45.
7. This section is based on Kate Vitasek and Steve Geary, "Performance Based Logistics," *World Trade* (June 2008), pp.62-65.
8. Based on: Bruce Caldwell, "Trading Size 12 for Custom Fit," *Information Week* (October 28, 1996), p.44; and Ari Zeiger, "Customization Nation," *Incentive* (May 1999), pp.35-40.
9. Based on: Kimberly Palmer, "The Store of YOU," *U.S News & World Report* (November 3, 2008), p.54.

PART 3

第三部分

供应链物流运作

我们在第三部分将详细阐述物流活动及物流的职能，本部分一共分为3章。第7章主要研究库存管理，包括库存的基本原理、与维持库存有关的各种成本、设定合适的库存水平并进行监控的流程，以及一个管理整体库存资源的方法框架。第8章从作用、功能和原则等方面对运输的基本设施进行了描述。这一章还将更多地站在管理的角度进行探讨，包括运输的经济性、运输定价以及运输管理等。库存成本和运输成本一起占据着物流总成本的绝大部分。第9章从经济意义和服务价值的角度，对仓储管理、仓储设施设计及运作活动进行了分析。这一章也介绍了物料搬运技术和包装技术。首先对物料包装的需求和效率进行了讨论，然后探讨了物料搬运设备的能力以及企业应该如何针对物料搬运设备做出权衡。最终指出只有将各个单独的物流运作活动整合起来，才能体现出供应链物流具有的强大优势。

第 7 章 库 存

对供应链而言,库存决策既存在高风险,又有相当大的影响力。库存能够给未来的销售活动提供支持,以推动大量预期的供应链运作行为。假如企业没有适量的库存,那么许多产品就很有可能出现失销的情况,同时也有可能造成客户的满意度下降。同样,库存计划对于采购和制造也具有至关重要的影响。原材料或零部件的短缺很有可能导致整个生产线停产,迫使企业不得不重新调整生产进度。这不但将给企业带来大量的额外成本,而且还会造成成品的缺货。正如缺货会破坏营销和生产计划一样,库存过剩也会导致严重的运作问题。库存过剩会增加额外的仓储空间,占用企业的流动资金,增加企业的保险费、税费和商品废弃成本等,从而增加了企业的总成本,降低了企业的利润。要想对库存资源进行有效的管理,企业必须深刻地理解库存的功能、库存的原理、库存成本、库存的影响力以及库存的动态性。

7.1 库存的功能与定义

库存管理的重点是库存风险,库存风险的大小取决于企业在分销渠道中所处的地位。衡量库存风险的指标通常包括库存风险的延续时间、风险深度和风险广度。

对制造商而言,库存风险具有长期性。制造商的库存管理开始于原材料和零部件的采购,包括在制品,直至生产出产成品。另外,制造商经常需要根据客户的要求把生产出的成品存放在仓库里,以满足客户未来的需要。在某些情况下,客户会委托制造商为他们管理库存,例如,许多仓储式商店要求制造商将它们的产品储存在零售店货架直到顾客购买产品并完成付款,这种一般被称为寄售库存。这样,所有库存风险都被转移到了制造商的身上。尽管制造商的产品线比零售商或者批发商的产品线要窄得多，但是制造商的库存数量却相当大，库存的持有时间也非常长。

批发商从制造商那里购进大量产品，然后以少量批发的形式把产品出售给零售商。从经济学角度来看，批发商运作的合理性在于它能够获得来自不同生产厂家的多种产品，然后根据零售商的要求提供它们所需的产品种类及数量。如果是季节性产品，那么在销售季节来临之前批发商就必须做好准备，维持一定的产品库存，这样会增加批发商风险的深度，同时延长风险持续的时间。批发商所面临的最大挑战就是产品线的扩展，当产品线被扩展后，其库存风险的广度近似等于零售商库存风险的广度，而其库存风险的深度和持续时间却仍然与传统情况下批发商的风险相同。近几年来，一些强势的零售商逐渐把库存责任推卸给制造商或批发商，这大大增加了批发商所面临风险的深度和持续时间。

对零售商而言，库存管理会影响它们买卖产品的速度。零售商购入各类商品的同时，也承担了销售过程中大量的风险。零售商库存风险的广度很大，但是深度却不明显。由于存储场地的费用很高，零售商因而更注重库存周转率。库存周转率是衡量库存周转速度的一个指标，用一段时期的销售额除以平均库存量就可以得到企业的库存周转率。

尽管零售商承担了由多种产品带来的风险，但是针对某一种具体产品而言，它所承担的风险其实并不大。一般超市中的风险涉及 50 000 个以上的库存单位（SKU），对大型零售商而言，风险的涉及范围可高达 70 000 个 SKU。鉴于库存种类如此之多，零售商总是千方百计地希望制造商和批发商承担更多的责任，从而降低自己面对的风险。零售商为了把库存风险尽可能地推给上游企业，往往要求批发商和制造商实施快速交货，并且提供产品的混合运输。专卖店零售商与仓储式零售商不同，它们销售的产品种类较少，因此库存风险的广度也就相应较窄。但是，它们在库存存储的深度和持续时间方面却比仓储式零售商具有更大的风险。

如果企业希望采取多种分销渠道的运作方式，那么它就必须做好承担相应库存风险的准备。例如，一个拥有区域仓储中心的食品连锁店，除了需要承担零售商普遍面临的风险之外，还要承担批发商具有的部分风险。如果一个企业已经实现了纵向一体化，那么必定是在供应链的多个层次上同时进行库存管理。

7.1.1 库存的功能

从库存的角度来看，库存管理的理想运作环境应当是快速响应型供应链。在本书的前几章中，我们已经从满足客户要求的总成本和准时性角度，阐述了使用快速响应型供应链的实用性。虽然我们无法完全实现零库存方式下的供应链运作，但是必须要记住一点，就是投入到库存中的每 1 元钱原本都可以用于其他方面的投资，而且有可能会带来更多的回报。

对企业来说，库存是一项流动资产，会给投资带来相应的回报。企业对库存的投资能够给销售带来边际利润，如果没有库存也就不会有这项利润。会计专家很早就认识到，要想衡量企业库存的实际成本与收益对于企业的整体盈亏究竟有多大影响是非常困难的。[1] 由于缺乏有效的衡量方法，企业也很难在服务水平、运作效率和库存水平三者之间做出权衡与取舍。尽管全社会的总体库存水平有所降低，但是很多企业的平均库存水平仍然高于它们的实际业务需求。要想更好地理解上述结论，就需要对库存的功能有所了解。表 7-1 中对库存的 4 种主要功能进行了系统的总结。

表 7-1 库存的功能

地域专业化	允许企业的制造和配送点可以位于不同的地理位置。在增值过程中，位于不同地点或不同阶段的库存能够实现地理位置上的专业化
库存分离	企业能够在一个单独的设施内实现规模经济。同时，任何一个过程都能够以最高效率进行运转，整个过程不必受到最低运作速度的约束
供需平衡	平衡生产过程（制造、成长或取出）与消耗过程在时间上的差别
降低不确定性的影响	为了解决需求超出预测值，或者在订单接收和订单处理过程中出现意外延迟等情况，通常采取的做法是持有一定的安全库存

库存的4种功能分别是：**地域专业化**、**库存分离**、**供需平衡**以及**降低不确定性的影响**。要实现以上4种功能，企业需要对库存进行投资，以实现运作目标。我们在第3章中曾经提到，物流在降低供应链库存方面取得了很大的进步，正确地配置库存可以为企业创造价值，同时降低总成本。我们假设已经确定了企业的制造/营销策略，则计划库存和实际运作所需的库存都必须等于能够实现上述4种功能所需的最低水平，所有超过最低水平的库存都被视为多余。

在这个最低库存水平上，用于实现地域专业化和分离作用的库存仅仅受到两种因素的影响：物流网络中设施地点的改变和企业运作流程的变化。汽车制造商运用库存的地域专业化功能，把金属薄片和缓冲器（汽车车身部件）存放在相对较冷的地区，因为在那些地区，冰冻天气导致撞车事故频发。库存分离指的是生产过程与销售过程的分离。例如，生产过程可能明显体现出规模经济的特点，但销售中的规模效应却相对较低。在这种情况下，企业会通过库存分离的功能大批量生产产品，获得规模经济效应，但在销售之前，多余的产品便以库存的形式存在。当产品的供应时间与需求季节之间存在差异时，必须通过库存实现供需平衡。例如，水果和蔬菜生长季节有限，但消费者一年到头都有需求并且愿意购买。另一个季节性需求的例子是玩具和园艺产品，这些产品销售季节很短，但生产却常年进行。因此，必须通过平衡库存来实现供需模式之间的匹配。当供应和需求都不确定时，则需要通过库存降低不确定性。当产品不知何时有售（供应）或者顾客不知道何时需要产品（需求）时，就必须通过持有缓冲库存来应对这样的不确定性。

安全库存对于改善企业的物流运作绩效有极大的潜力。究其本质，安全库存属于运作行为，企业可以在运作出现错误或者政策发生改变时，快速地对安全库存做出相应的调整。企业在确定安全库存的数量时，可以使用多种技术。本章的重点在于分析安全库存的关系和企业库存政策的制定。

7.1.2 库存的定义

企业在制定库存策略时必须对库存的动态关系进行考虑。企业必须利用这些关系来制定其库存策略，确定最佳的订货时间和订货数量。**库存策略**决定了库存的运作绩效。衡量库存运作绩效的两个重要指标是**服务水平**和**平均库存**。

1. 库存策略

库存策略包括确定购买什么产品或者生产什么产品，决定何时将上述行为付诸实施，以及决定购买或者生产产品的数量等。同时，如何在不同的地点对库存进行配置，也是库存策略的一个组成部分。例如，有些企业可能会把货物放在工厂里，从而延迟库存的地点配置，而另一些企业则可能会采取更为投机的办法，它们将产品存放在靠近当地市场或区域市场的仓库中。

对于有着高需求不确定性或高价值的产品，使用地点延迟策略来集中库存调配这一做法并不具有优势，集中化配置可能更加适合于相对低价值或者顾客需求极为频繁的产品。在库存管理中，要想制定出一套合适的库存策略绝非易事。

库存策略同时还涉及库存管理的实际运作。一种极端的做法是在每一个库存设施中都对库存进行单独管理，另一种极端的做法则是对所有仓库实行集中式库存管理。集中式库存管理需要企业采取有效的沟通和协作。随着信息技术和一体化计划系统的日益普及，现在已经有越来越多的企业趋向于使用集中式库存计划模式。集中式库存计划系统能够降低分销地点间的需求不确定性。

2. 服务水平

服务水平是一种衡量企业运作绩效的标准，它通常由企业的管理层制定，并确定了库存的绩效目标。服务水平的衡量指标通常包括订购周期、单笔订单完成率、产品线完成率、订单完成率等，或者也可以使用以上各项指标的组合来进行衡量。**订购周期**是指买方从发出订单开始，直到最后收到货物所花费的全部时间。**单笔订单完成率**是指实际发货量与订购的货物量之间的比例。例如，95% 的单笔订单完成率是指平均算起来，在订购的 100 件货物中实际发出了 95 件，剩余的 5 件货物要么可以通过再次订购获得，要么就被取消了。**产品线完成率**是指已经完成的产品线在所有订购产品线中所占的比例。**订单完成率**则是指完全满足顾客订货量的订单数量与所有订单量之间的比例。

库存管理是供应链物流策略的主要组成部分之一。企业必须对其物流策略加以整合，才能够实现所有服务目标。有两种方法可以帮助企业获得较高的服务水平，一种是增加库存量，另一种则是加快运输速度。加强客户与服务提供商之间的合作，可以减少不确定性因素的影响，从而提高服务水平。

3. 平均库存

库存指的是物流系统内存储的原材料、零部件、在制品和产成品，**平均库存**指的是整个时期内的滚动平均值。从库存策略的角度来看，企业必须为每一个库存设施制定目标库存水平。图 7-1 展示了一个仓库中某一库存产品的运作周期。当不存在缺货且处于正常的运作周期时，该仓库能够达到的库存最大值为 70 000 美元，最小值为 30 000 美元。最高与最低库存水平的差值为 40 000 美元，即订货量。这个订货量将会引起 20 000 美元的周期库存，下面将会解释这部分库存是如何产生的。因为补货和生产而产生的周期库存，或称为基本库存，是平均库存中的一部分。在运作周期的初期，企业从供应商那里获得订购的货物，因而此时的库存水平是最高的。随着客户逐渐消耗掉企业的库存量，库存水平也逐渐降至最低水平。在库存达到最低水平之前，企业必须及时发出补货订单，以保证补充的库存能够在出现缺货之前及时到达。在运作周期中，当现有库存量小于或者等于预测的需求时，企业就必须发出补货订单。我们将企业为了补货而订购的产品数量称为**订货量**。根据基本的订货计算方法，平均周期库存或基本库存等于订货量的一半。

在途库存是指在仓库设施之间处于运输状态的库存或订单中已发货但未交付的产品。**作废库存**是指过时的库存或近期都没有需求的库存，最终将以捐赠、销毁或低价出售的方式处理掉。**投机库存**是指通过货币保值交易在需求发生之前提前购买的库存，通常是为了获取折扣或为潜在的劳动力中断做准备的。现代社会中投机库存有一个典型的例子——每年许多亚太地区国家都有为期数周的时间庆祝中国新年,这期间厂家会有计划地关闭停产。

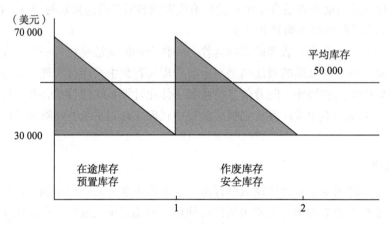

图 7-1 典型产品的库存循环

通常情况下,在物流系统中,大部分的库存都是**安全库存**。企业维持安全库存的目的在于应对需求以及运作周期不确定性的影响。在补货周期的末期,只有当不确定性因素导致实际需求高于预计需求,或者实际的运作周期比预计的运作周期长时,企业才需要使用安全库存。因此,平均库存等于**订货量的一半与安全库存和在途库存之和**(40 000 美元 /2 +30 000 美元 + 在途库存)。

4. 多个运作周期中的平均库存

企业在制定库存策略的初期,必须明确在什么时候需要订购多少货物。为了便于说明,假定补货的运作周期是一个不变的常数,为 10 天,每天的销售量为 10 个单位,补货的订货量为 200 个单位。

图 7-2 体现了上述各个要素之间的关系。因为图 7-2 中有很多直角三角形,所以这种图被称为"锯齿图"。产品的使用周期和运作周期已经事先确定了,因此我们可以根据实际情况来制订订货计划,使在最后一个单位的产品售出后,订购的货物恰好能够及时到达,从而不必再持有安全库存。在上例中,每天销售 10 个单位的产品,并且补货需要的运作周期为 10 天,那么每 20 天订购 200 个单位的产品就是一种非常合理的订货策略。根据这个例子,我们就可以确定与再订货法则有关的术语了。

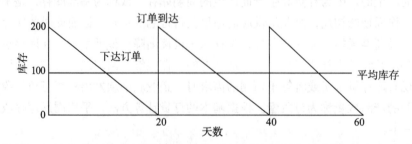

图 7-2 库存与固定销售量及运作周期之间的关系

首先,再订货点决定了企业于何时开始补货。在上例中,再订货点为 100 个单位,也就是说,当现有库存量低于 100 个单位时,我们就需要开始进行补货,订购 200 个单位的产品。这样做的结果就是，在运作周期中每天的库存水平保持在 0～200 个单位。

其次，因为现有库存在一半时间内（10 天）高于 100 个单位，在另一半时间内低于 100 个单位，因此平均库存量为 100 个单位。事实上，平均库存就等于订货量（200 个单位）的一半，即 100 个单位。

最后，我们假定每年的工作天数是 240 天，其间需要订货 12 次。那么，以每次采购 200 个单位的产品计算，我们共计需要订购 2 400 个单位的产品。如上所述，销售量为每天 10 个单位，平均库存为 100 个单位，那么**库存周转率**就等于 24（总销售量 2 400 个单位除以平均库存 100 个单位）。

然而，这种计算方法操作起来比较单调乏味，因此管理者难免会提出一些问题。例如，如果订购的频率高于每 20 天 1 次将会如何？为什么是每 20 天订购 200 个单位，而不是每 10 天订购 100 个单位？ 20 天 1 次的订购频率是如何确定的？为什么不是每 60 天订购 600 个单位？假设库存运作周期仍然是 10 天，那么每一种订购策略对再订货点、平均库存和库存周转率会产生什么样的影响？

如果采取每 10 天订购 100 个单位的订货策略，就意味着要进行两次订购。在这种情况下，为了满足在 20 天的库存周期内每天销售 10 个单位的需求，再订货点仍然是 100 个单位。然而，当订货量变为 100 个单位之后，平均库存下降为 50 个单位，库存周转率将增加为每年 48 次。而每 60 天订购 600 个单位的订购策略将使平均库存变为 300 个单位，库存周转率变为每年 8 次。图 7-3 显示了使用这两种订货策略的结果。

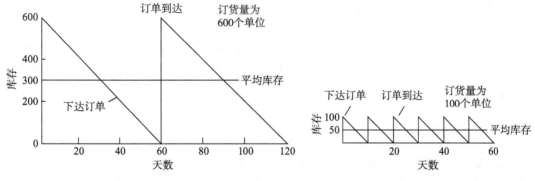

图 7-3　不同方案下的订货数量与平均库存

从图 7-3 中可以看出，平均库存是订货量的函数。订货量越小，平均库存就越低。此外，在决定订货量时还需要考虑一些其他因素的影响，如运作周期的不确定性、采购折扣和运输的经济性等。

企业要想制定一个准确的订购策略，就需要实现订购成本和平均库存成本两者之间的均衡。**经济订货批量**（EOQ）模型实现了这两项重要成本之间的均衡，为我们计算出准确的订货量提供了理论依据。明确了 EOQ，并用它计算出每年的需求量之后，就可以确定补货的频率和规模，从而实现整个周期内库存总成本的最小化。在讨论 EOQ 之前，我们必须先明确与订购和持有库存相关的成本有哪些，这是非常必要的。

5. 独立需求和相关需求

供应链通常由独立需求和相关需求组成。在消费者层面，大多数需求是独立的，因为他们通常不会让零售商知道他们什么时候来购买产品。他们到了商店，一般期望要买的商品就在货架上。尽管如此，零售商可以根据历史情况预测需求，而且它们必须通过预先在店内准备库存来满足消费者的需求。这种情况通常被称为"备用"库存，因为这么做是以备消费者随时进店购买。在供应链的供应商端，零部件库存通常具有相关性特点。相关需求中零部件的特点是必须组装成最终产品，例如汽车或电子产品厂家便是如此。在相关需求的情况下，生产商会制定生产日程安排，并且会把这个安排分享给供应商，以这个生产日程为基础，供应商便可以预测需求数量以及所需零部件的送货日程。例如，一家汽车组装厂家的日生产量是 1 000 辆，那么轮胎供应商便知道应该每天派送 4 000 个轮胎以满足其生产日程需求。在相关需求的情况下，可以实行"即时"部署方案，因为一旦成品生产日程定下来并分享给供应商，需求便会确定下来。

7.2 库存持有成本

库存持有成本是指与维持或持有库存有关的各种成本。**库存成本**等于年库存持有成本的百分比乘以平均库存价值。标准的会计惯例按照采购价格或者标准生产成本来计算库存的价值，而不是以销售价格来计算库存价值。

假定年库存持有成本的百分比为 20%，如果一个企业的平均库存为 100 万美元，那么它的年库存持有成本就是 20 万美元（20% × 100 万美元）。库存持有成本的计算很简单，但是如何确定合适的库存持有成本百分比就不那么容易了。

要想确定合适的库存持有成本百分比，就需要对与库存相关的成本进行分配。与库存持有成本百分比相关的成本有资金成本、保险费用、产品淘汰成本、存储费用和税费。资金成本通常比较容易分摊，而保险费用、产品淘汰成本、存储费用和税费的分摊则根据产品特性的不同而有所区别。

7.2.1 资金成本

企业投资在库存上的合适的资金数目很难一概而论。在进行资金的投资评估时，既可以使用基本贷款利率，也可以使用由企业管理层决定的某个比率。使用基本贷款利率或与基本贷款利率挂钩的某个利率的合理之处在于，企业能够以基本利率在资本市场上获得用于库存投资的资金。从管理的角度来看，企业可以根据对投资的期望收益或目标收益来制定资金成本率。这个目标利率通常被称为**最低资本回报率**。

不同企业、不同行业所需的资金成本各不相同。现金流动较多的企业通常资金成本占的比例更高。类似地，生产高价值或短生命周期产品的企业为了降低库存就必须提高资金成本的比例。例如，电子或医药公司的资金成本比例高达 20% ～ 30%，这是因为它们预期能从资金投入中获取高回报，并且其产品的生命周期很短；而食品饮料厂家的资金成本比例低至 5% ～ 15%，这是因为它们产品的生命周期很长，风险也相对较低。

企业的高级管理层很少会制定出一个明确的资金成本政策，这种做法很容易引起混乱。以物流为例，企业必须明确与资金成本相关的问题，因为资金成本对企业的物流系统设计和物流绩效有重大影响。

7.2.2 税费

税务机关通常会对仓库中的库存进行评估。不同地区的税率和评估办法有所不同。税务机关通常会根据一年中某一天的库存水平，或者根据一段时期内的平均库存水平来收取税费。在许多情况下，就像在自由港一样，当地的税收机关会有免税的情况。

7.2.3 保险费用

保险费用是根据一段时间内的风险估值或损失值来确定的。损失风险取决于产品及其存储设施。例如，对容易被盗的贵重产品和危险产品而言，它们的保险费用就很高。此外，保险费用也会受到存储设施条件的影响，如使用安全监控和自动喷淋消防系统或许有助于降低风险，因而会降低企业的保险费用。自从发生过"9·11"事件之后，恐怖活动带来的风险也成为设计供应链时不得不考虑的一个重要问题。

7.2.4 产品淘汰成本

产品在存储过程中会出现变质或损坏，于是就产生了产品淘汰成本。产品超过了推荐的销售时间，是形成产品淘汰成本的主要原因，例如食品行业和医药行业就很容易出现这种情况。另外，由于时尚产品的落伍或者款式的过时而导致的损失，也属于产品淘汰成本。企业一般根据以往的经验来确定产品淘汰成本，例如在降价处理、捐赠或销毁的数量基础上估算出产品淘汰成本。这项成本就是每年平均库存价值中出现淘汰的那部分库存所占的百分比。

7.2.5 存储费用

存储费用是指与产品的存储环节有关，而与产品的处理过程无关的设施成本。由于存储费用并不直接与库存价值挂钩，所以企业必须根据各种产品的具体需求来对存储费用进行分摊。在公共仓库里，存储费用往往是单独结算的。某一产品每年总占地费用等于平均每天占用的空间数乘以当年的标准费用因子。用总占地费用除以该设施能够处理的商品总数，就可以得到单位商品的平均存储费用。

表 7-2 中列出了年库存持有成本的各个组成部分，以及这些成本费用的上下限。毋庸置疑，企业最终的库存持有成本百分比是由企业的管理政策决定的。在进行物流系统设计和运作决策时，企业需要在库存持有成本与其他物流成本之间进行衡量和取舍，因此有关库存持有成本的决策就显得十分重要了。

表 7-2 库存持有成本的组成部分 （%）

组成要素	平均百分比	百分比的范围
资金成本	10.00	4～40
税费	1.00	0.5～2
保险费用	1.00	0～2
产品淘汰成本	1.00	0.5～2
存储费用	2.00	0～4
总计	15.00	5～50

7.3 库存计划

库存计划包括确定订货时间以及订货数量。订货时间取决于产品需求和补货提前期的平均值和变化值，订货数量则由订单数量决定。库存控制决定了对库存状态进行监控的步骤和方法。

7.3.1 订货时间

如前所述，再订货点决定了补货的起始时间。再订货点可以用单位产品或供应天数来表示。在能够确定产品需求和运作周期的前提下，我们将在下面讨论再订货点的确定方法。

基本的再订货点公式如下

$$R = D \times T$$

式中　R——再订货点的数量；
　　　D——平均的日需求量；
　　　T——平均运作周期的天数。

为了进一步说明如何利用上述公式进行计算，假定需求量为 20 个单位/天，运作周期为 10 天。那么

$$\begin{aligned} R &= D \times T \\ &= 20 \times 10 \\ &= 200 \text{ 个单位} \end{aligned}$$

再订货点也可以用供应天数来表示。对上面的例子来说，再订货点为 10 天。

使用再订货点的公式进行计算，就意味着补货运作是按照计划进行的。如果产品的需求和运作周期中有一个或多个因素无法确定，那么，企业就需要用安全库存来消除这些不确定因素的影响，此时再订货点公式就变为

$$R = D \times T + SS$$

式中　R——再订货点的数量；
　　　D——平均的日需求量；
　　　T——平均运作周期的天数；
　　　SS——安全库存的数量。

本章的后续内容将介绍如何在不确定的情况下计算安全库存。

7.3.2 订货数量

批量的大小有助于实现库存持有成本与订货成本之间的平衡。要理解它们之间的关系，关键是要牢记一点，即平均库存等于订货量的一半。所以，订货量越大，平均库存也就越多，因此每年的库存持有成本也就相应越高。然而，订货量越大，每个计划期内需要订货的次数就会越少，总的订货成本就会随之越低。在销售数量一定的条件下，批量计算方程可以精确地计算出总成本最低时的订货量为多少，这里的总成本指的是年库存持有成本与订货成本的总和。图 7-4 直观地说明了它们之间的关系。图 7-4 中订货成本和库存持有成本之和的最低点代表了最低的总成本，以及对应的经济订货批量。简单来说，其目标就是要确定库存持有成本和订货成本总和最小时的订货量为多少。

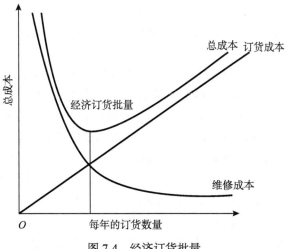

图 7-4　经济订货批量

1. 经济订货批量

EOQ 是库存持有成本与订货成本之和达到最低的情况下的补货数量。在确定这一数量时,我们首先假定在一年内需求和费用的水平是相对稳定的。由于 EOQ 是在单个产品的基础上计算出来的,所以这个基本公式并没有考虑到多种产品联合订货的影响。

计算 EOQ 最有效的方法是数学方法。在本章前面我们曾经讨论了关于订购 100 个、200 个还是 600 个单位产品的问题,这个问题也可以通过计算 EOQ 来找到合适的答案。表 7-3 中包含了一些需要的参数信息。

表 7-3　决定 EOQ 的因素

年需求量	2 400 个单位
产品单位成本	5.00 美元
库存持有成本百分比	20%/年
订货成本	19.00 美元/次

可以运用以下 EOQ 的标准计算公式进行合理的运算

$$EOQ = \sqrt{\frac{2C_o D}{C_i U}}$$

式中　EOQ——经济订货批量;
　　　C_o——每次的订货成本;
　　　C_i——年库存持有成本;
　　　D——年销售数量或销售单位;
　　　U——产品单位成本。

将表 7-3 中的数据代入上式,可以得到

$$\begin{aligned}EOQ &= \sqrt{\frac{2 \times 19 \times 2\,400}{0.20 \times 5.00}} \\ &= \sqrt{91\,200} \\ &= 302(约等于 300)\end{aligned}$$

由此可得，总的订货成本为 152 美元（2 400/300×19.00），库存持有成本为 150 美元 [300/2×(5×0.20)]。因此，如果允许每次以 100 个单位产品的倍数来订货，那么年订货费用和库存持有成本就近似相等。

根据上述计算结果，如果以最为经济的方式来订货，那么每次订货的数量应该是 300 个单位，而不是 100 个、200 个或 600 个单位。因此，当订货量为 300 时，一年订货 8 次，平均库存为 150 个单位。从图 7-4 中我们可以看出订货量分别为 300 和 200 单位时对总成本的影响。如图 7-4 所示，当 EOQ 为 300 个单位时，意味着企业需要以基本库存的形式增加系统中的库存量，使平均库存从 100 个单位增加到 150 个单位。

虽然 EOQ 模型确定了最经济的订货量，但是它的假设条件却并不非常严格。简单的 EOQ 的基本假设条件是：①所有需求都能够得到满足；②需求率是一个连续已知的常量；③补给运作周期是一个已知的常量；④产品价格是确定的常量，它不会受到订货数量和时间的影响；⑤计划周期不受到任何限制；⑥各项产品的库存之间不存在相互影响；⑦不考虑中转库存和在途库存；⑧没有限制可用资金的数目。对 EOQ 模型进行扩展，可以消除由上述假设条件产生的局限。EOQ 的主要作用在于，它清楚地指出了企业在库存持有成本和订货成本之间做出权衡所具有的重要意义。

在制订库存计划时，了解库存运作周期、库存成本和 EOQ 公式之间的关系是非常有必要的。首先，EOQ 恰好是年订货成本与库存持有成本相等时的订货数量；其次，平均基本库存量等于订货数量的一半。此外，在其他条件相同的情况下，单位库存的价值与订货的频率成正比，即单位产品的价值越高，订货频率也就越高。

尽管 EOQ 模型使用起来简单直接，但是在实际应用中我们还需要考虑其他因素的影响。为了充分利用特殊订货情况下的各种优势，我们有时候需要针对某些影响因素，对 EOQ 模型进行必要的调整。最常见的三种影响因素分别是大宗运输费率、订货量折扣以及 EOQ 模型的其他调整因素。

2. 大宗运输费率

在前面讨论的 EOQ 模型中，我们并没有考虑运输费用对订货数量的影响。然而，无论是根据最终的交货来确定产品的销售，还是在一开始产品的所有权就发生了转移，供应链的参与者必须支付相应的运输费用。在完备的物流运作中，企业与企业之间可以通过合作，共同确定最优的订货量，从而实现总成本的最小化。

一般情况下，订购货物的重量越大，每磅⊖货物从起始地到目的地的运输费用也就越低。[2] 在所有的运输方式中，大宗货物的运输通常都会享有运输费率折扣。这样，在其他条件不变的情况下，企业总是希望能够以大宗订购的方式获得最有利的运输费率。然而这个数量很有可能会大于计算出的 EOQ。增加订货数量对库存费用有双重作用，下面我们通过举例来说明这一点。假设企业的订货量为 480 个单位时可以享有最优惠的运费率，但是用公式计算出的 EOQ 为 300 个单位。那么当企业将订货量增加为 480 个单位时，第一个影响就是使平均库存量从 150 个单位增加为 240 个单位，这也增加了相应的库存持有成本。

增加订货数量的第二个影响是减少了订货次数，增加了每次的运输规模，从而在运输环节中产生了规模经济，降低了单位运输成本。

⊖ 1 磅=0.453 6 千克。

为了进行全面分析，我们有必要分别计算出享有运输优惠与不享有优惠两种情况下的总成本。尽管我们可以通过修改 EOQ 公式直接得出计算结果，但是对两者进行比较则可以使结果更加一目了然。现在，唯一需要获得的数据就是订货量分别为 300 个和 480 个单位时企业所享有的运费费率。表 7-4 中给出了所需的数据。

表 7-4　考虑了运输规模经济的 EOQ 数据

年需求量	2 400 个单位
单位产品成本	5.00 美元
库存持有成本百分比	20%/ 年
订货成本	19.00 美元 / 次
小宗运输费率	1.00 美元 / 件
大宗运输费率	0.75 美元 / 件

在表 7-5 中，我们对总成本进行了分析。当企业的订货量为 480 个单位时，每年共计订货 5 次；而当订货量为 300 个单位时，企业一共需要订货 8 次。将两者进行对比后我们可以发现，前者的总成本一共节约了 570 美元。

由此可见，大宗运输费率对总订货费用的影响也是不可忽视的。在上面的例子中，单位产品的运输价格从 1 美元降到了 0.75 美元，即降低了 25 个百分点。因此，在进行计算时，就必须针对不同的运输费率，分别用 EOQ 模型计算出对应的订货量，然后再选择总成本最低的订货和运输方案。

表 7-5 中的数据还说明了一点，那就是企业在每年订货时，即使订货量和订货次数发生了很大的变化，它们对订货成本和库存持有成本的总和的影响也非常小。如表 7-5 所示，EOQ 为 300 个单位时，每年总订货成本和库存持有成本之和为 302 美元；而将订货量修改为 480 个单位之后，上述两项成本的总和为 335 美元。可见两种方案在订货成本和库存持有成本的总和方面的差距并不大。

表 7-5　用运输费率修正后的 EOQ　　　　　　　　　　　（单位：美元）

	方案 1：EOQ_1=300	方案 2：EOQ_2=480
库存持有成本	150	240
订货成本	152	95
运输成本	2 400	1 800
总成本	2 702	2 135

但是，EOQ 模型对订货周期和订货频率的变化则表现得较为敏感。同样，其他成本因素的大幅度变化也会使经济订货批量发生明显的变化。

最后，我们再来讨论一下在原产地订货的情况下，与库存费用相关的两个因素。基于**离岸价格**（FOB）的原产地订货方式意味着由买方承担运费以及产品的运输风险。在这种情况下，企业需要对运输费率进行全面的考虑，因为不同的费率很有可能导致企业采用不同的运输方式。同时，企业还需要考虑运输方式对运输时间的影响。在分析总成本时，企业需要分析每一项成本增加或者节约对自身而言是否有益。

此外，企业必须把运输费用归入到订货价格之中，以便得到库存产品的准确价值。也就是说，一旦收到货物，企业就应该增加产品的库存成本，从而准确地反映出运输费用。[3]

3.订货量折扣

与大宗运输费率相似，订货量折扣也是 EOQ 模型的一个延伸。表 7-6 列举了一个使用订货量折扣的实例。直接使用基本的 EOQ 模型就可以解决订货量折扣问题，即先根据与订货量有关的订货价格计算出总成本，然后确定对应的 EOQ 值。如果此时 EOQ 值所具有的折扣足以弥补库存持有成本与订货成本之间的差值，那么该折扣就是可行的。需要注意的是，订货量折扣和大宗运输费率都会促使企业增大订货量。然而，这并不意味着总成本最低时的订货量一定总是大于基本 EOQ 模型所计算出的数量。

表 7-6 订货量折扣举例

成本（美元）	订货量
5.00	1～99
4.50	100～200
4.00	201～300
3.50	301～400
3.00	401～500

4. EOQ 模型的其他调整因素

除了上述两种因素之外，多种特殊情况也有可能会对基本 EOQ 模型产生影响，比如：①生产批量规模；②多产品混合订购；③有限的可用资金；④自营运输；⑤单元化。从生产的角度来看，生产批量是最为经济的数量。多产品混合订购是指企业同时订购多种产品的情况，因此在利用订货量折扣和大宗运输折扣的时候，也必须考虑到产品组合所造成的影响。有限的可用资金是指企业对库存的投资存在预算限制的情况。因为多产品的订购活动必须在预算限定的范围内进行，所以在确定订货量时，我们必须考虑各类产品所需的库存投资额为多少。自营运输车辆具有一定的固定成本，因此自营运输会对企业的订货量产生影响。[4] 企业一旦决定采用自营车队来运送补货产品，就希望充分利用自身的运输能力，因而企业会倾向于订购能把卡车装满的产品数量。仅仅因为一种产品要达到经济订货批量而只装半车的做法是毫无意义的。

在确定补货的订货量时，我们还需要注意的另一个问题就是单元化。在对产品进行存储和搬运的过程中，很多时候以板箱或托盘作为标准单元。这些标准单元的设计通常是为了符合运输车辆的需要，因此，如果计算出的 EOQ 无法满足标准单元的要求，那么就会出现问题。举例来说，假定某种产品的标准单元是托盘，一个托盘可以装 200 个单位产品，如果计算出的 EOQ 为 300 个单位，那么就需要运 1.5 个托盘。从物料搬运或运输的角度来看，订购一托盘或两托盘的方式将更为合理。

7.4 不确定性管理

毋庸置疑，研究确定条件下的库存关系是非常重要的，但是在制定库存策略时，我们还必须考虑到不确定性因素的影响。以下两种不确定性对于库存策略有直接的影响。需求的不确定性是指在库存补货期间销售的变化情况，运作周期的不确定性指的是库存补货时间的变化。

7.4.1 需求的不确定性

销售预测能够对库存补货周期内单位产品的需求情况做出估计。通常，即使是最准确的预测结果，补货周期内的实际需求量也会高于或低于该预测值。为了防止实际需求高于预测值而造成缺货，企业需要在基本库存中加入安全库存。在需求不确定的情况下，基本库存等于订货量的一半与安全库存之和。需求不确定情况下的库存运作周期如图7-5所示。图7-5中的虚线代表预测值，实线则代表多个运作周期之间的实际库存。确定安全库存的数量需要分成三步：第一步，估计出现缺货的可能性；第二步，估计缺货期间的潜在需求量；第三步，在制定决策时，明确希望达到何种程度的缺货保护水平。

为了更加清楚地说明该问题，我们假定库存运作周期为10天。通过历史记录可以知道，每天的销售量在0～10个单位之间波动，那么平均日销售量为5个单位。假定经济订货批量为50个单位，再订货点为50个单位，平均库存为25个单位，预计在运作周期内的销售量为50个单位。

在第一个运作周期中，虽然每天的销售量都有所变化，但是日平均销售量仍然保持为5个单位。第一周期的总需求量为50个单位，与预期相符。在第二个周期中，前8天的总需求量为50个单位，出现了缺货。这样，第9天和第10天就没有能够销售的产品。第三个周期的总需求量为39个单位，因此，在本周期结束后还有11个单位的产品剩余。总体而言，30天内的总销售量为139个单位，平均每天的销售量为4.6个单位。

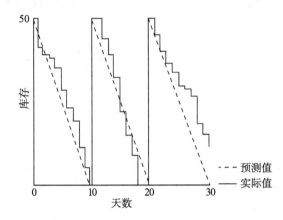

图7-5 库存与需求的不确定性及固定运作周期之间的关系

从表7-7的历史记录中我们可以看到，在30天内有2天出现了缺货。由于每天的销售量从来没有超过10个单位，所以在运作周期的前5天内不会发生缺货。但是，假如前5天内的日平均需求量为10个单位，同时上一个周期结束后未出现库存积压，那么从第6天到第10天就会出现缺货。当然，这种可能性非常小。从表7-7中我们可以看出，在3个运作周期内，只有一天的销售量为10个单位。所以很显然，真正的缺货风险只会出现在每个周期的最后几天，或者只有当销售量大大超过平均值的时候才会出现缺货。[5]因此我们可以对第二个周期内第9天和第10天的潜在销售量进行一些估算。如果这两天仍然持有一定的库存，那么20个单位的需求或许可以得到满足。但是，即使有可用库存，第9天和第10天也可能根本没有任何需求。对平均日需求量为4～5个单位而言，这两天内合理的销售损失为8～10个单位。

很显然，在上例中，销售量变化所造成的缺货风险只发生在很短的时间内，同时销售损失只占了总销售量的一小部分。虽然表7-7中的销售分析能够帮助管理者更好地了解发生缺货的概率，但是正确的运作过程尚不得而知。了解统计概率能够对安全库存的计划起到一定的作用。

表 7-7 三个补货周期内的典型需求情况

天数	预测周期 1		缺货周期 2		超储周期 3	
	需求量	累计需求量	需求量	累计需求量	需求量	累计需求量
1	9	9	0	0	5	5
2	2	11	6	6	5	10
3	1	12	5	11	4	14
4	3	15	7	18	3	17
5	7	22	10	28	4	21
6	5	27	7	35	1	22
7	4	31	6	41	2	24
8	8	39	9	50	8	32
9	6	45	缺货	50	3	35
10	5	50	缺货	50	4	39

表 7-8 统计了 30 天内的销售记录的频率分布情况。分析频率分布的主要目的是观察日平均需求的波动情况。如上所述，平均每天的预测销售量为 5 个单位，有 11 天的实际需求量超过了预测平均值，有 12 天低于预测平均值。这种频率分布的现象还可以用柱状图来表示，如图 7-6 所示。

表 7-8 需求频率的分布情况

日需求量（单位产品）	频率（天数）	日需求量（单位产品）	频率（天数）
缺货	2	5	5
0	1	6	3
1	2	7	3
2	2	8	2
3	3	9	2
4	4	10	1

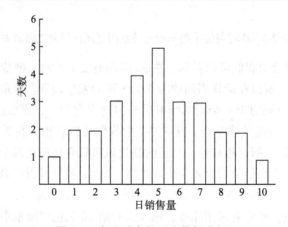

图 7-6 产品需求的历史数据分析

以日实际需求的历史数据为基础，我们可以根据设定的缺货保护水平计算出安全库存的数量。在刚才的例子中，样本大小只有 28 天。需要注意的是，概率论的基础是大量事件中的某一随机事件发生的概率。因此，在实际应用中通常需要使用更大的样本量。

事件发生的概率表明了在某一中心值附近变化的趋势，这个中心值就是所有事件的平均值。

在库存管理中可以使用多种频率分布，**正态分布**是一种最常见的分布形式。

正态分布的特点是它的曲线呈对称的钟形，如图7-7所示。正态分布最本质的特点是3个指标——**平均值**、**中位数**（中间值）和**众数**（发生频率最高的值）的值是相等的。换句话说，当这3个值近似相同时，发生概率的分布就呈正态分布。

用正态分布来预测一个运作周期内的需求时，需要使用围绕中心值变化的**标准差**来进行计算。标准差指的是对正态分布曲线中某一区域内事件的偏离程度。当应用于库存管理时，事件就是指单位产品的日销售数量，偏离程度就是日销售水平的变化程度。当标准差在 ±1 的范围内变化时，事件发生的概率为 68.27%。这就是说，在一个运作周期中，在 68.27% 的时间内，日销售量

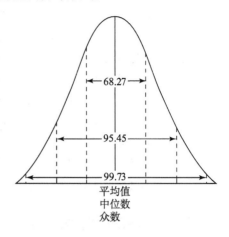

图 7-7 正态分布

在平均销售量的 ±1 个标准差范围内波动。当标准差为 ±2 时，事件发生的概率为 95.45%。当标准差为 ±3 时，事件发生的概率为 99.73%。从库存策略的角度来看，标准差提供了一种估算安全库存的方法，这些安全库存能够对缺货情况起到一定程度的保护作用。

要确定安全库存，第一步就是要计算出标准差。大多数计算器和电子数据表都具有此项功能，如果没有这些工具，那么可以通过下列方法来计算标准差

$$\sigma = \sqrt{\frac{\sum F_i D_i^2}{n}}$$

式中　σ——标准差；

　　　F_i——事件 i 发生的频率；

　　　D_i——事件 i 与平均值之间的偏差；

　　　n——事件的总数。

计算标准差所需的数据见表 7-9。

表 7-9　日需求量的标准差计算

单位	频率（F_i）	与平均值的偏差（D_i）	偏差的平方（D_i^2）	$F_i D_i^2$
0	1	−5	25	25
1	2	−4	16	32
2	2	−3	9	18
3	3	−2	4	12
4	4	−1	1	4
5	5	0	0	0
6	3	+1	1	3
7	3	+2	4	12
8	2	+3	9	18
9	2	+4	16	32
10	1	+5	25	25
$n=28$	$\bar{s}=5$	$\sigma=\sqrt{\dfrac{F_i D_i^2}{n}}=\sqrt{\dfrac{181}{28}}=2.54$		$\sum F_i D_i^2 = 181$

通过对表 7-9 中的数据进行计算，我们可以得到其标准差约为 3 个单位产品。在设置安全库存时，只要选取 2 个标准差大小，即 6 个单位产品，就可以对频率分布中 95.45% 的事件起到保护作用。然而，在确定安全库存的数量时需要注意的一点是，事件可能会超过平均值的大小。当满足需求的库存等于或小于平均值时没有任何问题，所以在 50% 的时间里不需要使用安全库存。实际上，如果安全库存水平达到 95%，那么就可以对 97.72% 的事件起到保护作用。当日需求量在平均值的 ±2 个标准差的范围内波动，且需求量比平均值小两个以上标准差的概率为 2.72% 时，95% 的安全库存水平就能够有效地防止出现缺货。产生上述效用的主要原因是使用了一种被称为**单尾统计**的方法。

通过上述的例子，我们说明了如何使用概率统计的方法对需求的不确定性进行量化。但是，需求波动并不是造成不确定性的唯一原因，运作周期的变化同样也会导致不确定性的产生。

7.4.2 运作周期的不确定性

运作周期的不确定性意味着在补货过程中，无法保证产品到货始终如一。计划人员应该预料到实际的运作周期会在平均值附近波动，从而导致周期出现延误。

表 7-10 中提供了一个例子，用来表示运作周期天数的分布情况。虽然周期为 10 天的频率最高，但是总的来看，补货周期的变化范围是 6~14 天。如果运作周期服从正态分布，那么在 68.27% 的时间内，各个运作周期有可能降为 8~12 天。

表 7-10　补货周期内的标准差计算

运作周期（天）	频率（F_i）	与平均值的偏差（D_i）	偏差的平方（D_i^2）	$F_iD_i^2$
6	2	−4	16	32
7	4	−3	9	36
8	6	−2	4	24
9	8	−1	1	8
10	10	0	0	0
11	8	+1	1	8
12	6	+2	4	24
13	4	+3	9	36
14	2	+4	16	32
				$\Sigma F_iD_i^2=200$

$$n=50 \quad t=10$$

$$\sigma = \sqrt{\frac{F_iD_i^2}{n}} = \sqrt{\frac{200}{50}} = 2$$

从实践的角度来看，当运作周期降到 10 天以下时，安全库存不会马上出现问题。但是，如果在很长一段时间内运作周期始终低于计划周期，那么就应该对预计的运作周期进行修改。运作周期如果长期超过 10 天的话，就必须引起高度注意了。

为了站在概率的角度研究运作周期超过 10 天的情况，我们可以将表 7-10 中事件发生的概率分成周期大于 10 天、小于 10 天和等于 10 天三种不同的情况。在这个例子中，因为事件服从正态分布，所以标准差不会发生变化。然而，如果实际运作周期超过了预计的运作周期，那么使用**泊松分布**则会更为准确。在泊松分布中，标准差等于平均值的平方根。一般来说，平均值越小，偏差的程度就越大，这是因为无论是需求的数量还是运作周期的长度都不可能是负值。

7.4.3 安全库存及其不确定性

库存计划人员经常面临如图 7-8 所示的情况，即同时存在需求的不确定性与运作周期的不确定性。要想处理这两种不确定性带来的影响，就必须把这两个相互独立的变量结合起来。至少在短期内运作周期与日需求量是相对独立的。然而，我们在确定安全库存的数量时，必须确定需求不确定性与运作周期不确定性这两者对概率的共同影响。表 7-11 总结了销售量与补货周期之间的关系。只有明确了运作周期为 10 天这一点，我们才能更好地理解表 7-11 中各种数据之间的潜在关系。在 10 天中，假设总需求在 0～100 个单位产品的范围内波动，并且每天的需求概率与前一天的概率相对独立。同时，还假定在运作周期内，总销售量在 0～140 个单位产品的范围内波动。在牢记了需求与运作周期这两种不确定性之间的基本关系后，我们就可以用数值方法或卷积方法来确定安全库存的数量了。

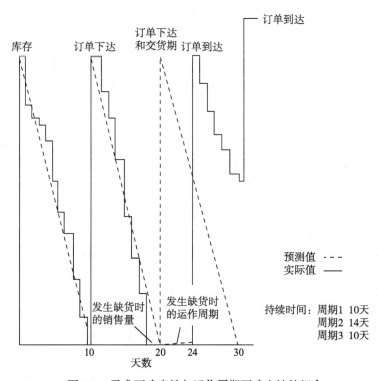

图 7-8 需求不确定性与运作周期不确定性的组合

使用**数值混合法**对这两种相对独立的变量进行计算时涉及多项式的展开，需要进行大量计算。一种直接的方法就是先确定需求不确定性与运作周期不确定性的标准差，然后使用下列公式计算出大致的混合标准差

$$\sigma_c = \sqrt{(TS_D^2 + D^2 S_t^2)}$$

式中　σ_c——混合概率的标准差；
　　　T——运作周期的平均值；
　　　S_t——运作周期的标准差；
　　　D——平均日销售量；
　　　S_D——日销售量的标准差。

表 7-11　频率分布表——需求与补货的不确定性

需求分布		补货周期分布	
日需求量	频率	天数	频率
0	1	6	2
1	2	7	4
2	2	8	6
3	3	9	8
4	4	10	10
5	5	11	8
6	3	12	6
7	3	13	4
8	2	14	2
9	2		
10	1		
	$n=28$		$n=50$
	$D=5$		$T=10$
	$S_s=2.54$		$S_t=2$

将表 7-11 中的数据代入上述公式,得

$$\sigma_c = \sqrt{10.00 \times (2.54)^2 + (5.00)^2 \times (2)^2}$$
$$= \sqrt{64.52 + 100}$$
$$= \sqrt{164.52}$$
$$= 12.83（约等于 13）$$

这个公式计算了 T 天内运作周期与销售量的标准差分别为 S_t 和 S_s 时,日平均需求量为 D 的混合标准差(或称为合成标准差)。混合分布的平均值是 T 与 D 的乘积,为 50.00（10.00×5.00）。

那么,当日销售量的分布为 0~10 个单位,补货周期的范围为 6~14 天时,13 个单位（1 个标准方差）的安全库存就能保证在 84.14% 的运作周期内不出现缺货。如果希望将概率提高到 97.72%,那么就需要 26 个单位的安全库存。由于在提前期内不存在需求低于平均值的情况,因此我们在计算时使用了单尾分布。

需要引起高度注意的是,防止具体事件的发生指的是为了避免在运作周期内出现缺货的情况。因此,84.14% 和 97.72% 代表的并不是产品的可用水平,而是间接反映了在某一订货周期中出现缺货的概率。例如,假如安全库存为 13 个单位,那么就有可能在 15.86%(即 100%-84.14%)的运作周期内发生缺货。虽然这一百分比为我们提供了缺货的概率,但是它并没有具体说明缺货的量级。缺货的相对量级表示在多个运作周期内缺货相对于总需求的比例,有时也会用单笔订单完成率来表示。

仍旧假定补货量为 50 个单位产品,如果不考虑安全库存,则平均库存的数量应该为 25 个单位产品。平均库存与两个标准差之和为 51 个单位产品 [25 + (2×13)],这就是安全库存的数量。这一库存水平可以在运作周期 97.72% 的时间内防止缺货现象的发生。根据不同的假设以及这些假设对平均库存的影响,表 7-12 对计划人员通常可能遇到的一些情况进行了总结。

表 7-12 EOQ 的改变对平均库存的影响

	订货量	安全库存	平均库存
假设销售量 S 为常数，运作周期 T 也为常数	50	0	25
假设需求的保护范围为 +2σ，运作周期 T 为常数	50	6	31
假设需求量 S 为常数，运作周期的保护范围为 +2σ	50	20	45
假设需求量和运作周期的保护范围之和为 +2σ	50	26	51

7.4.4 估算订单完成率

订单完成率表示的是缺货的量级，而不是缺货的概率。单笔订单完成率是指利用现有库存能够满足订单需求的百分数。图 7-9 用图形的方式解释了缺货概率与缺货量级之间的区别。在图 7-9 中，缺货概率和缺货级的安全库存都是 1 个标准方差（或 13 个单位产品）。在运作周期确定的条件下，图 7-9 中两种情况的缺货概率均为 31.73%。然而，在 20 天的时间内存在两种不同的缺货情况，这些缺货情况都发生在运作周期的末期。如果订货量翻倍，那么在 20 天的时间内系统只可能出现一次缺货。所以，虽然两种情况下的需求模式相同，但是第一种情况的缺货风险相对更大。总之，对一定的安全库存水平而言，增加订货量，就可以降低潜在缺货的相对量级，也能够相应地提高客户服务水平。

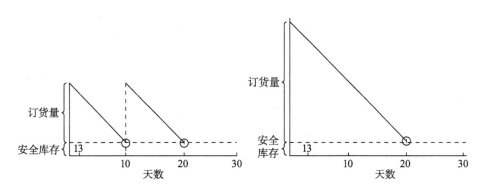

图 7-9 订货量对缺货数量的影响

可以将上述关系表示为数学公式

$$SL = 1 - \frac{g(k)\sigma_c}{Q}$$

式中　SL ——缺货量级（产品的可用水平）；

$g(k)$ ——描述缺货曲线的函数，表示正态分布的右半个区域；

σ_c ——需求不确定性影响和补货周期不确定性影响的混合标准差；

Q ——进行补货时的订货量。

假设一个企业的产品可用性（或单笔订单完成率）为 99%，订货量 Q 为 300 个单位产品，其他所需的数据如表 7-13 所示。

表 7-13 确定所需安全库存的相关信息

期望的服务水平	99%
σ_c	13
Q	300

由于在计算安全库存时需要用到 $g(k)$ 的值，所以对上式进行变换后得到了 $g(k)$ 的表达式为

$$g(k) = (1-SL) \times (Q/\sigma_c)$$

将表 7-13 中的数据代入上式，得

$$g(k) = (1-0.99) \times (300/13) = 0.01 \times 23.08 = 0.230\ 8$$

然后可以将计算出的 $g(k)$ 值与表 7-14 中的数据进行比较，找出一个最接近计算值的数，从而确定 k 值的大小。在上例中，$g(k)$ 的值为 0.230 8，那么最适合的 k 值为 0.4。需要的安全库存水平为

$$SS = k \times \sigma_c$$

式中　SS——安全库存量；

　　　k——与 $g(k)$ 对应的因子；

　　　σ_c——混合标准差。

将得出的数值代入上式，可得

$$SS = k \times \sigma_c = 0.4 \times 13 = 5.2\ （个单位）$$

表 7-14　缺货部分的正态分布表

k	g(k)	k	g(k)
0.0	0.398 9	1.6	0.023 2
0.1	0.350 9	1.7	0.018 2
0.2	0.306 8	1.8	0.014 3
0.3	0.266 7	1.9	0.011 1
0.4	0.230 4	2.0	0.008 5
0.5	0.197 7	2.1	0.006 5
0.6	0.168 6	2.2	0.004 9
0.7	0.142 8	2.3	0.003 7
0.8	0.120 2	2.4	0.002 7
0.9	0.100 4	2.5	0.002 0
1.0	0.083 3	2.6	0.001 5
1.1	0.068 6	2.7	0.001 1
1.2	0.056 1	2.8	0.000 8
1.3	0.045 5	2.9	0.000 5
1.4	0.036 6	3.0	0.000 4
1.5	0.029 3	3.1	0.000 3

因此，当订货量为 300 个单位产品时，能够保证 99% 的产品满足率的安全库存大约是 5 个单位。从表 7-15 中可以看到，随着订货量的不同，安全库存和平均库存水平会发生相应的变化。增加订货量就可以降低企业的安全库存水平，反之亦然。这意味着企业需要对多种情况下的订货量加以考虑，从而以最低的成本实现期望的客户服务。

表 7-15　订货量对安全库存的影响

订货量（Q）	k	安全库存	平均库存
300	0.40	5	155
200	0.70	8	108
100	1.05	14	64
50	1.40	18	43
25	1.70	22	34

7.4.5 相关需求下的补货

在相关需求下的补货中，库存需求是已知事件的函数，并且该需求通常不是随机的。在此情况下，由于不存在不确定性的影响，因此不需要对相关需求进行预测，从而也不需要维持安全库存来支持基于时段的采购活动，如**物料需求计划**（MRP）[6] 等。基于时段的基本观点是，只要零部件在需要的时候能够及时到货，那么企业就无须持有库存。

在相关需求的条件下，企业基于两点假设就可以做出不持有安全库存的决策：第一，订货是可预见的，同时也具有稳定性。第二，供应商持有足够多的库存，能够百分之百地满足企业的订货需求。在实际运作中，企业要想满足第二个假设条件，可以使用批量订货合同，这种合同有助于供应商确信企业最终会购买它们的产品。在这种情况下，尽管主要的责任都转移到了供应商的头上，但是保证了整个分销渠道中仍然持有一定的安全库存。

至于另一种假设，即运作周期是确定的，却非常难以实现。即使企业使用自营运输设备，仍然会存在一些不确定因素。因此，实际的结果是，在大多数相关需求情况下都存在安全库存。

如果想在相关需求情况下引入安全库存，可以使用以下三种基本方法。第一，通常的做法是在需求计划中考虑**安全时间**这个因素。这样，就可以将某零部件的订货时间提前一周，以确保零部件能够准时到货。第二，增加需求，增加的数量是根据对预测误差进行估计后得出的。例如，当预测误差不超过 5% 时，我们就可以启用一种被称为对高水平需求的超额预测的方法。其结果是按照一定的比例增加零部件的订货数量，该比例由各种零部件的预期使用量与用于弥补预测误差的增量之和来确定。在超额预测技术中，与各种专用零部件相比，各种产成品或零部件的通用部件增加的数量往往会多一些。第三，使用我们之前讨论过的统计技术，直接设定零部件的安全库存，而不是仅仅对需求量最大的物料设定安全库存。

7.5 库存管理策略

库存管理是执行库存策略的过程。反应式或拉动式库存管理方法按照客户的需求，通过分销渠道来拉动产品。另一种库存管理方法是计划方法，即先根据需求和产品可用性进行预测，然后在预测的基础上预先分配库存，再利用分销渠道推动产品的销售。第三种方法，即混合法，在逻辑上实现了"推"和"拉"的结合，是前面两种方法的有机统一。

7.5.1 库存控制

我们将执行库存策略的管理过程称为**库存控制**。控制的目的在于了解某一库存地点的库存数量，并对库存数量的增加或减少进行跟踪，可以通过人工方式或计算机辅助方式来完成上述跟踪操作。

通过库存控制，企业能够确定每隔多长时间对库存水平做一次检查，从而进一步确定订货时间和订货数量。这种检查既可以连续进行，也可以分周期进行。

1. 连续性检查

在连续性库存控制过程中，企业需要连续检查库存状态以确定何时需要补货。为了使用连续性的检查结果，对所有库存单位进行跟踪是十分必要的。连续性检查通过再订货点和订货数量加以实施。

如同之前我们讨论过的

$$ROP = D \times T + SS$$

式中　ROP——再订货点；
　　　D——平均日需求量；
　　　T——平均运作周期；
　　　SS——安全库存。

使用 EOQ 模型可以确定订货量的大小。

为了进一步加以说明，我们不考虑不确定性的影响，因此不需要设置安全库存。表 7-16 给出了需求、运作周期和订货量的有关数据，因此

$$ROP = D \times T + SS = 20 \times 10 + 0 = 200 \text{ 个单位}$$

表 7-16　需求量、运作周期和订货量的样本数据

平均日需求量	20 个单位
运作周期	10 天
订货量	200 个单位

进行连续性检查时，要把现有库存和已订购库存与产品的再订货点进行比较。如果现有库存与已订购库存的数量之和小于再订货点的库存数量，那么就需要补货。

其数学表达式为

如果 $I + OQ_o \leq ROP$，那么就进行补货，订货数量为 OQ

式中　I——现有库存量；
　　　OQ_o——已经向供应商订购的货物数量；
　　　ROP——再订货点；
　　　OQ——订货量。

在上例中，当现有库存与已订购的库存之和小于或者等于 200 个单位时，就需要补货，订购 200 个单位的产品。既然再订货点等于订货量，则第一次的补货订单将在第二次补货的初期到达。对一个实施连续性检查的系统而言，其平均库存水平为

$$I_{\text{平均}} = OQ/2 + SS$$

式中　$I_{\text{平均}}$——平均库存量；
　　　OQ——订货量；
　　　SS——安全库存。

在前面的例子中，平均库存量为

$$I_{\text{平均}} = OQ/2 + SS = 300/2 + 0 = 150 \text{ 个单位}$$

本节中大多数的表达式是以连续性检查系统为基础的，并且该系统的再订货点保持不变。在计算时，我们可以做以下假设：当现有库存小于再订货点时就要实施库存补货订购；控制方法需要对库存状态实施连续监控。如果无法满足这两点基本假设，那么我们就需要对连续性检查的控制参数 ROP 和 OQ 进行调整。

2. 周期性检查

周期性库存控制是在一个固定周期内对库存状态进行检查，如一周或一个月检查一次。在

进行周期性检查时，再订货点必须满足两次检查之间的时间间隔要求。阶段性检查的再订货点的计算公式为

$$ROP = D(T + P/2) + SS$$

式中　ROP——再订货点；
　　　D——平均日需求量；
　　　T——平均运作周期；
　　　P——平均检查周期；
　　　SS——安全库存。

既然库存的计算是按周期进行的，那么在检查之前，任何产品的库存数量都有可能会低于再订货点的数量。因此，可以假设在进行周期性检查之前，库存量低于理想的再订货点的情况大约占了一半。当检查周期为7天，其他条件与连续性检查相同时，再订货点为

$$ROP = D(T + P/2) + SS = 20 \times (10 + 7/2) + 0 = 20 \times (10 + 3.5) = 270 \text{ 个单位}$$

周期性检查的平均库存的计算公式为

$$I_{平均} = OQ/2 + (P \times D)/2 + SS$$

式中　$I_{平均}$——平均库存量；
　　　OQ——订货量；
　　　P——检查周期；
　　　D——平均日需求量；
　　　SS——安全库存。

在上例中，平均库存为

$$I_{平均} = OQ/2 + (P \times D)/2 + SS = 300/2 + (7 \times 10)/2 + 0 = 150 + 35 = 185 \text{ 个单位}$$

因为在周期性检查中引入了时间间隔的概念，所以周期性控制系统一般比连续性控制系统需要更多的平均库存量。合适的检查频率通常要综合考虑产品数量、价值及补货流程来决定。对于数量大、价值高的产品，应该进行连续检查以尽可能减少库存和断货风险，而对于必须成组补货的产品，应该进行周期性检查，因为这些产品须一起成组订购。

7.5.2　反应方式

反应式或者**拉动式库存系统**，顾名思义，是通过满足渠道中参与成员对库存的需求来拉动产品。当可用的库存量低于预先确定的最低量或者再订货点时，企业就要补货。订货量是现有库存量和事先确定的最大库存量的函数，我们可以使用一些复杂的批量公式计算出订货量的大小。

我们在上一节讨论过的连续性检查或周期性检查过程就是反应式系统的典型代表。图7-10描述了一个反应式库存管理环境，在该环境下一个供应仓库同时为两个批发商提供服务。图7-10中的数字表明了每一个批发商的现有库存量（I）、再订货点（ROP）、订货量（OQ）以及平均日需求量（D）。由于批发商A的现有库存量小于ROP，因此它应该向供应仓库提出补货，订货数量为200个单位产品。而对批发商B来说，此时它没有必要进行补货。但是，经过深入的分析后我们可以发现，在今后几天内批发商A的运作行为有可能导致批发商B出现缺货。批发商B之所以会缺货，一方面是因为它的库存量与再订货点非常接近，另一方面是因为当批发商A补货后，供应仓库将没有足够的库存量来满足批发商B的补货要求。

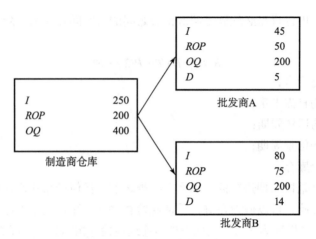

图 7-10　反应式库存环境

典型的反应式库存的逻辑建立在以下假设条件的基础之上。

第一，假设所有客户、各个市场区域以及所有产品都对利润做出了相同的贡献，这是建立反应系统的基础。

第二，反应式库存系统假设资源是无限的。以此为前提条件，企业就能够实现按需生产，并将产品存储在生产设施中，直到需要的时候。

第三，反应式库存逻辑假定了供货点拥有无限大的库存。假设二和假设三共同解释了补货的相对确定性。反应式库存逻辑适用于补货过程中不存在再次订货或者缺货的情况。

第四，运作周期是可预计的，并且周期的长度是相对独立的。这就意味着每一个运作周期都是一个随机事件，同时延长的运作周期不会出现在下一次补货过程中。尽管反应式逻辑假设运作周期不受外因的控制，但是实际上有很多管理者都通过快速运送和选择性外包等方法来影响运作周期。

第五，当需求模式比较稳定、一致时，反应式库存逻辑能够实现最优运作。在理想情况下，需求模式在相应的计划周期内应该保持稳定，从而根据统计得出准确的库存参数，支持运作的正常进行。大多数反应式系统都假设需求模式服从标准正态分布、伽马分布或泊松分布。当实际需求函数与以上分布的特点不一致时，建立在这些假设条件之上的统计库存决策就无法正常运行。

第六，反应式库存系统确定了每一个配送中心的补货时间和补货数量。每一个配送中心的补货决策都是相对独立的，既不受其他地点的影响，也不受供货来源的影响。这样，就会造成无法有效地协调多个配送中心的库存需求，同时也不能充分地发挥库存信息的作用。当信息的交流仅仅存在于极少数的资源之间时，就会产生非常严重的问题。

反应式库存系统的最后一个特征假设是，运作周期的长短与需求无关。这一假设对于较为准确地估计出运作周期内的需求变化，是非常有必要的。在大多数情况下，需求水平越高，补货的运作周期也就越长，因为它们同时增加了对库存资源和运输资源的需求。这就意味着虽然缺货或者缺少可用的产品都会导致运作周期变长，但是需求的高峰期并不一定与延长了的运作周期相吻合。

在实际运作中，大多数库存管理者都会巧妙地运用一些手工调整方法，从而减少这些局限性造成的影响。然而，由于调整的规则和管理政策存在不一致，因此制订出的计划往往会导致无效的库存决策。

7.5.3 计划方式

库存的计划方式使用了一个公共的数据库来协调供应链中多个地点、多个阶段的库存需求。计划活动既可以发生在工厂的仓库中，用来完成库存的分配以及协调面向多个目的地的运输活动。同时，计划活动也可以协调多个渠道成员同时需要库存的情况，比如协调制造商和零售商对库存的需求。第 5 章中讨论过的高级计划与排程（APS）系统就是计划方式的一种应用。尽管 APS 系统通常使用计算机来对过程进行处理，但是对物流管理者来说，准确地理解 APS 的基本逻辑和假设是相当重要的。下面我们将具体介绍两种库存计划方式——公平份额分配法和需求计划法。

1. 公平份额分配法

公平份额分配法是一种简化的库存管理计划法，它为每一个分销设施公平地分配可用库存。图 7-11 举了一个例子，一个工厂仓库同时给三个仓库供货，图中列举出了该网络的结构、各个仓库的当前库存量以及日需求量。

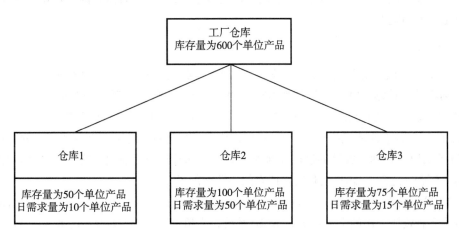

图 7-11 使用公平份额分配法的例子

使用公平份额分配法，库存计划人员就可以确定应该从工厂的现有库存中选取多少分配给每一个仓库。例如，假设工厂仓库要保留 100 个单位产品，那么就可以将剩下的 500 个单位产品进行分配。使用下面的公式可以计算出通常的供货天数

$$DS = \frac{AQ + \sum_{j=1}^{n} I_j}{\sum_{j=1}^{n} D_j}$$

式中　DS——仓库现有库存的供货天数；

AQ——工厂仓库中待分配的库存数量；

I_j——仓库 j 的现有库存数量；

D_j——仓库 j 的日需求量。

在本例中

$$DS = \frac{500+(50+100+75)}{10+50+15} = \frac{500+225}{75} = 9.67 \text{（天）}$$

通过使用公平份额分配法，我们可以知道在每个仓库中都应该存储 9.67 天的库存单位。分配到每个仓库的数量由以下公式确定

$$A_j = (DS - I_j/D_j) \times D_j$$

式中　A_j——分配给仓库 j 的库存数量；

　　　DS——每个仓库现有库存的可供货的天数；

　　　I_j——仓库 j 的库存量；

　　　D_j——仓库 j 的每日需求量。

在本例中，分配给仓库 1 的库存数量为

$A_1 = (9.67 - 50/10) \times 10 = (9.67 - 5) \times 10 = 4.67 \times 10 = 46.7$（约等于 47 个单位产品）

同理，我们可以计算出分配给仓库 2 和仓库 3 的库存数量分别为 383 个单位产品和 70 个单位产品。

尽管公平份额分配法可以协调多个地点的库存水平，但是它并没有考虑其他一些因素的影响，如运作周期、EOQ 或者不同的安全库存等。因此，在管理多阶库存时，使用公平份额分配法将具有很大的局限性。

2. 需求计划法

需求计划是一种有助于实现供应链集成的方法，同时它还考虑了特殊需求。需求计划通常可以分为物料需求计划（MRP）和分销需求计划（DRP）两种。二者之间的本质区别在于 MRP 由生产计划推动，而 DRP 由供应链的需求推动。因此，MRP 通常在相关需求的情况下运行，而 DRP 则在独立需求的环境中运行，在该环境中客户需求的不确定性推动了产品库存的需求。MRP 协调了从原材料到产成品的进度安排及整合，对库存进行控制直到完成生产或装配。当产成品到达工厂仓库之后，DRP 就开始发挥它的协调功能了。

图 7-12 显示的是一种将 MRP 系统与 DRP 系统相结合的概念模型，它整合了产成品、在制品和原料等多种资源。图的上半部分是 MRP 系统，它负责安排原材料的到达时间，以满足生产计划的要求。执行 MRP 的结果是在生产地点完成了产品的加工，出现了产成品库存。图的下半部分则是 DRP 系统，它将产成品库存从生产地点转移到配送中心，并最终将产品配送到客户手中。DRP 对分销活动进行时间安排，从而协调库存的到达，满足客户的需求并兑现承诺。当产成品库存位于生产地点的时候，MRP 系统与 DRP 系统就需要进行衔接。如果能实现两个系统之间的有效协调，那么就能够大大降低所需的安全库存。DRP 协调了库存水平和分销进度，有时候还可以在不同的库存水平之间对库存的移动进行重新安排。

进度表是使用 DRP 时的一项基本工具，它协调了整个计划周期内的需求情况。每个仓库的每一种 SKU 都拥有自身的进度表。在整合了相同 SKU 的进度表之后，企业就可以确定其补货的总需求量，比如应当向工厂仓库订购多少货物。

图 7-13 显示的是两个仓库和一个中心供货仓库的 DRP 进度表。该进度表以周为单位，我们通常称之为**时间段**。每一个时间段反映出了该时期内的运作活动。以每周作为时间段，是安排进度时最常用的方法。此外，也可以将每日或每月作为单位。对每一个地点的每一种 SKU 而言，进度表能够一清二楚地显示出当前库存量、安全库存、运作周期和订货量。在每一个计划

时期内，进度表还可以反映出总需求、计划接收库存量和预计可用库存量等数据。根据需求量和预计可用库存量，DRP 就可以确定出能够满足预期需求的订货量大小。总需求则反映了客户的需求，以及由供货中心供货的其他配送中心的需求情况。在图 7-13 中，中心供货仓库的总需求代表了东部和西部两个仓库的总体需求情况。至于计划接收库存，则指的是即将到达配送中心的补货数量。预计的可用库存是在每周的周末预计将会达到的库存水平。它等于上一周的可用库存减去本周的总需求，再加上本周内的计划接收库存。虽然计划方式给库存管理带来了诸多好处，但是它仍然具有一定的局限性。

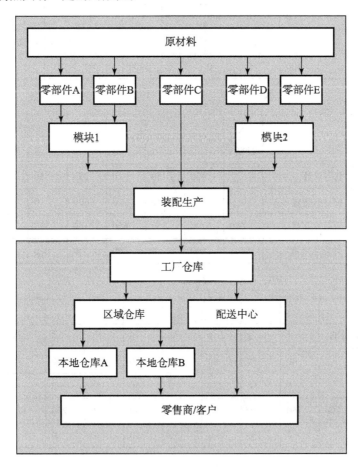

图 7-12　MRP 系统与 DRP 系统相结合的概念模型

首先，库存管理系统要求对每个仓库进行准确、协调式的预测。这一预测对于指导供应链中的物流运作是很有必要的。在理想状态下，系统在任何地点都不会存在过量的库存，所以在一个完善的库存管理系统中几乎不会出现任何错误。当预测结果相当准确时，库存管理计划系统就会实现良好的运转。

其次，库存计划要求产品能够持续、稳定地在各个仓库设施中流动。尽管安全提前期可以满足多种不同运作周期的要求，但是运作周期的不确定性还是会降低计划系统的有效性。

最后，由于生产中断或运输延误，一体化的计划系统有时会出现系统异常或者需要频繁更新进度表。一旦计划系统出现异常，那么企业就无法稳定地利用自身的运作能力，同时重新制订计划会带来额外费用，也会造成配送过程出现紊乱。此外，如果再加上物流运作环境的不稳定性这一特点，计划系统的异常就会愈演愈烈。多种不确定性可能会引起 DRP 系统出现强烈的异常，如运输的不确定性和供应商送货的不确定性等。

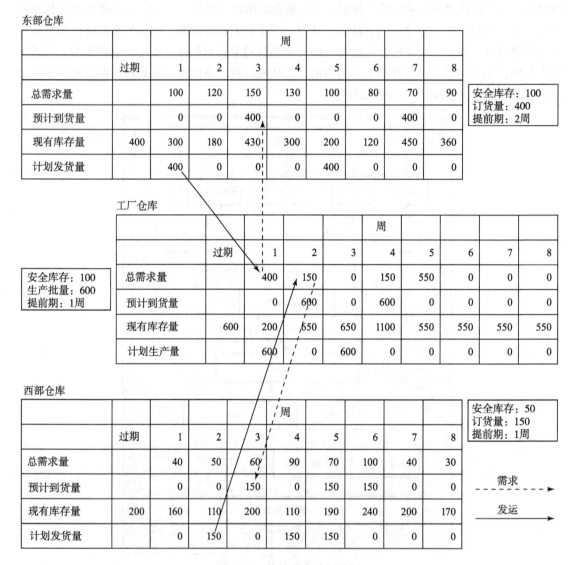

图 7-13　分销需求计划举例

7.5.4　联合库存补货

本书在第 5 章和第 6 章中对 CPFR 进行了探讨，它是实现供应链合作伙伴之间有效合作的一种主要方式。不少企业在合作时，一开始仅仅将注意力放在了库存的补充上。设计补货程序有助于提高供应链中货物流动的效率。不少特定的方法都能够实现联合补货，这些方法都是以实际的销售经验和协同计划为基础的，充分利用了供应链成员之间的合作关系，以实现快速补货。联合补货的目的是减少企业对预测的依赖性。为了实现 JIT 供货，预测常常要对需求进行估计，从而确定需要库存的时间和地点。要想实现有效的联合补货计划，供应链的所有参与者必须开展广泛合作，并且实现信息共享。实现联合补货的特定方法包括快速响应、供应商管理库存和系列补货。

1. 快速响应

当零售商向客户提供某种产品，同时为了尽可能与客户的购买方式达成一致时，零售商和供应商通常会进行技术合作以提高供货速度。我们将这种合作方式称为**快速响应**（QR）。在供应链的成员之间共享某产品的销售信息，是实现 QR 的基础，它保证了在任何时间、任何地点都能够按照客户的需要准确地提供产品。例如，QR 可以在数天内完成对零售商品的补货，而不是通常情况下的 15～30 天。如果合作双方能够持续地交换有关产品可用性以及交货等方面的信息，那么就可以大大减少供应链的不确定性，同时也可以提高企业的柔性，并有可能达到最高水平。快速、可靠的响应机制可以确保客户及时获得所需的库存，还可以提高库存周转率，提高产品的可用性。沃尔玛通过共享销售信息，实现了快速响应，给企业带来了极强的竞争力，是应用 QR 的一个绝佳例证。

2. 供应商管理库存

供应商管理库存（VMI）是在对 QR 的进一步完善中发展起来的，它有效地减少了企业对补货的需求。VMI 的目的在于建立一个灵活有效的供应链体系，从而不断地对零售商库存进行补充。QR 和 VMI 最明显的区别在于，由哪方设定目标库存水平和制定补货决策。在 QR 中，零售商确定了目标库存水平并且制定了补货决策；而在 VMI 中，供应商则承担了更多责任，并且实际上是由供应商为零售商管理库存。当供应商获得了每日的销售量及仓库运输量等信息之后，它就要承担起责任，按照数量、颜色、大小和款式等方面的要求为零售商补货。供应商向零售商承诺不会发生缺货，并且要保证一定的供货速度。在某些情况下，补货过程涉及越库操作或者**直接配送到商店**（DSD）的操作。这些运作模式消除了供应商和客户之间的仓储需求。

3. 系列补货

目前，一些制造商、批发商和零售商正在共同致力于一种更为复杂的合作方式，该方式被称为**系列补货**（PR）。PR 策略是 QR 和 VMI 策略的扩展，它允许供应商根据其对各种产品系列的了解对未来的需求进行预测。产品系列的特征包括产品的尺寸和颜色等信息，此外，还涉及在零售折扣店中销售的相关产品。使用 PR 运作模式，供应商就不必再跟踪快消品的销售情况与库存水平了，也大大简化了零售商的参与。嘉宝公司是婴儿食品加工商，该公司在关键客户中运用了 PR 系统，因为与零售商相比，该系统能够更好地了解客户购买的商品组合。

许多企业，尤其是制造商，在与主要客户开展库存计划方面的合作时，使用了 DRP 模式或 APS 技术。制造商正逐渐把客户的仓库纳入其计划范围之内，有时甚至还包括一些零售商店。这种一体化的计划模式有利于制造商对客户的库存进行协调和管理。

协同计划有利于在供应链各个参与者之间高效地共享库存需求和产品的可用信息，以减少不确定性带来的影响。表 7-17 针对较高和较低的不确定性对服务和库存的影响进行了仿真模拟。[7] 表 7-18 则指出了促使企业采取库存控制的管理考量。

表 7-17　预测型和响应型库存系统中服务水平及库存特点的比较

	低不确定性预测型	低不确定性响应型	高不确定性预测型	高不确定性响应型
客户服务				
订单完成率的百分比（%）	97.69	99.66	96.44	99.29

(续)

	低不确定性预测型	低不确定性响应型	高不确定性预测型	高不确定性响应型
库存				
供应商库存	12.88	13.24	14.82	13.61
制造商库存	6.05	6.12	7.03	6.09
分销商库存	5.38	5.86	5.04	5.63
零售商库存	30.84	15.79	32.86	20.30
系统库存	55.15	41.01	59.76	45.83

资料来源: Adapted from David J. Closs et al., "An Empirical Comparison of Anticipatory and Response-Based Supply Chain Strategies," *International Journal of Logistics Management* 9, no. 2 (1998), pp. 21–34. Used with permission.

表 7-18 库存管理建议

在以下情况下使用计划式逻辑	在以下情况下使用反应式逻辑
产品利润高	周期时间不确定
需求确定	需求不确定
具有规模经济	目标运作能力存在制约
供应不确定	
资源运作能力存在制约	
形成季节性供应	

7.5.5 延迟策略

基于时间的竞争战略核心在于企业是否具备延迟客户化定制和保障物流供给准时性的能力。商业文献中常常探讨有关**延迟策略**的概念。[8] 然而，是否使用延迟策略往往取决于企业是否具有先进的信息技术。延迟策略的主要目的是降低供应链运作的潜在风险。如前所述，预测运作模式以预测或需求计划为基础，通过预先准备大量库存来满足市场需求。使用延迟策略则能够将产品最终的生产、定制装配和配送环节尽可能地向后延迟，直至接到客户订单，这样一来就可以大大避免错误生产以及不准确的库存安排。供应链运作中常见的延迟策略有两种：①生产延迟，或称为成型延迟；②地域延迟，或称为物流延迟。

1. 生产延迟

21 世纪的全球一体化竞争促进了新型加工工艺的发展，这些加工工艺能在维持成本和质量水平不变的前提下提高企业的柔性和响应性。通常，企业通过制订长期生产计划，扩大生产规模，来实现规模经济。如今，企业为了不断提高对客户需求的响应速度，提出了一种灵活的柔性生产模式。

生产延迟或**成型延迟**指的是企业实行一次一单的生产活动，在客户下达确切的订单之前不提前做任何准备工作，在完全获得详细的采购信息之前也不进行任何物料采购。这种完全根据客户订单进行生产的观点并不新鲜。柔性生产方式能够在不以牺牲效率为代价的前提下，实现对客户需求的快速响应。借助科技的力量，这种以市场需求为基础的柔性生产策略可以使企业在一定程度上避免预测型商业模式的相关风险。

在实际操作中，批量生产的规模经济意义同样不可忽视。但是，问题在于如何量化采购、生产和物流的成本，并在它们之间做出权衡。这种权衡指的是企业在预测型生产过程中产生的高成本和高风险，与采用灵活的延迟策略后丧失的规模经济之间所做的取舍。当企业考虑缩小生产规模时，必须将生产线的建设费用、转换费用和采购费用与存储产成品库存带来的风险进行比较，然后进行权衡。在传统的职能管理模式中，组织生产过程的依据是实现单件产品生产成本的最小化。从一体化管理的角度来看，组织生产过程的目标则是为了在总成本最低的前提下，提供让客户满意的服务。这可能需要以一些成本为代价来实施生产延迟，从而最终提高供应链的整体效率。

生产延迟的目的是在市场需求不确定或者未得到客户需求的情况下，尽可能长时间地使产品处于中立或无特征的状态。应用生产延迟最理想的方式是，为了实现规模经济而生产出大量的标准产品或基础产品，在收到客户的订单后再根据产品最终的不同特性完成相应的加工，比如涂上不同的颜色或者安装不同的配件等。通过生产延迟的运作理念，企业生产出大量的标准产品或基础产品，这样就可以在接到订单后满足不同客户的广泛需求，从而实现物流运作的规模经济。最初使用生产延迟的成功案例是根据客户提出的不同要求，在零售店中对油漆的颜色进行混合。这种在店内调制油漆颜色的方法大大降低了油漆零售店的库存数量。实施生产延迟后，零售店不再需要存储大量不同颜色的油漆，只须存储一些基础颜色的油漆，然后根据客户的具体要求进行调制即可。有人指出，这种相对简单的生产延迟运用到油漆产业中，是促使消费者驱动型家居改善产业诞生的重要因素。仿佛在一夜之间，油漆零售店便摆脱了严重缺货状态，保持了满库存。此外，在等待定制油漆被混合的过程中，消费者也了解到，他们可以从店内购买到多种多样的能够帮助自己动手制作的油漆配件。

在其他行业中，企业通常先进行大量生产，然后将产品存储起来，最后按照客户订单的要求对产品进行包装和配置。有些企业先把加工后的产品装进罐头里，在获得客户明确的订单信息之后，才进行包装处理，贴上品牌标志。还有一些关于生产延迟的例子，比如在家电、汽车以及摩托车等行业中，当客户购买产品的时候，企业根据客户的要求安装配件，完成定制化服务。

这些生产延迟的例子有一个共同之处，那就是它们既满足了市场需求，又维持了大规模生产所带来的规模经济效益，同时还降低了物流中的库存数量。生产延迟意味着在满足客户的特定需求之前，产品能满足不同客户的普遍性需求。

生产延迟的影响表现为两个方面。首先，它摆脱了预期销售情况的限制，减少了不同产品的种类，从而降低了物流运作失误导致的风险。其次，可能也是更为重要的一点，它促使越来越多的企业应用物流设施以及分销网络来进行最后的轻加工和装配。假如生产过程中不存在规模经济的影响，同时也不需要高技能的工人从事生产，那么客户化生产最好能安排在尽可能接近客户目标市场的地方。这种生产延迟的方法通常被称为**后期定制**。与此同时，在有些行业中，物流仓库的功能已经开始从传统的产品存储向满足生产延迟的需求进行转化。例如，科勒公司在其整合服务提供商的分销中心提供了大量的产品定制服务。

2. 地域延迟

地域延迟或**物流延迟**与生产延迟是两个截然不同的概念。地域延迟指的是在一个或者几个具有战略意义的地点，建立仓库，存储全部产品，只有收到客户订单后，才对库存产品进行分拨配送。只要物流活动一启动，企业就必须全力以赴，用最经济有效的方法尽可能快速地使产品运抵客户手中。地域延迟策略在保留了规模生产带来的效益的同时，部分避免了由预测型商业模式导致的库存风险。

使用地域延迟策略时通常会涉及零部件的供应服务。企业将关键零部件和高成本零部件存放在中央仓库，确保所有用户都能及时获取所需零部件。在获得客户需求后，中央服务中心接收到电子订单信息，然后使用高速可靠的运输方式，直接由前端的中央服务中心从中央仓库中提取零部件，并将产品快速配送到客户手中。这种方式既能够减少整体库存投入，同时又可以提供高质量的客户服务。

物流系统运作能力的提高、高速准确地将产品转运并配送到客户端的先进运作模式，都极大地促进了地域延迟技术的发展。地域延迟技术代替了预测型商业模式对市场进行的库存调度，能够更加快速准确地满足客户需求。与生产延迟不同的是，使用地域延迟策略后，供应链既能获得生产的规模经济效益，同时也能够加快直接运输的速度，满足客户对服务水平的要求。

生产延迟和地域延迟的核心都是降低预测型商业模式风险的方式，都能将风险延迟至客户明确下单之后。企业具体选择哪一种延迟策略则取决于多种不同因素的影响，如订单数量、产品价值、竞争策略、规模经济以及客户对交付速度和一致性的要求等。随着供应链运作越来越重要，企业可以将两种延迟策略结合起来，灵活地选择合适的战略。

7.6 库存管理实践

一体化的库存管理策略能够帮助企业确定应该在什么地方设置库存，何时需要补货以及如何对库存进行分配。库存策略的制定过程可以分为三步：产品/市场分类、分组库存策略的制定、政策与参数的处理。

7.6.1 产品/市场分类

对产品/市场进行分类的目的是集中和优化库存管理。产品/市场分类，通常也称为**优化分类**或者 **ABC 分类**。在分类时，需要对具有相同特点的产品、市场和客户进行分组。此外，还要注意一点，并不是所有的产品和市场都具有相同的特点和同等的重要性。完善的库存管理要确保分类工作与企业的战略和服务目标相一致。

分类指标有很多，最常见的指标有销售额、利润贡献率、库存价值、利用率以及产品类别。在一般的分类过程中，企业通常对产品和市场进行排序，这样具有相同特征的事物就会被分在一组。表 7-19 显示了利用销售额进行分类的结果。其中，按照销售额的大小以降序的方式对产品进行排列，这样销售额最大的产品就排在了最前面，后面则是销售额较小的产品。利用销售额来进行分类是企业制定库存策略时采用的最传统的方法之一。对大多数市场营销或者物流运作而言，一小部分产品的销售额往往占据了总销售额的绝大部分。这通常称为 **80/20 法则**或者**帕累托法则**。80/20 法则是在大量实践观察的基础上得出的，它指出一个企业 20% 的产品占据了总销售额的 80%。这一法则的推论是 20% 的客户为企业贡献了总销售额的 80%。换个角度来说，也就是剩下的 80% 的产品、客户对总销售额只做出了 20% 的贡献。综上所述，80/20 法则意味着销售额的大部分来自相对较少的产品和客户。

表 7-19 产品市场分类（根据销售额）

产品编号	年销售额（1 000 美元）	占总销售额（%）	产品累计占总销售额（%）	占产品总类（%）	产品类型
1	45 000	30	30	5	A
2	35 000	23.3	53.3	10	A
3	25 000	16.7	70.0	15	A
4	15 000	10.0	80.0	20	A
5	8 000	5.3	85.3	25	B
6	5 000	3.3	88.6	30	B
7	4 000	2.7	91.3	35	B
8	3 000	2.0	93.3	40	B
9	2 000	1.3	94.6	45	B
10	1 000	0.7	95.3	50	B
11	1 000	0.7	96.0	55	C
12	1 000	0.7	96.7	60	C
13	1 000	0.7	97.4	65	C
14	750	0.5	97.9	70	C
15	750	0.5	98.4	75	C
16	750	0.5	98.9	80	C
17	500	0.3	99.2	85	C
18	500	0.3	99.5	90	C
19	500	0.3	99.8	95	C
20	250	0.2	100.0	100	C
	150 000				

一旦完成产品的分类或分组，我们通常会对每一类产品进行标注。畅销的、流通速度较快的产品通常会被标记为 A 类，中等的产品被标记为 B 类，滞销的、流通速度较慢的产品则被标记为 C 类。正是因为这些字母标记，这种方法才被称为 ABC 分类法。ABC 分类法通常使用三种不同的类别，也有一些企业使用四五个类别，对产品做出进一步的细分。将同种性质的产品进行归类，既简化了产品的管理过程，同时也有助于企业有针对性地为产品制定合适的库存策略。例如，畅销的、流通速度较快的产品通常要求高质量的服务，因此企业就可以适当增加这类产品的库存量。相反，为了减少库存总量，企业可以减少流通速度较慢的产品的安全库存，酌情降低该类产品的服务水平。

在某些特殊情况下，分类系统还需要综合考虑多种因素的影响。例如，企业可以将产品的总利润以及对客户的重要性进行加权，得到一个综合指标，然后利用该指标对产品进行分类，来代替原始的、只使用销售额这一指标的分类方法。使用上述加权分类法，企业就能将利润相似、重要性相近的产品归为一类。随后，在产品分类的基础上，企业可以有针对性地制定出库存策略。

分类法明确了产品或市场的分组，然后可以对每个分组制定相应的库存策略。分组后，企业不再需要对数量众多的单个产品开发出多种库存策略，从而简化了制定库存策略的过程。显而易见的是，对 3~10 组产品进行跟踪和管理远远比对上百种单独的产品进行跟踪和管理要容易得多。

7.6.2 分组库存策略的制定

库存管理的第二步是针对每一类产品/市场的类别制定出库存策略。库存策略包括确定库存管理过程中各个方面的具体事宜，如服务目标、预测方法、管理技术以及检查周期等。

建立选择性管理策略的关键在于认识不同产品对于实现企业目标有不同的重要性。在进行库存管理策略和管理过程的设计时，必须将不同的库存响应性考虑在内。

下面我们通过一个例子说明如何对四类产品分组进行库存管理，如表 7-20 所示。我们已经按照 ABC 分类法，根据销售额的大小和产品特性将产品分为促销类产品和基本类产品。促销类产品是指那些经过特定的促销方式销售出的产品，它们往往会导致很大的需求波动。这种波动表现为需求水平首先会大幅增加，随后逐渐恢复到相对较低的水平。

表 7-20 描述了一个库存管理分组计划，该计划综合考虑了服务目标、预测程序、检查周期、库存管理方法和补货监控等因素的影响。对不同的企业来说，库存管理过程涉及的方面各不相同。尽管表 7-20 并不是一个全面的综合性库存管理模式，但是它列举出了企业必须考虑的一些基本因素，每一个因素都是在优化分类的基础之上提出的。

表 7-20 综合策略

优化分类	服务目标 (%)	预测程序	检查周期	库存管理方法	补货监控
A（促销类）	99	CPFR	不间断的	计划——DRP	每日
A（基本类）	98	销售历史数据	不间断的	计划——DRP	每日
B	95	销售历史数据	每周	计划——DRP	每周
C	90	销售历史数据	每两周	再订货点	每两周

7.6.3 策略与参数的处理

实施库存管理策略的最后一步是详细确定库存管理的程序和参数。管理程序规定了对数据的要求、软件的应用、绩效目标和决策方针。参数则明确了各种参量的数值，如检查周期的长度、目标服务水平、库存持有成本的百分比、订货量和再订货点等。综合使用上述参数可以确定或者计算出库存管理决策时所需的准确数值。

本章小结

库存是物流成本中仅次于运输的第二大成本构成要素。当产品沿着供应链向下游移动时，即向着靠近客户的方向移动时，与维持库存相关的风险也会逐渐增加。这是因为越靠近下游，库存出错的潜在可能性就越大，如库存的位置出现错误等，同时库存在沿着供应链移动的过程中也会产生相应的成本。除了由于缺货而造成的销售损失之外，其他库存风险还包括产品淘汰、被盗或损坏等。此外，企业对库存的投资金额也会给库存持有成本带来非常大的影响。企业之所以要持有库存，是因为库存具有地域专业化、分离作用、平衡供需及降低不确定性这四种功能。尽管企业希望想方设法地降低供应链的整体库存量，但是库存本身却具有一定的增值作用。如果能够做到正确的权衡取舍，库存还可以有效地降低供应链的总成本。

从物流的角度来看，企业可以通过调整补货周期内的补货周期库存、安全库存和在途库存来进行库存控制。补货周期库存实际上就是订货量，通过应用 EOQ 模型，既可以确定合适的订货量，也能够实现存储费用与订货费用之间的平衡。安全库存的数量取决于日平均需求量、需求的变化以及补货运作周期。在途库存则取决于所采用的运输方式。

库存管理往往需要综合使用反应性逻辑和计划性逻辑。反应性逻辑适用于产量小、需求高、运作周期不确定性较高的产品，因为它减少了库存投机的风险。而对于产量大、需求较为稳定的产品，计划性逻辑则比较适用。库存计划方式为企业进行有效库存管理创造了条件，因为它充分利用了规模经济和信息的优势。适应性逻辑则将反应性与计划性逻辑有机地结合了起来，其应用取决于产品和市场环境。协同运作的出现为供应链中各个成员共同提高库存运作效率提供了一种行之有效的方法。

学习型思考题

1. 请阐述服务水平、不确定性、安全库存和订货量之间的关系，并解释如何对这些要素进行权衡取舍。
2. 请解释零售商、批发商和制造商的库存持有风险存在哪些不同。为什么在分销渠道中存在逆向推动库存的趋势？
3. 缺货概率和缺货量级之间的区别是什么？
4. 如何在产品和市场分组中使用优化库存分类方法？对产品、市场和产品/市场进行库存分类的好处是什么？注意事项有哪些？
5. 在基于客户要求的库存管理策略中，允许企业为特殊客户设置不同的产品可用水平。请指出这一策略的原理是什么。你认为这种做法有歧视性吗？请详细说明你的观点。
6. 请指出反应式库存逻辑与计划式库存逻辑之间的区别。它们分别有哪些优点？它们各自有什么隐含意义？

挑战型思考题

1. 有数据指出，当总的平均库存水平下降时，制造商的库存水平会上升。你认为这种观点对吗？请解释原因。另外请说明这种变化为什么有利于整个分销渠道的运作，以及制造商可以怎样利用这种变化。
2. 消费者对产品特性、标签、颜色以及包装等方面的产品定制化服务需求增加。这一趋势对供应链库存有什么影响？企业与供应链应该采取什么策略缓解该影响？
3. 许多零售商和部分批发商在要求它们的供应商提供"供应商管理库存"以及"寄售库存"的同时，并没有给客户增加任何额外的成本。实际上这会导致客户在没有付款的情况下就把库存风险和责任转移给供应商。供应商应该采取什么措施在满足这些客户要求的同时收回一部分成本？请具体描述这些措施。
4. 假如公司要求你为本公司的供应链计划方案制定库存持有成本比例。首先请列举并描述库存持有成本的主要组成部分，然后概括一下各部分机会成本的确定方法，并分析每一种方法的原理。另外，你必须说明你所推荐的方法并陈述原因。最后请论述机会成本决策对供应链设计决策的意义。

注释

1. Douglas M. Lambert, *The Development of an Inventory Costing Methodology* (Chicago: National Council of Physical Distribution Management, 1976), p.3; and

Inventory Carrying Cost, Memorandum 611 (Chicago:Drake Sheahan/Stewart Dougall Inc., 1974).

2. 为了确定运输费率，必须将单位数量换算成单位重量。

3. 关于定价方面的内容会在第8章详细讨论。

4. 参阅第8章。在这种情况下，如果一开始就要支付产品费用，那么就需要对投入库存中的资金进行合理收费。

5. 在这个例子中，我们采用的是一些日常统计数据。从统计学的角度来看，还可以使用另一种更为准确的方法，即利用整个运作周期内的需求数据。这种方法的主要局限性在于难以确定运作周期时间的长短，同时收集所需的数据也存在一定的困难。

6. 稍后将在本章的库存补货计划中对上述概念进行详细讨论。

7. David J.Closs, et al., "An Empirical Comparison of Anticipatory and Response-Based Supply Chain Strategies," *International Journal of Logistics Management 9*, no. 2 (1998), pp. 21-34.

8. Wroe Alderson, *Marketing Behavior And Executive Action* (Homewood, IL: Richard D. Irwin, Inc., 1957), p.426.

第 8 章

运 输

运输是物流过程中开支最大的环节。通常,运输部门经理使用并管理整个企业 60% 以上的物流费用。运输部门经理负责把库存商品通过企业供应链配送到客户手中。如今,支持供应链物流运作的运输方式有很多种。最基本的选择是采用企业自营运输和租赁运输,也有许多企业选择将自营运输和租赁运输两种方式结合起来。当运输部门经理决定租赁运输服务时,他们有很多选择。许多供应商除了提供传统的点对点运输服务之外,还提供多种多样的增值服务,如对产品进行分类、排序、改装、保证准时交付等。实现产品的准确交付能够减少库存、存储和物料搬运等多种运作活动。

因此,与只是单纯地将产品从一个地方运送到另一个地方相比,运输服务的增值作用就显而易见了。随着预测的准确度变得越来越高,从订货到交付的运作周期变得越来越短,运作过程中出现错误的可能性近乎为零,成功的企业已经逐渐认识到"根本不存在所谓的廉价运输"。如果无法实现高效的运输管理,那么采购、制造和客户服务等运作活动都不能达到预期的目标。运输的价值已经远远超过了简单地把产品从一个地方送到另一个地方。本章将简要地介绍运输的基础概念以及如何在物流过程中实施运输管理。

8.1 运输的作用和参与者

运输环节是物流运作中一个显而易见的组成部分。消费者对于运送产品和停靠在设施旁的卡车和火车早已司空见惯,但是很少有人能够完全明白我们的经济体系对于经济可靠的运输方式有多大的依赖性。本节将简要介绍运输的作用和参与者,作为后续探讨的基础。

8.1.1 运输的作用

运输主要提供了两种类型的物流服务——产品移动和产品存储。

1. 产品移动

无论运输的对象是原材料、零部件、在制品还是产成品，运输服务的基本价值就在于通过供应链将库存运送到某一个确定的地点。对采购、制造和客户服务而言，运输渠道是否通畅将起到至关重要的作用。运输对于逆向物流的重要性也同样不可忽视。如果没有可靠的运输作为保障，很多商业活动都无法正常地开展下去。运输过程中消耗了多种资源，如时间资源、财力资源和环境资源等。

运输之所以存在种种限制，是因为库存在运输过程中通常是不可用的。我们将运输过程中的产品库存称为在途库存。显然，在设计物流系统时，一个共识就是要尽可能减少在途库存的数量。信息技术在不断发展，比如在卡车驾驶室安装车载电脑，它通过地理围栏技术，可以有效地提升对卡车的状态的实时监控，并增强了预计到货时间的可视性。

同样，运输也需要消耗财力资源。运输成本包括司机工资、车辆运行费用、设备投资以及管理费用等。除此之外，运输成本还包括货物的丢失和损失成本。

运输还需要直接或间接地使用环境资源。从直接使用资源方面来看，在美国，运输是最耗费柴油燃料的产业之一。虽然使用节能车辆能够减少运输对燃料的消耗，但是能源的总消耗量仍然很高。此外，运输造成的交通拥堵、空气污染以及噪声污染对环境都有间接的负面影响。

2. 产品存储

运输所提供的另一种服务就是产品存储，但是这种服务却不太引人注目。产品被装载在运输工具上的时候，实际上就等同于被存储起来了，因此运输工具在运货的起点或终点也可以起到临时存储产品的作用。如果产品要在几天之内被运送到一个新的地点，那么卸货、存储、再装货的费用就可能会超过暂时使用运输工具进行存储的费用。使用运输工具进行存储的费用包括铁路车辆的逾期费用和用于多式联运、厢式挂车、温控拖车的滞留费用。

转运是运输提供的另一项服务，它也具有临时存储产品的功能。当运货地点发生改变而产品仍处在运输途中时，我们就可以使用转运的方法。举例来说，产品起初是由芝加哥运往洛杉矶，然而在运输途中，产品的目的地改为旧金山。在这种情况下，转运这项运输服务的功能就有了用武之地。尽管使用运输车辆来存储产品的成本很高，但是如果考虑装卸费用、存储容量约束、延长提前期等因素的影响，从总成本和运作绩效的角度来看，这种方法也具有一定的可行性。

8.1.2 运输的参与者

运输决策主要受到以下6个方面因素的影响：①托运人，有时候也称为**发货人**；②接收人，通常称之为**收货人**；③承运人和代理人；④政府；⑤信息技术；⑥公众。图8-1直观地显示了以上各方之间的关系。为了理解运输环境的复杂性，必须研究每一方的角色和作用。

1. 发货人和收货人

在一次运输中，发货人和收货人代表两个角色，分别是货物的供给者和接收者。发货人和收货人有共同的目标，即在一定时间内以最低的成本把产品从起始地运往目的地。在此过程中，运输所提供的服务包括明确的提货和交货时间、预计的运输时间、货物的遗失率和损坏率、准确的单据信息、及时准确的信息交换以及运费结算等。**预先发货通知**（ASN）上一般会包含此次运输内容的所有相关信息。

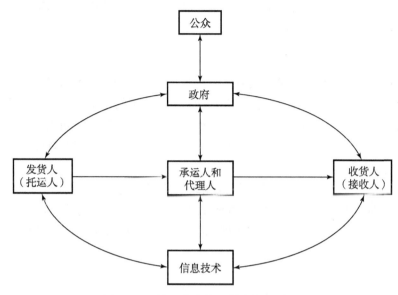

图 8-1　运输环节中各成员之间的关系

2. 承运人和代理人

承运人是提供运输服务的商业机构。作为服务企业，承运人一方面希望尽可能多地向客户收取高额费用，另一方面努力将完成运输所需的人工、燃料、车辆等相关成本降到最低。为了实现上述目标，承运人会想方设法协调提货和发货时间，将不同发货人的产品集中在一起进行合并运输。经纪人和货运代理公司都属于运输代理人，它们在货运公司和客户之间起协调作用。

3. 政府

政府对运输活动颇为关注，这是因为可靠的运输服务对于经济和社会的稳定发展具有相当重要的意义。为了支持经济增长，政府希望创造一个稳定高效的运输环境。如果要创造一个稳定高效的运输环境，那么承运人必须以合理的费用提供关键的运输服务。运输对于经济的稳健发展有直接影响，因此政府越来越多地参与到了承运人的业务运作及运输定价的管理实践中。以前，政府通过限制承运人的服务市场以及限定收费价格等方式，对承运人进行管理。同时政府也使用了一些手段促进承运业的发展，如支持相关的研究工作以及提供公路、机场等运输必备设施。

4. 信息技术

今天的运输业广泛使用了信息技术服务。信息技术服务的主要优点就是可以使承运人与发货人和客户一起实时地共享信息，包括各种各样的状态更新，像通过电子数据交换（EDI）进行更新，或者通过发送短信来告知客户配送的准时或延迟信息。现在，几乎每个大型货运公司都能对它们的设备进行实时监测，就如同用一个控制塔在进行管理一样。

近年来，网上公司通过给托运人和承运人提供信息来获得市场，信息通常包括停车点的价格信息，这个可以帮助选择停车位置，还有货运市场的价格信息。另外，寻找相近区域的其他可用或空闲货运设备的功能已经成为帮助托运人和承运人提高效率的有效工具。除此之外，与燃料、设备、配件和补给品的采购直接相关的二级市场也日趋饱和。信息交换使承运人能够将不同的采购订单合并在一起，在一大批潜在的产品和服务中寻找机会。当下，许多运输公司已经成长为拥有自身运输能力的信息科技公司。

5. 公众

运输体系中的最后一个参与者是公众，公众与运输的可得性、运输费用、运作效率以及环境和安全标准都有关系。通过采购物品，公众间接地对运输提出了需求。虽然最小化运输成本对消费者而言十分重要，但同时也应该充分考虑对环境的影响和安全问题。大气污染以及漏油事件是重要的社会问题，它们与运输服务密切相关。从长远来看，消费者最终会为环境和安全的破坏付出相应的代价。

由于以上 6 个参与者之间相互作用，运输政策的制定变得相当复杂。这种复杂性常常会导致发货人、收货人和承运人之间出现冲突或纠纷。保护公众的利益一直都是政府制定经济和社会规章制度的主要依据。下一节我们将简要地介绍多年来政府对于交通行业进行管制的变化历程。

8.2 从运输管制到自由运输市场

运输对国内外的贸易都有相当重要的影响，因此，美国政府历来都为控制和促进运输活动投入了大量的精力。美国政府对运输的控制主要体现在联邦和州政府的规章制度、各种管理措施以及司法监督等方面。随着 1887 年 2 月 4 日《州际贸易法案》的通过，联邦政府积极地投身到保护公众利益的工作中。依据该法案成立的美国州际商务委员会（ICC）对交通运输具有广泛的管制权力。管制时代一直持续到 1980 年。在近百年的时间里，美国联邦政府和各州政府决定哪些人能够提供交通运输服务以及他们服务的定价。

随着《1980 年汽车运输法案》（MC 80）和《斯塔格斯铁路法案》（Staggers Act）的颁布，对汽车和铁路运输解除管制的普遍愿望得到了官方认可。[1]

MC80 是通过正式的法案推动汽车运输业的竞争和效率提升。该法案放松了运输业的进入限制或运营权力，只要被认为有合适的条件、意愿和能力，企业便能提供汽车运输服务。有关货运车辆型号和承运服务种类的法律规定被废除了。尽管 ICC 依然有权保护公众不受歧视待遇或不受高价欺压，但是承运人个体有权对他们的服务定价。汽车运输产业的集体定价方式受到限制，但很快被废除。MC80 对公共汽车承运业的结构性影响非常大，一夜之间，这个行业经历了从高度管制到高度竞争的结构巨变。

1980 年 10 月 14 日，《斯塔格斯铁路法案》的实施解除了对铁路运输业的管制。该法案的主导思想是要在铁路运输管理中给予必需的自由度以复兴该产业。在这方面，《斯塔格斯铁路法案》最重要的条款是提高定价自由度。铁路有权选择降低费率以满足竞争需求，同时可以提高其他方面的定价以收回运营成本。个体托运人与承运人之间通过合同商定费率是合法的。除了定价上的灵活度之外，铁路管理者有权放弃不能盈利的铁路服务。该法案框架也对运输业企业的兼并活动表现出自由的态度，从而提高了铁路运输与汽车承运服务结合的能力。

《1994年货运管制改革法案》的颁布进一步改变了ICC管制运输业的职权。[2] 这一法案废除了汽车承运人必须向ICC备案所定费率的规定。根据1995年的《ICC终结法案》，ICC于1996年1月1日被正式解散。该法案还进一步取消了政府机构对运输行业的限制，并且在美国交通部（DOT）内部成立了一个由三人组成的路面运输管理部（STB），以处理行业内部剩余的经济管制问题。[3]STB的管理范围涉及所有运输模式，同时还将货运代理人与经纪人合为一体。

进入21世纪后，运输行业出现了很多重大的变化。科学技术的应用是产生这些变化的主要原因之一。于2000年通过的《全球和国内商业电子签名法案》认可附有电子签名的电子文件与书面文件具有同等的法律地位。最重要的变化是，自从美国"9·11"事件之后，恐怖主义活动及运输问题引起了各界的高度重视。《美国爱国者法案》增强了对港口和机场的审查力度，同时也高度强调了境内地面运输的安全问题。[4] 这项法案通过后，美国海关和各私营产业进行了自觉而广泛的执行，这被称为"海关–商贸反恐怖联盟"（C-TPAT）。

最近对《琼斯法案》的修订工作是另一个体现监管影响的例子。作为1920年《商人海运法案》27节的一部分，《琼斯法案》规定，只有那些挂着美国国旗、由美国制造、由美国海员操作的轮船才能在美国各个港口之间直接运输货物。与之类似的规章制度通常被称为国内运输法。当波多黎各遭受飓风玛丽亚侵袭的时候，实行了近100年的《琼斯法案》在2017年受到了严格的审查。在这项法案之下，任何外国人注册的轮船进入波多黎各都要交惩罚性的关税、费用和其他税收。或者，这些轮船可以改道佛罗里达州的杰克逊维尔，将所有货物转运给美国的船只。当波多黎各开始从飓风玛丽亚的破坏中复苏时，这项法案使救灾货物的运输出现了严重的延迟，公众对于这项法案的批评也越来越多。然而这项法案在2018年年初依旧在实行。

最近有两项针对安全的法规对卡车运输业产生了重大影响。联邦机动车辆运输安全管理局（FMCSA）对服务时间的规定和对电子日志记录设备（ELD）的要求备受争议，并且引起了公众讨论。

服务时间的规定建立了驾驶员在不休息的情况下可以工作多长时间的准则，它引入了三个强制性条件，分别定义为14小时驾驶窗口、11小时驾驶限制以及60小时/7天和70小时/8天的工作限制。每个条件都定义了操作合格商用车辆的资格的特定标准。规定服务时间主要是让疲倦的驾驶员远离公共道路。该法规的目的是确保驾驶员在驾驶时保持清醒和警觉。

关于使用ELD的授权法案于2018年年初通过，旨在通过卡车行驶时间的电子记录来进一步加强对运输时间的监管。ELD监视车辆的发动机，以捕获有关发动机是否正在运行、车辆是否在行驶、行驶的里程数以及发动机运行的持续时间（发动机小时数）的数据。由于采用了ELD，因此不再需要驾驶员保留纸质日志，他们也不再能够修改驾驶记录以使驾驶时间超出服务规定的时间。

服务时间和ELD的授权使用都被认为对行业生产率产生了重大影响，从而给托运人和承运人造成了财务压力。折中方案是提高商用和私人车辆共享道路的安全性。总体而言，消费者似乎赞成这些规定，而企业却在努力抵消这些影响。

虽然运输管制未来的发展依然是不确定的，但是有一点很清楚，那就是政府愿意持续介入到涉及运输的几乎所有方面，并且越来越重视对安全和环境的考量。一些学者和行业专家甚至认为管制价格政策的回归在未来也可能发生，虽然目前看起来不太可能，但只有时间才能告诉我们答案。

8.3 运输的组成结构

货物运输结构包括以下几部分：通行权、运输工具以及运输公司，运输公司通常使用五种基本的运输模式。**运输模式**就是指基本的运输方法或形式，这五种基本运输模式分别是铁路运输、卡车运输（通常也被称为汽车运输或公路运输）、水路运输、管道运输和航空运输。

在美国，衡量一种运输模式重要性的指标有很多，包括运输英里数、交通流量、运输收入以及运输货物的种类等。表8-1对1960～2017年不同运输模式的运输费用进行了统计，并预测了2028年的数据。表8-2和表8-3中的数据则显示了2009年和2017年各种运输模式运送的货物吨数以及运输收入，并以此为依据，对2028年的情况进行了预测。这些数据都证明了一点：在过去60多年中，卡车运输在运输收入和吨数方面，在整个运输市场中所占的份额远远大于其他几种运输模式所占份额之和。尽管所有的运输模式对于完备的国家运输结构体系都非常重要，但毋庸置疑的是，无论是过去、现在还是未来，美国经济的健康发展都离不开公路运输所提供的有力保障。下面我们将针对上述各种运输模式的本质特点进行简单介绍。

表8-1 美国全国的运输费用 （单位：10亿美元）

	1960	1970	1980	1990	2000	2009	2017	2028
公路	32.3	62.5	155.3	270.1	481.0	542.0	719.2	1 245.0
铁路	9.0	11.9	27.9	30.0	36.0	50.0	81.3	120.2
水路	3.4	5.3	15.3	20.1	26.0	29.0	13.5	19.9
管道	0.9	1.4	7.6	8.3	9.0	10.0	56.1	163.4
航空	0.4	1.2	4.0	13.7	27.0	29.0	30.5	54.6
合计	46.0	82.3	210.1	342.2	579.0	660.0	900.6	1 603.1

资料来源：Freight Transportation Forecast, 2017–2028, American Trucking Association Inc., 2017.

表8-2 按照运输模式和运输量对美国国内运输情况进行分类（以运输量统计）

模式和运输量	运输量（100万吨）			不同运输方式所占的百分比（%）			2009～2017年的变化比例（%）
	2009	2017	2028	2009	2017	2028	
公路	8 522	10 731	13 916	67.2	70.7	67.2	25.9
铁路	1 753	1 731	1 842	13.8	11.4	8.9	−1.3
铁路联运	139	200	286	1.1	1.3	1.4	44.0
航空	12	14	18	1.0	1.0	1.0	17.9
水路	857	930	1 036	6.8	6.1	5.0	8.5
管道	1 393	1 567	3 625	11.0	10.3	17.5	12.5
合计	13 018	15 172	20 730				

资料来源：Freight Transportation Forecast, 2017–2028, American Trucking Association Inc., 2017.

表8-3 按照运输模式和运输量对美国国内运输情况进行分类（以费用统计）

模式和运输量	运输量（10亿美元）			不同运输方式所占的百分比（%）			2009～2017年的变化比例（%）
	2009	2017	2028	2009	2017	2028	
公路	528	719	1 245	81.9	79.9	77.7	36.2
铁路	40	61	83	6.2	6.8	5.1	52.8
铁路联运	10	21	38	1.5	2.3	2.4	111.3
航空	20	31	55	3.1	3.4	3.4	51.0

(续)

模式和运输量	运输量（10亿美元）			不同运输方式所占的百分比（%）			2009～2017年的变化比例（%）
	2009	2017	2028	2009	2017	2028	
水路	10	14	20	1.5	1.5	1.2	35.0
管道	37	56	163	5.8	6.2	10.2	50.0
合计	665	901	1 603				

资料来源：Freight Transportation Forecast, 2017–2028, American Trucking Association Inc., 2017.

8.3.1 铁路运输

以前，铁路是最主要的运输方式。对美国国内的运输而言，与铁路运输对应的吨/英里数最大。吨/英里是一种用于衡量货物运输情况的标准单位，它将运输量与运输距离结合了起来，从而对运输情况进行综合衡量。在早期，铁路运输网络曾经得到了广泛而全面的发展，网络的辐射范围几乎遍布所有城市与城镇。因此，在第二次世界大战以前，铁路运输一直在城际货物运输中占据统治地位。铁路运输之所以能够在早期建立统治地位，是因为它能够以低成本对大批货物进行运输，同时还能够提供高频率的运输服务。然而，第二次世界大战之后，随着技术的迅猛发展，汽车运输行业对其形成了强大的竞争。

铁路运输曾经一度在运输的总里程数方面名列榜首。第二次世界大战之后，美国大力发展公路和高速公路的建设，促进了汽车运输行业的快速发展，从而打破了铁路运输占据主导地位的局面。1970年，美国的铁路总长度为206 265英里，而截至2005年，由于被大量闲置，铁路的总长度下降到了95 830英里。自2005年开始，铁路运输量稳定下来。直到2012年，铁路的总长度依旧是大约95 000英里。

铁路运输能将大吨位的货物高效地送往较远的目的地，因此它至今仍然在城际货物的运输中扮演着重要的角色。铁路运输的固定成本十分高昂，这是因为进行铁路运输需要购买贵重的设备，同时还需要对铁轨、道岔区以及沿途各站的设施进行大量投资。然而，铁路运输的可变成本却相对较低。柴油引擎的发展大大降低了铁路运输每吨/英里的可变成本，电力引擎的发展则进一步降低了成本。此外，对人力配置方案进行修改可以减少对人力资源的需求，从而有助于进一步降低铁路运输的可变成本。

由于运输管制的解除以及集中业务的发展，铁路运输从承运多种货物变为了负责运送特定的货物。铁路运输的主要服务对象是原材料开采行业，运输的货物多为汽车、农场设备、大型机械等重型设备。铁路运输的固定成本较高而可变成本较低，这种特殊的成本结构为它进行远距离运输创造了优势。自从20世纪70年代中期以来，铁路运输对其运输市场进行了细化，将重点集中在整车运输、多式联运和集装箱运输等业务上。由于加强了对大宗散杂货物及重工业产品的重视，铁路运输能够对特定客户的需求做出更加快速的响应，这与传统的铁路篷车运输服务形成了鲜明的对比。通过与汽车货运公司形成战略联盟，铁路多式联运的业务范围得到了扩大。举例来说，UPS一开始仅仅是一个从事多种服务的汽车货运公司，现在却成了全美铁路托运服务的最大客户。

为了向关键客户提供更高质量的服务，铁路运输将主要的精力投入到研制专业化的设备中，如开发出了封闭式三层自动货运列车车厢、缓冲式电气设备车厢、单一列车、铰链拖车以及双层集装箱平板列车等多种新式设备，最新的发明是 53 英尺⊖、可温控的平板车集装箱。[5] 使用这些新设备能够减少车厢的重量，增加载重量，同时还有助于彼此之间的货物交换。

随着铁路这一运输模式在运输规模和长度上的效率提升，以及从散装产品到多式联运集装箱的装载方式的变化，铁路将依旧占据运输基础设施的一大部分。

8.3.2 公路运输

第二次世界大战之后，高速公路运输得到了迅猛发展。由于运输速度快，并且能够提供上门取货、送货上门的服务，汽车货运行业迅速发展到了一个极高的水平。

公路运输具有极高的灵活性，因为车辆尺寸多变、高度机动并且可以在多种类型的公路上行驶。在美国，仅包括跨州高速的国家高速公路的长度就超过了 164 000 英里。[6] 据统计，在 2016 年，美国有 363 万辆类 8 卡车（载货量超过 33 000 磅）用于运输行业，有大约 350 万名驾驶员从事运输工作。[7]

与铁路运输相比，汽车货运公司在终端设施上的投资额相对较少，且公路由政府进行投资修建。虽然执照费、养路费以及过路过桥费等需要花费一笔不小的开支，但是这些开支都与车辆的数量及行驶的距离有密切联系。由于每辆运输车辆都需要配备一个独立的动力单元和驾驶员，因此公路运输每英里的可变成本就显得相对较高了。此外，在运输过程中还必须为驾驶员的安全提供保障，需要大量的工人完成货物的装卸，因而公路运输对人力资源的需求也较高。综上所述，较低的固定成本与较高的可变成本便是公路运输的特点。与铁路运输相比，汽车运输适用于处理小批量的短途业务。

公路运输非常适合运送分销贸易中的货物。由于公路运输在交货时具有很高的灵活性，因此当批发商进行货物配送或者在仓库与零售店之间进行货物运送时，公路运输就占据了绝对的统治地位。因此对汽车货运公司来说，前景是非常光明的。现在，除了少数货物采用航空运输的方式之外，几乎所有低于 15 000 磅的城际货物运输业务都是由汽车来完成的。

然而，汽车货运行业中也并非不存在问题。装备的更新维护、驾驶员短缺、运输工人的工资等都会增加运营成本，这些也是汽车货运行业所面临的关键问题。2017 年，美国卡车运输协会（ATA）预测，到 2017 年年底，美国卡车运输业的驾驶员缺口为 50 000 名。此外，ATA 预测，如果保持当前趋势，到 2026 年驾驶员缺口可能会达到 174 000 名。这是很严重的问题。驾驶员短缺的主要原因包括劳动力年龄渐长，接近退休，对汽车驾驶相关生活方式的兴趣减少，这使得招募年轻员工更具挑战性。为了解决这个问题，承运人提高了驾驶员的薪酬，包括提供入职奖金、引入薪酬保障计划、提高福利；此外，承运人还改善了驾驶员工作、生活质量的许多其他方面，例如保证驾驶时的安全性和舒适性，保证更多的在家时间。承运人还对改进长途运输调度、引入计算机计费系统和机械化终端、以单个电源牵引两个或三个串联拖车等保持着极大的关注，并参与到多式联运系统中。

发货人的自营运输车队或一体化物流服务供应商（ISP）所拥有的卡车车队，也都可以提供汽车货运服务。其中，ISP 通过合同的方式为发货人提供运输服务。据统计，在城际货运中，大约 55% 是由发货人的自营车队或自行控制的车队来完成运送的。随着管制的解除，在 1987 年该比率曾经一度高达 66%。由于发货人逐渐认识到私有车队存在较高的复杂性，同时也会带来

⊖ 1 英尺 =0.304 8 米。

很多问题，因此这一比率最终降为55%。ISP经营的汽车货运业务是一种新型的运输服务方式，它将自营运输的灵活性与公共货运的稳定性有机地结合在一起。ISP可以为多家发货人同时提供服务，因此可以从规模经济和距离经济中获利。

自1980年起，运输管制的解除从根本上改变了公共汽车运输行业的性质，行业的细分也越来越明显，形成了整车运输（TL）、零担运输（LTL）和专项运输等多种运输形式。这种深刻的变革与不同市场中货运公司的类型直接相关。

在美国，TL通常运送货物的重量达到15 000磅以上，并且在始发站与终点站之间进行运输时无须停留。尽管诸如Swift Transportation公司、Schneider National公司和J. B. Hunt公司等大型公司都能够提供全国性的TL服务，但是运输公司的数量较多、规模相对较小仍然是该行业的主要特点，导致运输价格方面的竞争非常激烈。

LTL则运送15 000磅以下的货物，通常需要将多个托运人的货物合并起来，以充分利用运输车量的运载能力。考虑到始发站与终点站的集散费用以及相对较高的市场费用，LTL的固定成本通常高于TL的固定成本。LTL的运营特点促进了大范围的行业联合，形成了几个相对较大的国内货运公司以及由众多小公司组成的强有力的地区网络。以2016年的收入为依据，美国国内5家最大的LTL公司依次是：FedEx Freight、XPO Logistics、Old Dominion Freight Line、YRC Freight和UPS Freight。它们的收入之和超过了175亿美元。[8]

专项运输公司包括大件商品或包裹配送公司，如废弃物管理公司（Waste Management）及联合包裹服务公司（UPS）。专项运输公司主要负责市场或货物所需的特殊运输活动。

从目前汽车运输业的规模以及其所提供的服务来看，显而易见，在可以预见的将来，公路运输仍然会是物流运输中最重要的方式。

8.3.3 水路运输

水路运输是一种最古老的运输方式。老式的帆船在19世纪初期被蒸汽机轮船所取代，随后于20世纪20年代进一步被以柴油为动力的轮船所取代。当下，大型货船运输是运输供应链中最重要的一部分。

美国国内的水路运输包括五大湖、运河和内部口岸水域之间的运输。在过去的40年里，每年水路运输的吨/英里数在全国货运总量中的份额都相对比较稳定，在19%～30%波动。尽管这一比例从表面上看是相对稳定的，然而其中却发生了很大的变化。河流和运河每年运送的吨/英里数增加，而与此同时，五大湖的吨/英里数却减少了。这表明大型货物的运输业务从铁路运输和公路运输转移到了成本较低的内河水运，而湖边运输则逐渐使用了公路运输的方式。

在过去10年里，水路运输网络的规模相对比较稳定，同时我们也希望在可预见的未来，该网络的规模仍然能保持稳定。与其他运输方式相比，内陆水路的总通航里程相对较短。美国内陆可利用的水路长达26 000英里，共有239个码头，其中不包括五大湖和近海的沿岸运输。

水路运输的主要优势在于它能够运输超大型货物。水运主要使用两类工具：深水船只一般适用于近海沿岸、远洋运输和五大湖的运输；以柴油为动力的驳船则主要在河流和运河上运行，它比深水船只更为灵活。

在固定成本方面，水路运输的固定成本位于铁路和公路运输之间。尽管水路运输公司必须对码头进行开发并从事相应的经营活动（从这一点来看成本较高），但是由于美国政府给予了其优先通行权，因此水路运输的固定成本就低于铁路的固定成本了。水路运输的主要缺点在于它的运作范围较窄，且运输速度较慢。如果运输的起点和终点都不临近水路，那么就需要铁路或公路运输为水路运输提供辅助服务。从客户的角度来看，如果客户最希望获得较低的货运费率，其次才是运输速度的话，那么这种运送吨位较大、可变成本较低的运输方式也未尝不可接受。

全球运输行业在最近 10 年发生了巨大的变化。

8.3.4 管道运输

管道运输是美国运输系统中的一个重要组成部分。美国有着世界上最大的能源管道网络，管道总长超过 240 万英里。美国的原油管道网络非常庞大，约有 72 000 英里长的原油管道连接各区域市场。[9]

除了运输石油产品之外，天然气也可以利用管道进行运输。与石油类似，美国天然气的所有权和经营权归私人所有，许多天然气公司既是天然气的分销商，又是合同运输提供商。

与其他运输方式相比，管道运输有其独特之处。管道运输可以每周 7 天、每天 24 小时进行不间断的工作，它只受到商品更换与管道维护的影响。与其他运输方式不同，管道运输不存在回程运输中集装箱或运输工具的返空运作。此外，管道运输的固定成本最高，可变成本最低。高额的固定成本源自获取管道的优先通行权、建立控制站、管理控制站以及管道的泵送能力等。由于管道运输不是劳动密集型作业，因此一旦建成管道，运营的可变成本就会变得极低。管道运输最明显的劣势在于管道运输不具有灵活性，并且它只能运送气体、液体及浆液等形式的货物。

研究人员仍然致力于将固体变成流质或液压悬浮形式的试验。将固体煤转变为流体煤，然后用管道进行长距离运输，是一种非常有效并且经济的运输方法。然而，在流体煤的运输过程中需要大量的水，这将对环境造成影响，需要进一步探讨和考虑。虽然管道似乎不那么引人注目，但最近，一条特别的管道已经引起了全美媒体的关注。Keystone 管道系统于 2010 年启用，从加拿大西部艾伯塔省的沉积盆地通向伊利诺伊州和得克萨斯州的炼油厂。该管道系统进入第四阶段（Keystone XL）时开始变得备受瞩目，因为环保组织认为 Keystone 管道系统继续使用化石燃料会引起气候变化，针对该计划进行的环保抗议活动也越来越多。时任总统贝拉克·奥巴马暂时推迟了该管道计划。然而，2017 年 1 月，唐纳德·特朗普总统通过了允许管道完工的决议。

8.3.5 航空运输

航空运输是一种最新的运输方式，它不如上述几种运输方式使用得那么普遍。航空运输最大的优势是货物运输的速度非常快。以美国为例，完成东西海岸之间的航空运输只需要几个小时，而采取其他运输方式则通常要花费几天的时间。虽然航空运输的价格相当昂贵，但是它可以减少或消除储存等物流运作的中间过程。

航空运输具有很多好处，然而这些好处多半都是潜在的。航空运输承担的运输业务实际上还不到城际运输吨/英里数的 1%。航空运输的能力受到载重大小、重量提升能力和飞机可用性等方面的限制。城际航空运输通常使用固定的客机航班，这样可以减少开支，但会导致货运能力和运输灵活性的下降。喷气式飞机的高额成本，再加上航空运输需求的不稳定，使航空运输公司很难对所有航空运输活动做出有效的承诺。

但是，联邦快递、联合包裹航空运输公司等优质航空运输服务公司的出现，则标志着全球性航空运输服务的产生。这种优质的服务起初是针对具有极高优先权的、高度加急的文件，后来逐渐发展到了包裹运送领域。例如，优质的航空运输公司所提供的服务包括在一天之内将货物从位于航空运输枢纽的统一配送中心送至各个地区。对于那些拥有大量昂贵的产品，同时对运输时间有严格要求的公司来说，在一天之内就能完成配送的航空运输方式具有非常大的吸引力。

与铁路、水路和管道运输相比，航空运输的固定成本较低。但事实上，将固定成本从小到大排序，航空运输位居第二，仅次于公路运输。通常情况下，政府负责开拓航线、修建机场以及机场维护。一方面，航空运输的固定成本与购买飞机、建立特殊的搬运系统和购买空运集装箱有关。另一方面，由于燃料消耗、飞行员的薪水、飞机的维护保养费以及飞行人员和地面人员所构成的劳动密集度，使航空运输的可变成本变得非常高。

由于机场需要大量用地，因此往往难以将航空运输与其他运输方式结合起来。然而，将航空运输与其他运输方式有机地结合起来，形成一种全方位的货运方式，用以消除航空运输与乘客运输之间的冲突，的确能够产生相当可观的商业利益。例如，坐落在得克萨斯州达拉斯市福特·沃斯的联盟机场，它的设计目的就是希望在一个地方将航空运输服务、铁路运输服务、公路运输服务集成起来。

并没有什么特别的商品在航空运输中占据主导地位，也许最大的原因在于大部分货物具有很高的价值和优先权。对市场销售周期非常短的商品而言，比如圣诞节礼品、时尚服装、鲜鱼或者鲜花等，为了确保商品在全国范围内的正常销售，航空运输可能是唯一的、最可行的运输方式。至于常规性商品，如计算机、维修备件和医疗用品等，也可以采用航空运输方式进行运输。

8.3.6 不同运输模式特点与性能的比较

表 8-4 对各种运输模式的固定成本以及可变成本进行了比较。表 8-5 则根据各种运输模式在速度、可得性、可靠性、运输能力以及频率等方面的运作情况，对运输模式的运作特点进行了排序。

表 8-4 各种运输模式的成本结构比较

铁路：设备、站点、铁轨等固定成本较高，可变成本较低
公路：固定成本较低（公路是由公众出资建设的），可变成本适中（燃料费、维修费等）
水路：固定成本适中（船只和设备），可变成本较低（能够运送大吨位货物）
管道：固定成本最高（通行权、建设费用、设置控制站点、泵送能力），可变成本最低（不存在大量的劳动力成本）
航空：固定成本较低（飞机、物料搬运和货运系统），可变成本较高（燃料费、劳动力成本和保养维修费等）

表 8-5 不同运输模式的运作特点

运作特点	铁 路	公 路	水 路	管 道	航 空
速度	3	2	4	5	1
可得性	2	1	4	5	3
可靠性	3	2	4	1	5
运输能力	2	3	1	5	4
频率	4	2	5	1	3
综合得分	14	10	18	17	16

注：得分越低越好。

速度反映运输过程中所耗费的时间，航空运输是最快的运输模式。**可得性**是指运输模式能够为任何发货地和目的地提供运输服务的能力。公路运输具有最大的可得性，因为它可以直接穿梭于产品的生产地和销售地之间。**可靠性**是指针对预期的或公开的运输进度表来说，运输模式发生变化的可能性。因为管道运输的服务具有非常高的可持续性，并且几乎不受到天气和交通堵塞的影响，因此具有最高的可靠性。**运输能力**是指运输模式对各种运输要求的处理能力，如货载规格的要求等。水路运输的实际运输能力最强。最后一个指标是**频率**，它与预期的运输量有关。由于管道运输能够在产品的生产地和销售地之间提供可持续的服务，因此它在频率上优于其他运输模式。

如表 8-5 所示，公路运输的吸引力在于它在以上 5 项指标中都占据了相对较高的排名。除了运输能力以外，公路运输在各项指标中均排名前两位。政府放宽了州际公路运输在车身大小及其重量上的限制，并出台了允许使用拖车等措施的政策，这有助于大大提高公路运输的实际运输能力。但是，如果要使公路运输的实际运输能力超过铁路和水路的运输能力，显然是不切实际的。

8.3.7 基础设施危机

第二次世界大战以来，美国一直在大力发展运输业。全国的高速公路总长已达 46 837 公里。但是，截至 2010 年，美国高速公路已经亟须扩建，并且须进行大规模修理，以保证商业运输和私人交通的安全运行。

2007 年 8 月 1 日，明尼阿波利斯市市区发生州际高速运输桥梁坍塌事故，该运输桥宽 35 米，横跨密西西比河，该事件让美国公众更加关注全国的桥梁、隧道和公路安全。根据美国土木工程师学会发布的 2017 年基础设施报告，美国共有 614 387 座桥梁，其中近四成的桥梁已有 50 多年的历史。2016 年，美国桥梁中有 56 007 座，即大约 9.1% 的桥梁在结构上存在缺陷，平均每天有 1.88 亿人次跨越桥梁。虽然像这样在结构上存在缺陷的桥梁数量正在减少，但美国桥梁的平均年龄却在不断增长，而且许多桥梁都已接近其设计寿命。最新估算显示，美国桥梁修复需求的积压费用为 1 230 亿美元。[10]

不管是 5 种运输模式中的哪一种，参与运输系统建设的人员都特别关注日益严重的交通安全、交通堵塞以及运输能力不足的问题。运输业很多专家认为美国需要制订一个长远的全国运输计划，对现有运输基本设施进行修整或重建。《2009 美国复苏与再投资法案》计划拿出 120 亿美元用于修葺或新建公共设施工程。但是，不景气的经济状况限制了实际开支。2018 年 2 月 15 日，特朗普政府发布了《美国重建基础设施立法纲要》。这份长达 53 页的计划提出了一个愿景，即通过利用地方城市和各州的税收以及私人投资，将 2 000 亿美元的联邦资金变成 1.5 万亿美元，用于修葺美国的基础设施。无论对此提议的观点如何，所有供应链物流行业都同意一个观点——在美国，基础设施建设是当务之急。

8.4 专业化运输服务

将各种运输模式的实际运输能力有机地结合起来，就形成了运输服务。在解除管制之前，政府规定所有运输公司必须按照单一的运输模式运作。这种限制的目的是促进各种运输模式之间的竞争，并控制潜在的垄断行为。随着管制的解除，运输公司可以自由地发展综合的运输模式服务，以便更有效地满足客户的需求。下面我们将介绍当前不同承运人提供的专业化服务。

8.4.1 包裹服务

包裹服务是物流服务的重要组成部分之一。由于具有一定规模并具备多式联运的能力，包裹服务承运人的影响力与日俱增。电子商务的出现，以及直接面向客户的最后一公里的配送需求，都极大地增加了企业对包裹配送服务的需求。虽然对包裹服务的需求日益增加，但是这种服务的分类却与传统的运输模式分类有所不同。包裹配送服务一般通过铁路、公路和航空来完成，可以分为普通型服务和附加型服务两种。

许多承运人都在大城市的区域内提供包裹配送服务，还有一些承运人提供州内和州际的运输服务。其中，最为人们熟知的运输公司有联邦快递公司（FedEx）、联合包裹服务公司（UPS）以及美国邮政局（USPS）等。

1973 年，FedEx 首先推出了附加型的包裹配送服务。FedEx 有专用货机队运送包裹，承诺在第二天就能完成送货。自此，FedEx 开始在国际范围内推广其服务项目，目前也提供零担及整车运输服务。

起初，UPS 提供的服务只是百货商场的一些本地配送业务。现在，UPS 可以提供各式各样的包裹服务。事实上，为了满足客户和商务企业的需求，UPS 遵照客户对货物尺码的特殊要求以及对重量的限制，在国内和全球范围内提供包裹配送服务，极大地拓宽了自身的服务范围。UPS 能够提供涉及各种货物的物流服务，尤其是小包裹货物运输。当发货地与目的地之间的距离小于 300 英里时，UPS 能够在一天之内完成包裹的运输工作，并且这种运作对 UPS 来说仍然有利可图。

如今，UPS 提供了 20 多种不同的服务选项。基于 2017 年 UPS 费率和服务指南，表 8-6 概述了 UPS 在北美地区提供的各种整合服务。有趣的是，UPS 支持这些服务产品的不同组合。公路运输、多式联运、零担运输和航空运输，各种方式协同工作，使 UPS 能够提供非常广泛的服务。例如，对于通过 UPS 紧急特快产品提供的即日运输服务，可能需要公路运输或航空运输来完成，或需要两者联合完成。

表 8-6 包裹货运服务的各种选项

	北美货运					
	当天	1 天	2 天	2～3 天	2～5 天	3～4 天	确定天数内
UPS 紧急特快	●						
UPS 次日达空运		●					
UPS 次日达空运 NGS		●					
UPS 后日达空运			●				
UPS 后日达空运 NSG			●				
UPS 全球加急空运（美国到墨西哥）				●			
UPS 全球加急地面运输（美国到墨西哥）					●		
UPS 全球加急公路运输（美国到墨西哥）					●		
UPS 三日达空运						●	
UPS 三日达空运 NGS						●	
丛林狼物流公路和多式联运							●
丛林狼物流合作运输管理							●

（续）

	北美货运						
	当天	1天	2天	2～3天	2～5天	3～4天	确定天数内
UPS 零担运输							●
UPS 有保证的零担运输							●
UPS 保证 A.M. 的零担运输							●
UPS 紧急零担运输							●
UPS 专用合同运输							●
UPS 交易显示服务							●
UPS 温度控制服务							●
UPS 标准零担运输（美国到墨西哥）							●
UPS 标准整车运输（美国到墨西哥）							●

资料来源：Adapted from UPS 2017 Service Guide, www.ups.com.

USPS 主要经营以地面和空中包裹运输为主的服务项目，它根据邮寄包裹的重量和运送距离来计算收费金额。通常情况下，包裹在进入运输环节之前必须先被送到邮局。然而，如果货物的体积和重量较大，邮局会在方便的情况下到货主所在地收取货物。城际间的运输通常外包给运输公司来完成，外包运输公司向 USPS 提供所需的航空运输、公路运输、铁路运输甚至水路运输服务，而邮局只负责将货物送到最终的目的地。

2006 年，USPS 决定大幅扩大其服务范围，提出了"提高邮寄责任感和效率方案"（PAEA）。USPS 具备其他包裹服务公司不具备的优势，即 USPS 的服务网络是按照每天运送至每个美国家庭的能力和范围进行设计的。通过上述方案，USPS 在邮寄价格制定方面更加灵活。传统的定价方式中相同重量的邮费相同，而新的定价方式则考虑了按邮寄规模定价、最低折扣价格、网上限价等因素。2010 年，USPS 推出了一项被称为"放进去即送货"（If it fits it ships）的新服务。这项服务指定了 5 种尺寸不同的箱型，并确定国内两个城市间对应的统一运费率，对于寄送的货物，不管重量如何，只要能放进这 5 个箱型中，便能以统一费率寄送。

在当今的供应链环境中，我们甚至看到小型包装公司合作为消费者提供集成产品。FedEx 的"智能邮寄"服务利用联邦快递资产进行原点取货、区域分拣和线路运输业务，然后与 USPS 合作，利用其对美国每个地址的广泛覆盖完成最后一公里的配送。两家公司通过这种战略合作，有效集成了各自的优点，以其低成本和便利性吸引了众多消费者，实现了双赢。

包裹服务对物流系统的重要性不言而喻。在过去的四五年间，电子商务的爆炸式增长大大推动了从企业直接配送到终端消费者的发货量。企业-消费者（B2C）模式的实现，使得零售电子商务的销售额占零售总额的比重从 2008 年第一季度的不足 4% 增长到 2017 年的超 9.1%。[11] 亚马逊的发展使得消费者可以获得两天内有着实时状态更新的免费货运。专注于满足消费者需求是物流服务公司发展最快的方式之一。

8.4.2 多式联运

多式联运将两种或两种以上的运输模式结合在一起，它利用每种运输模式的优势，以较低的总成本提供了一种综合性的运输服务。多年来，为了将不同的运输模式结合起来，人们付出了大量努力。实现多种运输模式的协调发展可以追溯到 20 世纪 20 年代初期，然而，当时政府为了防止出现垄断而制定的限制政策抑制了运输模式之间的协作。随着铁路和汽车联合运输服务的出现，多种模式运输在20世纪50年代期间开始有了较快的发展。当时，这种综合性服务被称为"驮背式服务"。这种联运方式将汽车在短途运输上的灵活性与火车在长距离运输中成本较低的特点有机地结合在一起，形成了一种更加经济有效的运输手段。因此，这种多式联运的方式很快就风靡一时。

从技术的角度来讲，协调式的货运或联合运输完全可以在5种基本运输模式的基础上实现。那些具有描述性质的专业术语，如驮背式运输、火车渡运以及鸟背运输等，已经成为标准的运输专用词汇。

1. 拖车运输/集装箱运输

运输行业中最广为人知的多式联运方式是在轻型运货车上使用的拖车运输（TOFC）和集装箱运输（COFC）。集装箱是一种货箱，通常用来储存联运的货物，以及在公路运输、铁路运输、水路运输中完成货物的装卸。最常见的集装箱一般是8英尺宽、8英尺高、20英尺或40英尺长，集装箱的底部没有车轮。拖车虽然与集装箱的高度和宽度差不多，但它的长度却可以达到53英尺，并且底部装有车轮，能够在公路上行驶。拖车和集装箱都可以放在铁路平板货车上，用以完成城际间的部分长途运输。此外，在始发站和终点站，拖车和集装箱都是由卡车来进行牵引运输的。长途运输的成本就是在城市之间完成有轨机车或卡车运输的费用。随着TOFC的出现，各种将拖车或集装箱与铁路平板货车相结合的运输方式都得到了极大发展，例如双层列车。

尽管TOFC的出现有利于在铁路运输与公路运输之间直接实现货物的转移，但是TOFC也存在一定程度的技术局限性。例如，拖车的底部装有车轮，从而能够在公路上行驶，但是拖车的放置问题需要引起高度重视。将拖车放置在有轨机车上，就有可能导致风阻、损坏或者超重等问题。而集装箱则不会遇到类似的麻烦，可以将集装箱堆放成双层，然后放在有轨机车上。同时，使用集装箱进行水路运输也相当方便。但是，需要注意的一点是，利用集装箱进行集货和配货时需要使用专用设备。

2. 集装箱船舶运输

鱼背运输、火车渡运、集装箱船舶运输都是一些比较传统的多式联运形式，它们都需要借助水路运输。对长途运输来讲，水路运输是最便宜的运输模式。海洋管理局（MARAD）的一项对比调查指出，一条可以牵引15条驳船的拖船的运输能力等同于225辆有轨机车或900辆汽车的运输能力。[12]

鱼背运输、火车渡运、集装箱船舶运输将卡车、拖车、有轨机车或集装箱装载到驳船或轮船上，在岛屿之间的可航行水路上进行长途运输。在大西洋与海湾地区的各个港口之间，以及五大湖地区到沿海各个港口，这些运输模式随处可见。

随后，多式联运方式衍生出一种新的概念——**大陆桥**。大陆桥是指将铁路与海路运输相结合，共同运输集装箱货物的方式。大陆桥在欧洲与亚洲的集装箱运输业务中得到了广泛的应用，它既可以节约时间，又可以减少水路运输的总费用。例如，将集装箱从亚洲运送到北美的西海岸，然后将集装箱放置在火车上送到美国的东海岸，再通过水路运输将其运到欧洲。考虑到将水路运输与铁路运输结合后能够降低运输成本，产生可观的收益，同时，使用这种模式只用上缴一份关税，比独立上缴海路与铁路两部分的关税总额要低，因此产生了大陆桥的概念。

2016 年 6 月 26 日，巴拿马运河扩建项目开始运作。该项目于 2007 年正式开始，最初计划于 2014 年完成，以此迎接运河开放 100 周年，但该项目的建设遭遇了各种挫折，包括罢工和建筑成本争议等。该项目耗资约 54 亿美元，为运河增加了第二套船闸。新的船闸将容纳最多载运 13 000 TEU（二十英尺当量单位）的集装箱船，是能够通过原始船闸的 4 500 至 5 000 TEU 装载量的集装箱船的近三倍。本来预计这种容量的扩充将会使多达 10% 的远东集装箱从美国西海岸港口转移到美国东海岸港口，但是由于基础设施不足，美国东海岸港口无法处理大型集装箱船，这延迟了货运量的转移。

8.4.3 不具备运作性质的中间商

在整个运输行业中，还包括一些不拥有设备的商业机构。这些不具备运作性质的中间商为其他公司提供中介服务。从某种程度上说，运输经纪人类似于市场分销渠道中的批发商。

这些中间商可以为发货人提供较低的运输费率，该费率往往会低于托运人直接向货运公司的询价。由于普通货运费率的结构中存在某些特殊性，如最低运费、附加费和低于容积费用等，因此，不具备作业性质的中间商可以帮助托运人降低成本。有趣的是，有时候中间商收取的费用反而会比货运公司还要高。中间商之所以收取高额费用，是因为它有能力提供更为快速和完整的服务。主要的中间商包括货运代理人、托运人协会和经纪人。

货运代理人以盈利为目的，它将不同客户的小批量的货运业务合并起来，形成大批量的货运业务，然后使用公共货运公司进行统一运输。通常情况下，既可以采取汽车运输，也可以采取航空运输的方式。当货物送达目的地之后，货运代理人再根据客户的最初要求对大批量货物进行拆分，恢复成原来的小批量货物。对货运代理人而言，可以选择是否完成本地配送。货运代理人最主要的优势在于，它可以降低大规模运输中单位重量的运输费用。

托运人协会的运作过程与货运代理人基本相似，它们都是将小批量货物合并成大批量货物以获得最优的成本效益。托运人协会是一个自发的、非营利性的实体，协会中的成员来自各个不同的行业，通过彼此间的相互合作从小批量的采购中获利。通常，托运人协会成员的采购对象是一个共同的供应商或者同一个地区的多个供应商。一般的做法是频繁地订购小批量商品，从而降低库存量。加入托运人协会后企业可以获得更快的送货速度，因为这样做可以从一个地点采购大量不同的商品，例如在纽约市的时装区购买大量不同的服装。

经纪人为托运人、承运人和货运公司安排运输，它们也为免税承运人以及拥有车辆所有权的个体司机安排运输。经纪人一般以委托为基础来开展运作。如今，经纪人提供更为广泛的服务，包括船货接洽、费率协商、费用结算以及对货物的情况进行跟踪等。经纪人涉及的所有运作领域都适用于基于互联网的商业运作。此外，全球一体化的发展也促使经纪人扮演起越来越重要的角色。

8.5 运输的经济性与定价

运输的经济性和定价与影响费率的多个因素相关，其中主要因素包括运输距离、载货量及产品密度。下面将从承运人的角度来探讨这些重要因素。

8.5.1 运输距离的经济性

运输距离对运输成本有非常重要的影响,因为它直接影响可变成本的大小,比如劳动力、燃料费和维修费等。图 8-2 显示了运输距离与运输成本之间的关系。我们从图 8-2 中可以得出以下两点结论:第一,成本曲线的起点不是原点,这是因为在运输过程中始终存在与收货、发货等活动有关的固定成本,这些固定成本不受运输距离的影响;第二,随着距离的增加,成本的增长速度逐步放缓。这个特点通常被称为**远距离递减原则**。

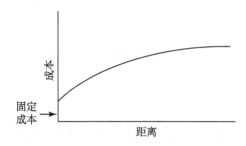

图 8-2 运输距离和运输成本之间的关系

8.5.2 载货量的经济性

载货量的大小是影响运输成本的第二个因素。与其他物流活动一样,大多数运输活动中也存在规模经济。如图 8-3 所示,随着载货量的增加,每单位重量货物的运输成本逐渐下降。这是因为收货、发货以及管理费用都是固定的,随着载货量的增加,这些固定成本得到了进一步的分摊。但是,载货量和运输成本之间的关系会受到运输工具大小的限制。了解这种关系对于管理工作有重要的指导意义,即应该尽量把小规模的载货量合并起来,聚集成为大规模的载货量,从而实现规模经济的最大化。

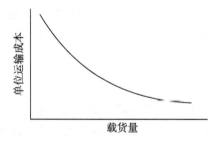

图 8-3 载货量与单位运输成本之间的关系

8.5.3 密度的经济性

影响运输成本的第三个因素是产品的密度。密度是重量和体积两个要素的组合。重量和体积这两个要素之所以重要,是因为运输成本通常都表示为每单位重量的费用大小。以每英担(CWT)来计算运费的方式也很常见。就重量和体积而言,载货容积对运输工具的影响比载货重量更为显著。因此高密度的产品能够将相对固定的运输成本分摊到更多的重量上,从而降低货物单位重量的运输成本。图 8-4 直观地显示了产品密度与运输成本之间的关系,随着产品密度的增加，每单位重量的运输成本呈下降趋势。一般而言，运输管理者通常都会想方设法增加产品的密度以充分地利用运输工具的载货空间。

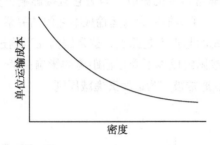

图8-4 产品密度与单位运输成本之间的关系

8.5.4 其他定价因素

一些其他因素对运输的经济性也很重要。下面介绍四个较为重要的因素。

1. 装载性

装载性是指怎样才能将货物恰到好处地放入运输工具之中。具有不规则尺寸和形状的产品，或者超高、超重、超长的产品都不能够很好地放置在运输工具中，从而造成运输工具载货空间的浪费。虽然产品的密度和产品的装载性有些相似，但有时候密度相同的货物所采取的装载方式却截然不同。显然，长方形的物品就比形状不规则的物品更容易装载。举例来说，尽管钢片和钢棍都具有相同的密度，但是由于它们在长度和形状方面存在区别，因此装载钢棍要比钢片更加困难。此外，装载性也会受到载货规模的影响，大量货物可能比少量货物更容易配载。比如，配载一卡车垃圾桶也许会比配载一个垃圾桶更容易。

2. 搬运处理

从卡车、火车或轮船上装货、卸货时需要使用特殊的搬运设备。此外，为了满足运输和储存的需要，必须按照正确的方式将产品摆放在料箱里或者托盘上。搬运设备和摆放要求都会对搬运处理的成本有所影响。

3. 责任因素

责任因素涉及产品的特性，这些特性有可能使产品比较容易损坏，例如气溶胶涂料这样的危险材料就容易损坏。因此，运输公司既可以选择购买保险以防止潜在的损失，也可以选择承担由于货物损坏而引发的经济责任。托运人可以通过改善产品的包装或者采取其他降低货物损坏及丢失可能性的方法，来降低运输公司的风险，并最终实现降低运输成本的目的。

4. 市场因素

最后，市场因素也会对运输成本造成影响，比如运输通道中的货物流量以及流量平衡就会影响运输成本的大小。**运输通道**指的是货物在运输的起点与终点之间进行移动的通道。一般而言，运输车辆和司机最终都要返回起点，因此在返回的过程中，司机可以发现一些**返程运输**的货物，或者是选择不承载任何货物**空车返回**。但是，如果空车返回的话，返回过程中产生的人力、燃料和维修成本就必须分摊到送货成本中，这样就增加了送货成本。因此，理想的解决方法就是尽可能实现双向运输（或者称为平衡运输），也就是使送货与返程的货物运送量大致相等。但是，由于生产地与消费地的需求不平衡，很少会出现这种情况。需求地点和季节性因素都会导致运输费率随之发生改变。因此，在进行物流系统设计时必须要考虑这些因素的影响，同时尽可能实现返程运输。

8.5.5 运费成本

运输的经济性与定价的第二个方面涉及如何制定合理的成本分配标准。成本的分配通常是承运人关心的问题，但是由于成本结构会影响双方的谈判结果，因此，如何对成本进行合理的分配，对托运人来说也是十分重要的。运输成本可以分为多种类型。

1. 可变成本

运输的**可变成本**会随着某些影响因素以一种可预见的、直接的方式发生变化。可变成本包括与货物的移动直接相关的那一部分成本，这种成本通常以每英里的费用或者每重量单位的费用来计算。一般情况下，可变成本包括劳动力成本、燃料费用和维修费用等。

2. 固定成本

固定成本是指短期内不会发生变化，并且当企业不进行运作时，如公共假期或者罢工时期，也必须支付的那部分成本。固定成本包括那些不受运输量直接影响的成本。对运输公司来说，固定成本包括运输工具、站点、通行权、信息系统以及相应的辅助设备等方面的成本。在短期内，每笔运输的实际收入减去可变成本之后的金额，必须要高于与固定成本相关的费用。

3. 联合成本

联合成本指的是提供某一特定的服务所必须连带支付的费用。比如，当承运人选择将一卡车货物从 A 点运送到 B 点时，这就必然要涉及从 B 点到 A 点的返程成本由谁承担的问题。这笔返程的联合成本既可以由最初的托运人来支付，也可以找一个返程运输的托运人。联合成本对于运费有相当大的影响，这是因为承运人在定价时必须综合考虑各种潜在的联合成本，同时还需要考虑托运人是否有能够用于返程运输的货物。

4. 公共成本

公共成本指的是承运人代表所有托运人或者一部分托运人所需要支付的费用。终端费用或管理费用等公共成本具有经常性开支的特点，这些成本通常根据运输的次数或者交货完成次数分配给托运人。

8.5.6 运费定价

在本节中，我们将介绍承运人传统的定价机制。这些内容主要适用于公共承运人，当然，合同承运人的情况与之也基本相似。

1. 费率分类

在运输的术语中，在两地之间运送一种特定产品时，每英担货物所收取的运输价格称为**费率**，而费率在运价单或电脑文件中通常被称为**价格表**。之所以会出现**费率分类**这一术语，是因为公共承运人在定价时需要对运输的所有产品加以分类。在美国州际贸易中进行合法运输的所有产品都能以运输的费率分类来加以区分。

确定公共承运人的费率分类时，通常可以分为两个步骤：第一步，把所有即将要运输的产品进行分类或归组；第二步，以产品的类别、重量和运输的起点/终点为基础，确定准确的运输费率或价格。

2. 运费等级分类

在进行运输之前，必须将所有产品按照统一的分类标准进行归类。在归类时需要对产品的特性进行考虑，因为这些特性会影响产品的搬运成本和运输成本。通常将具有相似密度、装载性、搬运处理方式和价值的产品归为一类进行运输，这样可以减少对每个产品都进行处理的麻烦。产品或商品的类别就是它们的**等级**，根据产品的等级可以确定所对应的运输费率。需要注意的是，对货物进行分类并不意味着就可以据此确定货物进行运输所要支付的费用。等级只是反映了某种货物与其他货物相比所具有的运输特性。

在美国，公路运输承运人与铁路运输承运人都有各自独立的分类体系。公路运输体系使用的是《国家公路货物分类表》，而铁路运输则使用的是《统一货物分类表》。公路分类体系中包括18类货物，而铁路分类体系中则有31类货物。此外，在有些地区，承运人或许还会有一些额外的分类清单。

对单个产品的分级是建立在"100"这个相对数的基础上的。100代表了各种产品的平均水平，最高等级的产品可以达到500，而最低等级的产品则只有35。根据所列出的各项标准，每一种产品都拥有一个相应的编号，然后获得一个对应的分类等级。一般而言，类别的等级越高，产品的运输成本也就越高。根据以往的经验，指数为200的产品运费大约是指数为100的产品运费的2倍。虽然在实际运作中，运费之比未必一定等于2，但是毋庸置疑的是，指数为200的产品肯定会比指数为100的产品的运费要高很多。货物同样也可以按照运输数量进行分类。对同种货物来说，使用零担运输（LTL）方式的运输费用要高于整车运输（TL）方式。

表8-7是从《国家公路货物分类表》中摘录下来的内容，包括了一组编号为86750的货物，即含铅玻璃。我们可以看到该类货物又被进一步分成更为具体的玻璃种类，比如"玻璃、显微镜载玻片或盖玻片，盒装"（编号86770）。若以LTL方式运输，编号为86770的产品级别指数为70；若以TL方式运输，其级别指数为40，使用TL的前提条件是每车次至少要运输360英担的货物。

表8-7 国家公路货物分类表

编号	描述	类别	
		LTL	TL
86750	铅条镶嵌的窗玻璃，参见编号86752		
类别1	带有风景、图片或宗教图案设计的，箱装玻璃	200	70
类别2	带有弧线、有角度或直线型的（或除风景、图片和宗教图案设计之外的类型），箱装玻璃	100	70
86752	注意："铅条镶嵌的窗玻璃"指固定在铅或其他金属中的彩色或白色玻璃		
86770	显微镜载玻片或盖玻片，盒装	70	40
86830	包金箔的、覆盖有铝片、用金属接头连接的玻璃，盒装、箱装或用1339包装物包装	77.5	45
86840	包金箔的、覆盖有铝片的玻璃，盒装、箱装或用1339包装物包装	70	37.5
86900	做镜子用的镀银的玻璃，没有加框、没有支持物、没有配备挂钩或其他相似物品		
类别1	盒装、镀银的窗户玻璃（编号86902）；整车方式运输，用227或300包装物包装	86	40

(续)

编　号	描　述	类别 LTL	类别 TL
类别 2	除分类中玻璃之外的玻璃；以整车方式运输，用 227 或 300 包装物包装		
类别 3	长度不超过 15 英尺，宽度不超过 9 英尺，盒装玻璃	100	70
类别 4	长度超过 15 英尺、宽度超过 9 英尺，盒装玻璃	250	70
类别 5	没有弧度的玻璃，见包装物 785		
类别 6	盒装、箱装或用 198 包装物包装，尺寸为 120 英寸或更小的玻璃	70	40
类别 7	包装物为 235 或 1339 的玻璃		
类别 8	尺寸超过 120 英寸，但长度不超过 15 英尺，宽度不超过 9 英尺，盒装或箱装玻璃	100	40
类别 9	长度超过 15 英尺，宽度超过 9 英尺，盒装或箱装玻璃	200	45
86902	注意：做镜子用的镀银的玻璃，如果加框、有支持物、并配备有挂钩或其他相似物品，则归属于镜子类		
85940	盒装玻璃窗而非玻璃盘，金属镶边而非金属镶框类	77.5	45
86960	盒装、箱装或用 2133、2149 或 2281 包装物包装的玻璃	70	45
86966	注意：适用于由玻璃片组成的东西，这些玻璃片在边缘处密封，相互之间由空气或真空隔离开		
87040	盒装或箱装的建筑材料，以毛玻璃为原料构成的天窗、屋顶或侧墙的建筑材料，用金属丝捆起或没有金属丝捆起均可。参见编号为 87042 的盒子或柳条箱	65	35

资料来源：Reprinted with permission from the American Trucking Association.

不同的包装也会对产品的等级产生影响。例如，当玻璃采取散装、用板条箱或用盒子等非保护性包装物进行包装及运输时的费率等级，与使用保护性包装物进行包装及运输时的费率等级有明显的区别。应当注意的是，包装的不同会影响产品的密度、装载性和易损程度。这一点证明了我们之前讨论过的成本因素会对费率的等级起到决定性的作用。因此，由于运输地点、运输规模、运输模式和产品包装等方面的差别，相同产品会归入到不同的类别中。

运输经理的主要职责之一就是为所有等待运输的货物争取到尽可能有利的费率等级。因此，对运输部门的员工来说，充分了解货物等级的分级体系是十分必要的。虽然铁路和公路运输在分类体系上存在一些差异，但是每一个体系的等级制定规则都是非常类似的。

向分类委员会递交书面申请，要求对某种产品进行重新分类，也是一种可行的方式。分类委员会将从最低重量要求、货物描述、包装要求和法律法规等方面，对那些提出修改或者补充要求的货物进行审查。一个反应灵敏、能够快速制定出相应对策的运输部门，在货物的分类工作中起着相当重要的作用。对货物进行正确的分类，或者对包装及运输数量提出一些有益于降低运费的建议，都能够为企业节省大量开支。

3. 确定费率

一旦完成了货物的等级分类之后，下一步就要确定相应的费率。每英担货物的价格通常是以货物运输的起点和终点为基础的，当然，实际价格往往也会受到最低费用和附加费用的影响。以前，起点和终点的运输费率都是以手写的方式记录在本子上，定期进行更新与修改，然后运输公司用磁盘的方式提供运输费率。现在，选择运输公司的方式则多种多样，既可以通过互联网浏览运输公司网站上的信息，以获得最优的费率，也可以参与在线拍卖，对多个运输公司进行比较。

美国公路运输的起点和终点的费率按照地区的邮政编码进行排列，表 8-8 显示了从佐治亚州亚特兰大市（邮编 303）到密歇根州兰辛市（邮编 489）的所有货物位于各个等级的费率。表 8-8 中列出了最小规格的零担运输（重量低于 500 磅，记为 L5C）到最大规格的整车运输（重量大于 40 000 磅，记为 M40M）的运输费率。费率单位是每英担多少美分。假设某笔货物的重量为 10 000 磅，那么，从亚特兰大市到兰辛市等级为 85 的运费率为每英担 12.92 美元。

表 8-8　从佐治亚州亚特兰大市（邮编 303）至密歇根州兰辛市（邮编 489）的费率样本

始发地邮编 303；终点邮编 489；MC：81.00；RBNO 00775E

价格级别	L5C	M5C	M1M	M2M	M5M	M10M	M20M	M30M	M40M
500	233.58	193.89	147.14	119.10	84.05	65.37	40.32	32.25	28.24
400	188.24	156.25	118.58	95.98	67.73	52.69	32.55	26.03	22.79
300	144.11	119.63	90.78	73.48	51.86	40.34	24.94	19.95	17.45
250	126.30	104.84	79.56	64.40	45.45	35.34	21.86	17.48	15.31
200	98.37	81.66	61.97	50.16	35.40	27.53	17.00	13.60	11.91
175	88.65	73.58	55.84	45.20	31.90	24.81	15.30	12.24	10.72
150	76.11	63.18	47.94	38.81	27.38	21.30	13.20	10.56	9.24
125	64.76	53.76	40.80	33.03	23.31	18.12	11.25	9.00	7.88
110	56.27	46.71	35.43	28.69	20.25	15.75	9.88	7.90	6.92
100	52.62	43.68	33.15	26.83	18.94	14.73	9.22	7.38	6.46
92	49.79	41.33	31.37	25.39	17.92	13.94	8.91	7.12	6.24
85	46.15	38.31	29.07	23.53	16.61	12.92	8.58	6.86	6.01
77	42.91	35.62	27.03	21.88	15.44	12.01	8.34	6.67	5.84
70	40.48	33.59	25.50	20.64	14.57	11.33	8.10	6.48	5.67
65	38.46	31.92	24.22	19.61	13.84	10.76	8.02	6.41	5.61
60	36.84	30.58	23.21	18.78	13.26	10.31	7.94	6.35	5.56
55	34.81	28.90	21.93	17.75	12.53	9.74	7.85	6.28	5.50
50	32.79	27.22	20.66	16.71	11.80	9.18	7.77	6.22	5.44
重量限制（磅）	500 以下	500～1 000	1 000～2 000	2 000～5 000	5 000～10 000	10 000～20 000	20 000～30 000	30 000～40 000	40 000 以上

按照惯例，在制定和公布费率之前，需要综合考虑具体货物的等级、起点和终点等因素。因此，需要经常进行检查，以确保价格具有时效性。在解除运输管制之后，运输公司通过提供价格折扣拥有了更大的灵活性。现在，运输公司不再为了满足特定客户的要求而建立个人价格表，它们为特定客户在货物等级价格上提供价格折扣，折扣率取决于托运人的货运量以及市场竞争的激烈程度。

以英里作为收费单位也是一种常见的收费方式，在整车运输中应用得相当普遍。我们在前面讨论过整车运输，它的目的是降低装卸和转移的成本。既然在整车运输中使用了整个车辆，并且无须在终点进行货物的转移，那么以英里为单位进行收费就是一种非常合理的定价方法。在单向货运中，每英里的具体收费金额取决于市场情况、使用的设备以及运输的货物等。尽管价格可以商量，这种收费方式通常会涉及装货、卸货和相关责任等问题。

除了以英担和英里为单位进行收费的方式之外，还有两种常用的运输收费方式：**最低收费**和**附加费**。最低收费是托运人必须缴纳的一笔费用，该费用与货物的重量无关。附加费是托运人为了承担特定的运输成本而支付的一笔额外费用。

等级费率、最低收费和附加费共同组成了一个定价框架，其中各种不同的价格组合必须适用于美国本土的运输费率表。运输费率表确定了在特定的起点和终点之间进行不同等级的运输所对应的费率大小。等级分类与费率分类结合起来便形成了一个普遍适用的定价机制。

4. 立方费率和货运尺寸测量器

目前有很多公司已经将重点放在准确确定混合商品零担货运的正确分类上。在2010年左右，它们开始推动采用基于三维数据的定价系统。许多人认为，在降低运费成本方面，这是一种非常优越的方式。截至2017年，基于三维数据的定价方法尚未得到广泛采用。然而，随着许多LTL承运人购买了**尺寸测量器**，情况开始发生变化。尺寸测量器是一种重量和体积测量设备，用于测量三维或立方体形状的物体（例如包裹，纸箱或盒子），并为包裹获取准确的密度因子。如今，LTL承运人在其网络中部署了许多尺寸测量器，货物的尺寸会被实时测量。然后，承运人将通过LTL网络获取这一信息，并将货运的实际立方密度与提货单上所述的货运类进行比较。承运人可以识别实际密度何时不同于所报告的密度，并与托运人一起检查以调整价格或更改包装配置。此过程的总体目标是提高LTL承运商的网络效率。这是技术进步如何迅速改变运输业的一个例子。

5. 其他费率结构

在运输行业中，还存在着许多其他种类的费率结构，其中就包括**商品费率**。如果两地之间经常有大批货物运输，那么按照惯例，承运人会公布商品费率。当通过竞争性谈判或大批量运输证明合理性时，还有一些例外费率可能也适用于特定区域、原产地/目的地或商品。其他示例包括**累计费率**，当托运人同意向承运人提供多批货物以换取当前类别费率的例外折扣时，可使用累计费率。当托运人同意履行通常由承运人执行的选定服务（例如拖车装载）以换取折扣时，将使用**有限服务费率**。另一个例子是**价值豁免费率**，它将承运人在货物损失或损坏时所承担的责任限定在一定范围内。

6. 特殊费率及服务

在物流运作中，公共承运人有时候也会提供一些特殊费率与特殊服务。下面，我们将通过几个常见的例子加以说明。

如前所述，**均价费率**（FAK）对于物流运作有非常重要的意义。均价费率是指将各种不同的货物混装在一起，按照统一的费率等级进行运输。采用这种费率时，以一个平均的费率对整批货物计费，因而不需要对每件货物进行详细的分类并确定合埋的费率。如果根据某一个承运人的费率表来进行货物运输，那么此时所指的费率就是**地方费率**或者单程费率。如果在运输过程中涉及两个或两个以上的承运人，则可以使用**联合费率**。联合费率往往发生在铁路运输行业，各个铁路公司只能在特定地区运作，因此为了完成运输需要彼此合作。**转运服务**允许货物在位于运输起点和目的地之间的地点进行停留，完成卸货、储存或加工等工作，然后再将货物重新装车运至目的地。使用转运服务的典型例子就是谷物产品的加工过程。出于多种原因，在运输货物时发货人或收货人有可能希望调整运输路线及目的地，甚至更改收货人。通常我们将这种做法称为**运输变更**或者**二次发货**。运输变更是指在货物还未到达指定的目的地之前，对最终目的地进行更改；二次发货则是指在货物还没有交付给收货人之前变更收货人。当需要对一批货物进行拆分，并将拆分后的货物分别送往不同的目的地时，**拆分交货**或者也可以称为**多站负载**的方式就有了用武之地。通过合理使用这些方式，每项特殊费率和服务都可以产生各自的价值增益。

7. 评估服务费用

除了基本的运输服务，承运人还能够提供多种特别或专有的服务及费用。表 8-9 列举出了几种最常见的专有服务的例子，专有服务是一种用来提升基础货运能力的额外服务。此外，承运人还可以提供环境服务，例如在运输途中或冷藏运输中对货物进行温度控制。例如，在夏季，Hershey 公司一般都会用冷藏拖车来运送巧克力或者糖果，防止货物受到高温的影响而变质。再如，拖车一般用于运送非食品类商品或者一般商品，如果要用拖车储存和运送食品，那么就需要购买特殊的卫生设备进行清洁，以使拖车可以储存食品，这通常被称为"食品级别"的服务。最后一个例子是对 LTL 交付使用提升门 / 托盘起重器服务，这适用于交货地点没有商业运输码头的情况。卡车的后部装有一个提升门，可在地面进行运输，而驾驶员则有一个托盘起重器，可将产品卸载到所需位置。这在食品配送业务中很常见，尤其是在大城市，例如星巴克通过商店的前门接收补货。

尽管我们无法对各种专有服务进行全面总结，但是上面所提供的一系列实例可以帮助我们了解承运人所提供的服务范围及种类。由此可见，承运人在物流系统中的作用远远不只是提供运输那么简单。

表 8-9　承运人通常提供的辅助性服务

COD	交货时由收件人付款
改变 COD	改变 COD 的收件人
内部交货	在建筑物内送货
加批注或粘贴标签	运输时给货物增加批注或粘贴标签
交货前通知	交货前进行预约
变更货物目的地	中途将货物送至新的目的地
重新送货	尝试二次送货
住宅送货	将货物送至未设置卡车停车场的住宅区
分类	送货前对货物进行分类
储存	送货前储存货物

8.6　运输运作管理

运输运作管理涉及多种计划、执行及管理职责。和企业管理相关的活动包括运输管理系统、单据服务和产品价格与运输的相互关系。本节是对与这些活动相关的不同要素的概述。

8.6.1　运输管理系统

几乎所有企业都将**运输管理系统**（TMS）视为其信息技术战略的一个重要组成部分。一般来说，运输管理系统必须能够对各种运输策略进行评估与比较，从而制定出最优的运输方案。如表 8-10 所示，运输管理系统的功能包括选择运输方式、制订装货计划、将多个托运人的货物进行合并、提高运输设备的利用率等。运输管理系统最基本的功能就是有效制订和实施运输计划，在最小化成本的同时，提高按时配送的能力。

表 8-10 运输管理系统的典型功能

- 订单合并运输
- 线路优化
- 承运人费率管理
- 用 EDI 方式联系承运人
- 基于互联网的运输追踪
- 整合索赔管理
- 决定最经济的模式：包裹运输、零担运输、整车运输、联合分销、中转停留
- 计算最优路径
- 基于成本、服务和绩效选择承运人
- 堆场管理

一般的运输管理系统都可以通过以下五个方面的能力来描述：①运作管理；②合并运输；③费率协商；④货物控制；⑤支付、审核与索赔管理。

8.6.2 运作管理

从运作的角度来说，TMS 最关键的要素包括设备调度和堆场管理、装载计划、运输路线规划以及货物追踪和跟踪。

设备调度和堆场管理是一项非常重要的工作。如果让运输设备长时间地等待装货或者卸货，那么就会造成严重的浪费，甚至形成运作瓶颈。进行有效的堆场管理要对多方面进行综合考虑，如装货计划、设备的使用和司机的调度等。通常，堆场管理由堆场管理系统（YMS）提供支持。TMS，YMS 和仓储管理系统（WMS）经常协同工作，以确保在仓库准备装卸时设备可用且处于正确的位置。此外，可以针对设备进行预防性维护的计划、协调和监控，并且可以针对任何专门的要求或条件进行计划并实施。

与设备调度密切相关的工作是集货、送货的预约安排。为了防止等待的时间过长，并且提高设备的利用率，运输企业采取了多方面的措施。许多托运人通过"甩挂"方式进行工作，这使承运人能够将装载的拖车拖到堆场后，立即与另一辆已装载或空的拖车一起离开。然后，接收公司根据不同的优先级排序因素，在后续的时间协调该拖车的卸载。通过最大限度地利用驾驶员的服务时间，该策略大大提高了运输效率。同时，通常为较高优先级的货运或其他特殊情况预留一定数量的"现场卸载"的交货方式。设备的有效调度和堆场管理是基于时间的物流绩效的关键。

货物的装载计划将直接影响运输的效率。在汽车运输中，运输能力受到重量和容积的限制。TMS 根据给定货件的尺寸和其他特性优化运输模式的选择。同时，如果将多个货物装载到单个拖车上，那么 TMS 必须考虑其他因素，例如产品的物理处理特性以及交货顺序等。通常的做法是在不损害产品完整性或在装卸过程中不造成效率低下的情况下，最大化卡车的空间利用率。

提高运输效率的一个关键就是进行有效的运输路线规划。TMS 可以根据各种约束条件（例如交货时间、首选的道路类型和预计的交通状况）来确定最有效的运输路线。常见的策略包括"静态路线"和"动态路线"。在"静态路线"中，每一天之间的路线变化很小，在"动态路线"中，每种路线都是根据运输货件的单个特征进行优化的。设计运输路线时必须考虑如何实现期望服务水平以及满足客户的特定要求，如送达时间、送达地点及特定的卸货服务等。

TMS 在货运的可视性和信息交换中也起着至关重要的作用。托运人通常以电子方式向收货人提供预先发货通知（ASN）。尽管 ASN 中信息交换的具体细节可能有所不同，但它们的主要目的是留出足够的时间来计划到达时间，预约交货安排以及计划重新装运的货物内容。另外，TMS 还接受来自运营商的 EDI 状态更新，通常称为 214 更新。更新信息标明了车辆在始发地和目的地的离开和到达，以及许多其他可用更新。在过去的几年中，技术的飞速发展带来了实时跟踪和追踪功能，例如地理围栏，该功能利用车载电脑来跟踪和提供信息的实时更新，例如位置、速度和剩余服务时间等，并通过 TMS 或其他基于网页的界面进行实时共享。

8.6.3 合并运输

本书曾经好几次提到了对货物进行合并运输的重要性。由于运输成本与运输规模和运输路程有关，因此，对货物进行合并运输所具有的重要意义就不言而喻了。

货运合并的传统做法是将达到同一目的地的零担货物或者包裹集中起来。其目的显而易见：与进行多笔小批量的货物运输相比，进行合并运输所节省的运输成本足以支付装卸费用和在目的地进行货物分配的费用。

随着电子商务的发展，响应型的物流运作日益成为关注的焦点，货物合并也面临很多新的挑战。在响应型的系统中，供应链中的所有企业都希望根据需求变化，进行同步补货，以减少存货的闲置时间，结果是产生了大量多频次、小批量的订单。小批量运输需求的增加不仅使运输成本大幅上升，同时还导致了更多的物料搬运工作以及装卸作业。与之相似的是，由于电子商务的爆炸式增长，产生了更多从企业到顾客的小批量运输订单，而且这些订单的交货时间也很短。当使用基于时间的策略或基于电子商务的策略对运输成本进行控制时，企业的管理者需要使用一些创新性的方法来实现合并运输，并从中获益。从运作的角度来看，货运的合并可以分为反应型和主动型两种，每一种合并运作对提高运输效率都非常重要。

1. 反应型合并

反应型合并对运输活动的构成及运输时间没有多大的影响。这种合并的目的只是将长途运输的货物集合成为批量更大的货物来提高效率。UPS 和 FedEx 公司所提供的包裹合并服务是应用反应型合并的最直观的例子。通过接近 7×24 小时的运行，这些运作都使用一种方法来合并和分配大量的小型货物，这个方法就是市场范围合并法。

市场范围合并法就是将从同一个地理起点去往相近终点的运输合并起来，从而扩大运输量和提高效率。因为是在同一个市场区域进行合并，只改变了运输时间和整体运输量，所以这一合并过程不会改变货物的原本运输线路。

第二个策略是**定期配送**。它是指在每周固定的几天时间内，将货物运送到指定的市场区域。定期配送计划通过与客户的密切沟通来增加合并运输的共同利益。运输公司向客户承诺，会将所有订单在规定的截止时间之前按时送到。

最后，第三个策略是**集中配送**。它指的是转运公司、公共仓库或运输公司共同合作，为同一市场范围内的多个托运人的货物安排合并运输。这种为集中配送服务提供安排的一体化服务供应商通常都在交货密集的地区设置固定的地点。例如，多个食品杂货的供应商可能会运送它们自己的货物到一体化服务供应商的站点，然后再由一体化服务供应商完成一次合并运输，配送到食品杂货店。因此，如果可以有效地协调好集中配送，对于发货方和收货方都能获得丰厚的收益。

2. 主动型合并

反应型的合并运输取得了成功并且有着继续发展的前景，随着响应型的物流系统的应用以及电子商务的蓬勃发展，发货人、承运人和收货人相互协作，主动应用合并运输方法来减少成本。实现主动型合并的一种工具是**预订单计划**。预订单计划通过综合考虑货物的数量和到达时间，有助于实现货物的合并运输。简单地说，买方在下单时不受到固定的采购时间或库存补货规则的限制，灵活下单能够保证运输的优化。提高买方在下达订单过程中的积极性，将大大有助于主动型的货物合并。另外一种被关注的方法是**多供应商合并**。总体思路是主动联系两个或多个供应商，这些供应商的货运特征结合起来可以提高效率。一个示例是位于同一地理区域的两个供应商，它们为相同的客户提供服务，但是每个供应商都具有产品的独特物理属性。一个货运量大的供应商可以首先装载卡车，然后到第二个供应轻型产品的供应商处装载货物。试想一下一个装载重型发电机的卡车上装满了羽毛除尘器的样子。第三方物流公司越来越注重将多供应商合并作为一种增值服务。

8.6.4 费率协商

针对任何货运，运输部门都有责任找到与特定服务需求相适应的最低费率。现时费率表是运输协商的起点。有效协商的关键是能够达成双赢的协定，使承运人和托运人实现利润共享，这包括使服务类型和服务速度与交货时间需求相匹配。对托运人和承运人来说，在一定的工作范围和时间范围内公布费率是很常见的。一旦确定，这些费率将被加载到 TMS 中执行，通常将主要、次要和第三级费率与相关的提前期一起加载。TMS 将推荐最佳解决方案，并针对给定的货物运输向承运商发出招标公告。当客户对运输有特殊要求时，在协商费率的过程中就要综合考虑本节所提到的几个要素。但是，如果双方之间存在稳固的承运合作关系，那么运输管理者就需要寻求一个互惠互利的运输费率。

8.6.5 货物控制

对运输运作管理来说，TMS 所起到的另一个作用就是控制。如前所述，运输业是受高度管制的行业。必须确保所有运输遵守当地、州和联邦的法规，例如驾驶员的服务时间（HOS）以及特定桥梁、道路和城市的重量限制，这是运输控制的关键要素。TMS 有助于我们执行和监控所需的各项控制，运输经理会针对这些控制进行定期检查。

8.6.6 支付、审核与索赔管理

TMS 还有助于简化与运输相关的"后端"管理任务。承运人的账单支付和审核经常使用 TMS 数据库提供的信息，以确保按照谈判期间商定的费率和条款提供承运人账单。通常，应用的策略包括预审核和后审核。在预审核中，对给定的货运单在付款之前进行准确性检查；而在后审核中，对一定比例的票据在首次付款后进行二次确认。此外，理赔管理是运输运作管理中重要但经常被忽视的部分。索赔通常分为超额赔偿，短缺赔偿和损害赔偿。当托运人要求承运人赔偿由于性能不佳而造成的部分或全部财务损失时，就会发生损害索赔。顾名思义，当支付的金额与预期的金额不同时，就会导致超额或短缺赔偿，这种情况下通常需要双方深入研究

后才能解决。一般来说，公司会利用专业的服务提供商来协助完成运费的支付、审核和理赔管理。

8.7 单据服务

企业在提供运输服务时，通常需要辅以大量详细的单据。除了那些仅在企业内部完成运输的货物之外，通常大多数货物运输的过程与售出的过程是同时发生的。因此，一旦实施运输服务，就相应地会产生货物的所有权问题。如果租赁承运人也参与运输过程的话，那么就必须明确地区分交易中各方的法律责任。运输单据的基本目的就是要保护交易各方的利益。运输单据主要包括三种：提货清单、运费清单和发运清单。

8.7.1 提货清单

提货清单是进行采购运输时使用的一种基本单据，它与收据的作用类似，记录了货物的相关信息及货物的数量，因此对货物进行准确描述，并计算货物的数量是非常重要的。一旦发生货物丢失、损坏或者延误，提货清单将是进行索赔的基础。在提货清单中，指定的个人或买方就是货物唯一正当的收货人。根据清单中的相关规定，承运人需要对货物的正确配送承担负责。提货清单中的信息明确指出了与时间及所有权有关的所有责任。

除了**不可抗力因素**（超出任何人的控制范围，如自然灾害等）之外，由于人为原因导致货物丢失或损坏时，承运人必须根据提货清单中的具体条款，承担起相应的责任。图 8-5 列出了一个使用统一提货清单的例子。政府明文规定，允许在运输行业中使用电子化的统一提货清单，并且可以通过计算机实现提货清单信息的传送。

8.7.2 运费清单

运费清单是承运人对其提供的运输服务进行收费的凭证，通常以提货清单中记载的信息为依据进行计算和结算。运费清单的结算可以采用**预付运费**和**到付运费**两种方式。预付运费指的是送货人在进行运输之前就支付了费用，而到付运费则将付费的责任转移到了收货人身上。

准备提货清单和运费清单要涉及大量的管理工作。通过 EDI 或者互联网交易，可以实现运费清单和提货清单的自动化操作。一些企业愿意在生成提货清单时就支付运费清单，从而可以将两种单证组合起来。企业之所以愿意这样做，主要是因为从财务的角度出发可以降低管理成本。

8.7.3 发运清单

发运清单即在将多个发货人的货物放在同一辆车上时，包含了每笔货物的送货地点以及收货人信息的单据。每一笔货物都需要有一个提货清单与之相对应，发运清单则列出了每一笔货物的目的地、提货清单信息、货物的重量和件数。发运清单的目的是在不需要查看每一张提货清单的情况下，使用一张单据提供全部装载货物的相关信息。当整车货物只有一个目的地时，其发运清单与提货清单是完全相同的。

通用的直接提货清单

原始——不可转让

（必须打印在“白色”的纸上）

发货人编号 ....

代理商编号.........

公司

RECEIVED, subject to the classifications and tariffs in effect on the date of the issue of this Bill of Lading,

at ...., 19 .....

from ....

the property described below, in apparent good order, except as noted (contents and condition of contents of packages unknown), marked, consigned, and destined as indicated below, which said company (the word company being understood throughout this contract as meaning any person of corporation in possession of the property under the contract) agrees to carry to its usual place (of delivery at mid destination, if on its own road or its own water line, otherwise to deliver to another carrier on the route to said destination. It is mutually agreed, as to each carrier of all or any of said property over all or any portion of said route to destination, and as to each party at any time interested in all or any of said property, that every service to be performed hereunder shall be subject to all the conditions not prohibited by law, whether printed or written, herein contained, including the conditions on back hereof, which are hereby agreed to by the shipper and accepted for himself and his assigns.

(Mail or street address of consignee–For purposes of notification only.)

Consigned to ....

Destination .... State of .... County of ....

Route ....

Delivering Carrier .... Car Initial .... Car No. ....

No. Pack-ages	Description of Articles, Special Marks, and Exceptions	*Weight (Subject to Correction)	Class or Rate	Check Column
....	....	....	....	....
....	....	....	....	....
....	....	....	....	....
....	....	....	....	....
....	....	....	....	....
....	....	....	....	....
....	....	....	....	....
....	....	....	....	....
....	....	....	....	....
....	....	....	....	....
....	....	....	....	....
....	....	....	....	....
....	....	....	....	....
....	....	....	....	....
....	....	....	....	....
....	....	....	....	....
....	....	....	....	....

Subject to Section 7 of conditions, if this shipment is to be delivered to the consignee without recourse on the consignor, the consignor shall sign the following statement:

The carrier shall not make delivery of this shipment without payment of freight and all other lawful charges.

....

(Signature of consignor.)

If charges are to be prepaid, write or stamp here, “To be Prepaid.”

....

Received $ ....
to apply in prepayment of the charges on the property described hereon.

....

Agent or Cashier.

Per ....

(The signature here acknowledges only the amount prepaid.)

Charges advanced:

$ ....

* If the shipment moves between two ports by a carrier by water, the law requires that the bill of lading shall state whether it is “carrier's or shipper's weight.”

Note.–Where the rate is dependent on value, shippers are required to state specifically in writing the agreed or declared value of the property.

The agreed or declared value of the property is hereby specifically stated by the shipper to be not exceeding

.... per ....

.... Shipper. .... Agent.

Per .... Per ....

Permanent postoffice address of shipper ....

图 8-5 通用的直接提货清单

8.8 产品定价与运输

定价是市场营销策略的一个重要方面，它直接影响物流运作。定价术语和条款决定由哪一方负责物流活动。定价策略的主要发展趋势是将服务价格与产品和原材料的价格分离，使以前包含在产品价格中的服务，如运输服务，成为一个独立的、可见的项目。定价对物流运作的准时性和稳定性都有直接影响。本节首先介绍几种基本的定价模式，接着讨论影响定价的一些因素。本书并不涉及与价格策略相关的经济学和心理学问题。本节的重点在于讨论定价、物流运作与运输决策之间的关系。定价决策直接决定了在交易中由哪一方具体负责物流运作以及所有权和责任的转移。FOB 原产地定价和交货定价是最常用的两种定价方法。

8.8.1 FOB 定价

FOB 是指**船上交货**或者**离岸价格**。在实际应用中，我们可以看到不同形式的 FOB 定价。**FOB 原产地定价**是最简单的定价方式。在这种定价方式中，卖方标明货物在原产地的价格，并同意将货物装船。货物装船以后，卖方不承担任何责任。买方选择运输方式、承运人，支付运输费用，并且承担运输途中货物丢失或损坏的风险。在 **FOB 交货地定价**中，直到交货完成以后，货物所有权才移交给买方。在 FOB 交货地定价中，卖方安排运输，并且将运费计入货物的销售发票。支付运费的公司并非必须承担在途货物的所有权、运费或索赔文件的责任。这些协商事项在供应链协作中是非常重要的。

8.8.2 交货定价

FOB 定价和**交货定价**的主要区别在于：在交货定价中，卖方的货物价格包括运输费用。也就是说，运输成本不作为单独的一项列出。交货定价有很多种不同的形式。

在**单一地区交货定价**中，不论买方在什么地方，它们都支付相同的价格。这个交货价格通常反映了卖方的平均运输成本。在实际操作中，有些客户支付的运输费用多于实际发生的运输费用，也有些客户得到了运输费用的补贴。

当运输成本在货物的销售价格中只占一小部分时，通常使用单一地区交货定价。这种方法对卖方来说，主要优点是可以完全控制物流；而对买方来说，尽管这种方法只是建立在平均运输成本的基础之上，但是可以帮助买方简化操作。

多地区定价针对不同地理区域制定不同的价格。其运作理念就是把物流成本更加公平地分配到两个或更多的区域，通常是根据距离远近进行报价。例如，UPS 公司这样的包裹承运商就是使用这种多地区定价策略。

在交货定价中，最复杂、最有争议的就是**基点定价系统**。在该系统中，交货价是产品的售价加上从指定的发货地点（通常是制造厂家所在地）送货的运输成本。不论货物是否确实从指定地点发货，都必须从该地点开始计算运输成本。完成装配的汽车从制造厂家运输到经销商的过程中，通常会使用基点定价方法。

图 8-6 描述了基点定价系统是如何向卖方提供不同的净收益的。客户得到的交货价报价是 100 美元。工厂 A 是基点。工厂 A 到客户的实际运输成本为每件 25 美元。工厂 A 的产品基本价格是每件 85 美元。工厂 B、工厂 C 到消费者的运输成本分别为每件 20 美元、35 美元。

当从工厂 A 发货时，公司的净收益为每件 75 美元（100 美元的交货价减去 25 美元的运输成本）。当从工厂 B 或者工厂 C 发货时，公司的净收益就有所区别。如果交货价还是 100 美元的话，工厂 B 在售价上加计的**假设运费**中向客户多收取了 5 美元。当买方支付的运输成本大于实际发生的运输费用时，就产生了售价上加计的假设运费。如果从工厂 C 发货，公司必须多支付 10 美元的运输费用。当卖方支付了所有运输成本或其中的一部分，但是并没有从买方收回全部支出时，就产生了**运费免收**的情况。换句话说，卖方必须多支付一些运输成本以提升自身价格竞争力。

基点定价简化了报价程序，但有可能对客户和供应链合作有负面影响。例如，如果客户发现他们支付的运费超过了实际运费成本，就可能会表示不满。对卖方来说，这样的定价方式也有可能产生大量的运费免收情况。

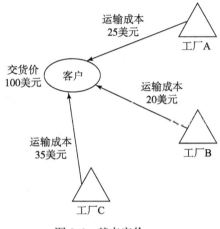

图 8-6　基点定价

8.8.3　提货折扣

提货折扣与基于 FOB 原产地价格购买货物是等价的。如果买方或其代理方在卖方所在位置提货并自己负责运输的话，卖方愿意以低于标准交货价的价格进行交易。买方也可以委托承运商和整合服务提供商从卖方处提货。在食品和日用品行业，以前采用的是交货定价策略，但是买方已经意识到自行提货或者通过承运商提货与通过交货价购买货物相比，可以节省巨大的成本。

尽管对如何最好地实施提货折扣存在一些疑惑，但是一个安全的规则是卖方向所有直接买方提供相同的折扣。对离发货地点很近的客户来说，统一的提货折扣具有更大的激励作用。还有一些其他常用策略也向公共承运商提供了合适的运输费率，这和提货折扣是等价的。

提货折扣对卖方和买方都是有利的。对卖方来说，实施提货折扣以后，小批量的货物运输变得很少，也因此大大减少了对于发运货物的合并运输需求。同时，对买方来说，他们能够更早地获得商品的控制权，并且可以充分利用自己的运输设备和驾驶员。

本章小结

对大多数物流运作而言，运输成本是物流成本中开支最大的一项。在解除运输管制之前，运输服务具有统一的标准并且极度缺乏灵活性，于是限制了提供竞争性运输服务的能力。运输管制解除之后，运输服务的范围得到了显著扩大，同时对运输服务的限制也有所放松，这使运输资源能够有效地融合到整个供应链体系中来。本章综述了几种不同的运输模式和它们各自的优缺点。

本章介绍了运输经济性的基本原则。了解运输的经济性与定价方式有助于企业进行高效的物流管理。影响运输成本的因素主要包括运输距离、载货量、货物的密度、装载性、搬运处理、相应的责任以及市场因素等。这些因素确定了向买方提供特定服务的运输费率。物流管理者需要对长途运输服务和特殊货运服务的基本费率结构有所了解。

运输运作管理部门通常通过运输管理系统（TMS）来实现运作管理、合并运输、费率协商、货物控制、支付和审核及索赔管理等功能。

最后，运输与定价策略密切相关。定价策略的趋势是将产品和运输等相关服务的价格进行分离，因此物流管理者参与定价管理的情况变得越来越多。

学习型思考题

1. 从运输的角度出发，比较规模经济和距离经济之间的异同，并解释如何将二者结合在一起以实现高效的运输。
2. 请站在经济学的角度解释需要额外付费的包裹服务为什么呈现出快速增长的趋势。
3. 铁路运输在城际货物运输的吨/英里数方面占据了主要地位，而汽车货运公司却赚取了最多的利润。请解释这两种现象之间存在什么关系。
4. 本章中所提到的五种基本运输模式至今已有50多年的历史，它们还会以现在的方式继续存在吗？你能不能预测一下，将来是否会出现第六种既经济又高效的运输方式？
5. 在本章中给出了七种影响运输成本的主要因素。请以一种产品为例，讨论每种因素是如何影响该产品的运输费率的。
6. 运费等级分类的目的是什么？费率与等级之间有何区别？它们与货物分类的关系分别是什么？

挑战型思考题

1. 沃尔玛决定从供应商处以FOB方式进行采购，你认为这会产生哪些重要影响？目前，沃尔玛的目标是降低货物运往沃尔玛分销中心的运费成本。如果在将来某个时刻，沃尔玛决定绕开分销中心，直接把货物从供应商运往零售店，这会对其业务关系产生怎样的影响？
2. 电子化记录设备被授权在汽车运输行业使用会产生怎样的长期影响呢？考虑潜在的积极和消极影响，供应链的参与者（例如发货人、承运人和驾驶人）中哪个角色会受到最直接的影响？
3. 电子商务的持续增长将会对现存运输基础设施造成怎样的影响？
4. 立方费率的支持者认为，传统的定价方式过于复杂，降低了运输效率。假设你是一名新毕业的物流专业学生，你的雇主要求你在零担货运中，对比评估传统的定价方式和以立方费率为基础的定价方式。请分别从托运人和承运人角度陈述你的立场和观点。

注释

1. Motor Carrier Act of 1980（Public Law 96-296）and the Staggers Rail Act of 1980（Public Law 96-488）.
2. Trucking Industry Regulatory Reform Act of

1994（Public Law 103-111）.
3. ICC Termination Act of 1995（Public Law 104-88）.
4. USA Patriot Act, October 26, 2001.
5. "Trucking Firm Introduces Temp-Controlled Containers for Rail," *Cargo Business News*, October 3, 2010.
6. U.S. Department of Transportation, Federal Highway Administration.
7. American Trucking Association.
8. "JOC Top 50 LTL Carriers: Small carriers, Fast growth" Journal of Commerce August 17th, 2017, William B. Cassidy.
9. Pipeline101.com.
10. ASCE, Infrastructure Report Card 2017.
11. US Census Bureau News, Quarterly Retail E-Commerce Sales Q4, 2017.
12. U.S.Waterborne Foreign Trade Containerized Cargo, "Top 25 U.S. Ports," January-June 2004, Port Import Export Reporting Services. MARAD waterborne traffic statistics, http://www.marad.dot.gov/MARAD.

第 9 章
仓储、物料搬运及包装

仓储、物料搬运及包装，构成了物流运作的不同方面。这三项通常独立处理，在本书中它们被统一提出，形成一个影响供应链所有领域的整合功能群体。因为存在许多不同类型的仓库以及影响物料搬运和包装的众多因素，它们不适用于已经用在订单管理、库存和运输等领域的有序的分类方案。传统上，仓库被视为持有或存储库存的场所，搬运和包装被视为支持产品搬运、识别和保护的基本功能。然而，在现代物流系统中，仓储功能已经成为一种战略性的功能，它以最复杂的方式最有效地满足客户需求，为企业赢得了巨大的利润。同时由于电子商务的出现，物料搬运现在被许多企业视为一项非常大的战略性投资。最后，包装技术保持着持续的发展，既考虑了与商业营销相关的要素，也符合工业搬运方面的要求。本章论述了仓储、物料搬运及包装对物流过程的贡献，讨论的范围很广，目的是介绍与此整合功能群体有关的一般管理事项。

9.1 战略仓储

虽然一个有效的物流系统不应该长期持有库存，但是在某些情况下，从成本和服务的角度来看，存储货物是合理的。

仓储在经济发展中扮演着重要的角色。在前工业时代，家庭个体作为自给自足的经济实体，必须存储一部分物品。随着运输能力的增强，专业化的运输服务已经成为可能。产品库存的工作也从家庭转移到了零售商、批发商和制造商。在物流渠道里，人们利用仓库存储货物，以便协调产品供应和客户需求。最初的仓储形态在生产和销售之间架起了一座必要的桥梁。

第二次世界大战以后，人们在管理上的注意力开始转移到战略仓储上。在批发和零售这样的分销行业中，传统的观念认为最好的方法是在每一个销售区域建设一个存储所有分类库存的仓库。随着预测和生产调度技术的进步，管理人员开始对这种有风险的库存配置方式产生怀疑。虽然季节性的生产和消费仍然需要仓储支持，但是维持稳定生产和消费所需的库存总量已经大大减少了。

制造业的发展减少了库存量，但不断变化的消费者需求不仅抵消了这部分减少的库存量，而且对库存提出了更高的要求。当零售商直接向供应商购买产品时，由于它们要为顾客提供种类越来越多的产品，因此感到越来越难维持采购和运输的规模经济。理念较为先进的批发商和零售商联合开发了当时最先进的仓储系统，为零售补货提供物流支持。因此，仓储的重点从被动地进行货物存储转变为主动地进行战略分类存储。**分销中心**这一术语在行业中的使用越来越广泛，它反映了传统仓库的动态变化。

由于零售业仓储效率的提高，制造业很快便开始采用战略仓储。对制造商来说，战略仓储能够减少原材料和部件的库存时间，仓储成了准时生产和零库存生产策略的不可或缺的组成部分。尽管准时生产制的基本理念是降低在制品库存，但是这种制造战略需要可靠的物流支持。

在制造业的外运环节或面向市场环节，可以利用仓库进行产品分类，并向消费者发货。提供组合产品的运输为消费者带来了两点好处：其一，利用合并运输配送经过组合后的产品，能够降低物流成本；其二，滞销产品的库存能够减少，因为小批量产品是作为大批量合并运输的一部分进行运输的，这样就可以实现小批量产品的经济配送。因此，那些能够迅速提供分类组合、快速组织发货的制造商能够获得更大的竞争优势。

仓储的一个重要目标是使其柔性最大化。柔性是通过信息技术实现的，信息技术能够为仓储和物料搬运提供一些更新、更好的方法，从而影响仓储运作的各个方面。柔性是及时响应快速变化的客户需求的一个必要因素，柔性包括以下几个方面：产品分类、增值服务以及安排发货的方式。信息技术使仓库作业人员对变化的客户需求做出快速响应，这样便实现了仓储的柔性。

战略仓储实现的效益可以分为两个方面：服务的和经济的。只有证实仓储既能降低成本，又能改善服务，仓储在物流系统中才是有价值的。在理想情况下，仓库能同时带来服务效益和经济效益。

9.1.1 服务效益

仓储提供的服务能够促进收入增长。要从服务角度证明一个仓库存在的合理性，其基本原理是销售增长要大于建造仓库的成本。通常很难量化服务的投资回报率，因为它是很难测度的。例如，建立一个服务于某个市场的仓库会使成本增加，但是也会增加市场的销售量、收入和潜在的总利润。仓储提供的服务包括以下三种：①定点存储；②全产品线存储；③增值服务。

1. 定点存储

定点存储通常是为消费者提供方便的。季节性强的产品制造商通常使用定点存储。制造商在销售旺季可以在有战略意义的市场上临时设置库存来提高快速反应能力，而不是全年都在一个仓库中设置库存，或者是直接从制造工厂发货给消费者。在销售旺季，制造商将挑选的货物**定点存储**在当地市场的仓库中，以满足消费者的需求。利用仓储设施进行定点存储，就是在销售旺季到来之前把库存放在临近关键客户的市场中。例如，农业肥料公司有时会在农场附近定点存储肥料，以满足突然增长的季节性需求。季节性需求过后，这种定点存储的使用就会相应减少或者被淘汰。

2. 全产品线存储

在传统的仓储服务中，制造商、批发商和零售商先预测客户订单，然后利用仓库来存储各种产品组合的库存。通常，零售商和批发商需要对来自不同制造商的多种产品进行分类处理。实际上，这些仓库可以为来自多家厂商的产品提供一站式服务。

定点存储和全产品线存储的区别在于使用仓库的程度和持续时间。采用定点存储战略的公司是在有限的时间内，使用大量的仓库来临时存储少量品种的产品。而全产品线存储通常仅限于少数几个战略性的库存地点，并且这几个仓库全年都在运作。全产品线存储能够帮助客户减少需要面对的供应商数量，从而提升服务能力。如果在全产品线存储中采用产品分类组合的方式，则有可能进行经济实惠的大宗运输。

3. 增值服务

高度定制化的服务需求使现代的分销仓库变成了专门提供**增值服务**（VAS）的设施。增值服务是指所有那些能为客户创造更大价值的活动。增值服务通常都会改变产品的物理特性或配置结构，因此配送到客户手中的产品性状是独特的，或者是定制化的。表 9-1 列出了一些典型的增值服务。

表 9-1 增值服务

● 越库式转运/转载	订单履行
● 客户退货	拣货/包装
● 配送到家	联合配送
● 运输途中的合并	修理/整修
● 看板控制	可回收的集装箱管理
● 组合	逆向物流
● 贴标签/提前贴标签	射频标签应用
● 批量控制	排序/测量
● 大规模定制/延迟	专业化包装
● 制造支持	存储支持/直接配送至商店（DSD）

在仓库中可以完成以下几个方面的工作，如包装、贴标签，甚至是轻度制造，这样能够延迟最终的产品配置。例如，蔬菜在加工厂中进行加工并装罐，但是铁罐上不贴标签。持有这种没贴标签的产品库存意味着并不将其分配给指定的客户。一旦接到了某个客户的订单以后，仓库就开始贴标签并进行最终的包装。从百时美施贵宝公司的药品包装到惠而浦公司的设备定制，这些都是延迟制造策略的例子。

延迟策略带来了两个方面的经济效益：一方面是能够降低风险，因为定制化的包装是根据客户的实际订单来执行的，并非对客户订单的预测；另一方面是能够减少总库存，因为仓库中存储的是基础产品，但能根据客户的各种要求提供贴标签和包装服务。尽管在仓库中进行包装的单位成本要高于直接在生产中包装的单位成本，但是降低风险和减少总库存成本所带来的经济效益抵消了一部分服务成本。

9.1.2 经济效益

当仓储降低了物流的总成本时，就体现了仓储的经济效益。例如，如果在一个物流系统中增加一个仓库，由于增加仓库所降低的运输总成本大于增加仓库所要求的投资成本和运营成本，所以总成本就降低了。只要能够降低总成本，就能从经济上证实仓库的合理性。仓储的基本经济效益体现在以下四个方面：①合并和分拨；②分类；③季节性存储；④逆向物流处理。

1. 合并和分拨

合并和分拨的经济效益在于通过扩大装运规模，从而降低运输成本。

在合并过程中，仓库将接收来自多个供应商的货物，然后这些货物被合并为一个大批量的货物，发往指定的目的地。这样就可能实现最低的运输费率，并且可以及时发货，同时还可以减少客户卸货站台的交通堵塞。仓库可以将源于起始地的入库货物或发往目的地的出库货物合并为更大批量的货物进行运输，这样既可以降低单位运输成本，又能提供更为快速的配送服务。

一次分拨作业只接收一批货物，并安排这批货物到多个目的地之间的配送。通过运输大批量的合并货物可以实现规模经济。收到货物后，分拨仓库或分拨站点会对个人订单进行分类或拆分，并安排本地配送。

合并和分拨作业都是利用仓储的运作能力来提高运输效率的。许多物流系统中既包括合并作业，也包括了分拨作业。图 9-1 分别描述了这两种作业流程。

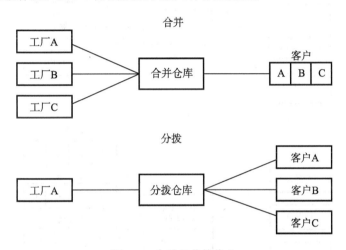

图 9-1　合并和分拨作业

2. 分类

分类的根本好处在于货物从起始地流向目的地的过程中可以被重新配置。分类作业分为三种形式：越库、组合和装配，这些都是在物流系统中广泛应用的运作方式。

越库的目的在于将来自多个渠道的库存产品合并，然后按照特定的分类将它们配送给指定客户。目前，零售商大量利用越库作业来补充快消品的库存。越库作业要求每个制造商都保证配送时间的精确性。当货物到达仓库并卸货以后，作业人员根据目的地对货物分类。在大多数情况下，客户已经详细说明了每个目的地需要的每种产品的确切数量。制造商则根据这个说明，依次进行分类、装载，并且标注发往每个目的地的确切的产品数量。产品到达进货站台后，直接被装到出货站台的配送卡车上，并发货到目的地。当一辆卡车已经装满了来自多个制造商的产品后，它便开始向目的地出发。有效的越库作业要求高度的精确性，因此要想成功地运作，就必须高度依靠信息技术。

组合作业的最终结果与越库作业相似。但是，组合作业通常发生在货物始发地和目的地之间的一个中间地点。在组合作业中，整车的产品从起始地运输到合并仓库，其目标是使流入物流的运输成本最小化。到达合并仓库以后，作业人员就进行卸货，并按照每个客户的要求对货物进行分类、组合。在组合作业过程中，流入的产品可以和那些定期存储在仓库中的产品进行组合。那些执行了组合作业的仓库，除了可以根据客户的需求进行产品分类、使运输成本降到最低之外，还可以降低物流系统中全部产品的库存水平。

采用**装配**作业最常见的目的是支持生产运作。通常在邻近制造工厂的位置设有装配车间，对各类二级供应商提供的产品和零部件集中进行装配。当制造工厂开始装配时，一级供应商或整合服务提供商通常会提供一些增值服务，例如零部件分拣、排序以及在制造商需要的时候进行配送。就像越库作业和组合作业一样，装配作业也是在确切的时间和地点对库存产品进行精确的分组。图9-2分别描述了这三种分类作业流程。

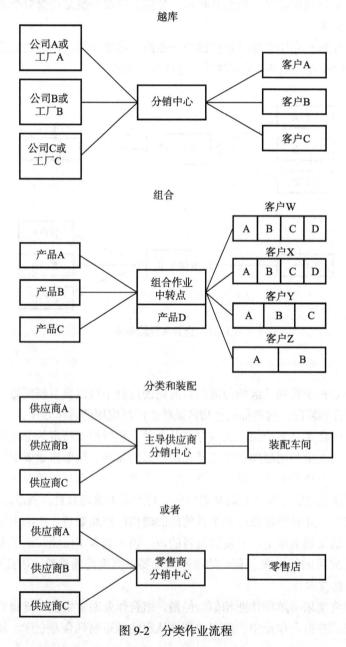

图 9-2　分类作业流程

3. 季节性存储

存储的经济效益在于调节季节性生产和需求。例如，生产草坪设备和玩具的厂商是在一年内连续生产的，但是它们的市场销售却集中在一段非常短的时间内。相反，农产品在特定的时期内收割，但是人们一年内都是需要消耗农产品的。这两种情况都需要库存来支持市场交易的持续进行。库存在这里起到了一个缓冲的作用，它允许生产在物质资源和客户需求的约束下仍然保持高效的运作。

4. 逆向物流

与逆向物流相关的大量工作是在仓库中进行的。逆向物流通常包括支持以下几个方面的活动：①退货管理；②重新制造与修理；③重新销售；④回收；⑤清理过期或损坏的库存产品。退货管理针对那些未售出的产品和制造商召回的产品，设计它们的逆向流动线路。重新制造与修理是指在产品过了使用寿命之后的逆向流动。被重新制造后的产品可以重新使用或是以合适的价格出售。一般来说，这些产品或零部件被生产厂商更新以后，会再以一定的折扣价格投向市场。重新销售是指当最初的使用者不再需要某产品时，重新销售该产品的逆向流动。国防后勤局制定了详细的重新销售流程，将使用过的设备销售给其他军事服务机构或政府机构。回收是指收回那些超过有效期的产品，然后对它们进行分解，分解后的原材料能够重新投入使用。金属、塑料和贵重产品通常是回收活动的焦点。当原材料不能再重复使用时，就需要逆向物流进行适当的清理。

控制性库存是指那些对消费者健康和环境有潜在危害的危险原材料和产品。控制性库存的回收必须在严格的运作监督下进行，以防止不合适的处理。正如人们所期望的那样，各种各样的政府机构，如消费产品安全委员会（CPS）、交通运输部（DOT）、环境保护委员会（EPA）、食品和药物管理局（FDA）以及职业安全与健康管理局（OSHA）等都直接参与控制性库存的处理工作。

以前人们对常规性库存或非控制性库存回收的关注较少。常规性库存回收的产品通常是那些被损坏了的或者过期的产品，但是涉及的产品可能是可以销售的积压库存。尽管有一些未售出的产品是在仓库中被损坏的，但大多数是从零售商或顾客处直接退回的。

虽然常规性库存的回收有一定的难度，但是控制性库存的回收更有挑战性。在以上两种回收情形中，产品的流动都缺乏入库物流的流程规律性。逆向物流中的产品包装不是统一的，有独立包装，也有纸箱。但是出库物流中的产品包装都是统一的，例如料箱装运或托盘装运。逆向物流中的包装通常是破损的，并且有的产品并没有被正确地包装。回收的产品通常需要大量的人工分拣，以确定合适的处理方法。因此，通过补贴和循环使用来弥补成本非常重要。由于逆向物流的重要性越来越突出，部分整合服务提供商开发出了相关专业化服务业务，而且获利颇丰。

9.2 仓库所有权的分类

通常按照仓库所有权对仓库进行分类。**自有仓库**是指企业自己经营的仓库，并且仓库中存储的货物归该企业所有。相反，**公共仓库**是作为一项独立业务进行运作的，它提供一系列的租赁服务，如存储、装卸以及运输。公共仓库运营商通常都会向客户提供一份相对标准的服务清单。**合同仓库**为客户提供定制化的服务，是公共仓库的延伸，它兼有自有仓库和公共仓库二者的优点。合同仓库为有限数量的客户提供某种特有的、定制的物流服务，并和客户建立长期的合作关系，它与客户共同承担与仓储业务相关的风险。合同仓库和公共仓库之间的最大区别在于合作关系的持久程度、独有服务或定制服务的专业程度以及合作收益和风险的共享共担程度。

9.2.1 自有仓库

在通常情况下，自有仓库是由拥有库存产品所有权的企业自己经营的，但是仓库所在的建筑物本身可以是自己的，也可以是租赁的。从本质上讲，决定自己建立仓库还是租用仓库是财务上要考虑的问题。但是，有时租不到能够满足特殊物流要求的仓库，例如，一些仓库的物理性质不利于有效的物料作业，如存储货架或装卸平台不适用，或因柱子而限制了物流操作，这时唯一可行的解决办法是设计并建造一个新的仓库。

自有仓库的主要优点体现在控制性、灵活性、成本以及一些无形因素上。因为管理者有权安排活动的顺序，因此自有仓库能够提供充分的控制力。这种控制力有利于企业整合仓储业务，平衡企业的物流运作。

通常自有仓库可以提供更大的灵活性，因为它可以根据特殊客户和产品的需要调整作业政策、作业时间和操作程序。因此，如果企业拥有特殊的客户和产品，它通常会选择自己拥有仓库，自行运作。

人们通常认为自有仓库的成本比公共仓库要低，因为自有仓库不是以盈利为目的的。因此，自有仓库的固定成本和可变成本可能都要低于租赁的公共仓库。

最后，自有仓库还可以提供一些无形收益。一个印有某企业名字和标志的仓库将会使客户立即联想到该企业，并加强客户对该企业的信任。这样，该企业和其竞争对手相比，就树立了更好的市场形象。

尽管存在以上这些优点，但是管理者越来越倾向于减少物流资产投入，因此自有仓库的使用正在减少。并且，由于公共仓库对多个客户的存储量进行整合，这样能够实现规模经济和范围经济，从而在一定程度上弥补了公共仓库和自有仓库在成本上的差距。

9.2.2 公共仓库

公共仓库广泛用于物流系统中。几乎所有的服务组合，不论短期服务还是长期服务，都可以以租赁的形式进行。根据公共仓库的经营专业化，传统上将它分为以下几类：①日用商品仓库；②冷藏商品仓库；③特殊商品仓库；④保税商品仓库；⑤家庭用品和家具仓库。

日用商品仓库用来存储带包装的商品，如电子产品、纸张、食品、小型设备以及家庭日用品等。冷藏商品仓库通常提供冷冻和冷藏功能，主要存储那些需要在特定温度下保存的商品，如食品、药品、摄影用品和化学产品。特殊商品仓库用于存储那些需要特殊处理的散装物品，如轮胎和衣服。保税商品仓库是得到政府许可才能建立的，存储的是那些还没有缴纳税金或进出口税的商品。保税商品仓库对于仓库的出库和入库活动都实施严格的控制与管理，货物的每一次移动都要有相应的单据记录。最后，家庭用品和家具仓库专门负责存储那些体积大的货物，如家用电器和家具等。当然，许多公共仓库也提供各种服务组合。公共仓库具有一定的灵活性，并且可以共享服务效益。由于公共仓库的核心业务是仓储，因此它有提供运作和管理方面的专业服务的潜力。

单纯从财务角度来看，公共仓库的作业成本可以比自有仓库更低。可变成本的差异来自更低的工资水平、更高的生产率以及客户之间共摊管理费用。通常，公共仓库不需要其客户进行固定资本投入。当企业根据投资回报率衡量管理绩效时，公共仓库就更加有吸引力。公共仓库向客户提供的存储仓库在大小和数量上都有一定的灵活性，这样使用者就可以响应供应商、客户以及季节性需求。相比较而言，自有仓库很固定，并且很难改变，因为如果要改变的话，就需要对仓库进行修建或扩建，如果不再使用的话，就得进行售卖处理。

由于公共仓库可以对客户的需求进行组合，因此客户间有可能分享规模经济带来的效益，这样就能够分摊固定成本，并有理由投资具有尖端技术的处理设备。公共仓库可以对多个客户的配送进行合并，这种合并能够影响运输的运作。例如，与其要求供应商 A 和供应商 B 把各自的产品从自己的仓库运送到某个零售点，还不如由公共仓库代表上述两个供应商来统一安排配送，这样能够为客户减少运输费用。

许多企业因为公共仓库的可变成本、可扩展性、服务范围和灵活性等原因，都在利用公共仓库进行存储。公共仓库向客户收取一些基本的物料搬运和存储费用。对物料搬运作业来说，通常根据搬运货物的件数或重量来计算费用。对存储作业来说，则根据某个时间段内存储货物的件数或重量计算费用。公共仓库提供的特殊服务或增值服务的价格还需要双方协商来确定。

9.2.3 合同仓库

合同仓库综合了自有仓库和公共仓库的特点。长期的合同关系通常会产生比公共仓库更低的总成本。事实上，许多合同仓库提供商在不动产领域投资广泛，一家整合物流服务提供商可能在多个关键的生产或配送地都拥有仓库并进行运作，因此能够满足客户在多个市场区域的需求。同时，因为多个客户分摊管理费用和劳动力成本，共享设备和信息资源，所以合同仓库具有专业化、灵活性、可扩展性、规模经济等优势。

合同仓库一般会提供一系列的物流服务，如运输管理、库存控制、订单处理、客户服务以及退货处理。合同物流公司，通常也称为整合服务提供商，能为一个公司提供全套的物流服务。

9.2.4 仓储网络配置

正如人们所料，许多公司综合使用自有仓库、公共仓库和合同仓库。仓库在一年中满负荷运行的情况很少，通常一年中只有 75%～85% 的时间被充分利用了，因此在剩下的 15%～25% 的时间里，那些为满足高峰时期的需求而设置的仓储空间是闲置的。在这种情况下，就可以使用自有仓库或合同仓库来满足 75% 时间内的需求，使用公共仓库来满足高峰期的需求。

要建立一个仓储网络需要考虑两个问题：第一个是要建造多少个仓库；第二个问题是在每个特定的市场内应该使用哪种类型的仓库。对许多公司来说，要建立仓储网络，除了要选择仓库外，还要区分客户以及产品的特点。对一些客户来说，自有仓库能最好地满足他们的需求；对其他客户来说，公共仓库和合同仓库能更好地为他们服务。随着关键客户对定制化增值服务和相应能力的要求越来越高，这种将仓库分类运作的方式越来越普遍。

9.3 仓库决策

由于仓库是存储和搬运物料的地方，因此在决定仓库的大小、类型和形状时，必须要仔细考虑它是否能满足这两项基本的要求。本节讨论了在确定仓库特点的过程中应该考虑的因素，因为仓库的特点会决定将来仓库可达到的作业效率。与已经完成设施规划的公共仓库相比，这些决策在自有仓库中更为常见。

9.3.1 仓库的选址

选址的首要工作是确定仓库所在的大致区域，然后再确定具体位置。要选择短期仓库的大致区域，必须保证从服务、经济和战略角度来看，在这一区域内建立仓库是合理的。仓库所在的大致区域一般是范围较大的地理区域。例如，要在美国中西部建立一个仓库，通常会考虑的地区有伊利诺伊州、印第安纳州或威斯康星州。而零售店的仓库选址方法却不同，例如，塔吉特或家得宝公司要选择在某个地区建立仓库，必须保证在该地区内零售店的数量达到了一定要求。因此，零售店的选址和数量决定了仓库的位置。本书将在第 11 章讨论网络设计的相关内容。

一旦选定了仓库的大致区域，就必须确定具体的建造地点。在社区所在的区域中，仓库选址的地点通常是商业开发区和偏远郊区。决定选址的因素有服务可得性和成本，其中土地成本是最重要的因素。在许多城市中，仓库都位于工业厂房之间或轻工业和重工业的区域之间。大多数仓库都在一般商业地产的限制下合法运作。

除了土地成本以外，建设成本和运作费用都需要评估，如交通便利性、有效的通信网络、税收和保险费率。这些基本服务的成本将因选址不同而变化很大。

在确定选址之前，还必须考虑其他一些要求。例如，选址周围必须有足够的扩展空间；必须能提供必需的公共设施；土地必须能够支撑建筑结构；必须有足够的高度，利于安装合适的排水装置。根据建筑结构的不同，还需要根据情况考虑其他一些必要的因素。只有对所有因素进行充分的分析之后，才能最终确定仓库的选址。

9.3.2 仓库的设计

仓库设计必须考虑产品的移动特性。仓库的设计要确定以下三个因素：仓库的层数、空间使用计划和产品的流动。

理想的仓库设计是一个单层建筑，这样就能避免垂直搬运货物。通常作业瓶颈产生在垂直搬运设施处，如电梯和传送带，因为使用垂直搬运设施需要将货物从一个楼层运输到另一个楼层，这需要更多的时间和能源。因此，设计分销仓库的一个基本原则是设计成单层建筑，以便进行物料搬运，但是这种单层方式并不总是可行的，特别是在土地使用受限或土地昂贵的商业区。

仓库设计应该最大化空间利用率。尽管一些自动化起重搬运设备的有效使用高度已经超过了 100 英尺，但是大多数仓库的设计高度仍然是 30～40 英尺。仓库的最大有效高度受到物料搬运设备安全起重能力的限制，这种安全起重能力与一些因素有关，如叉车、货架设计和自动喷水灭火系统要求的消防安全规则等。

仓库设计应该便于产品持续地直线移动穿过仓库。无论产品是被运进仓库进行存储还是进行越库转运，都要符合这个要求。因此，产品应该在仓库的一端被接收，如果需要存储的话，则在仓库中间部位进行存储，然后从仓库的另一端进行装运。图9-3说明了直线产品流使仓储作业更加快速，并且使货物拥挤情况和多余的物料搬运降到了最低限度。

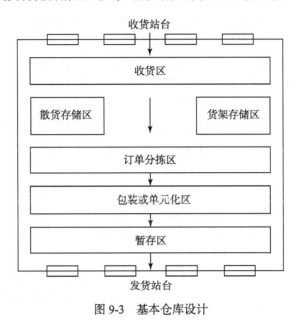

图 9-3　基本仓库设计

9.3.3　产品-组合分析

对通过仓库进行分销的产品进行分析，是仓库决策的重要内容。仓库的设计和运作都要根据产品的组合来制定。对每种产品的分析都要从以下几方面展开：年销售量、需求、重量、体积和包装。确定仓库中处理的平均订单的总数、体积和重量也很重要。这些数据为仓库决策提供了必要的信息，仓库决策的内容包括仓库空间、设计、布局、物料搬运设备、作业流程和控制。

9.3.4　扩建

因为仓库在供应链网络中越来越重要，因此在最初的设计阶段就应该考虑将来的扩建。通常应该制订5~10年的扩建计划。如果考虑未来扩建的话，企业应该选择一个比目前实际需求大3~5倍的地点来进行仓库建设。

仓库的建筑设计也应该考虑将来扩建的要求。可以使用暂时性的材料建造围墙，这样围墙就能够被快速拆除。在最初的建设中，仓库的地基应该提前延伸出去，这样在未来扩建更加容易。

9.3.5　物料搬运

物料搬运系统是仓库设计的基本组成部分。正如前面提到的那样，仓库的主要功能是产品移动和分类。因此，仓库的设计应该遵循的原则是使产品流动更有效率。需要强调的是，在仓库设计早期就应该选好物料搬运系统。物料搬运设备和技术将在本章后续节次讨论。

9.3.6 仓库的布局

仓库存储区域的布局设计应该使产品流动更加方便。布局和物料搬运系统是一个整体。除了布局和物料搬运系统外,还应该特别考虑接收货物和装载货物码头的地点、数量及设计。

由于仓库应该根据特定的产品处理需求定制设计,因此很难归纳出如何进行仓库布局。如果仓库中要使用托盘,那么第一步就应该确定托盘的合适尺寸。当然,一些特殊的产品可能需要不规则的托盘。最常见的托盘尺寸有 40 英尺 × 48 英尺和 32 英尺 × 40 英尺。只有通过分析产品包装、堆放形式和行业经验,才能确定最适合作业的托盘尺寸。

仓库布局设计的第二步是确定托盘的位置。托盘定位最常用的方法是采取 90 度(直角)的方式布置。为特定产品选择托盘放置位置称为货位分配,一个有效的仓库布局中最重要的是一份考虑周全的货位分配计划。

最后,必须在考虑搬运设备之后才能最终确定布局。产品流动的路径和速度由物料搬运系统来确定。图 9-4 显示了两种物料搬运系统和相关布局,说明了物料搬运系统和布局之间的关系。当然,仓库布局有很多种,这里列举的只是其中两种。

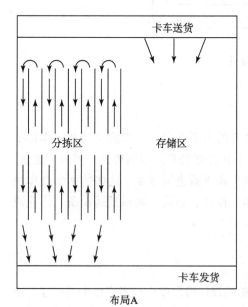 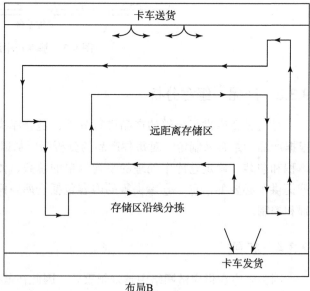

图 9-4 仓库布局 A 和 B

仓库布局 A(如图 9-4 所示)展示了一个物料搬运系统和仓库布局的方框,利用叉车进行入库和库存转运作业。这种布局方式假设货物都是通过托盘装运的。由于办公室、特殊区域和其他细节都被忽略,因此图中所显示的布局结构事实上已经被大大地简化了。

仓库布局 B 展示了另一个利用叉车进行入库和库存转运作业的物料搬运系统。订单分拣作业是沿着一条连续的拖缆进行的。在一个沿着连续拖缆进行分拣作业的系统中,直接从存储区分拣产品的方式代替了仓库布局 A 中布局紧凑的分拣区。

仓库布局 A 和 B 都是大大简化了的仓库布局,其目的只是说明管理者为了保证物料搬运和仓库布局之间的协调一致，会采用截然不同的布局方法。

9.3.7 仓库的规模

目前已经有一些技术可以帮助管理者评估仓库规模。不论使用什么方法，最开始都需要预测在一定时间内，仓库内每种产品的基本库存和安全库存的数量。有些方法既考虑了常规时期的库存，也考虑了高峰期的库存。如果设计的时候不考虑仓库利用率的话，将会导致过度建设。但是，目前仓库管理员抱怨的主要问题仍是仓库的规模不能满足需求，这一点应该引起人们的重视。一个控制库存的很好的原则就是，预留10%的额外空间来应付增加的库存量、新产品和新的业务机会。

9.4 仓库运作

且确定了仓库的任务范围，管理关注的重点就是仓库的运作。一个典型的仓库里存储的物资种类有原材料、零部件和产成品。主要的仓库功能包括收货、入库、移库、订单分拣和发货。对于不同的产品，在进行这些主要仓库运作时需要考虑一些注意事项，包括使用机械化、半自动化和自动化搬运系统，以及某些情况下的特殊产品搬运的注意事项。考虑这些注意事项有助于在整个仓库运作中提高产品流动的效率。基于产品特征（例如产品数量）而设定的特有的存储策略进一步提高了整体效率。次要的仓库功能（例如仓储准确性，设施的防护性、安全性和维护性等）完善了仓库的运作。因此，在仓库运作中，首先根据业务需求条件进行正确部署，然后通过主要的和次要的仓库运作，协同工作以实现最大效能。以下各节简要概述了这些关键要素。

9.5 主要仓库作业

9.5.1 物料搬运

在仓库中进行搬运时，首先要考虑的是移动的连续性和效率。移动的连续性指的是对同一批货物搬运来说，作业人员使用搬运设备将这批货物长距离地搬运到目的地，比进行几次短距离的搬运要好一些。产品在作业人员之间频繁交换，或者从一个设备移动到另一个设备，既浪费时间，又会增加对产品造成破坏的可能性。因此，物料搬运中一般应遵守的原则是，最好采用较长距离的仓库搬运方法。一旦开始搬运某产品，就应该一直将该产品搬运到目的地。

规模经济理论认为搬运最大数量或装载量的货物是最合理的作业方式。物料搬运作业不是以单个货箱为单位进行处理，而是将许多货箱成组装入托盘、滑板或者集装箱进行搬运。物料搬运的总体目标是将入库的货物按照客户要求进行分类，使之成为许多独立的客户物品。物料搬运的五种主要活动是：收货、入库、移库、订单分拣以及发货。

1. 收货

大多数产品和物料都是大批量地到达仓库。物料搬运活动的第一步是卸货，大多数仓库的卸货作业都是机械化的，利用叉车、传送带和人工相结合进行作业。当将货物堆放在运输车辆中时，常见的步骤是使用托盘或其他传运方式将库存单位组合为单元负载。在某些情况下，可将产品直接放置在传运带上以方便接收。当入库货物是以托盘或集装箱的单元化集装方式到达时，就利用叉车将货物从车上卸到站台上。接收单元化集装货物的主要优势在于能够快速卸货，并且减少运输设备的占用时间。收货过程还包括确保提货单上的库存单位的数量与实际收据相符。收货团队通常负责向行政办公室报告接收货物的短缺和损坏情况，以便与托运人共享信息，进行商业调解。准确有效地接收货物是仓库高效运作的第一步。

2. 入库

在绝大多数应用中，物料搬运的第二种活动是入库。产品可以放置在活动存储位置或次要存储位置。根据产品的单元化方式，放置的方式可能包括堆垛、托盘上架、流动式货架或者其他存储系统。产品的入库设计通常考虑如何尽可能地高效运作，因此使用叉车或其他工具来帮助提高操作速度在设计方案中很常见。

3. 移库

将产品放置到存储位置后，出于各种原因将该产品在仓库内移动是很普遍的现象。一个原因可能是在活动存储位置补充了存放在次要位置的货物，通常被称为补货。仓库必须完成的补货数量通常是主动调整仓位大小和存储策略的良好指标。如果仓库永远不需要补货，那么活动存储位置的区域可能会太大，从而导致分拣效率低下。如果频繁进行补货，那么活动存储位置的区域可能会太小，导致临时性的缺货、分拣效率低下以及补货移库的重复发生。权衡考虑在给定仓库内进行多少补货活动，对于仓储运作是至关重要的。另一个搬运操作可能是产品合并，以提高空间利用率。例如，一个仓库可能会有一定数量的相似产品，那么可以将这些产品存放在一个公共区域，以提高存储效率。有时先进先出排序需要考虑产品的寿命或生命周期，将产品从次要存储位置转移到活动存储位置。在库产品的搬运是仓库搬运操作的必要组成部分，但必须对其进行持续监控以确保实现最优效率。

4. 订单分拣

订单分拣是仓库作业的一项主要活动。分拣过程要求对原材料、零部件和产成品进行分组，以便进行订单装配作业。通常的做法是，指定仓库的某个区域为订单分拣区域，在这里按照订单的要求进行装配作业。对于每个订单，都要对分拣出来的产品进行组合，并按照特定客户的要求进行包装。一个订单可以是一箱产品，也可以是一个产品的运输单元负载。在大多数情况下，产品是根据客户订单进行拣选和单元集装的。在某些情况下，一个托盘可以包含一个库存单位，在其他情况下，可以包含多个库存单位。订单可能会被发送到客户仓库进行进一步细分，或者是直接发送到客户商店的货架或陈列架上。有许多策略用于提高订单分拣效率，包括根据类型拆分订单，使用不同的产品搬运设备，利用传送带输送产品和规划工作路径等，以最大程度地减少拥堵和提高效率。本章的后续节次将详细讨论主要面向订单分拣的搬运系统。

5. 发货

发货包括订单确认和出库运输设备装载。与收货相比，仓库的发货作业适合相对小批量的组合产品，因此降低了规模经济效应。订单验证包括对产品的检查和审核，以确保订单的准确性；以及对产品状况的检查，以确保在分拣过程中没有发生损坏。一旦验证通过，将使用物料搬运设备将产品装载到出库运输设备中。如果订单可以使用统一的托盘或者产品的外形轮廓非常统一，则可以很容易地用叉车装载托盘，使托盘整齐地堆叠在一起，并以最小的工作量将它们放置在卡车中。然而，通常的情况并非如此，对于不同的订单，所用到的托盘都可能具有不同的形状、尺寸以及载荷量，这就需要一定的技能水平，才能有效地装载货物并确保在运输过程中不会发生损坏。另外必须考虑拖车的重量限制，并且必须将产品及其垫料（包括安全气囊，木头制条或金属制条）一起托运以确保产品的稳固性。通常在发货过程中要用照片记录下来，以便对发生损坏的货物进行检查并采取纠正措施。在仓库的发货过程中通常会看到技能最熟练的工作人员。

9.5.2 物料搬运的考虑因素

物料搬运技术和设备的进步使物流效率的大幅度提高成为可能。通过影响作业人员、空间和固定设备的需求，物料搬运流程和技术对物流效率产生了影响。物料搬运技术包含的内容非常广泛，本节无法对其全面介绍，我们仅讨论物料搬运中应该考虑的基本作业问题和可供选择的系统方案。

1. 需要考虑的基本作业问题

选择物料搬运的工艺和技术有几项基本原则。表 9-2 总结了评价物料搬运方法的几项基本原则。

表 9-2 物料搬运的原则

- 物料搬运和存储设备应该尽可能地标准化
- 当移动产品时，设计的系统应该使产品最大可能地连续流动
- 应投资于物料搬运设备，而不是静止的设备
- 最大限度地利用物料搬运设备
- 在选择物料搬运设备时，应选取自重与负载比率最小的设备
- 无论何时，在系统设计中都应该考虑重力方向的流动

物料搬运系统可以被划分为三种类型：**机械化**、**半自动化**、**自动化**。在某些情况下，特殊的物料搬运作业也需要纳入考虑。在机械化系统中，综合使用人工作业和物料搬运设备完成货物的入库、处理与发货作业。通常，人工成本在机械化搬运系统的总成本中占有很大的比重。自动化系统则与之相反，它通过投资自动化设备来代替人工作业，将劳动力的使用降到了最低。当进行物料搬运时将机械化系统和自动化系统相结合，这样的系统便称为半自动化系统。目前，机械化系统是最普遍的，但是半自动化系统、自动化系统的使用也在逐渐增加。下面我们将详细讨论各种物料搬运系统。

2. 机械化系统

机械化系统中使用的物料搬运设备种类有很多。其中，最常用的设备有升降式装卸车、拖缆、牵引拖车、传送带和旋转式传送带。

（1）升降式装卸车

升降式装卸车也称为叉车，它能够水平或垂直移动外包装箱，但是只能处理单元集装货物。根据产品的属性，单元集装的容器可以是垫木、盒子或者集装箱。

叉车类型有很多。高垛叉车的垂直移动距离可以达到 40 英尺。无托盘式或夹钳式叉车可以处理那些没有用托盘或滑板装载的货物，其他类型的叉车则在狭窄通道中作业或者进行侧面装

载作业。由于每搬运一单元货物的人工费比率太高，因此利用叉车进行长距离的水平运输是不经济的。为了克服这个缺点，大量的研究集中在"无人驾驶"叉车上，这些新的进展在半自动化系统中进行了讨论。在收货和发货作业中，以及将货物堆放在货架高处的作业中能够最有效地利用叉车。叉车最常用的两种能源是丙烷气和电力。

（2）拖缆

拖缆是指设置于地板内或悬吊安装的缆绳或牵引设备，它们为四轮拖车提供持续的运行动力。拖缆的主要优点是可以连续移动，但是与叉车相比，其灵活性要差很多。拖缆最常用于在仓库内拣选货物，经过分拣的货物被放在四轮拖车上，然后拖缆将拖车运到发货区。大量的自动配套设备可以引导拖车从主线移动到特定的发货站台。

（3）牵引拖车

牵引拖车是指一个牵引车挂着几辆四轮拖车。挂车的尺寸一般为4英尺×8英尺。和拖缆的功能一样，牵引拖车也是为订单分拣服务的，其主要优点是灵活性强，但是成本却比拖缆要高，因为每辆牵引车需要配备一名驾驶员。

（4）传送带

传送带被广泛用于发货和收货作业，也是许多订单分拣系统的基本设备。传送带可以分为以下几类：电力、重力、滚轴或皮带传送带。在电力装置中使用一根链条驱动传送带。电力构造装置限制了传送带的灵活性；当需要重新布置传送带时，重力和滚轴传送带遇到的困难最小；便携式重力滚轴传送带通常用于装卸货物，有时可以把它放在正在运行的拖车上帮助卸货。

（5）旋转式传送带

旋转式传送带的运作方式不同于其他机械化物料搬运设备。它不需要订单分拣人员前往货物存储区域进行分拣，而是把库存货物运送到订单分拣人员面前进行作业。旋转式传送带由一系列堆放在椭圆形轨道或货架上的货箱组成。为了提高传送带堆放的密度，可以分几层存放货物。整个传送带通过旋转，把需要的货箱传送到站在原地不动的作业人员面前。这种传送带经常应用于包装、重新包装和配件的选择作业。该系统的合理性在于通过减少走动距离和时间，降低了订单分拣作业对人力的需求。尤其是现代的叠放式或多层系统在很大程度上降低了对存储空间的需求。一些旋转式传送带系统使用计算机生成的分拣单，并由计算机控制传送带旋转，这样更加提高了订单分拣的效率。这种电子分拣系统被称为**无纸化分拣系统**，因为在这种系统中不存在降低工作效率的文书工作。

上面讨论的机械化物料搬运设备只是众多机械设备中的一些典型设备。大部分系统都同时使用不同的搬运设备。例如，在系统中使用叉车进行货物的垂直移动，使用牵引拖车或步行码垛车进行水平运输。

3. 半自动化系统

机械化物料搬运系统中通常有一些半自动化设备进行补充。在半自动化处理系统中经常使用的设备有自动导向车辆系统、自动化分类设备、机器人以及各种各样的流动式货架。

（1）自动导向车辆

自动导向车辆（AGV）能够取代机械化的牵引拖车，它们之间的主要区别在于自动导向车辆不需要驾驶员的操作就可以自动运行和定位。

自动导向车辆通常依靠光导、磁导或无线电引导系统来运作。在光导车辆中，导向线安装在仓库地板上，通过聚焦在导向线上的光束引导车辆行驶。磁导车辆则沿着地面上的一根电线行驶。无线电引导采用的是高频率的电磁波。自动导向车辆最大的优势是减少了直接劳动力。使用无线电引导系统的自动导向车辆的运行路线很灵活，不局限于仓库中事先确定的运行路线。由于自动导向车辆的成本更低，并且灵活性更强，因此在重复作业和拥挤的仓库内，更多地使用自动导向车辆搬运货物。

（2）自动化分类设备

自动化分类设备经常和传送带结合使用。当产品在仓库中完成分拣后，放在传送带上运送到发货站台时，必须按照特定的组合进行分类。例如，由于对多个订单进行批量分拣，因此需要对成批的货物进行分类，并按照发货顺序排列货物。大多数分类控制设备能够根据定制流程和决策逻辑进行编程，以适应变化的要求。

自动化分类设备具有两个优点：其一，减少了劳动力的使用；其二，极大地提高了订单分拣的速度和准确度。高速分类系统每秒钟分类并排序的包裹数量超过一个，如UPS公司使用的分类系统。

（3）机器人

物料搬运中发展最快的方式之一是使用机器人。机器人是一种通过系统编程使其完成一个或一系列动作的机械，它的吸引力在于通过功能性的编程和决策逻辑能够控制处理流程。机器人的大量应用可以追溯到20世纪80年代初期，那时美国的汽车工业尝试用功能有限的固定式机器人来代替人工进行自动组装。这一尝试不能算完全成功，但是在过去30年中，这方面的技术已经有了很大的改进。当今，机器人最基本的用途便是生产及仓储运作环境中的物料搬运。

机器人被越来越多地用于许多不同的物料搬运环境。最初，机器人应用程序的吸引力在于可以取代高度重复的人工操作。例如，早期的机器人应用程序多用于托盘包装、订单分拣以及常规的物料搬运。使用机器人的主要好处在于稳定持续的操作准确度。通常可以综合五个驱动因素来解释运用机器人的经济合理性：①空间限制；②要求更快地完成订单交付循环；③可预测的巨大吞吐量；④高昂的人力成本；⑤限制性的工作环境，如冷冻食品仓库的订单分拣工作。

近年来，机器人柔性应用程序取得了很大的进步。例如，备受青睐的应用程序包括冷冻食品配销中心的入库货物收纳程序和订单分拣程序，这两个应用程序减少了工人在超低温工作环境下的工作。

从长远来看，在供应链上运用机器人的潜力十分可观。几乎所有需要反复操作的物料搬运任务都可以采用自动化程序或机器人程序。对于固定进行的活动，如把一箱箱的货物放上或取下托盘，最有可能的解决方案就是采用某种形式的自动化设备。当工作任务涉及多个方向的水平运动，可能采用的程序便是某种形式的机器人。

从更长远来看，目前形式有限的无人驾驶交通工具可能会增加使用。无人驾驶飞机在军事操作中被越来越多地用来进行武器攻击或监视。无人驾驶的半卡车被成功地用于堆场操作和公路上的限定距离运输。尽管这种形式的机器人要求将人与机器的互动结合起来，但潜在的运用范围看起来不可限量。在未来供应链操作中，特别有趣的一点是，医疗手术中将会更多地将医生与机器人的工作结合起来。经验丰富的医生在选择好手术程序后，对手术过程提供指导，并进行关键决策。而作为精准仪器的机器人将按照医生的指示完成指定的常规工作，按顺序精确地完成手术程序。当然，专业医务人员会在手术室里提供辅助，并完成术前和术后程序。医生和机器人不必同处一室便能成功地完成医疗手术，这一点对未来的供应链物流运用程序十分重要。专业知识与机器人能力的结合是一种拓展性应用,我们采用**专家机器人**(probotics)一词来描述这种应用。

仓储和物料搬运中的机器人运用越来越多,并且具有巨大的发展潜力。特别有趣的是,应用程序的发展已经把这些机器人的潜力扩展到仓库和工厂之外。

(4)流动式货架

为了减少仓库中的劳动力,流动式货架会让货架上的产品自动流向指定的分拣位置。流动式货架装有几个滚轴传送带,并且通常是在尾部装载货物。由于货架的尾部比前部要高,因此重力使产品向前流动。当货架前面的货箱或单位装载货物被移走时,该货架上的其他货箱就会向前移动。

流动式货架的使用降低了对叉车的需求。流动式货架的最大优势在于通过尾部装载,实现了货物的自动化运转。尾部装载适用于**先进先出**(FIFO)的库存管理原则。流动式货架中使用重力的方法也是多种多样的。例如,在面包店装货时,利用流动式货架对托盘装载的新鲜面包进行排序。

4. 自动化系统

几十年以来,虽然自动化搬运的理念向我们展示了巨大的潜力,但是收效甚微。最初的自动化搬运系统关注重点是基于外包装箱的订单分拣系统,近来研究重点转向了高层自动化存取系统。尽管自动化的基本概念是正确的,但是应用自动化系统的主要障碍在于需要投入大量的资本,而且灵活性较低。

(1)自动化系统的潜力

自动化系统的优势在于它用固定设备代替了人工作业。除了需要更少的直接人工外,自动化系统与机械化系统相比,它的作业效率更高,并且更加准确。

到目前为止,大多数自动化系统都是为特殊用途设计并建立的。表9-2列出的选择物料搬运系统的原则不适用于自动化处理系统。例如,自动化系统中的存储设备是物料搬运能力的一个密不可分的组成部分,在总投资中的比例高达50%。

虽然信息技术在所有物料搬运系统中都发挥着重要的作用,但是在自动化系统里是必需的。信息技术控制着自动分拣设备,并且与仓储管理系统相联结。自动化的最大缺点是对专用信息技术网络的依赖。库存管理系统将在本章的后续节次讨论。

(2)订单分拣系统

最初,自动化在仓库中主要用于外包装箱分拣或订单装配。当时分拣作业是劳动高度密集型作业,因此订单分拣系统的基本目标是将机械化、半自动化和自动化综合应用于整个系统,以便在劳动力投入最少的条件下,达到最高水平的生产力和准确度。

一般而言,在自动化订单分拣设备开始作业时,里面就已经预装了货物。该设施由一系列垂直堆放的流动式货架组成。货物在货架尾部进行装载,由于重力传送带的作用,货物在流动式货架内向前流动,直到被货架门挡住。在这些货架的中部或向下的方向上,动力传送带形成了一条货物流动路线,几条流动路线相互垂直设置,每一条路线都与各层货架的货架门相连。

当接到订单时,仓储控制系统会按照顺序发出一系列的指令启动货架门,并且使订单所要求的货物向前流向动力传送带。紧接着传动带将货物运到订单包装区域,放进运输货箱或进行组合,然后运到发货区。在理想情况下,货物按顺序进行分拣和装载,因此在卸货时就能按照客户要求的顺序进行卸货。

目前物流行业在整箱货物的自动分拣上已经取得了很大的进步。针对外包装箱内快速流通货物的物料搬运作业已经实现了完全自动化,这种物料搬运以越库式转运为代表,能够将产品从货物接收地点直接运输到待运拖车上。这种系统综合使用了动力和重力传送带将动力式流动式货架连接起来。整个过程都是由计算机控制的,并且配有订单和仓储管理系统。一旦货物到达以后,就被自动运送到流动式货架,同时库存记录被及时更新。当收到订单时,系统就会根据包装或运输车辆的尺寸对货物进行自动处理,并确定分拣进度表。在适当的时候,将按照装载顺序发送所有货物,并通过传送带自动运输到装载码头。在某些情况下,只有当货物装载到配送车辆以后,仓库中才首次运用人工处理货物。

(3) 自动化存取

自动化单元负载处理系统或**自动化存取系统**(AS/RS)中使用了高层存储,这是目前一种很流行的自动化系统。图9-5展示了高层自动化存取系统。自动化存取系统特别适合一些货物,例如,很重的货箱或者必须在人工控制的环境中才能存储的产品,如糕点或冷冻食品。高层存储中,从收货到发货环节都是自动化作业。自动化存取系统的四个主要组成部分是:**存储货架**、**存储和取货设备**、**输入/输出系统**以及**控制系统**。

高层这一名词源于存储货架的外观。货架是垂直排列的钢结构建筑,其高度可达120英尺。在机械化处理系统中,托盘能够承载的外包装箱高度是20英尺,因此高层存储的前景非常广阔。由于自动化存取系统中不需要人工作业,因此通常也称为自动操作设施。

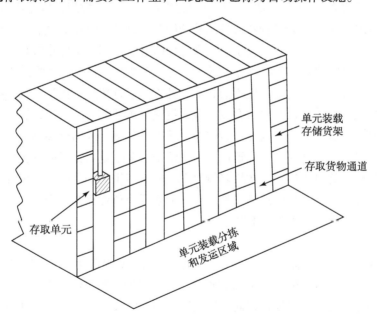

图9-5 带有自动化存取系统的高层仓库

存取设备最重要的功能是快速到达指定的存储位置,第二个功能是向货架中放入或移出货物。

存取机器实际上是由叉车和托盘支架组合而成的移动式吊车。存取机器在过道中上下移动,向存储箱内放入或移出单元装载货物。

高层仓库中的输入/输出系统关注的作业是向货架中放入或移出货物,包括两种类型的货物移动：①货物从收货码头或生产线运到存储区域；②在货架周边区域，为了存取货物，必须把货物放在正确的地方。除了根据进度表接收并存储货物以外，控制系统还负责库存控制和存货周转。同时，它还对自动化存取系统中的货物存储位置、存储箱的利用率和吊车的作业进行跟踪。在高层仓库内，系统的可靠性和整体性是提高生产率与设备利用率的至关重要的因素。

自动化存取系统在生产中的应用体现在生产出的产品自动形成装载单元，然后通过传送带将装载单元运送到高层仓库存储区域。当装载单元到达存储区域后，就被放入存储箱，然后由传动带送到正确的取货站。同时，存取设备将装载单元移动到安排的存储地点。当收到订单时，控制系统协调取货作业，取出装载单元。通过传送带，装载单元从外运发货站一直被运输到适当的发货码头。随着取货和向外配送作业的完成，产品的发货作业也就结束了。

自动化存取系统通过使每平方英尺地面的存储密度最大化和作业中使用的直接劳动力最小化，提高了物料搬运系统的生产效率。该系统的高度控制性使仓库避免了偷窃和货损情况的发生，并且极大地提高了作业的准确度。

5. 需要考虑的特殊作业问题

为了实现最大化搬运效率，有一些特殊的搬运作业问题需要被考虑。本节将重点讨论在过去几十年间变得日益重要的两个问题：电子订单履行和回收处理。

（1）电子订单履行

互联网订单履行的满意度给企业的仓储和物料搬运作业提出了一些特殊的要求。网络零售商和传统零售商在新的环境下，都被迫对它们的作业流程进行重组，以适应市场的特殊需求。电子订单履行环境中影响仓储和物料搬运的特殊因素分别是：订单数量、小批量装运和跟踪能力。第一，为了服务终端消费者，电子订单履行设施必须处理大量的小批量订单。这意味着在进行订单分拣作业时很难实现规模经济。第二，电子订单履行设施通常要处理很多种类的产品，这样就导致了大量库存，并需要使用直通式的处理方式使订单集中配送。选择订单集中配送的企业必须具备有效、快速地接收以及合并大量小批量订单的能力。第三，客户对产品跟踪能力的期望不断增加，这就要求仓库内的许多作业活动以及与承运人的交接环节均要采用电子化扫描和跟踪技术。尽管电子跟踪技术在迅速发展，但是许多企业仍在想办法优化仓储和物料搬运流程，以便更好地实施电子追踪。在很多情况下，网络零售商都将电子订单履行业务外包给整合服务提供商。但是不论是自己运输还是外包，网络零售环境都要求企业不断增强其仓储和物料搬运作业的及时性、响应性和一体化。

（2）回收处理

由于诸多原因，制造商需要召回产品或者货物被退回给制造商。尤其是在网络零售环境中，这种情况更加普遍，客户订单的30%都被退回。通常这种逆向物流的货流量不大，并且没有一定的规律，也不能进行合并运输。因此，处理逆向物流的唯一简便的方法就是采用人工进行处理。实际上，在设计物料搬运系统时应该考虑逆向物流的成本和对服务的影响。逆向物流处理的货物通常包括托盘，包装材料以及损坏的、过期的或剩余的产品。许多企业选择整合服务提供商进行货物回收处理，将不同方向的物流分开，以减少出错或污染的概率。

9.5.3 存储

在安排仓库布局时，根据每种产品的特点将它们放在指定的位置是必要的，我们将这些指定的位置称为**仓位**。在规划仓位时要考虑的最重要的因素是货物周转率、重量以及特殊的存储要求。

货物周转率是考虑仓库布局时的主要因素。对于周转快速的货物，放置原则是使其移动距离最小。例如，周转率较高的产品应该放置在门口、主要过道附近，或者是仓库中较低的货架上。这种放置方式使物料搬运最少，并且减少了频繁搬运货物的需要。相反，周转较慢的货物应该放置在距离主要过道较远的地方，或者是货架的上层。图 9-6 展示了一个基于货物周转率的存储设计。

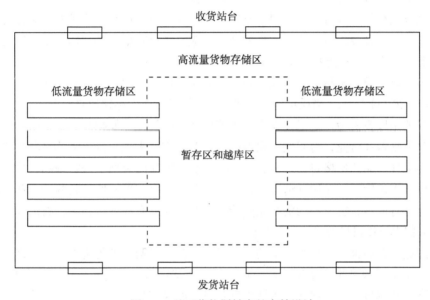

图 9-6　基于货物周转率的存储设计

制订存储计划时，同时还要考虑货物的重量和其他特殊因素。相对较重的货物应该放置在离地面较近的位置，使起重作业最小。体积大或密度低的货物需要一定的存储空间，把它们放在靠墙的地面上是比较合适的。相反，体积较小的货物则可能需要使用储存货架、柜子或抽屉等存储设施。一个完整全面的存储计划必须考虑每种产品的特性。

在通常情况下，仓库涉及的存储作业包括短期存储和长期存储。直接为客户服务的仓库主要是进行活动频繁的短期存储。相反，对于投机性产品、季节性产品或过时的产品，仓库则实施长期存储策略。在对仓库的运作进行控制和测量时，企业需要区别短期存储和长期存储货物的不同需求和操作能力，这一点非常重要。

1. 短期存储

尽管库存产品的库存周转率不同，但是大多数产品都必须经过**短期存储**。满足基本库存补给的存储方式就是短期存储。短期存储必须提供充足的库存产品来满足服务区域的周期性需求。通过短期存储，能实现运输或装载的规模经济。对短期存储而言，物料的装载过程和技术需要实现快速流动与柔性，这些在长期存储或密集存储中很少考虑。

短期存储的概念中还包括**直接转运**或**越库**，这是指在保持最低库存或零库存水平的同时，利用仓库进行产品组合或分类。由于直接转运或越库技术的目标是降低库存，因此它强调货物的流动性，而不强调存储量。直接转运最适合那些数量多、流动速度快，并且需求可以预测的产品。虽然直接转运要求的库存量最小，但是它需要对货物进行快速卸货、拆货、分组、按照客户类别分拣以及二次装载。因此，这种物料搬运过程强调在精确的信息指导下，实现货物的快速流动。

2. 长期存储

当库存持有时间超过了客户的正常补货周期时，我们称这种存储方式为**长期存储**。在某些特殊情况下，产品在送给客户之前，需要在仓库中存储几个月。长期存储使用的作业流程和技术强调最大限度地利用仓储空间，而并不关注快速存取。

仓库实施长期存储有多种原因。对于某些产品，如季节性产品，要求对产品进行存储以等待需求到来，或者是分散进行某段时间内的产品供应。还有其他一些原因，如不稳定的产品需求、产品调节、投机采购和折扣。

产品调节有时候要求进行长期存储，如催熟香蕉。食品仓库通常都有催熟区域进行长期存储，以达到质量最好的状态。当质量检查需要较长时间时，长期存储也是必要的。

当货物采购是以投机为目的时，仓库也可能要较长时间地存储物品。投机采购的数量取决于所涉及的具体物料和行业，对某些大宗商品和季节性产品来说，投机采购是非常普遍的。例如，如果预测某种商品的价格将会上涨，企业通常会在当前的价格下进行采购，并在仓库内存储该商品，以备将来使用。在这种情况下，企业需要比较提前采购所节约的资金和进行长期存储所需的库存持有成本，看节约的资金是否能够弥补库存持有成本。粮食、石油和木材等大宗商品通常被人们出于投机目的进行采购和存储。

使用仓库进行存储也可以获得特殊的折扣优惠。提前采购得到的折扣优惠也许会抵消长期存储的成本。采购经理可能会意识到在一年中的某个特定时期，商品价格会有大幅度的下降。在这种情况下，仓库被用来存储超过短期库存数量的库存产品。肥料、玩具及草坪设备的制造商经常通过提供淡季仓库存储补贴的方式，将库存负担转嫁到客户身上。

9.6 次要仓库作业

9.6.1 仓储的准确性与审计

对仓储来说，维护仓库中现有产品的准确记录虽然是次要的功能，但是仍然至关重要。仓储的准确性是企业金融部门的主要关注事项，因为在大多数情况下，仓库中的库存被视为企业资产中的一项，出现在资产负债表中。仓库账目的准确性通常由实物盘存来实现，在实施实物盘存时，必须关闭所有仓库运作，同时对所有现有产品进行盘点并根据系统中存储的数量进行验证。实际库存不足是由两个主要原因造成的：①必须关闭仓库才能在没有业务活动的环境中进行计数，但这导致仓库无法执行收货和发货等主要功能；②审核的成本很高，因为需要大量的体力劳动来盘点所有现有库存。企业使用一种方法来实现库存的持续准确性，并帮助避免进行完整的实际库存盘点，这个方法被称为**周期盘点**。周期盘点是对指定数量的库存单位或预定计划表上的指定仓位进行盘点。可以基于货物的货币价值、存储位置和移动频率来选择要计数和验证的不同货物。通过完成许多小的周期盘点，仓库可以实现对库存的控制，而不需要每天都影响仓库的运作。实物盘存和周期盘点的结果是使得实际存储在仓库中的产品数量与账簿或仓储管理系统中的数量能够保持一致。

对仓储的准确性进行审计只是审计的一种情况，它的目的在于维持并促进仓储作业的效率。还有一些审计工作是为了保证安全性、确保仓储作业符合安全规则、改进作业程序并使其执行起来更加容易。

9.6.2 仓库的安全保障

从广义上来说，仓库的安全保障包括防止货物失窃和变质，以及防止仓储作业过程中任何形式的作业中断。每种形式的安全保障都需要引起管理者的注意。

1. 防止失窃

在仓库的运作管理中，有必要采取一些措施防止员工和小偷的偷窃行为。在每个仓库中，都应该严格执行安全措施。安全保障首先从仓库围墙开始，作为一个标准程序，只有经过许可的人员才能进入仓库以及仓库周边区域，并且只能设置一个大门来进行仓库出入管理。除非有特殊情况，否则不论是管理层还是客户的私人汽车都不准进入仓库场地或停靠在仓库附近。

下面的事例有助于说明安全指导方针的重要性。某个公司规定，除了两名有特殊需要的公司员工的汽车能够进入仓库外，其他所有私人汽车都不能进入仓库。一天下班后，这两名员工中的一个在他的汽车的挡泥板下面发现了一包货物。接下来的检查证实这辆汽车的确被改装成了一辆装载汽车。他立即将这件事情告知了保安，保安告诉那名员工不要挪动绑在车上的货物，并且继续将车停在院内。在随后的几天内，事情终于水落石出，最终逮捕了七名仓库员工，并给他们定了罪，他们承认盗窃了价值几千美元的公司货物。如果公司只允许那两名员工的汽车在正规的停车场和他们的工作地点之间行驶的话，也就不会遭受这么大的损失了。

货物缺失在仓库管理中始终是一个应该考虑的主要问题。许多货物缺失是由于订单分拣和发货过程中的失误造成的，安全保障的目的是从各个方面杜绝偷窃现象的发生。目前仓库中的大多数失窃案件都发生在工作时段内。

库存控制和订单处理系统必须确保只有在持有电脑打印的出库单时，才能将货物运出仓库。如果授权销售人员使用样品，那么这些样品就应该放在一个单独的库存目录中。在仓库中发生的盗窃行为并非都是偶然发生的。例如，仓库管理人员和卡车司机相互勾结，为了将不允许运出仓库的货物偷出来，经常蓄意超量提货，或者以高价货物代替低价货物等。仓库作业人员通过轮岗、清点总货箱数目和不定期地核对库存货物，能够降低这种勾结盗窃案件的发生概率。

2. 货物损坏

在仓库存储过程中，存在很多因素导致产品或原材料变得不适合销售。最常见的货物损坏的原因是仓储作业人员在物料搬运过程中粗心大意。例如，当装货物的托盘被堆在很高的地方时，由于湿度和温度的显著变化，使堆放的货物倒塌。因此，必须小心地控制和测量仓库的环境，以提供适合产品储存的环境。仓库作业人员的粗心大意是最主要的问题。从这方面来看，叉车给仓库管理带来的危害最大。不论多少次警告叉车作业人员不能超载，但是一些叉车作业人员在监管不严的情况下，仍然喜欢"走捷径"。而且，仓库作业中由于粗心大意的操作造成的货物损坏是不能通过保险或赔偿弥补的。

另一种造成货物损坏的方式是将两种不相容的产品放在一起存储或运输。例如，在存储或运输巧克力的时候，一定要确保它不会吸收和它一起运输的产品的气味，如家用日化品。

9.6.3 安全和维护

防止意外事件的发生也是仓库管理者应该考虑的问题之一。一个完整的安全计划要求对作业流程和设备进行不断的检查，以便在意外事件发生之前找出不安全因素并采取正确的措施消除它们。当工人粗心大意，或者处于机械故障及有形危险的情况下，就会发生事故。如果仓库的地面没有清理干净，也有可能导致事故的发生。在常规作业中，如果橡胶和玻璃制品长期堆放在走道上，破损的容器将导致容器内的物品渗漏到地板上，正确的清洁工作能够减少该类事故的发生。环境安全已经成为政府部门，如职业安全与健康管理局（OSHA）所关心的主要问题，并且也是管理者不能忽视的问题。

对物料搬运设备来说，预防性的维护工作是必不可少的。与加工机器不同的是，搬运设备并不是静止不动的，因此对它们进行正确的维护就更加困难。在每个仓库中，都应该按照预防维护计划对所有操作设备进行周期性的检查。

另外，预防性维护也可以适用于实体仓库本身。常见的建筑物预防性维护设施和计划包括设施的供热通风与空气调节和灭火系统，用于进出运输车辆的码头调平设备，以及对仓库地板进行翻新以维持各种搬运设备的效率。其他示例包括更换仓库内部和外部的灯泡或是修整外部仓库的卡车堆场，以确保运输设备不会被坑洞损坏。

9.6.4 环境问题和监管环境

人们越来越关注包装和搬运对环境的影响，特别是现在大家已经关注到诸如叉车之类的搬运设备对环境带来的影响。天然气动力叉车的污染与汽车发动机的污染相似。人们也越来越关注在仓库运作中所使用或存储的有害物质的搬运和清除。企业必须确保妥善处理此类材料，以避免污染环境。

对大多数企业而言，分销仓库是劳动强度最大的运作场所之一，也是最危险和事故发生最多的场所之一。为了加强安全规范，OSHA 将其法规影响力扩展到了仓库运作和技术领域。1999 年 3 月，OSHA 制定了《动力工业卡车操作员培训》（PITOT）法规，要求对所有叉车司机进行培训和重新评估，未通过评估的司机和发生过事故的司机必须接受进修培训。

OSHA 关注与供应链物流设施以及运输和接收码头相关的所有安全事项。OSHA 正在实施的安全程序包括定期检查设施，以确保相关人员在日常操作中遵守现有标准。表 9-3 摘自 OSHA 的手册，该手册详细讨论了仓库安全。表 9-3 列出了 10 项最常引用的仓库安全设计标准[1]。

表 9-3 仓库安全设计标准

仓储操作可能给工人带来各种各样的潜在危害。在仓库建设方面，最常引用的 10 项 OSHA 安全设计标准包括：
1. 叉车
2. 危险交通设备
3. 电气布线方法
4. 电气系统设计
5. 保护地板和墙壁的开口和孔洞
6. 安全出口
7. 机械动力传输
8. 呼吸系统防护
9. 锁定/标定
10. 手提式灭火器

9.7 系统

现代仓库使用各种整合系统来实现高效运作。本节讨论仓储管理系统、堆场管理系统和信息控制系统的复杂性。重要的是,读者应从概念上理解每个系统的功能和应用,因为它们与一体化的仓储、物料搬运和包装功能有关。

9.7.1 仓储管理系统

培训仓储人员手工完成工作流程是很困难的。大多数公司都使用**仓储管理系统**(WMS)来规范仓库的工作流程,并取得了很好的效果。

WMS 的一个主要作用是协调订单分拣作业。订单分拣的两种基本方式是**拣选式**和**分货式**,分货式分拣也叫作**批处理分拣**。在拣选式分拣过程中,一次只安排一个客户订单的分拣和装运准备工作。当订单和分拣作业都很重要时,通常会使用拣选式分拣。

分货式分拣可以按照不同的分类方式进行分拣作业。一种订单分类方式是先将一个时期内的所有客户订单汇总,然后将所有订单中的某一类产品全部存放在仓库中的某个特定区域。如果仓库使用了这种分类方式,就需要指定一个员工负责仓库中的一个特定区域。除了这种分类方式以外,也可以根据某个特定运输目的地或承运人进行订单分类。例如,所有运到东海岸的 UPS 的货物可以分为一类。因为每个员工对其被指定的仓库分拣区域或装运流程都有一个全面的了解,因此分货式分拣过程出错的概率更小。

WMS 能够协调仓库的作业流程,这一点对收货和发货都很重要。建立在仓库中接收货物并确保对入库货物都记录下来的标准程序非常关键。如果使用托盘堆放货物,货物就必须以合理的方式摆放,以确保最大装载量的稳固性和货箱数量的一致性。发货的作业人员必须具备拖车装载的实践操作知识。在一些特殊的作业环节中,特别是当货物的所有权发生改变时,必须在货物装车过程中对货物进行清点。

仓库作业的工作流程并不局限于地面的操作流程,还应该建立起管理和维护的作业流程。如果仓库缺少正确的订货流程,那么库存补给将会出现问题。尽管在一体化供应链管理组织内,采购人员和仓库作业人员之间的交流逐渐增多,但一般而言,他们之间的沟通仍然是有限的。采购人员倾向于批量采购,这样他们能够拿到最优的价格,却很少注意到可提供的托盘数量和仓储空间。

图 9-7 显示了一个典型的 WMS 需要协调的仓储作业。传统的仓储系统主要集中在一些功能活动上,如收货、入库和订单分拣。如图 9-7 所示,传统的活动罗列在"基本功能"中。现代的仓库经常会提供一些增值服务,由于可以提供的服务范围越来越广,它们同样也需要按照准时制的要求管理更多的库存。图 9-7 中列出了常见的"高级功能"。堆场管理是指管理仓库中的车辆和车辆上的存货,它有时属于**运输管理系统**(TMS)的一项职能。高周转率的产品要求更高的库存可见性,即使是运输工具上的库存产品也应该能够看到。用工管理的目标是最大限度地利用仓库作业的人力资源。以前,仓储作业人员技能单一,这样制订仓储作业计划就很简单。但是,现在要求仓库作业人员掌握更多的仓储作业技能,这样就能保证在任意时间点上所需要的员工数量最少。仓储优化是指在仓库内选择最优的产品存取地点,使搬运的时间和距离最短。**增值服务**是指仓库中实现产品定制化的活动,包括包装、贴标签、产品组合和安排展览。

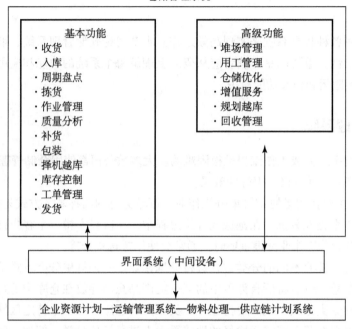

图 9-7 仓储管理系统功能

越库转运和合并运作是指当一个客户订单的产品来自几个不同的供应商时，可以将订单中的两部分或更多部分的货物整合在一起，这样就不需要在仓库中持有库存。

最后一项功能是管理逆向物流活动的能力，如回收、修理和循环使用。供应链通过提供这些逆向物流活动，提高了客户价值并保护了环境。表 9-4 总结了仓储管理系统的功能和相应的决策支持收益。

表 9-4 仓储管理系统的功能和相应的决策支持收益

选择的功能	决策支持收益
入库	提高生产力和空间利用率
交叉作业	根据需求制定叉车的线路，而不是预先分配任务、作业区域和作业次序
拣货/补货	从单个或多个存储地点直接拣货，包括按照产品有效期进行分拣。合适的时候，直接补充库存到分拣区域
上架	通过可变的空位或分配产品的摆放位置提高空间利用率
越库	货物接收后直接准备发货
库存可见性	通过仓库定位来追踪指定的库存，就像日常收货的可见性一样。进行特定的堆垛控制
解决作业排序问题	找出替代方法来快速有效地解决作业约束或排序问题
拣货策略	常规地执行选定的拣货策略
错误纠正	能够实时识别、解决并纠正数据错误。能够识别并解决采购订单或预先发货通知与实际收到的产品数量之间的差异问题
模拟仿真	通过对某特定情形进行实时决策支持，帮助制定运作决策
回收货物	逆向物流计划的流程简化和灵活性审查
周期盘点	能够进行实时库存盘点

资料来源：经过 Bowersox 等许可后复制，"RFID Applications within the Four Walls of a Consumer Package Goods Warehouse," from Marketing and Supply Chain Working Paper, Michigan State University, 2005。

9.7.2 堆场管理系统

堆场管理系统（YMS）是与仓储相关的信息系统中的重要组成部分。本质上，YMS 必须与仓库入库和出库的运输设备协调使用。为收到的货物预定仓库位置，为出库货物安排运输工具，这就是协调的内容。从实施的角度来看，YMS 是一个调度工具。要实现高效率的运输和仓储，很重要的一点是要对入库和出库活动进行合理的排序。同时，准确了解仓库或工厂堆场有哪些货物或运输工具也很重要。经常遇到的困境是，供应商送来的货物按照计划准时到达，却因为没有仓位而不得不放置到仓库堆场。可以把 YMS 看作一个连接、协调运输管理系统（TMS）和仓储管理系统（WMS）的软件。

9.7.3 信息控制系统

信息控制处理系统对人们之所以有吸引力，是因为它综合了自动化系统的控制特点和机械化系统的灵活性。信息控制系统使用了信息技术控制的机械化处理方法。三种常见的信息控制物料搬运系统是无线射频（Wi-Fi）、射频识别技术（RFID）和光控操作（LDO）。

1. 无线射频与射频识别技术

无线射频处理系统使用标准的机械化物料搬运设备，同时信息系统为设备操作员提供实时的指导和控制信息。在无线射频处理系统中经常会使用叉车。然而，该系统是通过信息控制叉车的运行路径，这样就成了高度整合的物料搬运系统。在进行仓库设计和布局时，仓库中的设备与任何其他机械化设备基本上是一样的，唯一的区别在于叉车的所有作业都是由安装在车上的计算机、手提式电脑或声控通信设备来指导和监控的。实时信息交换实现了更大的灵活性和更高的利用率。

射频识别技术的主要优点是提高了叉车作业的速度和灵活性。叉车驾驶员不再根据手写指令或计算机批量生成的清单进行作业，他们通过手提式电脑或安装在叉车上的射频终端来接收作业安排。射频识别技术的使用为驾驶员和中枢数据处理系统提供了实时交流的可能。在作业过程中，仓储管理系统和作业控制计算机共同计划并启动所有活动，并且向物料搬运人员发布作业要求，同时对所有任务的完成过程进行追踪。决策支持系统在分析了所有活动要求之后，安排设备作业，要实现的目标是使直接移动最大化、空驶移动最小化。向叉车分配连续作业任务的过程称为**交叉分配**。在交叉分配中，对叉车分配任务并不依据传统的工作区域划分，而是给每个叉车分配一项明确的工作，或将叉车分配给某个需要收货或发货作业的工作区域。

应用射频识别技术以后，产品和叉车驾驶员之间可以实现双向的信息交互。YMS 或驾驶员接收到装有射频装置的产品发出的信息后，就能明确产品在仓库中的位置。这种识别功能对信息控制系统大有裨益。

由于不需要大量的资金投入就可以实现自动化带来的收益，因此信息控制系统有巨大的发展前景。此外，通过对叉车的作业绩效进行跟踪，可以大幅度提高生产效率。

目前针对仓库设计和布局正在进行大量的研究，以充分挖掘信息控制物料搬运系统的潜力。

2. 光控操作

常见的光控操作技术是**摘取式分拣系统**，目前该系统的使用越来越普及，它是由旋转货架系统演变而来的。使用该系统时，订单分拣人员从指示灯亮着的货架或存储箱内取出指定的产品,直接放进货箱或传送带上。每个分拣区域前面都有一排指示灯或灯树,显示应从每个位置分拣的产品数量。**播种式分拣系统**是对摘取式分拣系统稍做变化而成的,该系统将分拣后的产品放在亮灯处的容器内。每一个容器或货箱都分配给一个特定的订单或客户,指示灯显示哪个客户应该接收哪一种产品。

显然,有效的仓库运作需要结合包括 WMS、TMS 和其他信息控制系统在内的最先进的技术,以应对当今商业竞争的复杂性,并提升 21 世纪物流系统的效率。

下面将介绍包装作业以及包装与仓储运作和物料搬运设备的整合。

9.8 包装作业的前景 [2]

人们一般将包装分为消费包装和工业包装,消费包装关注的重点是市场营销,而工业包装关注的重点是物流。物流运作关注的主要问题是工业包装设计。为了保护产品并提高物料搬运效率,企业通常会将零散的产品和零部件分组装入纸箱、袋子、货柜或桶内。我们将零散的产品分组装进一个容器里面,这个容器便被称为**外包装箱**。为了方便物料搬运,我们把外包装箱组合后装进更大的容器内,称这种组合方式为**集装化**或**单元化**。

外包装箱和单位货载是物流运作中的基本处理单元。外包装箱的重量、体积和易损坏程度,决定了对运输和物料搬运的要求。当多个外包装箱组合在一起进行物料搬运时,该组合便被称为**单位货载**。如果包装的设计不利于进行有效的物流处理,那么整个物流系统的运作绩效就会受到影响。包装和单位货载影响整个供应链的运输和存储成本。

零售商的销售量和销售形式不应该是确定外包装箱尺寸的主要因素。例如,啤酒在零售商处是以 6 瓶为单位进行销售的,但是一个外包装箱里通常装有 24 瓶啤酒。因此外包装箱必须足够大,才能实现物料搬运的规模经济,同时还必须足够轻便,才能保证作业人员在不借助机器设备的条件下能够轻松搬运货物。物流的一个主要目标是设计运作流程来处理种类不多的标准化外包装箱。

事实上,很少有企业只选择一种外包装箱规格来满足所有需求。当实际作业需要多种规格的外包装箱时,我们尤其要注意可兼容单元的搭配。图 9-8 展现了这样一个实例——使用四个规格的标准外包装箱来实现模块兼容。

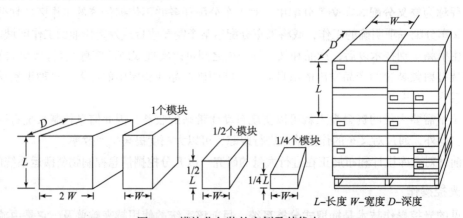

图 9-8 模块化包装的实例及其优点

资料来源:Adapted from materials provided by Walter Frederick Freedman and Company。

当然，设计包装时不能只考虑物流的因素。适合物料搬运和运输的理想包装的长、宽、高应该相等，这样才能达到最大可能的密度水平。然而，这种包装几乎是不可能的。最终确定外包装箱尺寸时，应该结合生产、市场和产品设计等因素，综合考虑如何满足物流的模块化要求。

物流包装需要考虑的另一个因素是产品期望的保护程度。应该将包装设计和包装材料结合起来考虑，这样才能达到需要的保护程度，而不会为过度保护化费额外的成本。相反，也有可能选择的包装材料是正确的，但是不能提供必要的保护。要设计出令人满意的包装，必须首先限定所有情况下允许的损坏程度，然后同时考虑包装设计和选择的材料，以满足这些具体要求。在进行包装设计时，有两个共识：①在大多数情况下，要达到绝对保护程度的成本是非常高的；②包装工程是包装设计和包装材料的合理组合。

物流包装最后要考虑的因素是外包装箱尺寸、订单数量和零售商销量之间的关系。从物料搬运的角度来说，外包装箱应该标准化，并且足够大，以使仓库中搬运的外包装箱数量最少。为了简化仓库处理作业，零售商应该以外包装箱为单位进行采购。然而，对流通速度较慢的产品来说，假设一个星期只能卖出一件产品，如果每个外包装箱能装 48 件产品，那么就会造成库存积压。最终，为了实现劳动力成本最低，零售商经常会直接使用托盘把产品从外包装箱放到商店货架上，这样就不用卸货了。因此零售商愿意选择适合货架空间的外包装箱或托盘。

最终确定包装设计还需要进行大量的测试，以确保能够满足营销和物流的要求。在营销方面，包装设计始终是消费者相关研究所关注的焦点，而物流方面的包装研究主要是如何通过实验室的测试检验。由于测试设备和测量技术的进步，现在实验分析已经成为检验包装设计的一种可靠的方法。测试记录设备能够测量包装在运输途中的震动强度和特性。目前，有关危险货物包装的联邦法规越来越多，这也在很大程度上促进了人们对包装设计的关注。

在物流系统中造成产品损坏的四种最常见的原因是：震动、碰撞、刺破和挤压。运输和搬运包裹时，以上几种损坏原因可能会同时发生。由于货物装运过程中的监控成本很高，并且很难以科学的方式进行，所以为了增加测试的准确性，可以使用计算机模拟包裹在物流系统中所处的环境。实验室的测试设备能够检测在振动情形下，产品易碎性、包装材料和包装设计之间的关系。

9.9 包装提高物料搬运效率

包装对物流的生产力和效率都会产生影响。所有物流活动，从卡车装载、仓库分拣到运输工具和存储空间的利用均受到包装的影响。在所有作业环节中，包装设计、单元化和信息交流特性都直接影响物料搬运的效率。

9.9.1 包装设计

按标准规格和订单数量设计的产品包装有利于提高物流效率。例如，对于橙汁和纺织品柔化剂之类的产品，可以将它们浓缩以后再进行包装，这样可以缩小包装尺寸，提高空间利用率；也可以抽去包装中的空气；还可以运输那些未装配的产品、将产品嵌套运输或放置最少的填充材料。在大多数情况下，通过缩小包装盒子的尺寸可以减少像泡沫塑料这样的填充材料的使用。宜家公司是瑞典的一家未组装家具的零售商，强调最小限度地占用空间。例如，运输枕头时，会采用真空包装以减少占用的空间。虽然宜家公司的家具都是从瑞典发货的，但由于它采用了体积最小化的包装策略，因此该公司在美国市场的竞争中取得了胜利。

体积最小化对重量较轻的产品来说是最重要的。例如，草坪设备在达到运输设备的载重限制之前，体积就已经超出了运输工具的空间限制。相反，那些很重的产品如钢珠轴承或玻璃罐装液体，在还没有装满车厢时就已经超重了。当运输工具或集装箱超重时，就不能再装载货物，从而造成了运输空间的闲置。有时通过改变货物包装，可以降低总重量。例如，利用塑料容器代替玻璃容器就能增加拖车装运的容器数量。嘉宝婴儿食品的部分产品采用了塑料包装，这一举措减少了公司的运输费用。

体积和重量最小化对电子商务的运作来说是一种挑战。为了提高采购和运作效率，这些运作往往会选择标准化包装，其结果是包装尺寸过大，需要一些额外的材料进行填充，这就增加了运输成本。由于产品具有不同的特性，并且电子商务的产品品种很多，这就需要对一个订单的多个产品进行组合包装。这种包装方式引起了消费者的极大关注，因为消费者越来越关注发货和直接配送的成本；这也引起了环保主义者的极大关注，他们关注的是产品包装的处理。

9.9.2 单元化

为了便于物料搬运和运输，把多个外包装箱组合成一个单元的过程称为单元化或集装化。单元化包括各种形式的产品组合，如将两个外包装箱捆在一起，也有可能是使用专门的运输设备。不论哪种类型的单元化作业，其根本目的都是提高物料搬运和运输的效率。单位货载与处理单个外包装箱相比，具有很多优势。首先，在目的地的卸货时间和滞留时间可以尽可能缩短。其次，单位货载的货物更有利于物料搬运。单位货载所用的时间大约是利用人工装货或卸货时间的1/5。由于单位货载的入库货物的收据都做成了条形码，因此简化了入库货物的核对工作。订单分拣需要的库存产品也能被快速定位。最后，由于使用了单位货载和专门的运输设备，运输途中的货损也减少了。以上所有因素都降低了物流成本。下面我们将讨论满足标准化运输设备能力的单元化方法。

1. 密封集装箱

密封集装箱是将外包装箱和散装货物组合在一起的设施。将货物放在密封集装箱内，既保护了产品，也简化了物料搬运作业。通过特定设备完成集装箱的搬运和运输，在航空运输和水路运输中变得越来越普遍。在美国国内分销系统中，集装化极大地提高了运输效率，并降低了产品的搬运成本。美国国内产品运输的总费用中大约有一半用于以下几个方面：不同运输工具之间的产品搬运作业、装卸码头和平台间的物料搬运作业、包装作业、由于盗窃造成的损失和保险费用。在航空运输中，通常用密封集装箱来装载货物和乘客的行李，这种集装箱的设计非常适合航空运输，既有利于装卸，也有利于减少偷窃行为。表9-5概括了密封集装箱的优点。

表 9-5 密封集装箱的优点

- 提高了所有物料的搬运效率
- 减少了物料搬运和运输过程中的损失
- 减少了偷窃行为的发生
- 减少了包装保护的要求
- 更大限度地保护了自然环境
- 集装箱可以重复使用多次，因此减少了浪费和处理废弃集装箱的需要人们通常使用可回收的集装箱配送产品。尽管也有一些企业重复使用瓦楞纸箱，但是大多数可重复使用的集装箱材料都是钢或塑料。汽车制造商使用可回收的支架在工厂之间运输汽车部件，化工企业重复使用钢制桶运输产品。然而，现在有一种趋势，即在许多小商品和零部件的配送中也使用可回收的包装，例如，烹调配料、易腐烂食品以及零售商从仓库配送到商店的手提包。

当发货人和客户之间有合理的集装箱保证金时，使用可回收的集装箱是最合适的。汽车行业在零部件供应商与装配工厂之间进行运输时采用大量的可回收支架。

进行可回收包装系统的投资决策时必须清楚地考虑发货周期，并将回收运输成本与不必回收的易耗集装箱的购买及处理成本进行比较。同时，还应该考虑提高物料搬运效率和减少货损带来的收益，以及将来对可回收集装箱进行分类、跟踪和清洗的成本。

2. 集装包

顾名思义，集装包不是通过完全封闭的方式对货物进行保护。最常见的非密封集装化的方式是将外包装箱堆放在托盘或滑板上。最常见的托盘是木料制造的，但在特定的物料搬运中，塑料或钢材托盘的使用会增多。硬木托盘如图9-9所示。滑板的尺寸和功能与托盘相似，通常是由硬纸板或者塑料做成的一块平板。由于滑板是平放在地面上的，因此需要专用叉车对每个滑板进行物料搬运。滑板与托盘相比，其主要优势在于成本和重量，滑板比托盘的成本要低，并且它的重量和体积也更小。

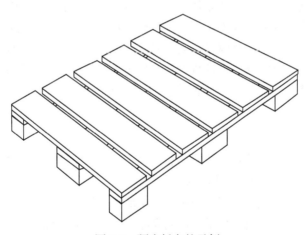

图9-9 硬木托盘的示例

大部分行业协会都建议使用标准托盘和滑板作为单元装载平台。美国食品杂货制造商协会已经采用了40英寸×48英寸的托盘（具有4个方向的叉车作业插口）和相同尺寸的滑板进行食品配送。但是饮料行业的标准托盘尺寸是32英寸×36英寸。纵观所有行业，最常使用的托盘尺寸是40英寸×48英寸、32英寸×40英寸和32英寸×36英寸。通常，需要根据物料搬运设备确定常用的托盘尺寸。

总的来说，单元装载平台越大，物料搬运的效率就越高。例如，40英寸×48英寸托盘比32英寸×36英寸托盘每堆放一层货物就多768平方英寸的存储面积。假设托盘上能够堆放10层外包装箱，那么40英寸×48英寸托盘增加的堆放总面积是7 680平方英寸，它比32英寸×36英寸托盘的堆放面积多了60%。最终确定托盘尺寸时，要综合考虑装载量、与物流系统中的物料搬运和运输设备的兼容性以及标准的行业惯例。如果使用现代物料搬运设备的话，那么在重量方面基本上没有限制。尽管托盘本身并不灵活，但它们装盛的单位货载却十分灵活。

将外包装箱堆放在滑板和托盘上的方式有很多种，其中，四种最常见的堆放方式分别是：积木式、砌砖式、行列式和轮转式。积木式适用于外包装箱的长和宽相等的情况。当长和宽不等时，可以使用砌砖式、行列式和轮转式这三种堆放方式。图9-10展示了这四种基本堆放方式。除了积木式以外，其他几种堆放方式都是把纸箱堆成相互锁定的形式，并且相邻两层的放置成90°角。采用相互锁定的方法可以提高稳定性。积木式的堆放方式就没有这种优点。当外包装箱尺寸种类有限时，这些方式不失为好的方法，但是大部分堆放方式还是通过计算机分析来实现的。

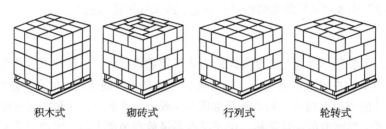

积木式　　砌砖式　　行列式　　轮转式

图9-10　外包装箱在托盘上的基本堆放方式

资料来源：Adapted from palletization guides of the National Wooden Pallet & Container Association, Arlington, VA.

在物料搬运和运输的过程中，如果使用托盘的方法不当，就会增加货物损坏的可能性。在大多数情况下，仅靠堆放的稳定性不足以确保装载货物的安全。提高稳定性的方法还包括用绳子系、用角柱、用钢丝绳捆扎、将螺丝拧紧、做防滑处理、用胶粘和缠绕。这些方法都可以将外包装箱固定在托盘上。目前保障堆放货物安全的越来越普遍的方法是用收缩性薄膜和拉伸式薄膜包装。这两种薄膜都类似于厨房中使用的食品保鲜膜。

9.9.3　信息交流

物流包装的第三个功能是信息交流或信息交换。在清点货物、跟踪货物、指导物料搬运和关注信息安全时，这种功能就显得更加重要。

信息交流最显著的作用是帮助所有分销渠道中的成员识别包装中的货物。常见的信息包括制造商、产品、集装箱的总价值、数量、通用商品码、产品电子代码，也有可能通过条形码或者射频识别技术交流信息。纸箱上的信息用于收货、订单分拣以及装运环节的产品确认。可见性是识别货物时要着重考虑的因素，物料搬运作业人员需要在一定的距离以外就能够从不同方位看到或者通过电子技术读出货物的标签。但是也存在例外情况，当产品价值很高时，通常会使用小标签以防货物被盗窃。

简便的包裹跟踪功能对于有效的内部运作十分关键。此外，客户也越来越多地要求对供应链中流动的产品进行跟踪。对所有流动中的产品进行有效控制将会减少产品丢失和失窃情况的发生。

此外，物流包装还能为物料搬运人员提供物料搬运和处理受损货物时的说明。包装上应该标明在对货物进行作业时需要注意的问题，如玻璃器皿须轻拿轻放、温度限制、货物堆垛注意事项以及潜在的环境威胁等。如果货物具有潜在的危险性，例如一些化学物品在包装或附带的材料中应该针对某些意外事件有所注明，以便在产品溢出或容器破损时妥善地进行处理。包装的最后一个功能是提供与安全相关的信息。

本章小结

仓储、物料搬运和包装相结合，构成了物流运作的不同方面。它们共同构成了影响供应链所有领域的综合功能区域。传统上，仓库的作用是存货，而现代仓储在服务和经济效益方面涉及更广泛的价值主张。服务效益包括现货供应、全线供应和增值服务。经济效益包括合并和散装分类，季节性存储和逆向物流。对于仓储的观点正在从传统的存储任务转变为以定制、速度和移动为特征的任务。

仓库通常根据所有权进行分类。自有仓库由企业经营，企业也拥有设施中的商品。公共仓库是独立运营的，并提供各种租赁增值服务。合同仓库是一项长期的业务安排，可为数量有限的客户提供量身定制的服务。集成的仓储策略通常包含仓库所有权选项的组合。在规划和转型仓库操作时，有许多管理决策，包括选址、设计、产品组合分析、扩展、处理、布局和尺寸确定。

配送中心和仓库的设计是为了实现库存搬运和存储的主要活动。搬运包括收货、入库、移库、订单分拣和发货。通过一系列特有搬运系统的运作支持，包括机械化、半自动化和自动化系统，高质量的搬运活动提升了仓库的运作效率。在某些情况下，必须考虑特殊的搬运注意事项。活动存储可推动越库、合并、散装和延迟策略，扩展存储有助于平衡供需波动。仓库通常将活动存储和扩展存储结合在一起，以支持独特的业务需求。次要的仓库功能（包括仓储准确性与审计、设施的防护性、安全性和维护性等）与主要的仓库功能相辅相成，建立了整个仓库生态系统。

现代配送中心和仓库通常利用先进的系统，包括仓储管理系统，堆场管理系统和其他信息控制系统，以支持操作的复杂性和提高效率。随着仓库不断被要求更高的效率，这些系统的重要性也在不断增长。

包装对物流的成本和生产率有重大影响。包装设计、外包装箱的使用以及集装化或单元化是关键的考虑因素。灵活而坚固的设备具有独特的优势，必须将其有效地应用于实际中。最后，包装满足了沟通和信息传递的关键需求。

学习型思考题

1. 讨论并说明建立仓库的经济合理性。
2. 在什么情况下，在物流系统中同时引入自有仓库和公共仓库才是有意义的？
3. 讨论并说明仓库在逆向物流中的作用。
4. 讨论密封集装箱和非封闭集装箱的区别。讨论单元化装载中安全的重要性。
5. 在基本的物料搬运系统中，单位货载的作用是什么？

挑战型思考题

1. 假设你在一家医药公司工作，此时面临一场前所未有的全国范围内的召回。涉及的问题产品并不会影响健康，但是其召回引起了公众和媒体的高度关注。你如何推动问题的解决？请详述你采取行动的顺序、相关支持逻辑以及应对公共关系的措施。
2. 加拿大轮胎公司是该国最大的公司之一。该公司有四个大型分销中心，为470个轮胎零售店提供服务。该公司最近安装了一个堆场管理系统,并将其与仓储管理系统和运输管理系统整合在一起。该公司期望在长途运输设备利用率、驾驶员工作效率以及仓位/仓门利用率等方面提高绩效。作为新招聘的物流人员,你被要求开发一个评估系统,用来测量运作效率的改进程度。尽管管理者并不需要评估财务影响,但他们希望可以制定一套基准,用来衡量最初的绩效以及可持续改善后的绩效。你该如何开展这项工作?

3. 尽管美国海军和空军常常使用无人驾驶飞机进行监视或执行战斗任务,但无人驾驶叉车看起来却难以做到。为什么FedEx公司和UPS公司不能采用无人驾驶飞机运送货物?为什么半挂车不能以无人驾驶的方式在城市间来往?如果我们有专门供卡车行驶的高速公路——不管是设置卡车专用道路还是通过通行时间安排来实现,你会不会给出不一样的答案?在你看来,专家机器人的概念最终会发展到什么程度?

注释

1. A adapted from OSHA:Working Safety Series: Warehousing, United States Government, OSHA 3220-10N, 2004, p.1.

2. 作者在此向密歇根州立大学的戴安娜·特威德(Diana Tweede)教授表示感谢,感谢其为本章写作前的准备所提供的帮助。

PART 4

第四部分

供应链物流设计

如第1章和第3章所述,企业物流管理有两个首要职责,其中之一就是参与供应链物流设计。第四部分包含两章,专门讨论各种物流设计问题。第10章从全球化的角度论述了当今的企业供应链运作管理,很少有公司的业务范围只局限于一个国家。由于企业的经营领域变得更加广阔,因此增加了全球化的复杂性。考虑到当今企业的动态性,管理者对他们的物流支持结构进行持续评价已并不罕见。第11章的重点是网络设计。在这一章,建立的整合模型将物流的时间和空间因素融入一个理论框架中。这个整合的框架是设计流程、权衡量化以及进行整体绩效评价的基础。第11章介绍了供应链物流的分步设计过程,并提供了有关渠道结构、设计和实施的指南。

第10章 全球供应链

全球化对物流和供应链运作与战略来说既是机遇，也是挑战。机遇包括增加的市场以及更多可供选择的制造方式，在制造中人力和物料资源的绝对与相对优势都是不断变化的。一些国家的工资水平很低，因此这些国家能提供巨大的规模经济效益；还有一些国家拥有专门技术，因此可以提供很大的柔性。尤其是发展中国家从这些重大的机遇中不断成长。要有效地利用这些优势，就必须对物流运作环境提出更高的要求，必须更多地考虑安全问题，并且总成本分析也更加复杂。本章讨论了全球供应链的基本原理，描述了全球供应链整合的各个阶段，并总结了制定全球采购决策的指导方针。

10.1 经济全球化

如今，无论大企业还是小企业，都或多或少带有全球化运作的色彩。它们的原材料、产品、客户都可能来自全球的不同区域，很多企业都同时进行全球化采购和销售。很多人认为企业进行全球化运作的主要原因是全球化采购和制造的成本更低廉，实际上还有很多其他原因。本节就企业选择全球化运作的主要原因进行具体说明。

表10-1列举了企业选择全球化运作的主要目的。很多人认为企业选择全球化制造和供应链运作的主要动机是降低资源成本和人工成本，但如表中所示，有的时候企业的动机并不仅限于此。比如，尽管人们通常认为企业将制造中心迁往中国和印度所图的是这些地区低廉的劳动力，但其实这些企业更主要的目的是占有中国和印度快速增长的消费市场。在这些地区，随着需求的飞速增长，制造企业需要的员工也越来越多，进而带动了薪酬水平的上升，而这些地区薪酬水平的上升幅度比发达地区要快得多。结果由于这些地区和发达地区的薪酬差别越来越小，

企业开始寻找制造成本更低廉的区域。另外，由于靠近发达地区并且制造成本低廉，在南美洲和非洲进行供应链增值活动的企业也越来越多。

表 10-1 选择全球化运作的原因

目　　标	原　　因
增加收益	● 开拓更多目标市场 ● 超过竞争对手的扩张速度 ● 靠近目标市场
获得规模经济效益	● 充分利用已有的生产能力
减少直接成本	● 利用价格较低的劳动力或地皮 ● 缩短运输距离或更换运输方式以降低能源需求 ● 利用产品需求的差异性
提高技术水平	● 出于历史原因，迁移重建后更便于引进新技术 ● 更容易获取专业技术或语言技能方面的人才
减少企业在全球的应缴税额	● 享受当地的纳税优惠政策 ● 减少制造、包装、仓储和定制环节的增值税
减少产品运达市场过程中的不确定性	● 当地生产当地出售降低了运输过程中的不确定性 ● 当地生产当地出售减少了安全方面的限制
增加稳定性	● 在当地生产或从当地获取其他资源（如人力资源），更能确保物料和专业技术人才（如能源和熟练的工人）的可得性

越来越多的企业直接或间接地选择全球化供应链运作，成为企业的常态。全球化的采购和营销对提高企业绩效，尤其是在企业收益、企业规模和市场占有率方面效果显著。接下来将讨论一些企业可以用来提高绩效的策略以及企业在全球化供应链运作中可能面临的挑战。

10.2 全球供应链一体化

有效的物流系统对国内供应链一体化是非常重要的，要进行成功的全球采购、生产和营销，有效的物流系统同样也是绝对必要的。国内物流关注的焦点是通过运输和存储活动支持供应链一体化，这些运作都发生在一个相对容易控制的环境中。而全球物流必须支持在不同国家政治和经济环境中的运作，并且还要处理日益增加的不确定性，这些不确定性与距离、需求、多样性以及国际贸易中的单据管理有关。

全球物流系统面临的问题在不同地区都不尽相同。北美洲物流的特点是地理区域广阔，运输方式种类很多并且很灵活，跨国单据管理的需求有限。相反，欧洲物流面临的地理区域相对有限，但涉及大量的政治、文化、规章制度和语言方面的问题。由于欧洲的人口密度很大，并且许多道路都是几个世纪以前修建的，因此它的道路非常拥挤。环太平洋地区的物流则以该地区的岛屿为基础，要求大量采用水路运输和航空运输进行跨区域运输。由于各个地区都有不同的特点，因此开展全球运作的企业必须开发并保持各项能力和专业技术。

过去，一家企业只需要实施单一地区的运作战略就可以生存，如北美洲、欧洲或者环太平洋地区。尽管制定并实施单一地区运作战略要简单一些，但是导致的结果就是丧失了规模经济效益，并且资产利用率很低。虽然某些企业仍然在实施区域化战略，但是对那些想要繁荣发展的企业来说，它们必须接受全球化的挑战。当一家企业和它的供应链变得更加全球化时，企业就必须对它的战略进行调整。

10.2.1 全球经济中的物流

全球运作增加了物流成本和复杂性。2017年美国的物流成本超过了1.4万亿美元,占美国**国内生产总值(GDP)**的7.6%[1]。表10-2列出了2012年各国或地区的GDP中物流成本所占的比重。与国内运作相比,全球运作的复杂性是由不确定性和变化性增加以及控制性与可见性降低造成的。不确定性增加是因为距离更远、提前期更长以及对市场了解更少。变化性增加是由特有的客户和单据需求导致的,也包括政治环境的转变。控制性降低是由于对于大量使用国际服务的企业,政府可能会在客户需求和贸易限制等方面进行干预。可见性降低是因为运输距离更远和占用时间更长,这样要跟踪货物并准确定位货物就更加困难。

表10-2 2012年国际物流成本占GDP的比重

国家或地区	物流成本占GDP的比重(%)
美国	8.5
日本	11.0
欧洲	12.9
印度	12.9
墨西哥	14.0
中国	14.4
亚洲其他地区	16.8

资料来源:Council of Supply Chain Management Professionals, *2013 State of Logistics Report* (Chicago, IL).

由于存在上述特殊的问题,因此要想制定一个有效的全球供应链战略就变得很复杂。幸运的是,许多力量在推动全球化的同时,也驱动企业进行无边界的物流运作。

10.2.2 全球化战略

供应链全球化在不同阶段会采用不同的战略,包括:①无国际战略;②多国化战略;③全球战略;④跨国战略。下面我们将探讨每个战略阶段的特点及对于供应链的意义。

第一个阶段是无国际战略阶段,描述的是企业只在国内运作。尽管这些企业可能会有一些以采购或交付形式存在的国际交易,但没有系统化的战略或计划来组织、推动国际运作。单一国内运作的优势在于可以极大地降低复杂度,供应链上以及企业各职能部门间所需的协调程度最低。无国际战略的劣势在于很难对全球运作的客户做出响应,并且企业成长通常只局限于本国市场。

第二个阶段,即多国化战略阶段,刻画的是企业在多个国家运作。这意味着它们在多个国家都有运作业务,但是企业的总部位于本国。采用这种战略的企业通常在各个国际地区拥有独立的、半自主性的供应链。例如,假设一家企业的总部在美国,所有在美国之外的活动都是国际运作,与本国运作相比通常被视为是次要的。一般来说,这种战略中的国际运作主要用于支持国内运作,尤其在采购原材料和销售产品方面。在这种情况下,每个区域内的物流和供应链运作相互独立。多国化战略的优势在于企业可以在总体协调最小化的同时聚焦本国市场。例如,企业可以聚焦关键市场的增长,同时可以最小化市场之间的运作复杂程度。多国化战略的劣势在于不能较好地响应以全球为基础的客户,也难以实现规模经济。

第三个阶段是全球战略阶段,这意味着企业必须进行跨国运作,并且涉及一些本地市场的定制化。采用这种战略的企业尽管通常会有一个协调全球运作的总部,但物流和供应链活动是在全世界各个地区进行的。通常，每个地区的企业主要关注该地区的市场特征，尽管需要对供应链活动进行跨地区协调，但对降低品牌复杂度、生产复杂度以及物流复杂度并不太重视。例如，企业可能会在多个地区生产相似的产品，却很少考虑如何就此减少生产过程和零部件的复杂度。不同地区或国家之间的交易通常被视为"公司内部转移"，或可能更像是"公平交易关系"。这类组织中最先进的整合形式是全球财务整合，而其他形式的整合，如产品开发、市场营销、供应链和计划等则较为少见。全球战略的优势在于有能力聚焦多个当地市场，满足当地客户的需求，并且具有利用全球品牌和产品的能力。全球战略的劣势则在于难以通过一体化的方式对全球客户做出响应，而且不具有可扩展性。

第四个阶段是跨国战略阶段，处于该战略阶段的企业在全球保持地区运作，采用能够优化企业效益和绩效的总部结构。尽管地区运作普遍存在，但没有单一的总部，不同的活动在不同的地区进行，以保证广阔的全球视角。例如，财务运作可能设在诸如欧洲或美国等地区或国家，而生产或采购则可能设在亚洲。企业的目标是要在地区内管理好各项活动，对各项活动实行最佳协调或运作。在这一战略中，企业可能会选择建立少量整合式客户服务中心（如IBM有3个集拼式客户服务中心，同时有另外3个作为后备支持）、生产控制中心（IBM有3个，分别在美国、欧洲和亚洲）以及采购中心。跨国战略最主要的优势在于能够推动解决方案的开发和交付，带来巨大的规模经济效益，并且在国内和全球公司中伸缩有度。该战略主要的劣势在于需要做大量的协调和信息整合工作，并且降低了公司对单个市场独特性做出反应的能力。符合跨国公司标准的有ABB（瑞士）、可口可乐（美国）、陶氏化学（美国）、赫斯特（德国）、IBM（美国）、帝国化学工业（英国）、强生（美国）、雀巢（瑞士）、诺华（瑞士）和飞利浦（荷兰）。这些公司都拥有相同的特性：全球生产、全球销售、全球品牌。这些公司能够综合利用一体化的系统和管理方式进行全球运作，同时又对区域市场和本地市场的需求具有敏感性。

图10-1说明了企业是如何从无国际战略开始演进的。横轴代表企业的本地响应能力，纵轴代表企业的全球一体化程度。采用无国际战略的企业可以在本国做出本地响应，通常对本国之外的客户没有响应。采用多国化战略的企业聚焦于单个市场，但是没有通过逻辑路径实现全球整合。由于每个地区分部进行决策时趋向于最大限度地满足各自的客户和所在地区的需求，所以通过综合一体化计划协调各个地区的努力将十分有限。事实上，没有清晰的全球视野和强大的驱动力，采用多国化战略的企业只能一直保持"多国化"的状态。采用全球战略的企业具有较大范围的全球运作，并具有本地市场的定制和运作特征。但是，这类企业的全球核心总部将主导其战略和运作。采用跨国战略的企业实行全球运作，很少考虑单一总部的因素，努力的目标是要实现"世界产品和解决方案"的标准化，通常是从全球视角出发，在最佳选址地完成各项活动，并且往往是集中完成。

表10-3从下述角度比较了不同战略发展阶段全球物流与供应链的特征：①服务焦点；②营销战略；③交付战略；④管理战略；⑤人力资源开发战略。随着企业从无国际战略向跨

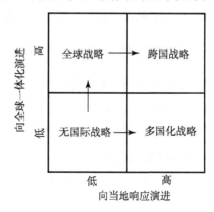

图10-1　一般的国际化战略

资料来源：James Fitzsimmons, and Mona Fitzsimmons, *Service Management: Operations, Strategy and Information Technology*, 7th ed.(New York: McGraw-Hill, 2011), p.352.

国战略演进，尽管服务、营销和运作方面的协同作用会增强，但管理和人力资源开发方面的挑战也会增多。

表 10-3 全球服务的差异化特征

发展阶段	服务焦点	营销战略	交付战略	管理战略	人力资源开发战略
无国际战略	为本国市场供应标准产品	聚焦本国市场的单一战略	直接交付给客户	单一简单的财务战略	由创业者运作，专业化水平有限
多国化战略	国内营销，国内交付	国内客户	协作交付	整合财务驱动型交易	聚焦"母国"管理
全球战略	当地市场定制	聚焦可能跨国界的特定市场领域	由具有当地代表的子公司交付	分权式运作，当地收益和责任自负	少量高管人员有国际经验
跨国战略	全球品牌，一体化运作	全球客户	关键资源实现全球流动	在全球各地进行整合计划	国际培训与国际经验

多国化战略、全球战略和跨国战略可以从多个维度影响物流决策。

第一，采购和资源选择可能会受到人为因素的约束。这些约束通常以使用限制、当地含量法规以及额外费用等形式存在。使用限制常常由政府设定，限制进口销售或采购的水平。例如，企业可能会要求采用国内供应的原材料，即便其价格和质量并不具有竞争力。当地含量法规规定产品的零部件必须从当地企业采购。额外费用指的是政府对原材料来自国外的产品征收更高的税费，以维持本地企业的生存能力。额外费用通常以关税或税费的形式存在。使用限制、当地含量法规和额外费用等结合起来，共同限制管理者选择优先供应商的能力。

第二，支持全球运作的物流会增加运作计划的复杂度。基本的物流目标是使产品流动变得顺畅，从而提高运用企业能力的效率。由于存在运输不确定性、基础设施局限、时差、语言差异、政府限制等因素，这一目标在国际环境中有时难以实现。

第三，全球运作把本国物流系统和惯例扩展到更广泛的地区和运作环境。尽管本国战略在物流运作中引入了一些地区差异，但是全球运作具有很高的复杂度和多种例外处理流程。本地管理者必须在维持企业政策和程序指南的同时对例外进行调解。例如，尽管贿赂在大多数发达国家既是违法的，也是不道德的，但这种"助推"费用可能是一些发展中国家产品通关或清关的方式。因此，以国外为基地的物流管理部门通常要在总部并非完全理解状况的情况下对当地的文化、语言、雇用关系以及政治环境等问题进行调解。

10.2.3 管理全球供应链

为了提升企业的全球化能力，物流管理者必须考虑国内和全球运作在以下五方面的主要区别：①运行周期的构成；②运输；③运作上需要考虑的问题；④信息系统整合；⑤联盟。这些问题必须反映在公司的全球运作战略中。

1. 运行周期的构成

运行周期的时间长度是国内和全球运作的一个主要区别。全球运作中的运输时间不是1～5天，总运行周期也不是2～10天，它的周期通常需要几周或几个月。例如，通常在环太平洋地区的汽车零部件供应商下达订单60天以后，其生产出来的汽车零部件才能到达美国的汽车制造厂。同样，在时装行业中，从制造商下达订单到美国的分销仓库收到货物通常也要30～60天。

导致订单交货周期如此漫长的原因有以下几点：通信延迟、资金延迟、特殊的包装要求、海运计划安排、运输时间缓慢和通关。通信延迟可能是由于时区和语言差异。资金延迟是因为信用证和货币兑换的需要。另外，由于高湿度、温度和天气条件的缘故，必须对货物进行特殊包装以免在运输途中遭受损失。产品一旦被装入集装箱，就必须等待安排运输，并且要求运输的港口之间有适当的货物搬运能力。如果发货港和目的港都不位于大流量的交通干线上，或者驶向目的港的船只上缺乏必要的设备，那么安排行程所需要的时间将多于30天。轮船启动以后，运输时间通常也需要 10~21 天。即使轮船抵达港口，在排队等待其他货船通关时也会出现延误。通关环节也可能延长总的运输时间。尽管现在在轮船到达国际港之前，就能使用电子通信技术将船上的货物预先报关，但是整个运行周期仍然很长。特殊的安全事项也会引起额外的延迟。另外一个问题是集装箱的供应受到了限制。从亚洲到美国的运输通常是不平衡的，美国从亚洲进口的产品要多于美国出口到亚洲的产品。因此，从亚洲运输到美国的产品需要大量的集装箱进行装运，但是运回亚洲的集装箱的数量却很少。这就说明了不平衡的贸易，不管是国内的还是国际的不平衡贸易，都会引起物流运作的复杂性。

上面所有因素都导致国际物流的运作周期比国内物流更长、更不稳定和更不灵活。运作缺乏稳定性，也就导致计划和协调工作变得更加困难。要确定运输船只的状态并预测它们的到达时间也就需要做出更大的努力。运作周期变长也会引起很高的资金投入，因为任何时间点都有大量的在途库存。

2. 运输

20世纪80年代早期，美国解除了运输管制，使运输扩展到了全球。目前，全球运输已经发生了四个重大变化：①多式联运的所有权和运作权；②运输工具私有化；③沿海运输权和双边协议；④基础设施的限制。

历史上，对于国际所有权和运作权有过很多规章进行约束。承运商被限制只能采取一种运输模式，很少出现联合定价和作业协议。传统上，选择轮船路线就不能进行陆地运输，如公路或铁路运输。由于没有联合所有权、运作权和定价协议，因此国际运输非常复杂。为了完成一个货物的国际运输，通常需要多个承运商。确切地说，是政府而不是市场的力量决定国际承运商的运作方式和运作范围。虽然现在仍然存在一些所有权和运作权约束，但是国家之间的市场和联盟大大增加了运输的灵活性。美国和其他大多数工业国家已经取消了多式联运所有权的限制，这十分有利于综合运输的发展。随着国家所有权要求的变化，出现了越来越多的全球服务提供商，如德意志邮政公司、FedEx 以及 UPS 公司。

运输对全球运作的第二个方面的影响是不断增加的运输工具的私有化。历史上，国家拥有并使用国际运输工具，目的是促进贸易和保证国家安全。政府经常对它拥有的运输工具进行补贴，并对使用这些工具的外国企业征收附加费。由于人为地抬高价格并且服务水平很低，因此使用这些国有运输工具进行运输的成本很高并且不可靠。强大的工会组织和工作规则也导致国有运输工具的作业效率低下和灵活性较差。由于国有运输工具成本很高，并且效率低下，因此许多承运商都在亏本运作。现在，大量的运输工具都已经私有化，并且必须在复杂的环境中作业。运输工具的私有化使更多的国际承运商的运作效率变得更高。

沿海运输权和双边协议的变化是运输影响国际贸易的第三个方面。沿海运输法规要求在两个国内港口之间的乘客和货物运输只能使用国内的承运商。例如，从洛杉矶到纽约的水路运输必须使用美国的承运商。一旦从加拿大开来的货船在得克萨斯州卸货以后，驾驶员如果想要装载回程货物到底特律,就会受到沿海运输法规的限制。沿海运输法规的制定目的是保护国内运输行业,却降低了整个运输设备的利用率和运作效率。欧盟为了提高贸易效率,已经放宽了沿海运输的限制。由于放宽了沿海运输的限制,美国公司在欧洲的运输成本节省了10%~15%。尽管美国还没有取消与加拿大和墨西哥有关的沿海运输法规,但是为了提高设备的利用率并降低对环境的影响,已经减少了一些限制。

不管是发达还是不发达地区,都会遇到基础设施能力不足的情况。由于全球运作大大增加了对港口和机场通行能力的需求,而世界大部分的基础设施是50年前建造的,因此设施能力不足且会受到周边建筑的影响而无法扩展。尽管信息技术和物料搬运技术加快了货物通过港口和机场的速度,但总运输量的增加仍然导致大量拥堵现象的产生。同时,日趋紧缩的当地行政部门的预算、州预算或国家预算限制了本可以在已有的基础设施内进行的再投资活动。结果可想而知,物流管理者不得不寻找新的供应商、承运商或交货地点。

3. 运作上需要考虑的问题

在全球环境中,我们需要考虑许多独特的运作问题。

第一,全球运作中要求产品和单证必须使用多国语言。一些科技产品,例如,计算机或计算器都必须具有当地特征,键盘上的字符以及产品本身和相关的使用手册都必须使用当地语言。从物流角度来看,语言的差异性极大地增加了运作的复杂性,因为一旦产品的语言被定制化以后,产品就只能在某个特定的国家销售了。例如,从地理角度来看,西欧的面积比美国的面积要小很多,但是西欧却要求更多的库存来支持市场营销,因为在西欧,不同的库存产品必须与不同的语言相匹配。尽管企业可以通过多种语言的包装和延迟策略减少语言要求引起的产品分散,但是这些做法通常是不可接受的。许多消费者不愿意接受不采用他们本国语言标注的产品。除了产品语言的影响外,全球运作也需要给运输经过的每个国家提供多种语言的单证。尽管英语是商业中的通用语言,但是一些国家也要求在运输和海关单证中使用当地语言。由于运输前必须对复杂的单证进行翻译,因此增加了全球运作的时间和劳动量。标准的电子交易能够在一定程度上克服交流和单证上的差异。

全球运作中应该考虑的第二个问题是不同的国家要求,如性能特性、技术特性、环境因素和安全要求。性能特性包括特殊的产品性能,如速度或程序的限制。技术特性涉及电源、单证和规格。环境因素包括可以使用的化学物质或者允许产生的垃圾的形状和数量。安全要求包括汽车阀门和特殊的单证要求。尽管不同国家要求的差异可能不是很大,但是国家间微小的差异也会大大增加需求的库存单位,并且导致随后的库存水平大幅增长。

全球运作中应该考虑的第三个问题是要求的单证总量。尽管国内作业一般可以只使用一种发票或提单,但是全球运作却要求使用大量的单证,这些单证与订货内容、运输、资金和政府控制有关。表10-4列出并描述了国际单证的一般形式。

第四个应该考虑的问题是在某些国际交易中,对等贸易和退税的发生率很高。尽管大多数公司喜欢用现金交易,但是对等贸易也很重要。从本质上来说,对等贸易就是指销售方在销售货物时,同意接收买方的产品作为买方的付款,这些是销售协议的一部分。这种交易方式对财务有很大的影响,同时因为要对作为付款的货物进行收货处理,这也将对物流和市场营销产生很大的影响。退税是指以下情况:当公司在国外进口产品时必须支付关税,但是当货物出口以后,支付的关税能够得到退还。例如,百事可乐给俄罗斯政府供应糖浆,俄罗斯政府进行饮料的灌瓶和销售，百事可乐不对这些作业进行控制。俄罗斯政府为了回报百事可乐，授予百事可乐在美国经销斯托利伏特加的特许权。特许权需要市场营销和物流的大力支持。

表 10-4　国际物流单证的一般形式

- 出口不可撤销商业信用证。进口商和银行之间的合同，将债务以及向出口商付款的责任从进口商转移到进口商的银行（被认为信用比较好的银行）
- 银行汇票。进/出口业务的一种付款方式。汇票有两种形式：一种是银行收到汇票时就必须立即付款（即期汇票），另一种是银行收到汇票之后的某个时间付款（远期汇票）。不管是哪种汇票，如果附有指示或其他单证（信用证除外），就是跟单汇票
- 提单。运输公司或其代理人签发的，是货物运输合同的证明，也是货物所有权的证明
- 多式联运单据。如果货物是通过空运（航空提单）或者通过多种方式运输，多式联运单据将取代提单
- 商业发票。出口商签发的单据，准确描述货物和出售条款（与国内发货中使用的运输发票类似）
- 保险凭证。记载选择的险种（火险、偷窃险、水险），保险公司的名称以及拥有投保财产的出口商
- 原产地证明。表明产品在哪个国家生产以征收关税，以及其他政府强加的贸易限制

4. 信息系统整合

全球化面临的一个很大的挑战是信息系统整合。公司一般通过收购和兼并的方式实施全球化运作，但是在全球化进程中，信息系统整合通常相对滞后。运作整合要求在全世界范围内能够通过电子手段发送订单并管理库存，但是进行技术整合需要大量的资金投入。正如第 3 章讨论的那样，要支持全球运作，必须对两种类型的系统进行整合。第一种类型的系统是全球交易或者 ERP 系统。全球 ERP 系统提供了关于全球客户、供应商、生产和财务的共同数据。不论客户来自哪个地点以及货物要送往什么地方，系统都必须提供关于订单和库存状态的相同并且一致的数据。第二种类型的系统是全球计划系统，要求能在满足消费者需求的同时实现全球生产和配送设施的利用率最大化。但是，到目前为止，很少有公司实现了全球信息系统的完全整合。

5. 联盟

第三方联盟在国际运作中越来越重要。承运商和专门的第三方服务提供商的联盟不但在国内运作中很重要，在国际运作中更是不可或缺。如果没有联盟的话，国际运作的企业就需要与分布在世界各地的零售商、批发商、制造商、供应商和售后服务商同时保持联系。国际联盟提供了市场入口和专业知识，并且降低了全球运作的内在风险。由于市场中可供选择的种类很多，作业活动的跨度很大，并考虑到全球化作业的复杂性，因此必须进行联盟。

总之，全球化是一个正在不断发展的领域，对供应链一体化的要求越来越高。随着企业将它们的市场扩展到全球，供应链变得更长，带来了更多的变化和不确定因素，并且需要的单证也更多了，因此对物流能力的要求也越来越高。虽然变革促使企业实施无国界运作，但是供应链物流管理仍然面临许多来自营销、财务和分销渠道方面的障碍，这些障碍包括距离、需求、多样性以及单证管理。目前企业面临的挑战是对企业进行定位，通过发展世界范围的物流能力来获得全球市场的营销和生产优势。[2]

10.3　国际采购

今天的企业面临的一个主要问题是国际采购的急剧增加，特别是低成本国家的采购，如中国。国际采购的急剧增加将对物流管理者产生明显的影响。实际上，所有生产耐用品的企业都

在亚洲、东欧、拉丁美洲和非洲地区投资，这些地区向企业供应产成品或零部件。本节论述了企业从低成本国家进行国际采购的根本原因，提出了目前面临的一些挑战，并为采购战略提供了一些指导方针。

10.3.1 从低成本国家采购的理由

全球竞争愈加激烈，迫使许多企业与低成本国家的供应商建立关系，尤其是耐用品和时装行业的企业。国际采购的兴起有多种原因。第一，从工资率较低的国家采购通常能降低生产成本。值得注意的是，虽然这种战略能够降低生产成本，但是一些企业并没有考虑国际采购对总成本的影响，尤其没有考虑物流成本中的运输成本和库存成本。第二，寻找低成本国家的供应商能够增加可能的供货渠道的数量，但同时也增加了国内供应商的竞争压力。第三，从低成本国家采购能促进企业对高科技产品和工艺技术的研究。由于没有全球供应商的压力，部分国内供应商可能不愿意对新技术进行调查或投资，因为旧的技术占用了很大一部分资产。全球供应商却非常重视新技术的应用，以在国外市场上取得竞争优势，并不考虑之前讨论过的那些扩展供应链后存在的问题。从低成本国家采购的最后一个原因是在世界各国建立本地市场促进销售。例如，美国汽车企业从低成本国家采购的量越来越大，这样就会降低组件成本，同时美国汽车企业也会在当地市场寻求销售机会。但是由于存在政策和法律限制，企业必须与当地建立关系或在当地进行生产，才会被允许在当地销售产品。所有这些理由都强烈支持企业从低成本国家采购，但是必须考虑其中存在的问题。

10.3.2 从低成本国家采购所面临的挑战

尽管存在很多理由支持从低成本国家采购，但是这种采购战略也存在很多问题。事实上，从低成本国家采购的效益和成本产生于不同的组织部门，因此问题变得更加复杂。低成本的原材料、零部件的采购或生产可能会带来效益，但是原材料的运输和保障交付的成本却是物流部门的责任。企业必须综合考虑整个供应链的成本和效益，才能制定正确的采购决策。

第一个问题是寻找能够按照需要的数量和质量提供原材料的供货渠道。虽然保证质量很容易，但是保证潜在供应商能满足数量要求，以及某个时间段内的季节性波动需求，仍然是一个问题。

第二个问题是当产品或零部件在生产和运输过程中，如何保护企业的知识产权，需要法律对供应商和涉及的国家进行约束，以保护产品设计和相关的商业秘密。

第三个问题是要理解进出口业务中的合规问题。在关税或其他限制之前，首先政府对某种产品能够进口的数量有所规定。国外采购的原材料的比例也会限制企业向客户销售的能力。政府合同对国内制造的零部件的比例也有明确的要求。例如，如果合同中要求产品是"美国制造"，那么必须有95%的原材料来自美国国内。

第四个问题是与供应商和运输公司的交流。与低成本国家进行采购谈判并不容易，与承运商、货运代理人和政府海关人员打交道就更加困难，因为存在时区、语言和技术上的差异。

第五个问题是需要保证产品在运输途中的安全。供应链安全不仅需要保证产品的安全，还需要确保集装箱和运输工具的安全，不管它们是空的还是满的。

第六个问题是较长的运输时间引起的库存和过期风险。从低成本国家采购的运输时间一般都很长，通常需要一个月或两个月的时间，运输期间的库存资金占用必须计入运输成本。延长的提前期也增加了产品过期的可能，由于订单的提前期很长，因此变动的灵活性很小。当发现质量问题时，这种很长的提前期也会影响企业的弥补措施。企业为了弥补意外的质量问题或者延迟的运输，通常会采取航空运输的方式从海外供应商处运回零部件。

最后一个问题综合了前面的所有问题，就是需要理解单位成本和总成本的区别。单位成本涉及原材料成本以及直接和间接的劳动力成本，而总成本还需要考虑其他成本要素，包括运费、库存成本、过期成本、关税、税款、回收成本以及其他风险成本。

10.3.3 采购的指导方针

决定从国内还是从低成本国家采购原材料和零部件，是一个复杂的决策问题。尽管直接和间接的生产成本是总成本主要的组成部分，但是还有许多其他因素也应该考虑并对它们进行适当的加权。当产品和零部件在制造过程中的转换时间很长时，适合从低成本国家采购。反例就是电子零部件，由于它们的转换周期很短，因此通常进行国内采购。当产品和零部件的种类很多时，通常也会进行国内采购，由于低成本国家采购的提前期很长，因此很难准确预测需要的产品组合。劳动力密集型的产品和零部件就应该从低成本国家采购，这样可以利用这些国家的劳动力成本较低的优势。知识密集型的产品和零部件应该在国内采购，因为许多低成本国家的法律体系不能提供充分的商业机密保护。运输成本相对较高的产品和零部件应该从国内采购，如那些体积很大或者很容易损坏的产品。因为能源价格上涨，许多企业开始重新考虑更多地进行国内采购。价值相对较低的产品和零部件最好从低成本国家采购，因为在途库存的运输成本不高。受到国内政府的安全限制或其他进口限制的产品和零部件应该趋向于国内采购。例如，由于进口国政府怀疑进口的电子产品是走私品，那么供应商就不能赢得政府的信任。因此当进口的电子产品通关时可能会有延迟。运输不确定程度高的产品和零部件建议进行国内采购，因为运输路线的货运量和地点相对较少，提供的服务也很有限。

决定哪些产品和零部件应该进行国内采购并不简单，因为要考虑许多定性的指标。表10-5列出了一般的采购指导方针。[3] 最终还必须根据特殊的条款和企业的专家意见确定。随着企业的国际运作逐渐增加，市场范围逐渐扩大，物流管理者应该更加真实地评价总成本和企业绩效。

随着供应链战略的国际化，产生了许多新的复杂问题。产生这些问题的原因是更长的距离、需求之间的差异、文化的差异以及复杂的单证管理。然而，企业将运作扩展到全球区域的需求却越来越迫切。想要在迅速扩张的全球市场中占有一定市场份额，企业战略要分三步走：从出口或进口到本地经营，再到真正的全球化。不论选择什么战略，企业的成功在很大程度上都依靠其物流能力。

表 10-5 采购指导方针

指　　标	国内采购	从低成本国家采购
产品生命周期	短	长
产品尺寸、颜色或者样式的变化	多	少
劳动力含量	低	高
知识产权含量	高	低
运输成本	高	低
产品价值	高	低
安全或进口限制	高	低
运输不确定性	高	低

10.3.4 供应链特征的全球比较

在考虑全球扩张的可能性时,重要的是要了解主要地区之间的差异。表 10-6 在基础设施、技术、人力资本和政治环境方面对主要地区进行了比较。基础设施是指交通运输的通行权和通行能力,尤其是高速公路、铁路、港口和机场的通行权和通行能力。基础设施还包括支持运输系统的技术基础设施,其中技术是指通信、电源和生产设施的能力。人力资本是指劳动力的培训、技能水平和工资规模,特别是涉及生产制造的劳动力。政治环境包括法律环境、贸易协定、知识产权和反腐败法律的稳定性。

表 10-6 全球供应链特征的比较

地区	基础设施	技术	人力资本	政治环境
北美洲	已有但拥挤	可获得新技术,但基础设施所用技术老旧	高技术人才,工资高	稳定的法律和贸易协定
欧洲	已有但拥挤	可获得新技术,但基础设施所用技术老旧	高技术人才,工资高	稳定的法律和贸易协定
南美洲	有限且拥挤	需要引入新技术	低技术人才,工资低	由于法律环境和腐败而带来问题
亚洲	有限且拥挤	需要引入新技术	技术和工资正在增长	由于法律环境和腐败而带来问题
非洲	很有限	需要引入新技术	低技术人才,工资低	由于法律环境和腐败而带来问题

10.3.5 进入方式

公司可以通过四种方式在全球范围内销售其产品:①出口和进口;②许可和特许经营;③国际合资公司;④外国直接所有权。在进出口时,公司将其产品出售给国际公司进行再销售,或出售给目标国家的当地公司。在进行许可和特许经营时,公司会将产品或技术许可出售给可以在目标国家开发和维护特许经营权的公司。当通过国际合资公司方式时,公司会在目标国家建立合资子公司,合资伙伴在该国或地区保持一定比例的权益。就外国直接投资而言,公司需要在目标国家建立独资子公司。通常,利润随着公司向外国进行直接投资而增加,但风险也随之增加。表 10-7 总结了每种进入方式的优势和劣势。

表 10-7 进入方式的优势与劣势

进入方式	有利条件	优势	劣势
出口和进口	● 在目标国家/地区销售潜力有限或不明确 ● 标准化产品,几乎不需要修改 ● 在目标国家/地区实行有利的进口政策;政治稳定性不明确	● 参与程度最低,责任最小,风险最小 ● 提升了在目标国家/地区发展的速度和灵活性 ● 使用全球现有的生产设施	● 公司及其产品被视为外来者和外国市场进入者 ● 与贸易壁垒、关税和运输等相关的成本
许可和特许经营	● 在目标国家/地区存在进口和投资壁垒,但是拥有一定的销售潜力 ● 母国与目标国家/地区之间的文化差异很大 ● 许可权无法成为未来的竞争优势	● 参与程度和责任适中,风险较小 ● 在目标国家/地区发展的速度和灵活性适中 ● 可以规避进口壁垒;具有销售潜力	● 被许可方的合同期限有限,并且被许可方可能会成为竞争者 ● 缺乏对使用公司和非公司资产来促销产品的控制权
国际合资公司	● 在目标国家/地区存在进口壁垒,外国所有权存在政府限制 ● 降低产品的高溢价可能性 ● 本地合资伙伴可以提供知识、技能和网络	● 克服所有权限制和文化差异 ● 学习和资源整合的潜力 ● 国际合资公司所有权>50% 通常被视为国内公司	● 国际合资公司是新公司,在法律上与原始公司无关 ● 原始公司很难管理国际合资公司,并且缺乏对战略和战术问题的控制

(续)

进入方式	有利条件	优势	劣势
外国直接所有权	• 进口壁垒在目标国家中存在，但政治风险较低 • 本国与所在国之间的文化差异很小 • 产品的销售潜力很大，但资产定价不合理	• 得到当地认可，并不断发展 • 随着时间的推移，获得了当地市场的知识 • 可以运用当地技能来定制生产	• 在承担更多责任时承担更高的风险 • 需要更多的人力和物力资源，以及人力资源与当地员工的互动和整合

资料来源：Tomas Hult, David Closs, David Frayer. Global Supply Chain Management: Leveraging Processes, Measurements, and Tools for Strategic Corporate Advantage.(New York: McGraw Hill, 2014). p.205.

10.4 全球合规

前面已经讨论了全球供应链运作的好处和面临的挑战，全球运作面临的一个主要挑战是在跨国际边界转移个人和产品时，如何与海关打交道。尽管各国有不同的要求，但特征是相似的。接下来将讨论代理机构（美国海关和边境保护局）、合规性法规的类型、报关行的角色以及不遵守海关法规的处罚。

10.4.1 海关和边境保护

海关和边境保护局（CBP）是美国政府机构，负责执行进口法律和征收关税。CBP 受美国国土安全部管辖。其他大多数国家或地区也通过类似的组织来执行其法规。CBP 的主要职责是检查所有进入美国的个人和商品，以确保所有个人和商品都符合适当的要求。CBP 的另一项重大职责是监视毒品、非法物品和武器的跨境流动。通常，个人必须是美国公民或永久居民，或持有适当的签证。对于商品，必须经过批准才能进入美国，且必须缴纳适当的关税和税款。关税和税款通常是从价（基于商品价值）计征并支付给政府。例如，10% 的税款或关税意味着符合该分类的商品须支付 10% 的费用给政府。这样做的结果就是，进口商品的价格上涨了 10%。最终导致的结果就是，进口商品在进口国的竞争力下降，进口国生产的商品更具竞争力。

10.4.2 合规

海关合规是指执行有关进出口商品的政府法规，并在适当情况下征收关税的要求。大多数国家根据经济和竞争政策以及安全和环境法规，对可进出口商品的种类进行限制，这些限制可能基于商品产地、商品成分和劳动力来源。为了达到合规目的，企业需要进行三项主要活动。

首先，企业必须正确地对进出口商品进行分类。美国协调关税清单（HTSUS）是进出口商品的有组织清单，还包括 CBP 对商品进行分类的相应税率。HTSUS 是所有海关活动的基础，它设定了有关贸易计划的原产地规则，确定了税率，规定了所有进口到美国的商品的许可资格，这是出口报告所必需的。未能正确分类的商品可能会面临罚款和处罚。

其次，企业必须保有有关进出口的准确记录。这些记录用于统计整体经济的进出口总额，并记录与各个国家的贸易水平。这些记录使用电子出口信息（EEI）备案。

最后，企业必须监控其商品从何地发货，以确保目的地、最终用户或最终用途是合适的。具体要求是必须控制具有潜在军事能力的商品，以使可能要攻击美国的个人和国家无法获得关键技术和武器。此处的主要责任是确保企业对要出口的商品具有适当的许可。

10.4.3 报关行

报关行是经过特殊培训的个人或公司，主要职责是帮助其他公司完成文书工作以及进出口商品的安排。报关行可以与 CBP 就货物检查和事后报关等行为进行协调。但是，报关行作为顾问无法就海关事务涉及的活动担任决策者的角色。

10.4.4 执法

当公司违反海关规定时，海关有许多执法选择。对于较轻的违规行为，如延迟提交，惩罚可能是交纳违约金，违规公司需要支付明确的金额。对于更严重的违规行为，如商品分类错误、估价错误或记录保存错误，公司可能会受到过失、严重过失或欺诈的指控。如果公司是由于不小心造成的违规行为，那么海关将对其过失处以罚金。如果公司被证明无视法律或相关事实，将被处以重大过失处罚。如果公司表现出欺骗或误导的意图，将面临欺诈处罚。

为了加强合规管理，CBP 可能会扣留货船或拒绝其入境、扣押货物、将货物移至保税区或外贸区仓库并履行没收手续，或是将案件移交给司法部进行刑事诉讼。对于罚款，可以向一家公司收取两倍的过失责任金额，四倍的重大过失责任金额，以及一笔不超过欺诈性商品国内价值的金额。

10.4.5 结论

前面各节分别介绍了海关和边境保护局的角色、如何遵守 CBP 的运作惯例和法规要求、报关行的角色，并讨论了海关合规处罚的相关内容。显然，全球供应链运作和相关的海关活动大大增加了供应链的复杂性。

本章小结

对物流和供应链管理来说，全球化运作正变得越来越普遍。考虑全球化采购和市场营销的物流决策与传统的国内物流相比，需要更加复杂的权衡分析，定量和定性因素都更加复杂。全球运作中的运输成本、库存成本和仓储成本非常重要，其他成本因素包括关税、税款、单证以及进口限制，这些都对实际的总成本有很大的影响。然而，除了这些定量因素外，全球运作中的许多其他变量更加难以量化。这些变量都与物流运作直接相关，考虑的主要定性因素有关系管理、基础设施的一致性、生产和运输的可靠性以及安全性。随着不断增加的全球化营销和生产运作，物流管理者也需要更多地制定并实施全球化战略。

学习型思考题

1. 讨论物流管理如何适应每个全球化阶段的不同需求。
2. 讨论全球化环境中的物流运作应该考虑哪些问题。
3. 当一家企业正在向全球化整合企业转型时，物流运作所具备的特点有哪些？

4. 描述企业可以用来应对交通基础设施拥挤问题的策略。
5. 讨论从低成本国家采购的理由和面临的挑战。
6. 讨论产品变化、安全和进口限制以及运输不确定性是如何影响全球化采购和营销决策的。

挑战型思考题

1. 假设你要为你所在地区的一家国内公司提供指导。请识别该公司在国内竞争中关键的价值主张。以表 10-1 中的知识点为基础，利用你识别出来的价值主张，为提升该公司的全球运作规划相应的发展路径，并进行充分论述。
2. 对于表 10-2 中的各个国家或地区，比较它们的物流成本占 GDP 的比重，并说明存在差异的原因。
3. 随着公司从无国际战略发展到全球战略再到跨国战略，它的物流供应链战略可能会如何演进？请描述演进过程并说明理由。该公司在该演进过程中会面临哪些挑战？
4. 选择你所熟悉的，来自低成本国家的零部件或产成品，制定总成本价值主张，以评估从低成本国家继续采购的潜力。对于每个成本要素（材料、制造、运输、包装、库存、装卸、损坏、风险和安全性），确定如何在本地采购与低成本国家采购之间进行权衡。根据你对你所在国家当前环境的评估，这些成本要素在未来 5 年的发展方向如何？从低成本国家采购的发展趋势是什么？

注释

1. *2017 State of Logistics Report*, Council of Supply Chain Management Professionals. Chicago, IL.
2. 供应链管理专业委员会（CSCMP）推出了多个《全球视野》报告，描述了 20 多个具体国家的物流特征及面临的挑战。成员国可以免费获得纸质报告以及网上电子版报告：www.cscmp.org。有关的综合性探讨，请参考：Greg Cudahy, Narendra Mulani, and Christophe Cases,"Mastering Global Operation in a Mutipolar World", *Supply Chain Management Review*, March 2008, pp. 22-29。
3. 关于在中国进行采购的详细论述请参考：Robert Handfield and Kevin Mccormack "What You Need to Know about Sourcing from China", *Supply Chain Management Review*, September 2005, pp.28-36。

第 11 章
网络设计

在大多数情况下，当管理者评估物流系统时，他们都面临一个新的、富有挑战性的任务。由于几乎物流运作中的每个方面都在迅速变化，当他们试图使用以前的经验来指导新的物流系统的创建和实施时，必须考虑多个因素。因此，计划团队如何很好地量化这些因素，并使一个合乎逻辑的、可信任的行动计划合理化，是成功或者失败的关键要点。对理论结构的深入理解是制定一体化战略的重要一步，该理论结构是进行物流整合的基础。

前面几章我们阐述了物流战略的本质，即在实现总成本最低的同时，保持运作的柔性。柔性保障了企业在向客户提供高水平服务的同时，还能够保持足够的运作能力以满足或超过关键客户的期望。企业为了具有柔性，需要达到高水平的物流整合。企业必须实现两种运作水平的整合：其一，必须在仓储设施的网络中进行所有物流运作环节的整合。如果一个企业想要通过物流能力获得竞争优势，那么这种网络整合就是必需的。其二，必须在整个供应链的关系支持下，将整合扩展到单个企业以外。本章提出了一个框架，帮助管理者实现这种整合。[1]

本章还描述了供应链网络分析的通用方法，并确定了驱动供应链战略的主要因素，最后回顾了在制定供应链设计决策时，与集中化和分散化有关的权衡取舍。

11.1 企业设施网络

在低成本、可靠的陆地运输出现之前，世界上大多数商业活动都依靠水路来运输产品和原材料。早期的商业活动集中在港口城市之间，陆地的货物运输既昂贵又缓慢。例如，跨越美国大陆的服装设计订单的提前期可能超过 9 个月。尽管存在对快捷有效的运输的需求，但是直到 1829 年蒸汽机车发明之后，美国才开始了运输技术的变革。如今，美国的运输系统已经成为一个集铁路、水路、航空、公路和管道运输于一体的、高度发达的运输网络。各种运输模式在物流系统内部提供了不同类型的服务。正是由于这些经济的运输模式，才有机会建立一个具有竞争力的先进的仓储网络来为客户服务。

自从19世纪中叶，德国经济学家约翰·海因里希·冯·杜能写了《孤立国》(*The Isolated State*)[2]这本书后，人们就已经认识到了设施选址分析的重要性。杜能认为，经济发展的首要决定因素是土地的价格和把产品从农场运送到市场的运输费用。土地的价格被认为与运输成本直接相关，同时也与产品制定合适的价格以覆盖分销成本的能力直接相关。杜能的基本理论是：特定产品的价值与该产品的种植地点到主要销售市场之间的距离成反比。

继杜能之后，阿尔弗雷德·韦伯总结了从农业社会到工业社会的选址理论。[3]韦伯的理论体系包含了大量的消费地点，这些消费地点遍布在广泛的区域内，并通过线性的运输成本联系在一起。韦伯把主要物料划分为"**普遍性**"和"**地方性**"两种类型。普遍性物料在任何地点都有。水通常被视为一种普遍性物料。地方性物料只有在特定的区域才有，如矿床。基于这种分类，韦伯提出了**物料指数**这个概念。该指数是地方性物料在产成品总重量中所占的比率。根据不同行业的物料指数，每个行业都被赋予一个**选址权重**。使用这两个指标，韦伯得出以下结论：当生产过程中的重量增加时，应该把生产设施建立在消费所在地；当生产过程中的重量减少时，应该把生产设施建立在原材料所在地。如果生产过程中重量不发生变化，工厂可以建立在消费所在地和原材料所在地的中间地点。

饮料是采用普遍性物料增重产品的例子。在加入水这样的普遍性物料之后，运输变得十分昂贵，因此通常会采用分散策略，配备多个生产中心或分销中心。此外，电子元件在生产过程中通常不会增加多少重量，运送费用较少，因此只会建立相对少量的生产中心或分销中心。这两个例子说明了产品的性质是如何影响物流网络设计的。

在杜能和韦伯以后还涌现出了许多选址理论的专家，对选址理论做出最卓越贡献的理论家有奥古斯特·勒施、埃德加·胡佛、默尔文·格林哈特、沃尔特·艾萨德和迈克尔·韦伯。[4]在他们的著作中，都强调了工业选址专业化的重要性，并将运输的重要性加以量化。

11.1.1 选址决策的范围

从物流计划制订的角度来看，运输把地理上分散的生产、仓储和市场地点联结成了一个完整的系统。物流系统设施包括对原材料、在制品、产成品进行物料搬运或存储的所有设施。因此，所有的零售商店、成品仓库、制造工厂和物料存储仓库，都存在于物流网络之中。单个设施的选址以及整个物流网络的选址，都代表着重要的竞争能力，并反映出与成本相关的物流决策。

制造工厂的选址可能需要几年的时间才能最终确定。例如，通用汽车公司计划在密歇根州的兰辛市建造一个生产凯迪拉克轿车的新的装配厂，从公司最初构想该计划到计划的最终实现，耗费的时间超过了4年。与之相反的是，一些仓库的选址则要灵活得多，因为只在某个特定的时间段内才使用这些仓库。零售设施的选址是一个专业问题，受到市场和竞争环境的影响。下面的讨论我们重点关注仓库选址。在物流经理面对的所有选址决策中，考虑最多的是那些有关仓库设施网络方面的决策。

11.1.2 本地经营：一种过时的模式

在商业中，一种长期坚持的观点是企业必须在本地市场拥有设施，这样才能成功地进行商业活动。在北美的经济发展过程中，不稳定的运输服务导致人们对企业的及时且稳定的交货能力产生了严重的质疑。简而言之，客户认为除非供应商本地市场中持有库存，否则要想实现稳定的交货是相当困难的，甚至是不可能的。这种观点通常被称为**本地经营模式**，导致在大量的当地市场都需要维持一定的库存。早在 20 世纪 80 年代初期，制造商用 20 个或者更多仓库来服务美国本土市场是非常普遍的事情。一些企业甚至在所有主要的销售市场附近都存储包括全部产品线的库存。

当诸如本地仓储这种传统做法成为成功战略的一部分时，战略就很难改变了。然而过去几十年内，维持本地库存产生的成本和风险要求人们重新考虑这种战略。运输服务已经得到了显著的扩展并且可靠性也增强了，运输到达时间也更加可靠并且可以预测。信息技术的快速发展缩短了确认客户需求和与客户沟通所需要的时间，而用于跟踪运输工具的技术也为企业提供了准确的交货信息。从远至 800～1 000 英里以外的仓库发送的货物，第二天就可以交货，这已经是司空见惯的事情。

运输、信息技术和库存经济都支持企业设置更少而不是更多数量的仓库为某个地理区域的客户服务。但是在很多情况下，客户对本地经营的观点还在影响着库存的分散化。我们到底需要多大程度的本地经营？要回答这个问题，我们必须仔细研究推动物流系统设计的各种关系。

11.2 仓库的要求

仓库设置在物流系统中，它的作用是降低总成本或者提高客户服务水平。在某些情况下，企业可以同时获得降低总成本和提高客户服务水平这两种益处。

仓库通过其支持的物流运作创造价值。生产需要仓库进行存储、分类，并对物料和零部件进行分拣。我们通常将用来接收物料和零部件的仓库称为**面向供应的仓库**。这些仓库也被用来进行库存的存储、排序以及合并，以将合并后的货物运到下一级客户。用于支持客户服务的仓库通常称为**面向需求的仓库**。面向需求的仓库的需求往往与生产和营销战略直接相关。

由于专业化物料搬运、库存运作和准时制生产的需要，仓库一般都既提供面向供应的服务，也提供面向需求的服务。支持生产的仓库通常都位于它们支持的工厂附近；与之相反，为客户服务的仓库通常都战略性地分布在所服务的整个市场区域内。

信息技术、电子采购和基于响应的企业战略的有机结合极大地改变了使用仓库的原因与方式。面向采购、生产和客户服务的仓库，其经济合理性和所需要的功能通常有显著的区别。

11.2.1 采购驱动

正如第 5 章所讨论的那样，仓库的采购驱动关注的是使用仓库以实现用最低的总入库成本从供应商处采购原材料和零部件。经验丰富的采购人员很早就意识到要实现最低的采购成本，必须将采购价格、数量折扣、交付条款和物流支持有机地结合起来。为了建立并支持集中化、定制化的协作关系，大多数企业都减少了它们的供应商的总体数量，这样与有限数量的供应商的合作关系可以整合到企业的供应链运作中。建立这种采购关系的目的是消除浪费、重复和计划以外的冗余环节。

为了提高总体运作效率，生命周期因素已经成为采购决策的重点考虑因素。与有限数量的供应商的合作关系应该贯穿供应链的始终，贯穿从新产品开发到未被使用的物料和未出售库存的回收处理的整个过程。这种**闭环**考虑的重点是采购方式，采购方式将对面向供应的仓库的需求和功能产生直接的影响。与采购相关的增值服务被越来越多地从采购价格中分离出来，这样的目的是建立采购关系，以最低的总落地成本来满足服务要求。例如，制造商已经开始将供应商的运输或分类排序责任分离出来，以此来更好地理解总落地成本。这种分离有利于制造商及其供应商之间的功能专注和业务分拆。同时，企业战略也出现了越来越基于响应的趋势，这种战略使供应商对支持和参与增值过程的期望进行了重新评估。其结果将呈现出一种新的结构关系，如一级供应商和主要的设备设施供应商。最终，对选择产品的季节性认知、在价格降低时的投机采购以及生产高峰期快速补给的需求，使选择的物料仓库成为一种合理的企业决策。

以上所有因素都会引起面向供应的仓库的作用不断变化。传统意义上的仓库用于存储原材料和零部件。如今仓库则更多强调对流入生产的原材料和零部件进行分类与排序。其目标是通过消除多个地点的重复的物料处理和库存，简化物料和零部件的流动。

11.2.2 生产驱动

支持生产的仓库通常将产品进行合并后发送给客户。对多种产品进行合并运输与单个产品运输所需要的能力是不同的。这种面向生产需求的仓库的主要优势在于它能够以单一的运输费率，为一个客户完成一张清单上的全生产线产品发运。实际上，选择某个供应商的首要原因是看它是否具有这种合并运输的能力。

下面这些公司使用的网络就是面向需求的仓库的最好例子，如通用食品、强生、卡夫和金佰利－克拉克。强生公司的仓库用于支持医药和客户业务部门，为不同的业务部门提供存货和集运服务。因此，客户能够在一张订单上订购来自不同业务部门的所有种类的产品，并且这些订货可以通过一张清单进行发货。金佰利公司在各个工厂的生产线上生产出了很多种类的产品，诸如舒洁纸巾、斯科特纸巾、好奇纸尿裤等产品，这些产品以规模经济的批量方式生产，然后暂时放在面向需求的仓库中。在仓库中按照客户的需求进行组合装载。宝洁公司最近整合了各个部门仓库所面临的需求，以便零售商可以从一个集运中心通过卡车一次装载所有宝洁产品。所有主要产品在各个仓库中都有库存，随时为客户提供全面的服务。

支持生产的仓库的首要决定因素是所实施的特定生产战略。第5章介绍了三种基本的生产战略——按计划生产（MTP）、按订单生产（MTO）、按订单装配（ATO）。面向需求的仓库的需求程度与每种生产战略的支持要求直接相关。一般来说，MTO生产战略要求面向供应的仓库的支持，但是对面向需求的仓库的需求很少。相反，MTP生产战略的目标是最大限度地实现生产中的规模经济，因此需要大量的面向需求的仓储能力。

11.2.3 客户关系驱动

客户关系仓库通过向批发商和零售商提供定制的库存分类创造价值。距离客户较近的仓库通过最大化入库物流的合并运输降低了入库运输成本，因为制造工厂到仓库的入库物流的距离较远，而从仓库到客户的出库物流的距离则相对较近。仓库支持的市场区域的大小取决于供应商的数量、期望的服务速度以及订单的平均规模。目前的仓库设施都是为客户提供库存分类、补货和其他增值服务，比如产品的展览。如果仓库提供的服务具有竞争优势或者能够降低成本，那么建设该仓库就是合理的。

1. 快速补货

传统的客户仓库为零售商提供产品分类服务，这些产品来自不同的制造商和供应商。通常零售商店的需求不够大，不能直接从批发商或制造商处进行大批量的订购。常见的零售补货是由某个批发商进行的，该批发商出售不同制造商的产品。

在食品和大众消费品行业，客户仓库很普遍。目前的食品仓库通常位于它们服务的零售商店附近。由于地理位置的紧密性，这些中心仓库可以对零售商要求的产品分类进行快速补给。大型的零售商店可以在一天内收到仓库发出的多车货物。位于服务市场区域内的仓库是合理的，因为该仓库为终端消费者或者零售商进行分类库存的快速补给，并且成本是最低的。

2. 基于市场的按订单装配

客户服务仓库网络的设计与库存的配置战略直接相关。仓库的建立是针对预期的未来需求提前进行库存配置的结果。这种假设意味着使用这种分销仓库的制造企业在一定程度上依靠预测的库存配置来缓冲满足客户需求的响应时间。前面的讨论指出，当企业是按计划生产或者按订单分散装配时，通常会提前对库存进行配置。在按订单装配的情况下，通用件通常都预先放在仓库中，当收到客户订单后，立即在仓库中进行客户化的生产或装配。

现在，在邻近客户的仓库中越来越多地使用ATO作业，这与集中生产形成了鲜明的对比。在主要市场附近进行的装配作业既能取得延迟作业的收益，也可以避免长距离直接发货产生的高成本和时间过长等不利影响。

11.2.4 仓库的合理性

如果位于供应商、制造商和客户之间的仓库能够为物流系统带来服务或者成本优势的话，那么就认为该仓库是合理的。建立仓库网络产生的竞争优势可以是更低的总成本或者更快的配送。从运输经济的角度来看，成本优势来自使用仓库实现合并运输。然而，合并运输通常需要库存来支持定制化订单的装配。另外，也可以使用通过直接配送或越库分拨，在没有预先配置库存的情况下实现合并或者分类。这种连续作业有效地把仓库从一个货物存储设施转变成一个货物组合设施。当然，一些企业也会把仓库存储和连续的直送式或越库式作业结合起来，从而更加有效、更加经济地为客户服务。从整合管理的角度来看，物流系统设计的主要问题是：企业应该建立多少个仓库和建立什么样的仓库？这些仓库的选址应该在哪里？这些仓库应该提供什么服务？这些仓库应该储存什么产品？这些仓库应该服务哪些客户？这一系列相互关联的问题给传统的物流网络设计带来了挑战。对制造型企业来说，网络设计首先从市场营销战略开始，然后是生产计划和采购计划。而对于零售和批发行业，网络设计的框架包括从采购到客户需求之间的所有战略。

11.3 系统概念及分析

系统概念是一个分析框架，通过实现阶段性的目标来完成各个必要部分的完全整合。通常我们把物流系统的各组成部分称为职能。正如第3章我们所讨论的那样，物流职能指的是订单处理、库存、运输、仓储、物料搬运、包装和设施网络设计。物流中的**系统分析**就是对上述7个职能进行量化权衡。系统分析的目标是通过对各个职能进行整合,最后实现1+1>2的效果。通过整合,可以使各个职能相互协作,追求更高的整体绩效。在系统术语中,职能卓越是根据该职能对整个运作过程的贡献来定义的,而不是指它在某个特定领域的独立表现。直到20世纪八九十年代,在管理者追求卓越职能时,他们仍然忽视了运作整体,只是片面地追求单个职能的最优。信息技术的快速发展,提高了管理者鉴别和权衡事物利弊的能力,从而更好地促进了物流和供应链运作。

从运作的角度来看,系统分析的目标就是实现各个职能在企业内部和供应链之间的绩效权衡。例如,生产职能关注的是如何通过大批量生产和较低的采购成本来实现生产的规模经济,一体化运作管理关注的是总成本和各种运作方法对客户的影响。传统的财务管理目标是使库存最小化。虽然我们应该尽可能地降低库存,但是当库存降到一体化运作要求的库存水平以下时,反而会增加总成本。市场营销的基本要求就是在本地市场持有产成品库存,库存应该被存储在邻近消费者的地方以使销售更加方便。但是,这样的库存配置方式风险很高,并且不能实现总成本最低的目标。事实上,互联网的连通性和共享的订单履行战略促使企业采用与此完全不同的库存及物流战略。

在系统分析中,我们还应该关注零部件的交互作用。每一个零部件都对实现系统目标发挥着特定的作用。例如,在一个高保真的立体音响系统中,将许多零部件组合在一起才能产生声音。并且,对喇叭、晶体管、放大器和其他零部件来说,只有将它们用于制造优美的声音时,才能实现它们的用途。然而,任何一个零部件的损坏都会导致整个立体音响系统不能工作。

整合运作系统的原则与一般系统的原则差不多。第一,整个系统的绩效是最重要的。零部件只有在提高整体系统绩效时,该零部件才是重要的。例如,如果使用两个喇叭就可以达到很高的音质水平,就没有必要使用更多的喇叭。第二,不需要对每个零部件进行最优的设计,重点应放在零部件的关系整合上。例如,晶体管安装在立体音响系统内部,就不需要十分美观。从系统整合的角度来说,为了设计一个吸引人的晶体管而花费金钱和时间是没有必要的。第三,在各个零部件之间存在一种功能关系,即"**权衡**",可以提高或降低系统绩效。我们可以设想一下,根据权衡原则,只要在系统里再添加一个晶体管,音响系统就可以使用一个质量较低的放大器来代替以前所使用的高质量的放大器。但是,要决定是否在系统中加入一个晶体管,必须比较新加入的晶体管的成本和使用质量较低的放大器节省的成本。第四个原则是,将所有零部件整合以后发挥的效用要比单个功能发挥的效用大很多。事实上,如果不进行整合的话,就达不到需要的结果。例如,一个立体音响系统没有喇叭也可以运转,却发不出声音。

系统分析的各个原则在本质和逻辑上是一致的。一个经过跨职能协调的整合运作比协调性能差的运作取得的效果要好得多。在一个物流系统里,协同绩效就是以尽可能低的总成本为目标客户提供服务。虽然概念描述得很清楚,但是在系统中进行有效的整合还是很困难的。总的来说,只要以最低的总成本实现了总体绩效目标,那么在每个职能环节花费的成本,如运输环节,就没有太大关系了。

11.4 总成本整合

运输和库存等物流成本中心的总成本整合决定了一个企业最初的仓库设施网络。下面我们将讨论如何权衡和整合运输和库存成本，以确定总成本最低的设施网络。

11.4.1 运输经济

获得运输经济的关键是两个基本原则：一是我们通常所说的**数量原则**，是指每次运输的货物量应该和承运人使用的运输工具的法定装载量相当；二是**递减原则**，是指大批量货物的运输距离应该尽可能地远。第 8 章详细解释了这些原则。综合使用这两种原则，可以在尽可能多的货物和尽可能远的运输中对其涉及的固定成本进行分摊。

1. 基于成本的仓库合理性

评价一个仓库是否合理的基本经济原则是合并运输。制造商通常在一个很大的地理区域内进行产品销售。如果客户的订货量很小，那么合并运输带来的潜在的成本节约就从经济角度证实了建立仓库的合理性。

举例来说，假设一个制造商的平均货运量是 500 磅，其对应的运输费率为 7.28 美元 / 英担。将一批货物直接从生产地运输到销售市场的运输成本为 36.40 美元。当一批货物的重量在 20 000 磅及以上时，运输费率为 2.40 美元 / 英担。最后，在销售市场区域的本地运输费率是 1.35 美元 / 英担。当货运量在 20 000 磅及以上时，通过批量运输和本地配送将产品从生产地运输到市场的成本为 3.75 美元 / 英担，或者是 18.75 美元 /500 磅货物。如果建立仓库进行存货存储，其运作总成本低于 17.65 美元（36.40 美元 −18.75 美元）/500 磅，或者 3.53 美元 / 英担，那么使用仓库进行配送的总成本比采取直接运输的成本要低。由于存在这些经济关系，因此建立仓库能够降低总的物流成本。

图 11-1 说明了仓库的合理性的基本经济原则。其中，PL 为产地，WL 为指定市场区域内的仓库位置。PL 点对应的标注为 P_C 的垂直线反映了物料处理和运输成本，该垂直线上的 C 点表示 500 磅零担货物的成本，A 点表示 20 000 磅整车货物的成本。斜线 AB 表示从工厂到 WL 仓库的整车运输费率，本例中假设运费与距离呈线性关系。WL 点对应的标注为 WC 的垂直线代表仓库运作和库存持有成本。标注为 D 的直线反映了从仓库到客户的配送成本，其中客户位于从 Ma 到 Ma' 的市场区域内。斜线 CD 反映从工厂到客户的零担运输成本，CD 斜线位于工厂 PL 到客户边界点 Ma' 之间。阴影区域代表一种特定区域，通过使用仓库的合并功能，配送 500 磅货物到这些区域的总成本要低于从工厂直接向这些区域送货的成本。

单从成本来看，不论客户是位于 Ma 点，还是位于 Ma' 点，从厂家直接发货与通过仓库配送并没有什么区别。

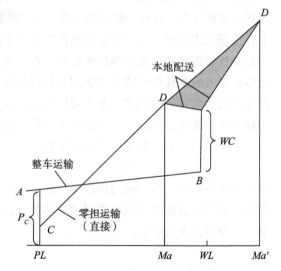

图 11-1 基于运输成本的仓库设施的经济合理性

2. 网络运输成本最小化

下面的不等式是一个基本规则，只有在满足下面的不等式时才会在网络中建立仓库

$$\sum \frac{P_{\bar{v}}+T_{\bar{v}}}{N_{\bar{x}}}+W_{\bar{x}}+L_{\bar{x}} \leqslant \sum P_{\bar{x}}+T_{\bar{x}}$$

式中　$P_{\bar{v}}$——大量运输的处理成本；

　　　$T_{\bar{v}}$——大量运输的运输成本；

　　　$W_{\bar{x}}$——平均运输的仓储成本；

　　　$L_{\bar{x}}$——平均运输的本地配送成本；

　　　$N_{\bar{x}}$——一批大量运输中包含的平均运输的数量；

　　　$P_{\bar{x}}$——平均运输的处理成本；

　　　$T_{\bar{x}}$——平均运输的直接运输成本。

这个规则的唯一缺陷是必须要有足够大的运输量来弥补每个仓库设施的固定成本。只要仓库和本地配送的总成本不高于直接运输给客户的总成本，那么建立额外的仓库设施从经济上来说是合理的。图11-2说明了运输成本和网络中的仓库数量的大致关系。最初，随着物流网络中仓库数量的增加，运输的总成本会相应减少。在实际运作中，进行合并作业的场所可以是仓库，也可以是能够提供运输分拨的越库设施。在这种运作模式中，为了使总运输成本最低，通常不需要在仓库中存储库存。而是先将合并的大量货物运输到分拨地点，然后将小批量的货物短距离地运输到目的地，这样可以降低运输成本。直接将小批量订单从制造商运输给客户的成本是图11-2中的成本曲线左侧的最高点。成本曲线中部的最低点，反映了要实现最大的合并运输所需要的仓库设施的数量，也就是在那个点上实现了运输成本的最小化。

如果仓库设施数量超过了最大合并运输点，那么总成本会增加，因为每个仓库合并的入库货物量减少了。小批量入库货物的频率越高，每英担流入仓库货物的成本就越高。换句话说，随着小批量入库货物的频率增加，运输的总成本也相应增加。

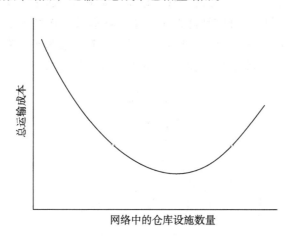

图 11-2　仓库设施数量与运输成本的关系

12.4.2　库存经济

物流系统中的库存水平与存储设施的数量直接相关。计划库存配置的框架是运作周期。尽管运输是运作周期中的空间因素，但是驱动库存经济的主要因素却是时间。在物流系统中，对库存进行预先配置可以提高服务的响应速度，但是这种配置也会增加整体系统的库存，从而导致更高的成本和风险。

1. 基于服务的仓库合理性

与仓库网络相关的库存包括**基本库存**、**安全库存**和**在途库存**。对整个物流网络来说，平均库存为

$$\bar{I} = \sum_{i=1}^{n} \frac{Q_i}{2} + SS_i + IT_i$$

式中　$\bar{I}$——整个网络中的平均库存；
　　　n——网络中仓库的数量；
　　　Q_i——仓库i的订货量；
　　　SS_i——仓库i的安全库存；
　　　IT_i——仓库i在途库存。

在物流网络中，随着仓库数量的增加，针对不同仓库的运作周期的数量也会增加。由于运作周期数量的增加，整个网络中需要的库存数量也直接受到了影响。

增加仓库数量对基本库存的影响不大。在物流系统中，基本库存水平由生产和发货批量决定，不受面向市场的仓库数量的影响。库存持有成本和订货成本决定了经济订货批量和基本库存，其中，库存持有成本和订货成本应该根据运输费率与采购折扣进行调整。在准时制采购中，用于支持生产或者装配需求的订货批量决定了基本库存。不论在什么情况下，基本库存的决策与物流系统中面向市场的仓库数量是无关的。

在途库存是运输工具中的库存。在运输途中，这些库存仅代表**可承诺量**，但是不能使用。可承诺量意味着在订单管理系统中，可以通过预定或库存抵押的方式对客户承诺。随着物流系统中运作周期数量的增加，可以预见的是现有运作周期中的在途库存数量会减少，原因在于某个网络的运输时间和相关的不确定性降低了。图11-3假设在市场A和市场B销售某种产品，目前该产品由仓库X供应。假设预测市场A的平均每天销售量为6个单位产品，市场B为7个单位产品。市场A每个运作周期持续的时间为6天，市场B为10天。

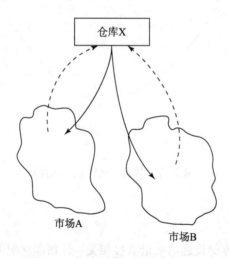

图11-3　物流网络：两个市场，一个仓库

如图11-4所示，在其他条件都保持不变的情况下，如果再增加一个仓库，在途库存会发生

什么样的变化呢？表11-1对所有结果进行了汇总。主要变化是市场B的运作周期从10天减少到了4天，这样，第二个仓库将物流网络的平均在途库存从53个单位减少到了32个单位。应该注意的是，第二个仓库并没有增加物流中客户服务的运作周期。然而，在流入物流方面，新增加的仓库存储的每一个产品都需要供应渠道对其进行补货。假设每个仓库都拥有全部产品线的产品，每增加一个新的仓库，对物流网络进行补给的运作周期的数量都会相应增加。

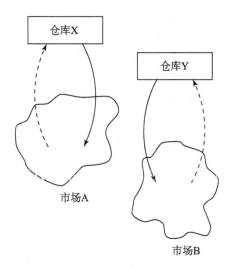

图11-4 物流网络：两个市场，两个仓库

尽管库存补货的需要在增加，但是由于满足客户所需要的时间减少了，因此整个网络的平均在途库存随着新仓库的加入而减少。假设仓库X同时由4个制造工厂供货，它们的运作周期和预测的平均消耗量如表11-2所示。

表11-1 不同物流网络下的在途库存

预测平均每天销量	市场区域	只有仓库X	两个仓库设施		
			仓库X	仓库Y	总和
6	A	36	36	—	36
7	B	70	—	28	28
	Σ(A+B)	106			64
	$\bar{I}_a$	18			18
	$\bar{I}_b$	35			14
	$\Sigma\bar{I}$	53			32

表11-2 物流结构：一个仓库，四个工厂

	仓库X			
制造工厂	运作周期持续时间	预测平均销售量	在途库存	$\bar{I}$
A	10	35	350	175
B	15	200	3 000	1 500
C	12	60	720	360
D	20	80	1 600	800
	57	375	5 670	2 835

为了进行比较，假设所有仓库产品的单位价值均为 5 美元。如果只使用仓库 X，平均在途库存为 2 835 个单位，每个产品单位价值为 5 美元，那么全部在途库存的总价值为 14 175 美元。

表 11-3 表明了增加仓库 Y 之后的情况。在使用两个仓库的物流网络中，平均在途库存降低到 2 248 个单位，假设每个单位产品价值为 5 美元的话，那么在途库存的总价值为 11 240 美元。因此，尽管物流网络中增加了四条新的工厂到仓库之间的库存补给线路，但是由于总的库存补给时间缩短了，因此平均运输时间也缩短了。

增加仓库通常会缩短总的在途运输时间，同时也会降低在途库存。但是在不同的情况下，这个结论可能会有所区别。我们必须仔细分析每个设施网络，以决定平均在途库存的影响。理解这种关系的关键是要记住一点，尽管需求的运作周期的数量增加了，但是总运输时间却减少了。然而存在一个限制条件，尽管增加运作周期的数量能够减少运输时间，却会增加整个提前期的不确定性。一个明显的例子是当产品需要进行国际采购时，国际采购会导致更长的提前期，并通常会增加运作的不确定性，这样就会增加在途库存。随着运作周期数量的增加，运输延迟的可能性也会增加，这就会导致客户服务存在潜在失败的可能性。这种潜在影响可以通过安全库存来弥补。

表 11-3 物流结构：两个仓库，四个工厂

制造工厂	运作周期持续时间	预测平均销售量	在途库存	$\bar{I}$
仓库 X				
A	10	20	200	100
B	15	100	1 500	750
C	12	35	420	210
D	20	30	600	300
	57	185	2 720	1 360
仓库 Y				
A	5	15	75	38
B	8	100	800	400
C	6	25	150	75
D	15	50	750	375
	34	190	1 775	888
	$\sum xy=91$	$\sum xy=375$	$\sum xy=4\ 495$	$\sum \bar{x}y=2\ 248$

安全库存是基本库存和在途库存之外的库存，其作用是预防销售和运作周期不确定性所带来的影响。两种不确定性都与时间有关。销售不确定性与客户的实际需求有关，客户的实际需求有可能超过库存补货期的销售预测。运作周期的不确定性与进行库存补货需要的总时间的变化有关。从安全库存的角度来看，增加仓库将造成系统平均库存增加。安全库存的作用是避免在库存补货过程中出现意外的产品脱销情况。因此，如果网络的不确定性随着库存的增加而增加，那么整个网络的安全库存也会增加。

物流网络中增加仓库对不确定性的影响表现在以下两个方面：第一，随着运作周期时间减少，补货期内销售量的变化和运作周期的变化都会减少。第二，减少运作周期的持续时间在一定程度上可以减少为了防止异常变化而储备的安全库存。

增加仓库设施对平均库存也有重要的影响。系统中每增加一个新的运作周期，都需要设置额外的安全库存。在某个特定的市场区域引入一个额外的仓库，将缩小统计分布的范围，而统

计分布的范围决定了每个仓库的安全库存需求量。事实上,即使不确定性没有减少,某个仓库设施服务的统计分布范围也可能缩小。例如,当一个仓库同时服务几个市场需求时,需求的变化在市场之间得到了平衡。当某个市场处于需求高峰时,另一个市场可能处于需求低谷,因此这两种需求就相互抵消了。从本质上说,一个市场的闲置库存可以用来满足其他市场对安全库存的需求。

表11-4显示了三个市场的月销售量,并从市场合并和市场分离两个角度进行说明。三个市场合并后的平均月销售量为22个单位产品,6月的销售量与平均水平的差异最大,该月的销售量为29个单位,高出平均水平7个单位。如果目标是百分之百地避免产品脱销,并且防止每个月的销售量都是29个单位,那么需要的安全库存为7个单位。

表 11-4 一个合并市场与三个分离市场的销售概况

月份	所有市场的总销售量	每个市场的销售量		
		A	B	C
1	18	9	0	9
2	22	6	3	13
3	24	7	5	12
4	20	8	4	8
5	17	2	4	11
6	29	10	5	14
7	21	7	6	8
8	26	7	7	12
9	18	5	6	7
10	24	9	5	10
11	23	8	4	11
12	23	12	2	9
总销售量	265	90	51	124
平均月销售量	21.1	7.5	4.3	10.3
大于平均值的数值	7	4	3	4

市场A、B、C的平均月销售量分别是8、4、10个单位。市场A的最大需求发生在12月,超过预测需求5个单位;市场B的最大需求发生在8月,超出3个单位;市场C的最大需求发生在6月,超出4个单位。三个市场的最大超过量的总和为11个单位。如果分开考虑三个市场的安全库存的话,那么整个网络中就需要11个单位的安全库存,但是如果用一个仓库来服务三个市场的话,就只需要7个单位的安全库存。因此当使用三个仓库时,保持相同的供应能力需要增加4个单位的安全库存。

这个简单的例子说明了在物流网络中增加仓库对总体安全库存的影响。理解这个问题的关键之处在于,安全库存增加是因为不能对市场区域内的不确定性进行合并。因此,需要单独的安全库存来调节本地需求的变化。

2. 网络库存成本最小化

图11-5描述了物流网络中增加仓库数量对平均库存的整体影响。假设平均在途库存和网络中仓库数量之间存在线性关系,那么斜线表示平均在途库存随着仓库增加而减少。但是本章前面也提到过,这种关系可能不是线性的,这就取决于所考虑的具体系统的特性。然而,随着运

作周期数量的增加，在途库存也就更加可能呈线性递减。

标为 $\bar{I}_{ss}$（平均安全库存）的曲线随着仓库数量的增加而上升。由于每个新仓库要求的安全库存的净增加量在减少，因此库存以递减的速率增加。增加的安全库存量等于为满足不确定的需求而增加的库存量之和，减去由于提前期的不确定性降低而减少的库存数量。因此，随着物流系统中新仓库设施的加入，用于维持客户服务绩效而增加的库存也相应减少。平均库存曲线 $\bar{I}$ 反映了安全库存和在途库存综合影响后的结果。通过观察可以发现，安全库存的影响远远大于在途库存的影响。对整个网络来说，平均库存等于安全库存加上订货量的一半和在途库存。因此，在相同的客户需求和客户服务目标的情况下，总的库存量随着物流网络中仓库数量的增加而增加，但是增加的速度却是递减的。

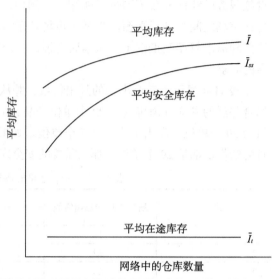

图 11-5 仓库数量和平均库存的关系

11.4.3 网络总成本

如前所述，实现最低总成本的网络设计是物流整合的目标。整个物流系统总成本的基本概念如图 11-6 所示。总运输成本曲线的最低点在 7 个和 8 个仓库之间。平均库存的总成本随着仓库的增加而增加。对整个系统来说，网络总成本的最低点为 6 个仓库。只有一个仓库的时候，库存成本是最低的。

1. 权衡关系

在图 11-6 中，这种确定了 6 个仓库时总成本最低的方法向我们揭示了权衡关系。从图 11-6 中可以看出，最低总成本点既不是运输成本最低点，也不是库存成本最低点。这种平衡分析就是综合物流分析的特点。

2. 假设和限制

在实际操作中，很难确定并衡量物流总成本的所有方面。进行物流网络分析时必须做出许多假设。分析时还必须意识到的一个问题是综合总成本分析的复杂性，图 11-6 中的分析是非常简化的，远远没有达到实际分析的复杂程度。

图 11-6 所示的二维分析代表了一个计划期的销售量水平。以一车装载平均运输量的货物来衡量运输需求。在实际作业中，可能没有任

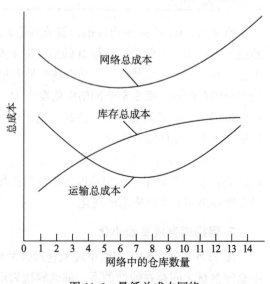

图 11-6 最低总成本网络

何情况满足这些假设条件。首先，物流网络设计不是一个短期的计划。当进行物流设施决策时，计划的时间跨度应该考虑到一系列不同的销售选择。其次，实际的运输和订货批量将围绕平均值剧烈地波动。更加符合实际的计划方法应该包括不同的物流方法支持的多种发货批量，这样才能满足客户服务要求。在实际作业中，必要时可以利用不同的运输方式来满足要求的运输速度。

在库存成本和运输成本之间存在大量的成本权衡取舍关系。库存成本是仓库数量的函数，它与要求的可用库存水平直接相关。如果系统中不需要储备安全库存，那么总库存就只包括基本库存和在途库存。在没有安全储备的情况下，系统最低总成本等于或者接近最低运输成本值。因此，有关要求的可用库存和订单履行率的假设对权衡分析非常重要，并对最低总成本设计方法产生重大的影响。

物流网络计划中设施选址问题要比单纯地决定应该选择多少设施要复杂得多，图11-6 就只是决定要选择多少设施。一个从事全国物流服务的公司在进行仓库选址时，面临的选择范围很大。在美国的 50 个州内，每个州内都可以设置一个或者更多个仓库。假设一个物流系统内的仓库总数不能超过 50 个，并且每个州内最多能设置一个仓库。尽管在这种假设条件下，在进行最低总成本的仓库选址时，仍然有 $1.125\,9 \times 10^{15}$ 种选择。

为了克服其中一些假设条件的限制，物流网络分析一般都允许发货量和运输方式的变化。为了使分析中对变量进行更加完整的处理，这就需要我们应用本章后续节次介绍的计划模型和方法。其中，四个重要的变量分别是发货批量、运输方式、需求区域和设施位置，常量有可用库存水平、运作周期时间以及可选的仓库的具体位置。在进行物流系统设计时，我们需要建立复杂的模型来评估多种不同的变量。模型中的假设可以用来支持一体化系统的设计，对于物流战略规划具有重要影响。

11.5 物流战略规划

最终确定物流战略时，评估可供选择的客户服务水平和相关成本之间的关系是很有必要的。尽管在衡量利润时存在大量的问题，但是对边际服务绩效和相关成本的比较评估却不失为设计理想的物流系统时的一种有效的方法。这种方法由以下四个部分构成：①确定一个总成本最低的网络；②衡量与最低总成本系统设计有关的服务可得性和运作能力；③对提高服务水平和成本与产生的收益之间的关系进行敏感性分析；④最终确定计划。

11.5.1 成本最小化

就像一张地图可以显示地表的海拔高度、低气压和等高线一样，一幅经济地图也可以反映物流成本的区别。一般来说，人力和基本服务的最高成本出现在大城市地区。但是由于大城市的需求很集中，运输和库存的综合收益能够降低物流总成本，因此大城市中的物流总成本往往是最低的。

最低总成本战略是为了寻找固定成本和变动成本最低的物流系统网络。实现最低总成本的系统设计仅仅是在各种成本之间进行权衡取舍。图 11-6 反映了最低总成本设计中的基本关系。安全库存策略和仓库到客户之间的距离决定了客户服务水平，而客户服务水平又与最低成本的物流设计相关。与最低总成本系统设计相关的客户服务的整体水平称为**临界服务水平**。

11.5.2 临界服务水平

为了建立临界服务水平，有必要根据政策中要求的期望的库存**可得性**和**能力**对最初的网络进行重新设计。通常会根据现有的订单录入和处理系统确定客户服务能力，根据目前设施的标准订单履行时间确定仓库运作，根据现有运输方式的能力确定运输交货时间。在这样的假设条件下，目前的绩效就是对提高未来的服务水平进行评估的起点。

在最开始进行客户服务可得性分析时，假设绩效是在一个可接受的水平。通常会将一般的行业标准作为第一个近似值。例如，如果在考虑需求和提前期不确定性的条件下，将可用安全库存定为 97.75%，那么订单中每 100 件产品中就应该大约有 98 件产品按照规定的要求交货。

在最初的假设条件下，会按照最低总成本的要求对每个客户分配一个发货地点。如果有多种产品，将根据每个仓库存储的产品和客户要求的合并程度确定每个仓库的服务区域。由于成本因地理的差异有很大的区别，因此每个仓库的服务区域的规模和形状都将不同。图 11-7 是在总配送成本相等的情况下，仓库服务区域的分布。由于从三个仓库运出货物的运输成本不同，因此这些服务区域是不规则的。

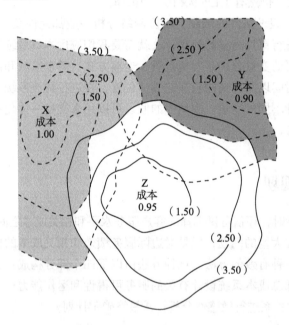

图 11-7　决定服务区域：三个点，最低成本系统

在图 11-7 中，仓库分别由字母 X、Y 和 Z 表示。每个仓库的假设成本是平均订单的所有物流成本，除了运输成本以外。仓库间平均订单成本的区别反映了地区差异。

每个仓库周围，三条总成本线代表的成本分别是 1.50 美元、2.50 美元和 3.50 美元。这些线上的成本是物流总成本，包括仓库与线上各点之间的运输成本。位于线内区域的客户服务成本要低于线上标明的成本。每个仓库的整体服务区域取决于最低总成本的分配。两个仓库的分界线上点的总成本是相等的。在这条线上，客户服务的成本是相等的。但是，在交货时间上却存在非常大的差异。

图 11-7 中有两个假设条件：第一，它是基于平均订单的配送。因此，出库物流成本是平均值。如果订货量与平均值不同，那么服务区域的边界也会随着订货批量的变化而变化。第二，

先根据运输距离估算交货期,然后根据交货期估算在途库存。按照临界服务进行初步分析,既不能得出服务区域内的交货期一致的结论,也不能得出服务区域内的物流总成本相等的结论。

设计最初的网络是为了实现物流成本最低,但是这并不意味临界服务水平很低。在一个最低成本系统中,从客户下达订单到产品交付之间的平均时间比一个整体服务绩效经过改进的网络所耗费的时间要长。然而,所有网络中离仓库近的客户都有可能快速收到货物。因为以成本最低原则建设的仓库更倾向于服务那些需求高度集中的地区,这样相当多的客户都有可能快速收到货物。

如果能够估计期望订单周期时间,那么管理者就能对客户做出基本的交货承诺。例如,服务声明可以这样写:区域A从仓库收到订单后的订单执行时间是3天,我们保证3天之内履行所有订单的98%。

一个物流系统的实际绩效水平是根据实现这些服务标准的一致性程度来衡量的。在确定了系统变量的条件下,最低总成本系统的临界服务可以作为建立企业基本服务平台的起点。物流战略规划的下一步是检验临界服务水平的客户适合度。

11.5.3 服务敏感性分析

最低总成本物流设计决定的临界服务是进行**服务敏感性分析**的基础。一个网络的基本服务能力可能随着以下因素的变化而变化,这些因素包括仓库数量的变化、一个或多个运作周期的变化(这会影响运作速度或一致性),以及安全库存策略发生的变化。

1. 设施数量的变化

物流系统中的仓库结构可以在不改变运作周期或安全库存策略的情况下建立服务。为了说明仓库数量和服务时间之间的关系,需要假设一个重要的参数,即某个时间段内满足客户需求的百分比。表11-5展示了系统中增加仓库的一般影响,揭示了一些有趣的结论。

表11-5 时间段内的仓库数量和服务能力之间的关系

网络中仓库数量	运作周期(小时)内的需求满足率			
	24	48	72	96
1	15	31	53	70
2	23	44	61	76
3	32	49	64	81
4	37	55	70	85
5	42	60	75	87
6	48	65	79	89
7	54	70	83	90
8	60	76	84	90
9	65	80	85	91
10	70	82	86	92
11	74	84	87	92
12	78	84	88	93
13	82	85	88	93
14	84	86	89	94

第一,服务的增加是一个递减函数。例如,5个仓库24小时的运作周期能够满足42%的客

户。如果要使 24 小时内服务的比例达到 84%，即 42% 的两倍，那么必须增加 9 个仓库，也就是总共需要 14 个仓库。

第二，运作周期越长，就能越快地实现高水平的服务。例如，4 个仓库在 96 小时的运作周期内可以达到 85% 的服务水平。增加 10 个仓库到 14 个以后，96 小时的运作周期内的服务水平只增加了 9%。与此形成鲜明对比的是，24 小时的运作周期内，14 个仓库的服务水平连 85% 都达不到。

第三，当物流网络中新增加仓库时，总成本快速地增长。然而，随着仓库的增加，虽然服务水平的提高幅度减少了，但是每个新增仓库需要投入的成本却增加了，而且每个新增仓库的服务收益逐渐降低。

物流管理者经常需要评价增加或者减少仓库对库存的影响。不确定性和所需库存之间的关系称为**组合效应**。[5] 可以使用**平方根法则**来评估组合效应，平方根法则最初是由梅斯特提出的，他认为增加一个仓库所增加的安全库存等于新网络中的仓库数量的平方根除以现有仓库数量的平方根。[6]

例如，假设管理者要评价网络中的仓库数量从 1 个增加到 2 个时对库存的影响。实际上，仓库数量翻了一倍，根据我们之前所提到的原因，需求不确定性也会增加。使用平方根法则，企业中两个仓库总的安全库存（SS_j）大约为

$$SS_j = \frac{\sqrt{N_j}}{\sqrt{N_i}} \times SS_i$$

$$= \frac{\sqrt{2}}{\sqrt{1}} \times SS_i$$

$$= 1.41 \times SS_i$$

式中　　SS_j——N_j 个仓库或者 N_j 种产品需要的安全库存总量；

　　　　N_j——新网络中的仓库数量或者产品种类；

　　　　N_i——现有网络中的仓库数量或者产品种类；

　　　　SS_i——N_i 个仓库或者 N_i 种产品需要的安全库存总量。

增加了第 2 个仓库以后，安全库存数量变为以前安全库存的 141%。表 11-6 展示了仓库数量从 1 个增加到 5 个的过程中，对安全库存水平的影响。尽管平方根法则能够很好地预测库存的影响，但是它仍然需要对需求设置一些假设条件。第一，仓库设施和产品种类必须拥有相近的需求水平。具体来说，如果现在有两个仓库，只有当它们的需求水平相同时，平方根法则的预测结果才是准确的。第二，每个仓库中每种产品的需求水平必须是不相关的。这意味着每个仓库的需求方差必须是相互独立的。第三，平方根法则要求每个仓库的需求基本呈正态分布。虽然这些假设是否合适值得我们考虑，但是无论如何平方根法则都是一个有效地评估物流网络中增减仓库对库存影响的好方法。

表 11-6　在一个仓库的基础上改变仓库数量对库存的影响

网络中仓库数量	安全库存水平
1	100
2	141
3	173
4	200

(续)

网络中仓库数量	安全库存水平
5	224

2. 运作周期的变化

如果对运作周期进行一些改变,那么某个市场或者客户的服务速度和一致性将会随之改变。为了提升服务,我们可以使用电子订单和优质的运输服务。因此,地理位置的远近和仓库数量并不直接等于快速或者一致的交货。通过缩短运作周期来提高服务通常会增加可变成本。与之相反的是,通过增加仓库来提高服务水平将会使固定成本大幅度提高,并且会降低整个系统的柔性。

没有通用原则可以用来衡量通过改变运作周期而提高的成本/服务比率。优质运输服务和低运输成本之间的这种关系,使得人们倾向于使用大批量运输。因此,如果订货批量很大,那么为了实现物流的经济性,通常会使用一个仓库或者合并作业点服务一个市场区域。

使用优质的运输服务将会增加总成本。但是如果提高服务水平能够增加公司的收益,那么对最低总成本的物流系统的调整就是合理的。

3. 安全库存的变化

改变服务水平的一个直接方法是增加或者减少一个或者多个仓库中的安全库存数量。在整个物流系统中增加安全库存将导致平均库存成本曲线上升。为了提高客户服务水平,每个仓库的安全库存都必须增加。而随着服务水平的提高,要增加相同水平的客户服务所需要的安全库存将以递增的比例增加。

11.5.4 最终确定战略

在向客户承诺服务水平时,管理者通常会过度乐观,结果导致客户的期望值过高,但是服务绩效却不稳定。这种过高估计的部分原因是对支持高水平、零缺陷服务所需要的总成本缺乏理解。

制定战略的最后一步是评价改进服务带来的收益是否能弥补增加的成本。为了说明这个问题,我们假设目前的系统在收到订单后的 60 个小时内,至少能够满足 90% 的客户的 95% 的需求。此外,假设当前的物流系统使用 5 个仓库实现最低总成本的目标。然而,营销部门并不满足于现状,它们认为应该提高企业的服务水平,实现 24 个小时内满足 90% 的客户的 97% 的需求,于是物流管理者就需要评价实现这种战略需要的成本。

图 11-8 展示了如何评价第二种战略。营销部门要求可得性提高 2%,同时配送时间减少 36 个小时。假设设计分析确定达到新的服务标准的最低成本物流网络需要 12 个仓库。服务水平提高的总成本反映在图 11-8 的纵轴上,分别用 A 点和 B 点表示。要满足营销部门的要求,企业的物流成本每年将增加大约 400 000 美元。假设平均税前边际利润是销售额的 10%,那么要弥补提高服务水平的成本,企业每年的销售额必须增加 4 000 000 美元。

是否接受营销部门的提高服务水平的建议关系到企业的战略定位。物流可以满足企业的总体客户服务战略要求的任何服务绩效。但是一旦采用了改变后的策略,那么将影响物流网络的设计和成本。为了最后确定物流战略,管理者通常需要考虑一系列可供选择的战略。

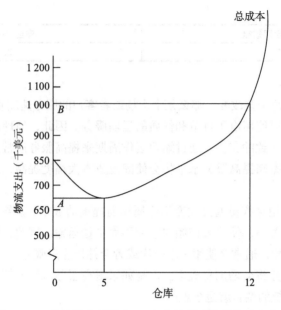

图 11-8　5 个分销点系统和 12 个分销点系统的总成本比较

11.6　物流网络设计的其他问题

长久以来，影响物流网络设计的主要因素包括需求区位、劳动力成本、材料成本、运输成本，以上因素的重要性依次递减。

需求区位指的是市场和装运活动的地理区位分布，以市场的相对容量、规模及特点来表示。在其他条件相等时，企业愿意把生产设施和分销中心建在靠近消费者市场的地方。亚洲、印度、南美洲以及东欧地区的需求呈现两位数的快速增长，这一事实促使很多企业将供应链活动转移到这些地区。劳动力价格优势促使很多企业转移到低成本国家和地区，如中国、印度和东欧等。材料成本指的是获取原材料和零部件所需的总成本，包括直接和间接成本。直接成本包括材料和零部件的具体采购成本，也包括关税、税费和包装费用等。间接材料成本包括交易成本和与风险相关的成本，如安保费用、报废费用及潜在的知识产权风险等。运输费用包括获取原材料、生产厂房之间半成品的运输以及产品最终配送给客户的费用。供应链设计中要考虑的其他因素包括税收政策、运作风险、可持续发展、熟练劳动力的充裕程度以及整体的政治环境等。在具体的情境中，可持续发展和税收政策所致的总成本及服务差异可能是选址的主导因素。

全球和区域的税收政策对供应链设计有巨大的影响。以爱尔兰和新加坡的政治环境为例，这两个国家针对增值税和对外贸易区域制定了特殊的税收政策，以吸引产业入驻。许多北美自由贸易区域也正在使用类似的方式把产业吸引到它们所在的州或省。

供应链风险指的是与低成本采购相关的风险。自 2000 年起，许多公司为了减少劳动力成本和总生产成本，增加了在低成本国家的采购量。但是，在许多情况下，这些公司并不理解总成本和风险的意义，因而重新选择采购地点。例如，一家第三方物流运营商选择在成本较低的亚洲地区开展增值业务，而问题则在于亚洲和北美洲之间是否有足够的集装箱用于运输。对该公司的客户来说，一个意料之外的后果就是从亚洲运往美国的物料提前期变长，并且一致性变低。

为了实现运作风险的最小化,许多公司正从低成本国家向低风险地区转移。

除了风险之外,许多公司在进行供应链设计决策时必须仔细评估其可持续性。供应链的可持续性有多个维度,包括能源、劳动力、政治稳定以及环境风险等。能源对于运作供应链设施和供应链上的产品运输都至关重要。某些亚洲地区的工厂经理表示,在那些地区,一天停电 2~3 小时是司空见惯的事情。另一个要考虑的问题是能否以合理的价格购入用于运输的燃料。

能否雇佣到熟练的劳动力也是一个主要的考虑因素。尽管许多国家都存在高失业率的问题,但是在某些国家,包括发达国家和发展中国家,缺乏熟练的、经验丰富的供应链人才,这是一个越来越突出的问题。人才短缺既包括管理人员,也包括一般劳动力。在管理方面,挑战在于如何找到懂得供应链诸多维度的管理人才,这些维度包括跨职能权衡、全球化、技术、战略整合等。尽管发达国家培养出越来越多的供应链人才,但是这方面的人才需求在以更快的速度增长。在劳动力方面,发达国家和发展中国家都越来越多地采用科技手段,这使得寻找并留下训练有素的人才变得越来越难。一些亚洲的管理者表示,熟练员工的年流失率高达100%。

要考虑的最后一个因素是稳定的、支持供应链发展的政治环境。相关因素包括政治因素、管制因素以及财务因素。稳定性包括稳定的政府、货币政策以及吸引和维持企业入驻的政策。

总而言之,在供应链设计方面,供应链管理者面临的挑战越来越多。管理者不仅要理解传统上的跨职能权衡,而且要考虑本节探讨的诸多因素。因此,供应链专业人才必须拓宽知识面,全面理解全球供应链设计和运作中涉及的诸多相关权衡决策。

11.7 计划方法

尽管在一些成熟的行业中,企业为了响应客户和竞争对手的行为,其市场、需求、成本和服务都发生着快速的变化。但为了适应这些变化,企业通常会面临许多问题,例如:①物流系统中应该使用多少个仓库,这些仓库应该建在什么位置?②对于每一个仓库,怎样对库存/服务进行权衡取舍?③应该使用哪些类型的运输工具?④对仓库网络进行再设计是否合理?

这些问题一般都很复杂,并且涉及的数据很密集。问题复杂是因为影响物流总成本的因素很多,并且可供选择的方案的范围也很广泛。数据密集是因为评价物流方案要求的信息量很大。物流系统设计中通常需要评价以下信息:服务方案、成本特性以及运作能力。进行这些分析,需要有一个结构化的处理流程,其中包括很多有效的分析工具。

正如没有一个理想的物流系统适合所有企业一样,确定和评价物流战略方案的方法也是千变万化的。不过,有一种通用的处理流程适用于大多数物流设计和规划。图 11-9 展现了一个通用的计划处理流程。其中,流程被分为三个阶段:问题定义和计划、数据收集和分析、建议和实施。

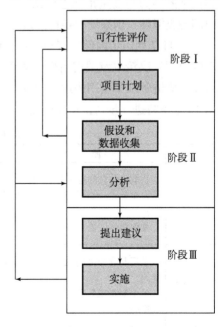

图 11-9 研究流程

11.8 阶段 I：问题定义和计划

物流系统设计和计划的第一阶段是整体分析的基础。一份周密的、记录充分的问题定义和计划对所有以后的工作至关重要。

11.8.1 可行性评价

进行物流设计和计划时，首先应该对当前的运作情况进行全面的评价。其目的是了解当前系统的环境、流程、问题和绩效特征，并在需要对当前系统进行更改时，确定哪些方面的变更是有价值的。评价变更的流程称为可行性评价，包括形势分析、支持逻辑以及成本/收益评价。

1. 形势分析

形势分析是指收集描述当前物流环境的绩效指标、特性和信息的过程。形势分析通常要求内部运作检查、市场评价和技术评价来确定系统现有的能力以及潜在的改进机会。

内部运作检查的关注点在于了解目前的物流实践和相关流程。检查的内容有：历史绩效水平、数据有效性、战略、运作、战术政策和实践。检查的对象既包括总体物流运作流程，也包括各种物流职能。为了充分了解物流如何支持采购、生产作业和客户关系管理，形势分析必须涉及供应链的全部职能。

完整的内部检查会对所有重要资源进行检查，如劳动力、设备、设施、关系和信息。需要特别指出的是，内部检查还应该对目前系统的能力和不足之处进行全面的评价。对于物流系统的每一个要素，应该对其既定的目标和实现这些目标的能力进行仔细的研究。例如，物流管理信息系统是否可以持续地提供向客户承诺的服务目标，并对这些目标进行衡量？同样地，采购流程能否有效地支持生产需求？当前的仓库网络能否有效地支持客户服务目标？当前的物流系统能否充分利用跨部门以及与其他供应链合作伙伴的协作关系？最后，怎样对跨企业和设施的物流绩效能力与衡量指标进行比较？以上以及许多类似的问题构成了内部分析的基础。全面的内部检查能够找到系统中存在的改进机会，这些机会将证实物流系统再设计的合理性。

表 11-7 列出了内部检查经常涉及的一些项目，突出说明了评价中必须考虑每个主要物流活动的流程、决策以及关键指标。流程主要考虑的是供应链中的物料和信息流动。决策关注的是目前供应链管理中使用的逻辑和标准。绩效测量关注的是关键绩效指标和企业衡量绩效的能力。第 13 章中将进一步讨论供应链绩效测量。

表 11-7 备选的内部检查项目

	流 程	决 策	测 量
客户服务	目前的信息流是什么样的？ 订单流是什么样的，如何变更订单？ 如何接收订单？	如何制定订单采购决策？ 当没有库存履行订单时，该怎么办？ 如何制定工厂和仓库的能力配置决策？	客户服务的关键指标有哪些？ 如何测量这些关键指标？ 当前的绩效水平如何？
物料管理	工厂和仓库之间的物料流是什么样的？ 各个制造工厂和仓库的流程是什么样的？	如何制订生产计划和排程决策？	生产和仓库能力有哪些主要约束？ 物料管理绩效的关键测量指标有哪些？ 如何测量这些关键指标？ 当前的绩效水平如何？

(续)

	流 程	决 策	测 量
运输	目前使用哪种运输方式？ 订单和装运的价值分别是什么，它们有什么区别？ 委托、支付以及与承运人交换信息的流程是怎样的？ 装船单证的信息流是怎样的？	如何选择每批运输货物的运输模式和承运人？ 如何对承运人进行评估？	运输绩效的关键测量指标有哪些？ 如何测量这些关键指标？ 当前的绩效水平如何？ 每种运输方式和承运人的相关经济绩效特征有哪些？
仓储	当前使用的存储和搬运设施有哪些？它们各有什么功能？ 每个仓库中必须维持哪些产品线的库存？ 每个仓库中必须或者可能执行哪些职能，如存储、物料搬运或者其他增值职能？	每个仓库中应该如何制定合并运输决策？ 物料搬运人员应该制定哪些决策，该如何制定决策？ 产品是怎样存储在仓库中的，应该如何制定产品分拣决策？	每个仓库的吞吐量和存储量分别是多少？ 仓储绩效的关键指标有哪些？ 如何测量这些关键指标？ 当前的绩效水平如何？ 每个仓库相关的经济绩效特征有哪些？
库存	目前的库存存储有哪些增值功能？ 公司库存的职责是什么？ 库存应存储在哪儿？	如何制定库存管理决策？ 谁制定这些决策，需要哪些信息支持这些决策？	公司的库存持有成本有哪些？ 关键库存绩效指标有哪些？ 如何测量这些关键指标？ 当前的绩效水平如何？

具体的检查内容取决于所计划的分析范围。通常检查中需要的信息并不容易获取。内部检查的目的不是进行详细的数据收集，而是对目前的物流流程和程序进行诊断，并确定可以获取哪些类型的数据。更重要的是，内部检查是为了确定哪些领域存在改进的机会。

市场评价是对市场趋势和服务需求进行评价，目标是记录并正式表达客户对企业的物流能力变化的感觉和要求。市场评价可能需要对选择的一些客户进行采访，或者进行广泛的客户调查。表11-8列出了一些常见的市场评价项目。评价工作应该集中于企业与供应商、客户以及特定情形中客户的外在联系。市场评价不仅应该考虑需求和流程的变化趋势，还要考虑企业和竞争对手的能力。

表 11-8　市场评价项目示例

	市场趋势	企业能力	竞争对手的能力
供应商	供应商提供了哪些增值服务？ 目前供应商的主要瓶颈是什么？	在何种情况下应该自己提供增值服务或者外包？ 如何改变流程以减少瓶颈？	竞争对手采取哪些行动改进与供应商之间的产品和信息流动？ 竞争对手的供应商数量、成本特征和绩效测量的衡量标准是什么？
客户	服务关键客户的主要约束和瓶颈分别是什么？ 这些约束和瓶颈对成本有什么影响？ 客户订货方式有何种变化？ 主要客户的标准是什么？	为了提高物流系统绩效，可以向客户提供哪些功能或者活动？ 客户是怎样使用他们的标准来评价我们的绩效的？	竞争对手向我们的客户提供了哪些服务？ 客户如何评价竞争对手的关键绩效指标？
消费者	消费者的购买地点、时间和选择标准发生了什么变化？ 对于与物流活动有关的购买数量、包装、送货上门和产品质量，消费者的趋势是什么？	我们应该如何响应消费者购买方式和选择标准的变化？	我们的竞争对手如何响应消费者购买方式和选择标准的变化？
风险	未来可能紧俏的资源有哪些？	怎样做才能避免、最小化、减轻或应对风险？	竞争对手在哪些关键风险方面比我们更具优势？

技术评价关注的主要是关键物流技术的应用和能力，包括运输、存储、物料搬运、包装与订单处理等。技术评价考虑的是企业当前的技术能力以及采用新技术的潜力。例如，通过整合服务提供商提供的先进物料处理能力能否提高物流绩效？先进的信息技术、通信和决策支持系统对于提高响应物流能力有何作用？最后，无线电、射频识别、卫星、扫描、供应链事件管理以及其他通信技术对提高物流系统能力有什么作用？技术评价的目的是识别技术的先进性，推动运输、库存等其他物流资源的有效权衡。表 11-9 展示了常见的技术评价项目。技术评价的完成应该从整体系统整合的角度来考虑物流系统的每个组成部分。

表 11-9 典型的技术评价项目

	目前的技术	最新的技术
预测	目前收集、维护和制定预测时，都采用了哪些技术？	最好的公司是如何进行预测的？
订单录入	目前使用的订单录入技术是什么？ 客户要求哪种订单录入技术？	最好的公司是如何进行订单录入的？ 哪种新技术能够有效地进行订单录入？
订单处理	将可用库存分配给客户订单的流程是怎么样的？ 目前的方法有哪些限制？	最好的公司是如何处理订单的？ 哪些新技术（硬件和软件）能够提高订单处理效率？
需求计划	制定生产和分销库存需求的决策流程是什么？ 目前的信息和辅助决策如何支持决策制定流程？	最好的公司如何制定生产和库存计划决策？ 哪些新技术能够提高需求计划的效率？
发票和电子数据交换	目前发票、询单、预先发货通知以及付款信息是如何交换的？	最好的公司是如何使用电子数据交换的？ 哪些新的通信和数据交换技术可以改善发票和其他形式的客户沟通？
仓库作业	如何制定仓库的人员安排和时间安排？ 对管理人员和物料搬运人员是如何进行仓库作业指示的？ 仓库管理人员和物料搬运人员是如何进行跟踪活动并衡量跟踪绩效的？	最好的公司是如何使用信息和物料搬运技术的？ 哪些新的信息和物料搬运技术可以提高仓库运作效率？
运输	如何制定合并运输、线路和调度决策？ 运输单证是如何开出的，怎样与承运人和客户交流？ 如何确定、评估、监控运输成本？ 使用了哪些包装和装载技术？	最好的公司的承运人是如何使用信息、包装和装载技术的？ 哪些新的信息、包装、装载和通信技术可以提高运输作业效率？
决策支持	如何制定物流战术和战略决策？ 制定决策时，使用了哪些方面的信息，完成了哪些方面的分析？	最好的公司是如何制定相似的战术或战略决策的？ 哪些信息和评估技术可以提高决策效率？

2. 支持逻辑

可行性评价的第二个任务是设计支持逻辑，将内部检查、市场评价和技术评价的结果综合起来。设计支持逻辑通常是战略计划过程中最棘手的部分。形势分析的目的是帮助高层管理者尽可能多地了解现有物流能力在目前和未来物流要求中的优势与劣势。支持逻辑的设计是建立在三个方面的全面检查的基础上的。

第一，必须明确企业的价值主张，并证明详细研究和分析的合理性。从某种意义上来说，设计支持逻辑促进了对潜在改进机会的重要评价，包括成本/收益分析决策是否支持完成可靠的商业案例。支持逻辑运用运输递减原则、库存积聚原则以及总到岸成本原则等前面章节提到的多种物流原则，确定进一步开展详细分析的可行性。尽管完成管理计划过程中的剩余工作并不能保证企业一定可以实施一种改进的物流系统设计，但是在设计支持逻辑的过程中，我们应该明确与变革有关的收益和风险。

第二，支持逻辑的设计在全面的事实分析的基础上，对当前的流程和实践进行评估，以消除感性偏见。确定物流中哪些领域存在改进的计划，哪些运作是令人满意的，这些都是确定战略变革需要的基础。例如，库存过多或者过期库存是一个很明显的问题，解决这个问题就很有可能降低成本，提高服务质量。尽管评估过程经常会证实目前系统中的许多方面都是比较正确的，但是应该在有可能改进的基础上考虑变革决策。如果支持逻辑证实目前的仓库数量和选址都很合理，那么随后的分析重点应该是关注库存水平的平稳性。评估过程的最终结果是按照短期及长期规划的范围，把规划与评估问题分为主要问题和次要问题两个方面。

第三，设计支持逻辑的过程应该明确说明可能的重新设计方案。这些内容包括：①对目前处理过程和系统的定义；②根据行业中主要竞争对手的实践和以前整合物流的理论，选定最可能的系统设计方案；③根据新的理论和技术，提出创新性的方法。新的设计方案应该对目前的做法提出挑战，但是也必须合乎实际。对于重新评价当前流程和设计的项目，重新设计执行频率越低，那么确定考虑因素的范围也就越重要。例如，如果要评价一个总体物流管理系统或供应链结构，每5年评价一次与每2年评价一次相比，考虑的因素范围要更广。

目前最佳做法是提高整体系统设计的频率。一些行业的领先企业每年都会审查其总体网络设计。例如，赛百味餐饮公司在进行"5美元一英尺三明治"促销活动时，预计到并真实经历了销量的大幅增加。随着销量增加、利润减少，公司必须保证供应系统和物流系统能够实现优化运作。其供应系统由独立采购合作公司（IPC）提供，物流系统则由罗宾逊公司进行全球运作。为了实现这一目标，公司重新设计物流系统，将肉类和蔬菜的预处理设施合并，更新了运输设备，使之具有多温度控制功能，因此能够提供更加及时的信息交换，提高预测的准确性。这个例子说明了一项公司的战略举措是如何推动供应链实施大规模更新的。如上所述，该过程需要采用全面的设计分析。[7]

在规划和设计过程中，画出能够概要地说明每个方案的基本概念并证实其合理性的流程图，是很有价值的工作。利用图表有助于设计出灵活的物流操作方案，清楚地概括增值流动和信息流动的要求，并且完整地说明备选方案。某些细化的或分段的物流活动可能很难用一张流程图表示。例如，地区变化、产品组合变化以及不同的发货政策等，虽然它们也是物流方案的基础，却很难用图表表述。

这里有一个推荐的流程建议，是要求负责物流战略评估的管理者陈述逻辑并分析潜在的收益。负责设计的团队应该运用客户关系管理概念与物流整合逻辑及方法，记录并证实最有吸引力的战略调整方案。

3. 成本/收益评价

可行性评价的最后任务是成本/收益评价，指的是与执行物流分析和实施建议有关的潜在收益及风险。收益可以概括为三类：提高服务水平、降低成本和成本预算控制。这三种收益并不相互排斥，一个理想的物流战略可以在一定程度上同时实现这三种收益。风险是指建议的变革有可能引起绩效下滑。提高服务水平包括提高服务的可得性、质量和能力。服务水平提高会增加现有客户的忠诚度，也有可能会吸引新客户。

降低成本可能表现为以下两种形式。第一，用于支持和运行物流系统所要求的资金或者管理资源的一次性减少会带来收益。例如，对物流系统重新设计后，可能会卖掉仓库、物料搬运设备或者信息技术系统。库存占用的资金和其他物流相关资产的减少可以极大地提高企业绩效，因为企业可以将节约的资金重新投入其他方面。第二，可以降低实付开支和可变成本。例如，利用物料搬运和信息处理的新技术，使物料处理和搬运更加有效率，这样能够降低可变成本。

成本预算控制有助于消除那些增加成本的处理过程和作业。例如，通过对未来的可用劳动力和工资水平进行财务分析，至少能够部分证实物料搬运和信息技术更新的合理性。减少能源消耗的举措也能在能源价格上涨时期降低成本。但是，由于任何成本预防分析都是建立在未来情形评估的基础上的，因此很容易出现错误。

确定一个计划方案何时能提供充分的成本/收益潜力，以进行更深入的分析，并没有准确的规律可循。理想的情况是，企业应该按照一定时间间隔持续进行检查，以确保目前和未来的物流运作的可行性。在最后分析中，是否进行进一步的计划取决于支持逻辑究竟有多大的说服力、评估的收益有多大的可信度，以及评估的收益是否能够充分地收回投资，从而证实组织和运作变革的合理性。这些潜在收益必须与完成变革过程需要的现金支出保持平衡。

尽管发现改进机会并不总是规划和设计项目的目标，但通常还是有可能发现这些改进机会。通过抓住这些机会，企业可以增加收益或者很大幅度地降低成本，以证实后续分析的合理性。项目小组确定这些机会以后，主管经理应该对每一个机会进行评估，平衡其快速回报和实施风险。

11.8.2 项目计划

项目计划是阶段 I 中的第二项工作。由于物流系统很复杂，所以在确定和评估战略或战术方案时，必须进行周密的计划，以便为实施变革提供正确的依据。项目计划包括下面这些具体的任务：目标描述、约束描述、测量标准、假设逻辑、分析工具和项目工作计划。

1. 目标描述

目标描述说明了物流系统修正后的成本和服务期望，必须清楚地描述这些期望，并且有可量化的要素加以衡量。目标对以下方面进行定义：市场或行业划分、变革的时间安排和明确的绩效期望。这些要求都定义了管理者期望达到的具体目标。例如，下面列出的一些可测量的目标对物流系统分析有一定的指导作用。

（1）为 100 个利润贡献最大的客户提供完美的订单完成率。

（2）为所有其他客户提供以下服务绩效：

1）可用库存
- A 类产品为 99%；
- B 类产品为 95%；
- C 类产品为 90%。

2）48 小时内的订单交付率达到 98%。

3）二级仓库的客户装运量最小化。

4）至少 85% 的混合产品订单不允许出现延期交货的情况。

5）延期交货的最长推迟时间为 5 天。

以上具体描述的目标，能够指导系统设计努力实现明确的客户服务绩效水平。然后，采用适当的分析方法可以确定满足服务目标所需的总系统成本。如果物流总成本超出管理者的预期，就可以利用敏感性分析对备选的客户服务绩效水平进行评估，以确定绩效水平对物流总成本的影响。

此外，绩效目标也能够确定最大总成本的约束，然后设计出一个系统，在可接受的物流预算范围内，实现最大的客户服务水平。这种成本导向的驱动方法很实用，因为所有建议的方案都是在可接受的预算范围之内。但是与服务导向的驱动方法相比，这种成本约束的设计方法缺少灵活性。

2. 约束描述

项目计划需要考虑的第二个问题是设计约束。在形势分析的基础上，高层管理者可以对系统修订范围做出约束。这些约束的种类取决于各个企业的具体情况。但是，约束可以影响总体的规划过程，下面有两个常见的例子可以说明这种影响。

仓储网络系统设计中一个常见的约束是现有的生产设施和产品组合分类。为了简化分析，在重新设计物流系统时，管理者通常会保持现有的生产设施和产品组合。由于现有生产设施的财务投资很大，并且企业具有适应变化的能力，因此这些约束是合理的。

需要考虑约束的第二个例子是不同部门的客户关系活动。在传统企业中，利润责任是分散的，管理者可能会挑选物流系统中的一些部门，而忽略其他部门。因此，只有一些部门被挑选出来作为实施变革的候选部门，其他部门则不被考虑。

所有的设计约束都将限制分析的范围。但是，正如一位经理所说："为什么要研究那些我们根本没有计划去做的事情呢？"所以，除非有比较大的机会可以很大程度地改变物流战略或者运作，管理者才可能接受建议，否则这些限制最多只能被看成一个研究意义上的约束。

约束描述的目的是使整个计划过程有一个很好的开端。如果使用定量分析技术，那么可以稍后再考虑主要的约束。与前面讨论的形势分析不同的是，约束描述对现有的物流系统中应该保留的组织要素、设施、系统、流程或者方法进行了详细的说明。

3. 测量标准和假设逻辑

可行性评价通常会突出对制定测量标准的需求。这些标准通过确定成本结构和绩效目标来指导分析，对评价推荐方案是十分必要的。管理者必须制定测量标准和目标，这是编制计划的前提条件。这些标准应该充分反映整体系统绩效，而不是对物流功能进行有限的、局部的绩效反映。一旦制定出了标准，就应该在整个系统开发及实施过程中进行监控和跟踪，以衡量变革的影响。在制定这些标准时不乏大量管理上的主观判断因素的存在，但是我们必须注意不能制定不切实际或者恒定不变的目标，以免降低分析和结论的有效性。

制定测量标准的一个重要要求是列出一系列假设条件，为这些标准提供逻辑支持。由于这些假设对运作分析的结果影响很大，因此必须得到高层管理者的认可。例如，标准成本和库存评估步骤的一个相对较小的变动，就会极大地改变由此得出的分析建议。

测量标准应该对运输、库存和订单处理等成本构成进行量化，并且需要详细的财务会计标准。此外，测量标准还应该包括相关客户服务的测量和计算方法的具体说明。

4. 项目工作计划

在可行性评价、目标、约束、标准和分析方法的基础上，就可以制订项目工作计划了，同时还要确定完成该项目所需要的资源和时间。可行性评价中确定的备选方案和机会为确定研究范围提供了依据，而研究范围又反过来决定了完成项目所需的时间。

项目管理者负责在规定的时间和预算内取得预期的效果。战略计划中一个最常见的错误是低估完成某项具体任务所需要的时间。如果超过时间限制，将增加财务支出，并且降低项目的可信度。幸运的是，现在有许多项目管理软件包可用来构建项目、指导资源配置以及对项目进度进行测量。此外，企业既可以考虑采取内部项目管理，也可以基于资源局限及项目管理能力实行外包。这些方法可以确定产出结果及各项任务之间的相互关系。

11.9　阶段Ⅱ：数据收集和分析

完成了可行性评价和项目计划以后，第二阶段的工作重点就是收集数据进行分析。这个阶段的工作包括确定假设、收集数据并对备选方案进行分析。

11.9.1　假设和数据收集

该步骤在可行性分析和项目计划的基础上，制订出了详细的计划假设，并确定了数据收集的要求。具体工作包括：①确定分析方法和技术；②确定并检验假设；③确定数据来源；④收集数据；⑤验证数据。

1. 确定分析方法和技术

阶段Ⅱ初期的工作是针对所要考虑的计划确定合适的分析方法。可供选择的方法很多，最常见的方法有解析法、模拟法和优化法。

解析法采用诸如电子数据表等数字工具对每个物流方案进行评价。一个典型的采用解析法的例子就是使用第7章中讨论的公式，对库存/服务进行权衡决策。电子数据表的功能很强大，随着它的广泛应用，物流分析中解析法的使用也越来越多。

模拟法就像一个检测供应链物流方案的实验室。模拟法得到了广泛使用，尤其是在存在大量不确定因素的环境中。检测环境可以采用实物形式，例如，在缩小规模的物料搬运系统模型中模拟产品流动；也可以采用数字形式，例如，在计算机模型中进行检测。目前的软件使模拟法成为评价动态物流方案成本的最有效方法。例如，基于个人电脑的模拟方法可以模拟物流系统中的产品流动、活动水平和绩效特性。许多模拟方法还可以用图形说明物流系统特性。例如，供应链动态模拟可用来演示库存配置战略和供应链绩效之间的权衡取舍情况。[8]

优化法使用线性规划或数学规划评估各备选方案，并且选出在约束条件下最佳的设计或者方案。尽管优化法可以选出最佳方案，但是优化法的应用范围比典型的模拟法的应用范围要小很多。

2. 确定并检验假设

对假设的确定和检验是建立在形势分析、项目目标、约束和测量标准的基础之上的。为了实现规划目标，所做的假设必须定义目前系统和备选系统的关键运作特点、相关变量和经济效益。尽管假设形式会根据项目的不同而有所区别，但是通常可以分为以下三类：①行业假设；②管理假设；③分析假设。

行业假设定义了行业环境的一般特性，包括相关市场趋势、消费者倾向、产品趋势以及竞争对手的行为。行业假设定义了物流方案运行的大环境。一般来说，行业假设是企业无法改变的。

管理假设对当前的或备选的物流系统环境的物理及经济特征进行详细的说明。一般来说，管理者可以改变或改进这些特征。典型的管理假设主要包括对备选仓储设施、运输方式和所有权分配、物流流程、固定及变动成本等因素的详细说明。

分析假设定义了为了将分析方法应用于某问题而进行的约束和限制。这些假设通常关注问题的规模、分析的详细程度以及解决问题的方法。表 11-10 更详尽地描述了每种假设。

表 11-10 各假设种类的要素

假设分类／种类	描述
行业假设	
规模	确定业务单元和所包括的产品线
备选方案	可供考虑的备选方案的范围
市场趋势	市场偏好和购买方式的性质和数量上的变化，项目计划在资源的可得性和成本上的变化
产品趋势	产品购买方式的性质和数量上的变化，尤其是包装尺寸和包装方式
竞争对手的行为	竞争对手物流系统的优势、劣势和战略
管理假设	
市场	由市场区域、产品和发货规模等构成的需求模式
分销设施	已有的和潜在的分销设施的位置、运作政策、经济特征及历史绩效水平
运输	在潜在的和已有的分销设施之间进行转运的运输费率
库存	各个分销设施的库存水平和运作政策
分析假设	
产品分组	适合分析方法要求的详尽的产品信息组合
市场区域	对客户需求分组，汇总市场区域，以适合分析方法的要求

3. 确定数据来源

在实际操作中，收集数据应该开始于可行性评价阶段。此外，数据需要符合所使用的分析方法的要求，因此必须对数据进行相当详细的规范处理。然而，在目前这个规划阶段，必须收集详尽的数据，并组织这些数据以支持分析过程。当数据难以收集或者要求的精确水平不确定时，可以进行敏感性分析评估数据的影响。例如，使用以距离为基础的回归方法来估算运输成本，可以完成初步的分析。如果分析显示最佳方案对实际运输费用很敏感，那么就应该进一步从承运人处获得运费报价数据。一旦某种分析方法是可行的，就可以使用敏感性分析确认识别影响结果的主要因素。当这些敏感因素确定以后，如出库运输开支，那么就应该进一步提高假设的准确度，包括获得实际报价等。

收集数据的第一大类是销售和客户订单。通常，要确定物流量和物流活动的水平，年销售预测、每月的销售比例和季节性销售特点都是必需的。客户订单的历史样本对确定发货方式也是很重要的，因为发货方式由市场和发货量决定。总的需求指标体系和发货整体情况综合起来，构成了物流企业必须满足的运作需求。

此外，为了了解物流分析中空间因素的信息，还需要收集具体的客户信息。物流分析中的空间因素反映了这样一个事实：要实现关键客户的有效物流，必须量化配送到准确地点需要的成本和时间。在总体分析中，客户和市场通常根据地点、规模、订货频率和增长速度加以组合，以降低分析的复杂性。然而，这种组合通常不能满足关键客户服务能力评估的要求。

进行供应链物流分析时，有必要确定和跟踪与生产和采购相关的成本。虽然在一个物流系统设计方案中，生产工厂的位置可能不是一个可变因素，但是通常还是要考虑工厂的数量和位置、产品组合、生产计划及季节性等因素。与库存转移、再订货和仓库作业相关的政策与成本也应该确定。特别需要指出的是，库存控制规则和产品配置流程都是很重要的因素。最后，对每一个当前或者潜在的仓库，都必须确定它们的运作成本、运作能力、产品组合、库存水平和服务能力。

运输数据要求包括使用运输模式的数量和种类、运输模式的选择标准、运输速度、转运次数、装运规则和政策。如果分析中包括私营运输的话，那么还要求提供与私营运输车队/船队相关的信息。

前面从某种角度讨论了评估物流系统设计时必需的数据。在确定了分析方法后，进行正式数据收集的一个主要目标就是使数据满足分析方法的要求。

另外，记录竞争对手的物流能力也很有用，它们能提供与竞争对手的战略和能力相关的信息。在大多数情况下，这些信息可以从公开的资料、年报和公司经理的一般介绍那里得到。收集这些数据的主要目的是为客户服务能力、设施网络和运作能力的比较提供竞争对手的标杆数据。

4. 收集数据

一旦确定了数据来源以后，就可以开始收集数据了。该过程包括获取、收集需要的数据并将这些数据转换为适合分析工具进行分析的格式。这项工作通常是一项枯燥乏味而又耗费时间的工作，因此很有可能出现错误。可能出现的错误包括：从不具有代表性的时间段内收集数据；忽略了不反映主要物流活动的数据，如客户自行提取的货物量。因此，必须仔细记录收集数据的过程，这样有助于找出可能会降低分析准确性的错误，并做出应对来提高准确性。

5. 验证数据

除了收集数据来支持备选方案的分析外，还必须收集基准数据或验证数据以确保分析结果能够准确地反映现实。一个具体的问题是选择的分析方法能否精确地反映过去的物流实践。进行验证的目的是提高分析过程的可信度。如果该过程没有得到确认，那么管理者将不会相信分析结果和相关建议。

11.9.2 分析

分析是指使用分析方法和数据对战略或战术性的物流备选方案进行评估。分析过程包括四个方面：①分析问题；②确认基准分析；③分析备选方案；④敏感性分析。

1. 分析问题

第一项工作是提出具体的分析问题，包括备选方案和可接受的不确定性的范围。具体分析问题取决于研究目标和约束。例如，与仓库选址相关的问题分析必须确定待评估的具体选址组合。在库存分析时，问题通常集中在服务选择和不确定性预测上。

假设需要对服务美国国内市场的仓库网络制订战略计划，假定目前的网络中包括四个仓库，分别位于新泽西州的纽瓦克、佐治亚州的亚特兰大、伊利诺伊州的芝加哥和加利福尼亚州的洛杉矶。表 11-11 总结了目前系统的运输量、成本和服务特点。运输量以运输重量来定义；成本包括运输和库存持有成本；服务水平以仓库可以在 2 天时间内完成配送的产品的销售占比来计算。如果关闭芝加哥或任何其他地方的仓库，对绩效会有什么影响？这可能便是分析中要考虑的问题。

表 11-11 分销绩效总结

配送中心	运输量（千磅）	运入量	运出量	库存持有成本（美元）	总成本（美元）
纽瓦克	693 000	317 000	264 000	476 000	1 750 000
亚特兰大	136 400	62 000	62 000	92 000	216 000
芝加哥	455 540	208 000	284 000	303 000	795 000
洛杉矶	10 020	5 000	5 000	6 000	16 000
总计	1 294 960	592 000	615 000	877 000	2 777 000

其他分析问题包括：增加或者减少仓库点位的影响；对不同的仓库点位进行评估；更精细的仓储管理政策所带来的影响等。重要的是，必须仔细确定分析问题，这样才能在不需要花费大量时间修改模型或者额外收集数据的情况下，对大量的可能方案进行评估。

2. 确认基准分析

第二项任务是确认使用的模型。分析结果必须与先前收集的确认数据进行比较，这样才能确定实际数据和模型分析结果的吻合程度。比较的重点是找出两者之间的重大区别并确定这些错误产生的可能原因。在结果出现误差时，应该找出错误并更正。一旦误差消除或者控制在±2%的范围内，那么就可以认为分析结果有效，可以进一步分析。

3. 分析备选方案

下一步是完成对备选设计方案的分析。备选方案分析必须确定每种备选设计或者战略的相关绩效特征。分析中还应该对管理政策和管理实践的变化进行量化，衡量这些变化的指标包括仓库数量、库存目标水平或者运输发货批量等。

4. 敏感性分析

一旦完成了备选方案分析，那么就可以对绩效最好的方案进行进一步的敏感性分析。由于诸如需求、要素成本和竞争对手行为这些不可控因素是变化的，因此进行敏感性分析时要在变化的环境下对备选方案进行能力评估。例如，假设备选方案分析结果显示四个仓库可以为企业市场区域的基本需求水平提供最佳的成本/服务均衡。敏感性分析就是检验这一最佳方案在不同需求或成本情况下是否依然合适。换句话说，如果需求增加或降低10%，四个仓库是否仍然是正确的决策？目前需要对日益增加的能源成本的影响进行评估。然后，在决策树中可以结合使用敏感性分析和潜在情境概率分析，以选择达到管理者期望的最佳方案。

11.10 阶段Ⅲ：建议和实施

阶段Ⅲ中要制定出具体的管理建议和执行计划，并加以实施。

11.10.1 建议

备选方案和敏感性分析的结果为最终确定管理建议奠定基础。建议提出过程包括以下四项工作：①评估成本和收益；②确定最佳方案；③进行风险评估；④提交报告。

1. 评估成本和收益

在前面讨论战略计划时，提出的潜在收益包括提高服务水平、降低成本和成本预算控制。应该注意的是，这三种收益并不相互排斥，一个正确的物流战略可以同时实现这三种收益。当评价某个物流战略的潜在收益时，必须对该战略目前的成本和服务能力与每个方案都必须达到的预计的情形进行比较。理想的成本/收益分析应在基准时间阶段内对各个方案进行对比，然后在某个计划期内推算对比的结果。这样，根据系统重新设计获得的一次性成本节约和持续运作带来的规模经济，可以计算出方案的收益。

2. 确定最佳方案

备选方案分析和敏感性分析可以确定考虑实施的最佳方案。不过，通常会有多种方案产生相似的结果。那么就必须比较各个方案的绩效特征和条件，确定出两个或者三个最佳方案。尽管对最佳方案可以有不同的解释，但是一般而言，是指用最低总成本实现所要求的服务目标的方案。

3. 进行风险评估

支持战略规划建议所需要的第三项工作是评估方案涉及的风险。风险评估考虑的是现实运作环境与假设条件匹配的可能性。此外，它还考虑系统实施可能带来的潜在危害。

采用某个特定方案的风险可以使用敏感性分析进行量化。例如，可以改变假设条件，然后确定这种变化对每个方案的影响。例如，敏感性分析可以确定系统在不同的需求和成本假设下的绩效水平。如果选择的方案在需求增加或者减少20%的情形下，仍然是最佳的方案，那么管理者就可以得出如下结论：在需求环境出现适度的变化时，系统的风险很小。如果假设条件不能在实际情况中出现的话，风险评估的最终结果则要对不利风险进行财务评估。

4. 提交报告

最后一项任务是提交一份管理报告，报告中要确定建议实施的变革方案，对其进行定量分析并论证其合理性。方案展示和附属报告必须说明具体的运作与战略变革，定性地说明为什么这种变革是合理的，然后再从服务、费用、资产利用和生产率改进等方面定量地证实这种变革的合理性。报告应该大量使用图表、地图和流程图来阐述物流运作、物流流程及分销网络中的变化。

11.10.2 实施

最后一项工作是实际计划或者设计的实施。实际实施需要大量的工作，这些工作可以被分为四大类：确定实施计划、安排实施进度、确定验收标准和实施计划。

1. 确定实施计划

第一项任务是根据项目事件、项目顺序和项目的依赖性确定实施计划。尽管最初的计划可能是从宏观角度制订的，但是最终必须细化到单个任务，确定每个任务的责任和义务。计划的关联关系说明了事件之间的相互联系，进而确定了事件的完成顺序。

2. 安排实施进度

第二项任务是安排实施进度，并确定各项任务的时间分配。进度中必须留出充足的时间进行设施和设备采购、协议谈判、制定流程和培训。在理想的情况下，应该使用全面的项目管理方法来指导实施过程。

3. 确定验收标准

第三项任务是确定验收标准，以评估计划是否成功完成。验收标准应该关注以下几个方面：服务水平的改善、成本的降低、资产利用率的提高和质量的改进。如果关注的焦点是服务，那么验收标准中应该确定更加详细的要素，如提高产品可得性或者降低履行周期时间。如果关注的焦点是成本，那么验收标准必须定义所有影响成本的积极和消极变化。重要的一点是，验收标准的视角应该是广阔的，应该从总体物流系统绩效的角度出发，而不是着眼于单个物流职能的绩效。还有一点很重要：验收标准应该包括范围广泛的企业投入。

4. 实施计划

最后一项任务是实施计划或者设计。必须对实施过程进行充分的控制，以确保能够实现预期的运作效果，并且确保充分地监控验收标准。很重要的一点是，可以采用规范化的实施流程来指导物流系统的设计和改进项目，这样能够确保目标记录在案并且得到正确的理解，同时也能确保恰当地完成所有分析。

11.11 供应链原理的应用

供应链原理的传统应用着重于制造运作，而在过程和资源管理中也有许多其他方面的应用，如第1章所述。第1章讨论了不同类型的供应链，表11-12～表11-15从七个方面描述了不同类型的供应链：①服务重点；②财务重点；③采购重点；④制造重点；⑤物流重点；⑥提升绩效的机会；⑦产品类型。服务重点描述了供应链需要向消费者提供什么，无论是产品、资产利用率还是经验丰富的人才。财务重点表明公司正在寻找的财务收益类型，是增加数量、市场份额、材料可用性、最小化恢复成本还是最大程度地利用资产。财务重点反映了公司如何通过其供应链战略创造竞争优势。采购重点描述了公司使用供应商是倾向于获得采购规模经济还是产品创新，或是将风险最小化。制造重点是确定公司将使用大批量制造模式（规模经济）还是更加定制化的制造模式来生产具有竞争力的产品。物流重点定义了公司如何将产成品配送给消费者，并考虑渠道、模式和规模的可选方案。提升绩效的机会决定了企业如何在各种供应链应用中创造竞争优势。产品类型定义了不同产品的特定类型，这些产品类型可能会在每个供应链应用中都得到使用。

表11-12 供应链原理的应用

准则	产品供应链	促销供应链	散装物料供应链	人才供应链
服务重点	达到客户服务目标	达到促销的销售目标	提供最大资产利用率的服务	提供经过适当培训和经验丰富的人才
财务重点	专注于数量	增加市场份额	利用原材料的可用性	最大限度地利用经过培训和经验丰富的专家
采购重点	大量一致的供应商	获取原材料以满足特定的促销要求	大量一致的供应商	从固定成本转变为可变成本
制造重点	大批量制造	定制化敏捷生产	最小化转换次数	在时间限制下增加专业人才的应用

(续)

准则	产品供应链	促销供应链	散装物料供应链	人才供应链
物流重点	规模经济	获得运输能力以满足运载量要求	需要散装运输（水路运输、铁路运输和公路运输）	寻找在理想位置（语言和许可）工作的人才
提升绩效的机会	数量增加	市场份额增加	从一般商品到特定商品	最大限度地利用专业人才
产品类型	食品和日用品	食品和日用品	石油，化工，扬基蜡烛（美国著名蜡烛品牌）	研究人才，信息技术人才，统计控制人才，医学人才

表 11-13 供应链原理的应用

准则	B2C 供应链	回收供应链	资源供应链	建筑供应链
服务重点	响应式送货上门	最大化回收量	满足消费者的解决方案要求	满足建筑物的可用性要求
财务重点	增加与客户群体的联系	最大程度地降低回收成本	减少所需资产投入	减少材料和人工成本
采购重点	产品范围扩大	获得大量可回收材料	及时安排资金到位	权衡购置成本与存储需求
制造重点	增加定制化和产品线的宽度	有效利用可循环再造物料的过程	并行处理	并行处理和生产现场物流
物流重点	响应式交付	在非标准化环境中最小化运输成本	到达顺序和库存维护	到达顺序，库存维护和许可
提升绩效的机会	增加最后一英里的数量	易于拆卸和分类	充分利用并行处理的机会	充分利用并行处理的机会
产品类型	产品范围不断扩大	金属和化工	项目管理	设施建设

表 11-14 供应链原理的应用

准则	再生供应链	人道主义供应链	全球供应链	耐用品供应链
服务重点	退货以重复使用	搜索、恢复并满足关键需求	满足独特的地区要求	满足客户交货要求
财务重点	降低成本	成本固然重要，但感知更重要	低的总成本，包括关税和税费	成本虽然很重要，但通常是次要的
采购重点	整理要回收的物品	前置要求	符合区域要求和法规要求	标准化零部件
制造重点	再销售或再制造	使产品适应环境	尽可能标准化	大量的变化和复杂性
物流重点	适应较低的规模经济	基础设施经常受到限制	与本地基础设施和服务提供商合作	专用设备
提升绩效的机会	合并	产品预定位	应用适当的全球策略	与服务类似客户的其他公司合作
产品类型	军事、建筑、电子	洪水、地震、飓风和暴动	重型设备、家具、高科技	汽车、农用设备

表 11-15 供应链原理的应用

准则	农业商品供应链	创新供应链	军事供应链	临床试验供应链
服务重点	满足生产设施的生产要求	确保产品在期望的市场中有售	满足士兵的需求	精确交付给试验患者
财务重点	最大限度地利用商品定价	费用绝对是次要的	越来越重要	重要但不如服务重要
采购重点	商品项目	与供应商合作开发创新零部件	符合国防采购法规体系（DFARS）	满足质量和认证要求

(续)

准则	农业商品供应链	创新供应链	军事供应链	临床试验供应链
制造重点	最大限度地提高食品转化的生产率	中试装置的能力	制造与购买	应用优质的试制能力
物流重点	运输成本降低了农民收到的金额	精确的交货要求和安全性	非标品和危险品运输	精确交付至关重要
提升绩效的机会	缩短运输距离,同时最大化生产规模	专业化创新供应链	应用商业领域的经验教训	与参与临床试验的竞争对手合作
产品类型	农业产品	新产品	军事消耗品和军事装备	参与试验的药品

表 11-12~表 11-15 的目的是说明如何在不同类型的行业中使用供应链流程和资源管理原则。这些内容有助于加深物流专业人员对供应链的认识,这些应用案例也有助于将他们的专业知识和见解应用于许多行业。

供应链高层管理者面临的传统挑战之一是需要确定企业的一体化供应链设计,具体涉及如何最好地设计在企业内部以及供应链合作伙伴之间的产品流动,这是本章前面讨论的原理的应用。过去,此过程可能由某个部门或整个企业每3~5年完成一次。但是,企业最近开始更加频繁地进行供应链的设计审查,并进行了更加广泛的考虑。本节的目的在于:

(1)回顾过去用于供应链设计的考虑因素;
(2)讨论今天供应链设计应该考虑的因素;
(3)提出一个框架,将考虑因素整合到一个综合决策中。

本节提供了有关供应链设计过程的背景知识,介绍了决策框架,并通过一个应用详细说明了该框架。

11.11.1 决策应用

在过去的一个世纪中,研究者对确定公司最佳的工厂和分销中心网络的技术和方法进行了大量研究。最近,这种工具和方法已经扩展到与供应链合作伙伴以及与物流服务提供商的联系上。从历史上看,分析的重点是需求的地理分布以及从原材料到消费者的运输成本。最近,分析考虑了从原材料来源地到消费者之间的获取原材料、生产、搬运和运输的总成本(包括固定成本和可变成本)。但是,有越来越多的因素需要考虑。表 11-16 列出了从 20 世纪 90 年代起所考虑的典型因素。1990 年之前,网络决策基于市场需求的地理分布,目的是确定工厂和分销中心的位置,以最大程度地降低原材料、生产和运输的总成本。

表 11-16 网络设计的考虑因素

1990 年的考虑因素	2010 年的考虑因素
需求	需求
原材料	可持续发展
生产	能源
运输	劳动力成本
	政治环境
	税收
	原材料
	生产
	运输

自 2010 年以来，由于出现了许多新的考虑因素，网络设计的决策变得越来越复杂。如表 11-16 所示，除了市场的地理位置之外，网络设计决策还必须考虑包括可持续发展、能源、劳动力成本、政治环境和税收等因素，以及传统的原材料、生产和运输等因素，新的考虑因素以斜体显示。考虑可持续发展，意味着供应链的设计必须减少温室气体排放、污染和不可回收材料的使用。能源方面的考虑意味着供应链的设计必须尽量减少电力和石油的使用。劳动力成本方面的考虑表明，供应链设计决策应考虑劳动力的可用性、速度和灵活性。政治环境方面的考虑意味着供应链设计决策应考虑区域政治稳定性、监管环境和人才培养计划。税收方面的考虑是指在特定地点规划设施或放置存货时必须考虑的财产税和所得税，或由于在特定地点进行增值活动时必须支付的税款。其余三个成本考虑因素是前面讨论的原材料、生产和运输成本。

2010 年的考虑因素表明，从 1990～2010 年供应链设计决策的复杂性在不断增加，且复杂性的增加肯定没有停止。物流专业人员指出，考虑因素的数量每年都在增加。表 11-17 说明了当今环境中应包含的其他网络设计注意事项，其中 2020 年的考虑因素表明，与可持续发展和供应链关系有关的考虑事项越来越多。其中，一个越来越重要的考虑因素是以合理的价格获得足够数量的清洁水以支持生产和清洁运作。从最大程度地减少与人工、存储、运输和海关有关的限制的角度来看，监管和合规性考虑也是主要的考虑因素。供应商关系也变得越来越重要，因为一些企业要求其主要供应商要靠近工厂。对汽车和重型设备等耐用品行业而言，这一点越来越重要。另一个考虑因素是要便于获取关键商品，例如农产品、关键化学品、金属以及熟练的劳动力。2020 年的最终考虑因素是在贸易协议中有可能规定好的交叉销售要求。贸易协定有可能要求一个国家从另一国家以大致相同的价值比率采购原材料。

表 11-17　供应链网络设计的考虑因素

1990 年的考虑因素	2010 年的考虑因素	2020 年的考虑因素
需求	需求	需求
原材料	可持续发展	可持续发展
生产	能源	能源
运输	劳动力成本	劳动力成本
	政治环境	政治环境
	税收	税收
	原材料	水
	生产	监管
	运输	合规性
		供应商关系
		商品可用性
		交叉销售要求
		原材料
		生产
		运输

尽管表 11-17 展示了供应链网络设计考虑因素的演变，但很明显，所有考虑因素并不占有相同的权重，也不会产生同等的影响。表 11-18 列出了正在改变网络设计本身性质和重要性的其他新兴考虑因素。

表 11-18　供应链网络设计的考虑因素

1990 年的考虑因素	2010 年的考虑因素	2020 年的考虑因素	新兴的考虑因素
需求	需求	需求	需求，市场和消费者的动态性
原材料	可持续发展	可持续发展	商业模式与战略
生产	能源	能源	全面的可持续发展和社会资本（包括经济、道德、环境和教育）
运输	劳动力成本	劳动力成本	全球政治和经济现状（包括劳动力成本、税收、监管和政治环境）
	政治环境	政治环境	供应市场的动态性和相互关系
	税收	税收	技术和产品、服务/解决方案设计（包括知识产权、技术风险和执行设计）
	原材料	水	生产
	生产	监管	销售、营销和分销（包括运输和合规性）
	运输	合规性	
		供应商关系	
		商品可用性	
		交叉销售要求	
		原材料	
		生产	
		运输	

由于决策复杂性的显著增加，因此必须创建一个可以帮助制定决策和权衡方案的框架，这一点很重要。

11.11.2　决策框架

该框架建立在两个维度上：驱动因素（外生和战略）和平台（全局/集中式和本地/分散式），如表 11-19 所示。驱动因素反映了企业选择在其中运营的无法控制的环境（外生驱动）和选择采用的战略（战略驱动）。驱动因素是决策矩阵的自变量。平台（集中式或分散式）指示了整合的供应链网络战略，该战略在企业风险、响应能力和成本之间提供了最佳的权衡。全球平台表明已使用集中式策略，其中包括集中式管理和供应链运作。本地平台表明在每个区域中，管理和供应链运作均受到分散控制。

表 11-19　决策框架

	全球/集中式平台	本地/分散式平台
外生驱动	通常不在公司控制范围之内的考虑因素，但这些因素会促使公司制定集中的生产和分销战略（考虑规模经济，设立一个大的生产和分销地点）	通常不在公司控制范围之内的考虑因素，但这些因素会促使公司制定分散的生产和分销战略（在公司市场区域周围设有多个较小的生产和分销地点，以提供灵活性并降低风险）
战略驱动	这些考虑因素通常反映了公司所采取的集中式生产和分销的战略决策（考虑规模经济，设立一个大的生产和分销地点）	这些考虑因素通常反映了公司所采取的分散式生产和分销的战略决策（在公司市场区域周围设有多个较小的生产和分销地点，以提供灵活性并降低风险）

为了充分理解该框架，需要详细地了解外生驱动和战略驱动。以下将具体讨论每个考虑因素。

1. 外生驱动

公司无法控制的外生驱动因素会影响公司的产品生产或分销战略，具体包括：①经济；②人才；③产品；④销售／营销／分销；⑤社会。以下描述了每个因素以及相关维度。

（1）经济

经济方面的考虑因素包括区域经济、当地劳动工资率、区域技术能力和区域市场潜力。

区域经济因素是指公司可能希望在经济相对增长的区域设立工厂或分销中心。如果所有地区的经济增长预测都一致，那么该公司很可能会采用集中式战略，因为所有地区都没有区别。如果每个地区的经济增长预测都大不相同，那么该公司可能会采用分散式战略，以便本地工厂和分销中心可以利用地区经济的独特性。例如，一家公司可能会选择一个经济高速增长的地区建立工厂和分销中心，以获得市场、经济增长和服务的协同作用。

劳动工资率是指公司经营所在地区的相对工资水平。当地区之间的工资水平差异较小时，企业可能会通过集中式运作来形成规模经济。当地区工资水平之间存在较大差异时，企业可能会采用分散式生产和分销战略，以利用特定地区相对较低的劳动力成本。

区域技术能力是指公司正在考虑选址的区域中所拥有的关键技术。一些区域可能拥有较旧的技术，而这些技术主要集中在规模经济上，其他区域则可能拥有较新的技术，从而提供了更大的灵活性。如果一家公司想利用规模经济，那么它的生产和分销战略可能会倾向于集中式战略。如果一家公司希望拥有更大的灵活性，那么它可能更愿意建立规模较小、目标更明确的多个设施来分散运作。

最终的经济考虑是公司产品的市场潜力。如果在全球范围内对公司的标准化产品有大量需求，那么集中化的全球平台将是公司利用规模经济的最佳战略。另一方面，如果市场潜力在产品或产品特征方面因地区而异，那么分散的生产和分销战略将是最合适的。

综上所述，经济维度的考虑因素包括区域劳动工资率和市场增长特征。总体而言，成本、经济增长，技术进步和市场潜力在跨市场区域的相似性特征，将推动公司向全球化生产和分销平台发展，而其中的差异性特征将导致更多的区域战略。

（2）人才

人才维度方面的考虑因素集中在管理、设计和生产人才的可用性以及客户导向上。管理方面的考虑是指为公司高级管理人员提供所需的专业知识。缺乏高级管理人员很可能导致集中化运作，因为有限的专家资源只能集中在有限的站点内。对于设计和生产人才的观点与此类似，当设计和生产人才有限时，公司可能会采用集中化战略。客户导向考虑的是公司的消费者究竟需要标准化的、具有供应链规模经济的全球设计，还是更具灵活性的区域设计。

总之，管理、设计和生产等专业人才的缺乏，将促使公司集中这些功能，以利用人才协同效应。

（3）产品

产品维度考虑的重点是材料、期望、知识产权技术风险和期望的消费者差异。对标准化零部件或供应商的需求可能会导致集中访问公用资源。同样，对高质量和一致设计的需求也将导致集中化。为了保护设计或生产过程中的知识产权，需要在拥有强大知识产权法律的国家进行集中管理。希望将技术风险降至最低的公司也可能会采用集中化战略，以最大程度地减少产品或工艺技术差异的可能性。最后，如果消费者并不希望有区域差异，那么公司也可能会采用集中化战略。

总而言之，产品、流程和技术的一致性很可能导致公司集中到数量有限的站点，从而实现标准化。

（4）销售/营销/分销

销售/营销/分销的考虑因素着重于在每个区域的销售、营销和分销战略的一致性需求。具体考虑因素包括税收政策、全球客户的待遇、品牌资产的应用、渠道模型和合规性要求。根据所涉及的国家，公司可能希望将总部或生产/分销设施设在为其提供最大税收优惠的区域。结果表明集中式还是分散式战略取决于所涉及的国家。不论客户身在何处，全球客户都越来越希望获得通用的服务。为此，公司通常会采取集中化选址和集中式战略，以便供应链对全球客户保持一致。同样，当公司希望利用全球品牌资产时，可能会采用集中式战略，以便可以始终如一地应用品牌化决策。同样，公司在进入市场时必须决定要在每个国家/地区使用哪种销售渠道。例如，一家公司可以在一个国家通过自己的零售商进行销售，在另一个国家使用电子商务进行销售。当公司使用不同的销售渠道时，全球客户的看法将大不相同。如果公司希望实现渠道标准化，则很可能使用集中式供应链。最后，在确定供应链战略时，海关合规性可能是另一个考虑因素。

（5）社会

社会考虑因素聚焦于履行社会责任和可持续发展要求。具体来说，公司应该与符合公司理念的供应商和国家开展合作。另一个社会要求是确保公司文化与地区和供应商相匹配。

总而言之，公司和供应商必须在社会因素上相契合。

2. 战略驱动

尽管外生驱动因素不在公司控制范围内，但战略驱动因素反映了公司的战略决策，这些维度包括：①制造；②采购；③流程和技术；④组装策略；⑤提前期；⑥人力资源；⑦风险管理；⑧卓越中心。根据公司在上述各个维度方面的策略，公司必须确定集中式战略和分散式战略这二者哪个更合适。以下将具体讨论每个维度。

制造策略决定了制造设施应该集中在一个地点还是在整个公司的市场区域内分散设置。集中式设置可以实现规模经济，而分散式设置可以降低风险并提供更大的灵活性和响应能力。

采购策略确定公司的采购组织应集中在一个位置还是按部门或地区进行细分。集中采购提供了更大的规模经济潜力，但同时也降低了对本地运作的敏捷性和响应性。

流程和技术策略决定了公司是将在整个运作过程中使用标准化的流程和技术，还是采用更加定制化的分散式系统。标准化的流程和技术降低了复杂性，因为每个站点和每个国家/地区的运作都相似。尽管这种标准化降低了复杂性，但由于所有站点都采用了同样的系统，那么一个站点的故障可能会增加其他站点发生故障的可能性，因此在这种情况下也会增加风险。

组装策略决定了是每个制造厂都制造零部件并组装最终产品，还是仅在分散的站点进行产品的最后组装。如果仅在分散的站点进行组装，则可以实现零部件生产的规模经济，但它最大的优点是不需要将大体积的产成品运送到遥远的市场。销售大件产品的公司通常在单个站点上制造或购买零部件，然后进行分散组装。

提前期策略是指公司希望为客户提供的一个订单交货周期。制定供应链战略时的主要考虑因素之一就是客户期望的交货时间。除非使用高价的运输模式，否则想要实现较短的交货周期，就需要将站点设置在接近客户的地方,而这就需要分散式战略。

人力资源策略涉及管理和技术劳动力方面的考虑因素。如果管理或技术劳动力的可用性有限,则大多数公司将集中这些专业人才,以利用专业知识的协同作用。集中式专业人才策略的缺点是,公司的决策可能无法反映其他地理区域的细微差别。

风险管理策略指的是需要供应链备份设施。由于自然灾害(飓风、洪水、地震等)的发生和政治环境的变化,当公司制定供应链战略时,已经开始考虑风险管理。尽管公司可以通过集中式战略来增强规模经济,但是如果没有备份设施,也会增加风险。

最后,卓越中心策略是指需要为采购、生产和物流创建卓越中心。卓越中心是公司内部的组织,集中了流程、技术和分析方面的专业知识来解决特殊问题。卓越中心的概念特别适用于拥有多个部门的公司。集中式的卓越中心汇集了解决特定类型问题的顶级专家,并促进了专业信息的相互交换。

企业必须从这 8 种策略中选择最佳的战略决策组合。尽管集中式战略在规模、专业知识、降低的复杂性和更标准化的客户角度方面提供了许多优势,但是在某些情况下依然需要定制化的敏捷性和灵活性。在这种情况下,分散式或局部式战略可能更加合适。

本章小结

推动物流网络设计的主要因素是采购、生产和客户关系管理的整合式战略。在这些连锁式战略的整合框架中,必须通过总成本和服务之间的权衡来实现一体化物流,而这些战略都是通过企业设施网络来实施的。仓库设施对实现物流绩效很重要。物流系统设计中的仓库设施是否合理取决于它们对降低成本或提升服务的贡献,或者是对两者同时的贡献。

运输和库存的经济性是物流网络设计中很重要的因素。在最低总成本公式中,运输反映了物流的空间因素。合并运输的能力是证明物流网络设计中设置仓库合理性的主要因素。库存引入了物流中的时间因素。在需求稳定的情况下,随着仓库数量的增加,平均库存也增加了。综合总成本为物流、生产和采购成本的同时整合提供了一个框架。因此,总成本分析为物流网络整合提供了方法。

准确的总成本分析在实际运作时也存在一些问题。第一,许多重要的成本并不能准确衡量,也不能在标准的会计系统中得到反映。第二,在总成本分析中需要考虑网络设计的多种选择方案。为了对计划情形进行全面分析,必须考虑可供选择的发货批量、运输方式和可用的仓库设施。

如果细心地进行网络分析,这些问题都可以克服。再进行总成本分析时,推荐的成本格式是将所有与库存和运输相关的职能成本进行分组。综合总成本的重要贡献在于它为物流网络设计提供了一种同步分析时间因素成本和空间因素成本的方法。

物流战略规划要求根据客户服务绩效进行总成本分析。物流服务通过以下因素衡量:可得性、能力和绩效水平。每种物流特征的最终实现都与物流网络设计直接相关。为了在整个企业整合中实现最高水平的物流运作支持,理论上向每个客户提供服务的边际收益应该等于边际成本。虽然要实现边际收益和边际成本相等在实际运作中是不现实的,然而这种相等关系可以作为一个标准的计划目标。

服务政策的制定首要进行最低总成本设计的识别和分析。假设管理上已经明确规定了可用库存目标,那么最低总成本设计的服务水平也可以量化。这种最初的服务水平被称为临界服务水平。为了对最低总成本设计进行修正,可以使用敏感性分析。服务水平可以通过以下三个方面进行改进:①设施数量的变化;

②运作周期的变化；③安全库存的变化。

本章全面介绍了物流计划的过程、决策和方法，通过形势分析、确定备选方案、数据收集、定量评估以及提出可行的建议，对物流管理者进行指导。

这种方法具有普遍性，能够解决绝大多数物流问题。该方法包括三个阶段：问题定义和计划、数据收集和分析以及建议和实施。问题定义和计划阶段主要进行可行性评价与项目计划。可行性评价包括形势分析、设计支持逻辑以及成本/收益评价。项目计划要求描述项目目标、约束、测量标准、详细的分析方法和制订项目工作计划。

数据收集和分析阶段的工作包括制定假设、收集数据和完成定量与定性分析。制定假设和数据收集包括的任务有确定分析方法、确定假设条件、确定数据来源、收集并验证数据。分析的步骤为：定义分析问题、确认基准分析、分析备选方案和敏感性分析。

建议和实施阶段的工作是制订最终的计划。制定建议步骤是寻找并评估最佳的备选方案。实施步骤是制订实施计划、安排进度、确定验收标准和安排计划进行最终的实施。

最后一节着重介绍供应链设计的驱动因素。尽管传统的供应链设计决策主要考虑需求、运输、原材料和生产成本，但如今还有更多的考虑因素。这些因素包括与采购、制造、分销、渠道、可持续发展和技术有关的，涉及集中式和分散式战略决策的那些因素。

学习型思考题

1. 物流设计和分析的基本目标是什么？它是否通常只是一次性的行为？
2. 为什么设计支持逻辑对指导物流计划过程有着非常重要的作用？
3. 为什么成本/收益评价对物流系统设计很重要？
4. 最低成本系统的临界服务水平意味着什么？
5. 在设计物流系统的时候，为什么客户服务水平没有随着总成本的增加成比例地增长？
6. 改进客户服务有以下三种方式：采用更快和更加一致的运输服务、制定更高的库存水平以及增加仓库数量。请讨论这三种方式的区别。

挑战型思考题

1. 假设由于企业并购，你负责整合两个国家的食品制造商的物流系统。每家公司都通过七个分销中心为整个国家的客户提供服务，并主要使用零担运输方式将货物配送给共同的客户群体。一些分销中心在同一地区，而其他的则不在同一地区。请识别兼并后公司业绩改善的机会，并阐释原因。
2. 西密歇根是三个办公设备生产厂家所在地。当这三个厂家发现彼此都是从很多相同的供应商进货时，考虑是否可能通过联合经营的方式，来合并原材料的供应运输。这个提议涉及与竞争者的共同协作，请分析其中的权衡取舍，并探讨这一战略带来的收益和风险。
3. 请描述具有下述特征的产品应该采取怎样的分销网络，并说明原因：
   （1）相对较小、较轻的高价值电子产品；
   （2）相对较重的低价值的罐装食品；
   （3）医院和诊所希望供应商能够提供四小时内送达服务的医药产品；
   （4）相对较小，但是对飞机飞行至关重要的高价值飞机零部件。
4. 请描述燃料价格上涨对物流网络设计的影响，并解释原因。
5. 包装或标签的多样化使得公司增加了产品的多样化，产品线的复杂度也随之增加。请探讨产品复杂度增加、过程延迟与物流网络设计之间的权衡关系,并说明原因。

注释

1. 请读者注意,本章着重讨论决定物流系统设计的理论模型。这些内容为我们进行权衡取舍分析提供了一个框架。尽管理论论述是抽象的,但是无论在进行物流重新设计时所处的竞争和文化环境如何,阐述的原则在逻辑上都是一致的。

2. Joachim von Thünen, The Isolated State, Beziehung auf Landwirtschaft und Nationalökonomie. Hamburg, 1862.

3. Alfred Weber, Theory of the Location of Industries, translated by Carl J. Friedrich (Chicago, IL: University of Chicago Press, 1928).

4. August Lösch, *Die Räumliche Ordnung der Wirtschaft* (Jena: Gustav Fischer Verlag, 1940); Edgar M. Hoover, *The Location of Economic Activity* (New York: McGraw-Hill Book Company, 1938); Melvin L. Greenhut, *Plant Location in Theory and Practice* (Chapel Hill, NC: University of North Carolina Press, 1956); Walter Isard et al., *Methods of Regional Analysis: An Introduction to Regional Science* (New York: John Wiley & Sons, Inc. 1960); Walter Isard, *Location and Space Economy* (Cambridge, MA: The MIT Press, 1968); and Michael J. Webber, *Impact of Uncertainty on Location* (Cambridge, MA: The MIT Press, 1972).

5. 要了解组合效应的更多内容,见 Walter Zinn, Michael Levy, and Donald J. Bowersox, "Measuring the Effect of Inventory Centralization/Decentralization on Aggregate Safety Stock: The Square Root Law Revisited," *Journal of Business Logistics 10*, no. 1 (1989), pp. 1-14; and Philip T. Evers, "Expanding the Square Root Law: An Analysis of Both Safety and Cycle Stocks," *Logistics and Transportation Review 31*, no. 1 (1995), pp. 1-20。

6. D.H.Maister, "Centralization of Inventories and the 'Square Root Law,'" *International Journal of Physical Distribution 6*, no. 3 (1976), pp. 124-134.

7. Jan Risi and John Wiehoff., "How Green Logistics Pays off in a Quick Service Leader's Supply Chain.", Council of Supply Chain Management Professionals 2010 Annual Meeting (San Diego, CA: September 28, 2010).

8. 综合图形的一般模拟建模工具见 W. David Kelton, Randall P. Sadowski, and David T. Sturrock, *Simulation with Arena*, 5th ed. (New York: McGraw-Hill, 2011)。

PART 5

第五部分

供应链的行政管理

本书的最后一部分讨论企业物流管理的第二个主要职责——行政管理。第12章论述了实现一体化运作所必需的行政管理原则,提出并描述了多种协作模式,以促进客户、物料供应商、服务提供商以及参与供应链活动的企业之间的合作。第12章还关注了跨组织的变革管理和人力资源组织的概念。物流运作无处不在的特性给组织结构带来了独特的挑战。物流运作分散于广阔的地理区域,这就要求制定有效的管理和控制流程。第13章将焦点转向绩效评价和成本衡量方法的开发,以支持基于活动的管理。第13章还特别关注了物流和供应链绩效标准的设计。第14章总结了供应链的发展,重点探讨了端到端的供应链管理、人才、复杂性和风险、安全、监管及成本管理。

第 12 章 协作关系管理

在物流的所有话题中,最能引起管理者兴趣的是组织关系的开发和管理。从大多数企业的历史来看,关注的重点是建立并维系恰当的组织内部结构,高效和有效地执行基本的物流工作。如今企业关注的重点开始转向物流部门与组织中其他部门,尤其是客户关系管理、生产和采购部门的整合。然而,信息爆炸、越来越多的全球运作以及对供应链整合的关注促使高层管理者重新思考传统组织逻辑的各个方面,并将思考拓展到与供应商和客户的关系上。实际上,供应链管理的本质在于既能协调组织内部各部门之间的合作关系,又能协调与外部供应链伙伴之间的关系。本章首先关注组织内部关系的管理实践,然后关注的是日益增多的协作关系。[1]

12.1 内部物流关系的开发与管理

现在人们公认,20 世纪 50 年代以前的物流职能执行的是一些辅助或支持性的工作,物流职能通常在组织内部被分割开来。图 12-1 是一张假设性的组织结构图,它描述那个时期企业典型的物流活动职能分割。这种职能分割意味着物流工作的执行并没有经过协调,通常会导致重复和浪费。物流信息被频繁地分割、扭曲或者延迟,组织中整体物流的权力和责任分界线也很模糊。管理者意识到了总成本控制的需要,开始重新组织并整合各种物流职能到一个独立的管理团队中。物流组织作为一个整合组织最早出现在 20 世纪 50 年代。

12.1.1 职能整合

驱动职能整合的动机是人们越来越相信将物流职能集中到一个独立的组织,可以增加整合的可能性,并促使人们更好地理解某个运作领域的决策和程序是如何影响其他领域的绩效的。这种观念认为，职能整合能够促使人们重点关注整个系统的绩效。这种基于组织相似性的整合思想盛行了35年，在这期间，企业尝试过许多不同形式和水平的职能整合。但是对许多企业管理者来说，当他们重新并且更加深入地思考理想化的组织结构时，原来规划完美的物流组织才刚刚有了点眉目。

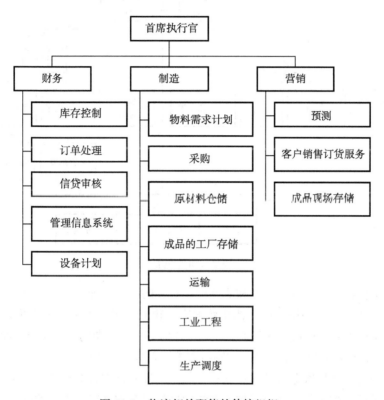

图12-1 物流相关职能的传统组织

图12-2展示的是物流组织中最高水平的职能整合。该组织结构将所有的物流职能和运作交给一个高层管理者统一管理。现在很少有企业拥有图12-2的综合特性，今后也将很少。然而，组织演变的一个明显的趋势是尽可能多地将物流计划和运作职能都集中到一个权力和责任下。目的是对所有的物料和产成品进行战略管理，使企业获得最大的收益。

物流信息系统的快速发展推动了组织的职能整合。人们可以使用信息技术对充分整合的物流系统进行计划和运作。图12-2中展示的组织结构的一些方面值得进一步讨论。

首先，物流的各个领域——采购、生产支持和客户关系管理——成为一个独立的直线运作。直线运作的权力和责任使每一项支持性服务作为一体化物流总体的一部分来运作。由于每个运作领域的责任很明确，因此有可能将生产支持作为一个运作单元，就像采购和客户关系管理一样。由于每个运作单元都是自给自足的，因此每个单元都可以维持一定的灵活性，满足其相关领域要求的一些关键服务。此外，由于物流活动可以在整合的基础上进行计划和协调，因此可以实现运作领域之间的协同运行。

其次，划归在物流支持下的五种能力被定位为运作服务。这种共享服务的定位是为了整合物流运作机制。它管理日常的物流工作，与不同的物流运作领域直接联系，构成责任矩阵。

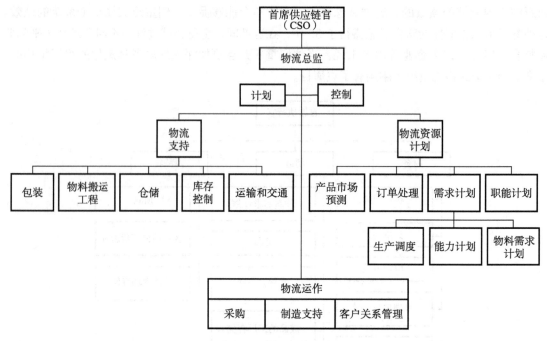

图 12-2 物流职能整合

再次，物流资源计划包含了计划和协调运作需要的所有管理信息。订单处理促使物流系统开始运作，并且生成了控制所需的一体化数据库。物流资源计划促进了系统整合，它在产品/市场预测、订单处理和库存状态的基础上，确定任何一个计划期的总体需求。确定了需求以后，计划单元通过协调生产调度、能力计划和物料需求计划进行生产运作。

最后，组织的最高层次进行整体规划和控制，这种安排方式有利于实现物流整合。规划小组关注的是长期的战略定位，并负责物流系统的质量提升和重组。物流控制者关注的是成本和客户服务质量的测量，并提供制定管理决策需要的信息。物流控制流程的开发是整合物流管理中最关键的工作之一。由于客户服务绩效的持续提高越来越受到重视，因此需要对服务绩效进行准确测量。由于物流中包含了大量的运作和资本投入，因此测量工作变得尤其重要。

在职能整合的物流组织中，从原材料采购到最终产品配送到客户的过程中，财务和人力资源都得到了有效的应用。因此，它使企业能够在采购、生产支持和客户服务三者之间进行有效的平衡管理。

12.1.2 发展过程中的观点

20世纪下半叶，对物流绩效影响至关重要的商业活动经历了重大转型。企业开始研究物流能力在培养客户忠诚度方面起到的作用。显然，与组织结构相比，跨职能绩效或过程绩效对物流绩效更为关键。绩效突出的企业开始强调供应链8个关键过程的整合绩效，这些在第1章中有相关探讨。[2]在很大程度上，对过程的关注减轻了将所有职能整合到一个全能的组织单元的压力。因此关键问题不是如何组织单个职能，而是如何克服整合的障碍以及如何最好地管理整个物流过程。

1. 过程整合障碍

管理者进行一体化运作并非一帆风顺，并非不用面对来自组织内部其他成员的阻力。认识内部流程整合的障碍对管理者来说是很重要的。内部整合障碍来源于传统的职能运作方式，如组织结构、绩效衡量和奖励机制、库存的调节机制、信息结构及知识储备。

企业的组织结构抑制了企业内部的跨职能作业。大多数企业以工作职能为基础分配权利和责任。从本质上讲，组织结构和财务预算都由工作职能确定。传统的分工方式将所有员工分组划分到不同的职能部门，并从事具体的职能工作，如采购、生产或运输等。每个职能部门的目标都反映了它们的工作责任。传统的管理思想认为职能出色就等于卓越绩效。在一体化的过程管理中，只要以最低的总成本实现了过程绩效目标，那么每种职能花费的成本就不重要了。物流过程的成功整合要求管理者超越职能部门边界，实现跨职能的整合。这样可能需要，也可能不需要进行组织变革。但是，无论如何，成功的过程整合要求对传统管理行为进行大幅度的修改。

传统的绩效衡量和奖励机制使各职能部门之间的协调很困难。绩效衡量系统通常反映的是企业的组织结构。奖励机制也是建立在各职能部门取得的成绩的基础上的。为了便于内部过程整合，新的绩效衡量标准被开发出来，称为**平衡计分卡**。管理者必须根据对整个过程的贡献来评价各个专业职能，而不是通过它们的独立表现来衡量。有时，为了降低总的过程成本，某个职能的成本可能会增加。如果没有绩效衡量和奖励机制保护这些增加了成本的管理者的利益，那么整合将不能付诸实践。

库存同样也是过程整合的障碍，因为通过调节库存有利于提高职能绩效，这是已经被证实的事实。库存的理想作用是通过维持必要的最低库存来应对需求和运作的不确定性。原材料和产成品库存为生产的规模经济最大化起到了促进作用，这种规模经济可以降低生产中的单位产品成本。在本地市场进行产成品的提前存储可以促进销售。但是，这些超前的举措可能会造成成本和收益失衡或导致库存过剩。当这些措施创造收益时，也增加了成本。而在发起这些措施活动时，绝大多数典型的成本和风险并不会被考虑如何分配到职能中去。因此实施这些整合方式面临的挑战来自两个方面：一是平衡库存调节带来的成本和收益；二是由于库存过期造成的潜在风险。

信息技术是过程整合的关键因素。但是由于在传统的设计中，信息的结构和可用性是用来调解组织关系的，因此信息通常是按照职能要求和责任分类的。信息的内容和流动路线依据长期存在的职能组织路线进行命令与控制。当管理者试图按照跨职能流程进行组织时，信息结构就像一种无形的力量，使信息仍然按照传统的职能路线流动。正是由于这种信息结构的负面影响，企业资源计划（ERP）系统才有如此大的吸引力。也正是因为存在这种信息结构，实施 ERP 才如此困难。

在大多数企业中，知识就是力量，因此企业不愿意共享知识，以及不知道如何共享知识的情况并不少见。通过加强职能专业化，并吸引专家参与到企业中，企业注定就会进行过程整合。例如，当一个有经验的员工退休或由于其他原因离开企业时，新加入的员工必须花费大量的时间学习。但是如果信息交流受到了限制，即使新员工花费再多的时间，也达不到老员工的知识水平。如果管理者不能开发出程序或系统，以便在各个职能之间传递知识时，情况就更加严重。许多过程工作都不仅仅局限于某个职位和一个具体的职能部门，因此知识和经验的传递是至关重要的。

2. 严重断层

由于存在很多障碍，这使得职能整合非常困难。在商业环境中，上面讨论的五种障碍在一定程度上形成了一种普遍的状态，我们称之为**严重断层**。严重断层是指企业中只实现了局部整合，而没有实现完全程度的整体整合，如图 12-3 所示。通常情况是这样的，企业的分销/市场营销实现了出库物流的整合，采购/制造实现了入库物流的整合。还有一种矛盾现象是，企业从供应商处购买原材料和零部件，与供应商实现了高度整合；同时企业也参与到服务客户的关系管理中，又与分销商实现了高度整合。

图 12-3　严重断层：跨职能管理面临的挑战

这些举动都反映了超越单个企业的跨职能整合，但是要将这两种外部协作整合到企业过程中，管理者就遇到了很大困难。简而言之，与企业内部的部门整合相比，管理者似乎更加容易与外部的商业伙伴成功实现整合。在第 5 章提到的销售和运作计划介绍了一种机制，这个机制可以实现这种管理者需要的内部整合。

严重断层是一种非常有意思，并且颇具挑战性的现象。在许多不同行业的企业之间，这种运作断层很常见。首先，企业与外部的整合比较容易，例如与供应商和客户之间的整合，一部分原因是两方的力量对比很清楚，并且销售和成本的整合目标可以量化。其次，大多数企业的高层管理者没有清楚认识到内部运作过程的要求，也没有采取相关措施推动整个企业的整合。最后，对大多数企业来说，由于前面所说的那些障碍，最终很难实施企业内部整合。

通过与物流管理者探讨严重断层问题可以发现，企业往往不会从整体系统的视角进行最初的库存部署，这一事实支撑了有关断层的解释。例如，随着库存产品从效率很高的生产线上流出，第一个部署决策通常是以分销中心可用的空间或特定目的地的规划量为基础，帮助实现合并运输发运。这些因素以及其他因素可能有利于特定职能部门的运作，但对整体系统的运作效果甚微，甚至会产生不利影响。

物流领域的许多观察家都意识到，职能绩效的修改和重新确定可以有效地提高过程绩效。关键之处是要从职能对整个过程的贡献角度来排列、关注并衡量职能绩效。基于定义明确的运作流程、相关的绩效衡量手段、通用的预测与计划方法和支持性的奖励体系，可以通过实现单一战略来消除企业中的严重断层现象。

3. 过程结构

图 12-4 展示了一个组织是如何围绕第 1 章中讨论的 8 项供应链流程（过程）进行构造的。每个主要过程都由一个过程所有者进行领导，该过程所有者管理一个小组，小组成员来自各个重要职能领域，这些职能领域影响着过程的绩效。

过程组织的概念包括三个方面：①开发一个全员参与的工作环境，在这个环境中，以自我领导工作小组的工作方式激励员工，使其创造最大的绩效；②通过过程管理而非职能管理提高生产力，这一观念一直是一体化物流的核心；③准确信息的快速共享有助于整合组织的各个方面，信息技术代替组织层次成为新企业的承载结构。

彻底重组引起争论的本质是职能整合中组织变革的传统观念不足以激发服务或生产力的重大突破。相反，传统的组织变革只是转变或重新排列职能，并没有对基本工作过程进行重大的重新设计。由于这样的重组通常让原来的职能组织继续执行基本工作，因此实际执行结果与以前相比没有很大区别。实际上，企业关注的仍然是旧的商业运作，而非设计新的、更加有效的过程。

```
                        ┌─────────────────┐
                        │   首席执行官    │
                        └────────┬────────┘
                                 │
   ┌─────────────────────┬───────┴──────────────────────────────┐
   │ 过程所有者：        │ 过程小组：                           │
   │ 需求计划            │ 市场、销售、物流、制造、财务、信息技术│
   ├─────────────────────┼──────────────────────────────────────┤
   │ 过程所有者：        │ 过程小组：                           │
   │ 客户关系管理        │ 市场、销售、物流、信息技术           │
   ├─────────────────────┼──────────────────────────────────────┤
   │ 过程所有者：        │ 过程小组：                           │
   │ 订单履行/服务交付   │ 销售、订单处理、物流、客户服务、会计 │
   ├─────────────────────┼──────────────────────────────────────┤
   │ 过程所有者：        │ 过程小组：                           │
   │ 产品/服务开发和发布 │ 新产品开发、市场、采购、制造、物流   │
   ├─────────────────────┼──────────────────────────────────────┤
   │ 过程所有者：        │ 过程小组：                           │
   │ 定制化生产          │ 采购、制造、物流                     │
   ├─────────────────────┼──────────────────────────────────────┤
   │ 过程所有者：        │ 过程小组：                           │
   │ 供应商关系协同      │ 采购、制造、信息技术                 │
   ├─────────────────────┼──────────────────────────────────────┤
   │ 过程所有者：        │ 过程小组：                           │
   │ 全生命周期支持      │ 采购、物流、客户服务、财务           │
   ├─────────────────────┼──────────────────────────────────────┤
   │ 过程所有者：        │ 过程小组：                           │
   │ 逆向物流            │ 物流、客户服务                       │
   └─────────────────────┴──────────────────────────────────────┘
```

图 12-4 过程组织

　　管理这些过程的挑战来自以下三个方面：第一，所有的精力都必须放在为客户实现增值上。一项活动只有能够增加客户价值，才能证实它存在的合理性。因此，物流活动必须由一个信念驱动，这个信念就是客户需要物流实施某一特定活动。第二，一体化物流作为过程的一部分，要求必须提供完成工作需要的所有技能，而不用考虑各项技能所属的职能组织。在职能基础上进行的组织归类会人为地分解自然工作流，造成瓶颈。因此在实施水平组织结构时，必须确定关键技能的位置，并且确保需要的工作能够完成。第三，一个过程中的工作必须相互协作。随着系统的整合，需要把工作作为一个过程来设计，这意味着可以对整个组织的结构进行权衡，使最小的投资获得最大的绩效。

　　职能导向到过程导向的转变过程中的根本变化是管理者头脑中有关物流的信息都被综合到了一起。从积极的方面来讲，过程导向一般是以系统整合的基本原则为基础进行的。一体化物流的核心是一个共识，那就是职能的卓越性是来自对于过程绩效的贡献。将物流作为一个过程进行管理的转变意味着物流将被定位为所有活动的主要贡献者，它关注的是新产品开发和客户订单生成、订单履行以及配送。过程整合的总体趋势扩展了物流的运作潜力和影响。

12.2　发展和管理供应链协作关系

　　供应链的观点使相关商业模型从松散联系的独立企业群体转变为多个企业之间的协作，共同致力于提高运作效率、增强竞争力。尽管并非所有供应链的协作行为都涉及物流运作，但是大部分供应链都涉及这个方面。在这种情况下，关注的重点从单个企业的物流管理转移到了供应链绩效的协调。两种信念有助于供应链提高效率和竞争力，具体如下。

第一，要有一个基本信念，就是协作行为会降低风险，并极大地提高整个物流过程的效率。为了实现更大程度的协作，必须在供应链成员之间共享战略信息，这里的信息共享并不仅限于交易数据。更加重要的信息是与未来有关的计划，这样供应链的参与企业才能共同制定一个最好的方案来满足消费者的要求。信息共享有助于定位和协调参与企业，使它们齐心协力更快、更有效地完成正确的事情。

第二个信念是，协作行为有机会消除那些浪费和重复的工作环节。供应链中的协作可以消除传统渠道中配置的大量库存，也可以消除或者降低库存投机带来的风险。供应链合理化的意思是库存不是一件坏事，不应该完全消除。相反，企业应该根据经济和服务的需求配置库存，而不是传统的用预测的方式来配置库存。

许多供应链竞争力增强了的企业都显示出一些相似的特征。首先，它们的协作都是由技术驱动的。其次，它们的商业解决方案都取得了竞争优势。最后，大多数方案吸取了主要供应链参与者的经验和才能，并与第三方或者整合服务提供商进行协作。在这些企业的精神中，始终强调创新并且保持一种独特的供应链文化。这种文化的形成是基于对风险、权力和领导力的理解。

12.2.1 供应链合作关系与依赖的类型

组织内部关系有很多种类型和形式，它们都可以作为供应链整合和协作的例子。[3] 图 12-5 是这些关系的分类框架。

如前所述，推动供应链企业之间建立协作关系的动力是对相互依存关系的认识。当一个企业承认它依赖自己的供应商或者客户时，就是时候建立跨组织协作关系了。协作关系中所有成员对相互依存关系的认识和了解的程度，决定了最终建立的关系的性质。

如图 12-5 所示，供应链成员之间的协作有五种基本形式。其中，最基本的形式是合同和外包。在这两种关系中，依赖性只在一定程度上得到了承认。与供应商或者客户签订合同在传统的采购和销售中引进了时间因素，确定了一段特定时间内的价格、服务和期望的绩效水平。制造商可能会和原材料或者零部件供应商签署合同，以在某个具体的时间段内以特定的价格采购特定的产品。反过来，供应商也可以按照议定的条款以及配送要求来配送特定的产品。这种形式的协作关系通常被认为是对立的，因为这种关系的建立通常以谈判为基础。运作绩效及相关支付条款在合同中都有清晰的规定，任何一方未能履行职责都将受到惩罚，或者是可能需要重新谈判协商，也有可能终止合同。在外包中，关注的重点从采购、销售产品或者原材料转移到了执行某种特定的服务或活动。通常外包活动的范围包括从生产到物流的所有活动，如运输或者仓储等。

很重要的一点是，合同和外包并不意味着一定发生了全面的供应链整合和协作。在合同和外包中尽管存在一定程度的信息共享，主要是运作信息，但是参与企业仅仅是共同制订计划，并且这种关系也只是在某一时间段内存在。虽然企业外包了职能或者过程，并与服务提供商保持了密切的关系，但是服务的绩效和成本在合同中被精确规定，这时企业之间的关系一般是基于传统的命令和控制原则，通常采购方是领导者。

在管理关系中，主导企业通常肩负着领导责任，并且寻求与贸易伙伴和服务提供商之间的协作。在这种关系中，通常不仅仅共享运作信息，还在有限程度上共享战略信息。共同制订计划的情形很少，因为那些独立的企业认为如果它们与领导者共同工作，并且跟随领导者的话，那么它们的经济情况将会更好。这种关系的一个显著特征是人们期望这种关系可以持续，并且没有特定的时间限制。尽管领导者必须考虑所有参与企业的利益，但是这种关系基本上还是由拥有命令和控制权的领导者进行管理。

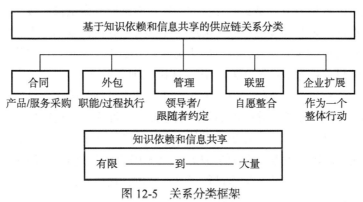

图 12-5 关系分类框架

尽管我们可以使用不同的术语来描述供应链之间的协作，但是对于供应链参与者之间的高级协作关系，我们可以称之为战略联盟或者企业外延。这两种关系的显著特征是参与者需要并愿意长期以理性的态度和共同运作的方式在一起工作。它们自动达成一致，将人力、财务、运作或技术资源整合起来，创造更高的效率，并对客户产生更大的影响。最终，通过协作，参与企业制定了合作政策，实现了整合运作。这种关系包括了扩展的合作计划，并且期望至少是中期，甚至是非常长期的合作计划。企业外延代表内部依存和信息共享的极端情况。在这种情况下，两个或者更多的企业愿意实现整合，从运作绩效的角度可以被看成一个整体。在物流和供应链管理领域，企业联盟或类似企业联盟的协作方式不断涌现。成功的例子有广为人知的沃尔玛和宝洁的联盟，戴尔和其供应商的联盟，丰田和本田与其供应商的紧密关系等。这些关系涉及参与企业在各个层面上的频繁交流。

12.2.2 权力和领导力

相互依存是供应链团结稳定的首要动力。如果供应链企业承认相互之间的依赖，那么就有可能建立协作关系。相互依存驱动着职能整合、关键信息共享和参与协同运作的意愿。权力和领导力的概念非常重要，有助于理解相互依存关系以及它是如何促进供应链整合工作的。

1. 权力

实际上，发起供应链协作的特权甚至责任都由拥有相对最大权力的供应链参与企业承担。通常，这个企业在供应链中承担的风险也是最大的。在过去的10年里，企业中发生了重大的权力转移。最显著的是，零售商的权力增强了，这是由以下四个方面相对独立的发展造成的。

第一，零售行业的并购趋势使行业中出现了少数占据统治地位的零售商，它们拥有更加广阔的市场覆盖范围。第二，销售时点数据、常客计划和信用卡使用的激增使零售商更加容易获得重要的市场信息。这样，零售商可以更加迅速地识别客户的消费趋向，并满足客户的需求。许多大型超市拥有店内计算机，持续传输销售时点数据，使零售商采购人员能充分掌握市场趋势。第三，制造商在开发新品牌时遇到了更多的困难和更高的成本，这对于零售商是有利的。事实上，许多零售商的自有品牌比那些所谓的国家品牌更加具有市场渗透力。例如，Gap 和

LTD 差不多只卖自有品牌的商品。第四，如前面讨论的那样，物流的补货过程已经转变为快速反应的状态。对一个市场高速运转的物流系统来说，要控制系统的精确时间和复杂性，在理想情况下应该由消费者的购买行为来拉动整个供应链。当消费者购买产品时，供应链的最终价值也就随之实现了。

尽管上面所讲的各种力量都是实际存在的，但并不是所有力量都能推动权力在供应链中向前移动。今天，混乱的采购环境使产品逐渐进行交叉渠道分销，以满足不稳定和快速变化的市场。新的零售方式既包括线上零售，也包括传统的线下零售，这些都导致分销渠道变得模糊不清，其结果是可供制造商选择的分销渠道与以前相比增加了许多。

有些制造商对运作进行了重组，成为某些消费产品或者种类的主导供应商，而不再完全依赖传统的品牌力量。这些制造商作为产品主导供应商，能够为它们潜在的供应链伙伴提供更大的价值。除了由于品牌的价格具有竞争力以外，还由于它们处于产品供应的主导地位，因此这些制造商拥有一些关键运作能力，这种能力增加了它们作为供应链参与者的吸引力。

由于制造商和分销商都对传统运作进行了重新定位，这样双方就有可能相互协作。一般而言，权力较大的企业在供应链中更加容易联合在一起。在协作中起主导作用的成员必须认同领导模式，这样供应链协作才能取得成功。

2. 领导力

正如每个组织都需要领导者一样，供应链也不例外。在目前的供应链成熟阶段，企业具备什么条件才能成为供应链领导者，还没有一个明确的定义。在大多数情况下，仅仅是因为企业的规模、经济实力、市场占有率或者综合的产品总量，就被放在领导者的位置。还有一些情况下，企业成为领导者的原因是供应链中的其他成员都依赖该企业，该企业在供应链成员中也很有威信。此外，还有一种情况是，那些发起供应链协作关系的企业理所当然地被推选为领导者。不管领导者是谁，事实表明供应链中那些通过激励和工作能力体现领导力的领导者具有更强的供应链关系的影响力。而那些一味靠强制来体现其领导力的领导者会发现供应链伙伴的配合程度很低，甚至可能转而与他人结盟。

12.2.3 建立信任关系

很明显，如果供应链中缺少相互的信任，那么就不存在真正的合作。尽管强大的企业可以影响较弱企业的行为，但是较弱企业的行为变化可能是暂时的，而且一定是不情愿的。事实上，研究表明技术的兼容性、信息的交换和适当的绩效衡量系统都是战略联盟成员之间有效协作的关键，而人的行为作为影响企业文化和信任的主要因素，则更是联盟合作必须解决的一大难题。因此，管理者必须对不同形式的信任的复杂程度有深入的了解。

1. 以可靠性为基础和以特性为基础的信任

很显然，信任是多方面的。尽管存在多种类型的信任，但是为了理解供应链协作，可以把信任分为以可靠性为基础的信任和以特性为基础的信任。

以可靠性为基础的信任是基于某组织对潜在合作者的实际行为和运作绩效的了解。从本质上说，该组织要感受到合作者愿意参与运作，并且能够按照承诺的那样运作。如果供应链参与者无法信任合作者承诺的绩效，那么建立协作关系的所有努力都是徒劳的。简单地说，一个不能按照承诺进行交付的企业将被认为是不可靠的，并且在协作关系中认为它不值得信任。

以特性为基础的信任则基于组织文化、领导力和管理理念。本质上,这种信任是一种感觉,即供应链的合作者对双方的利益都很重视,而且它们会考虑其行为对另一方的影响。当建立了这方面的信任时,参与者不容易受到其他人行动的影响。相互信任的双方都相信彼此会保护对方的利益。例如,一个制造商与一个零售商共享有关新产品引进或促销方面的信息,制造商相信零售商不会将这些信息告诉它的竞争供应商。同样,只有制造商相信它的零部件供应商会恰当地使用生产进度信息时,制造商才会与其共享该信息。

显然,以可靠性为基础的信任是供应链参与者形成合作关系的必要条件,但不是充分条件。例如,一个合作者经常威胁要进行惩罚,并且也确实进行了惩罚时,可以认为存在可靠性。但是,在特性方面,却不存在信任。

信任是随着时间的推移以及组织之间的反复交互建立起来的。特别是以特性为基础的信任中,只有当合作者认为每个成员都能公正并且平等地对待其他成员时,才能建立起信任。当供应链的一个合作者明显地比其他合作者强大的时候,基于特性的信任就更加重要。

2. 在协作关系中建立信任

要建立信任首先要求企业运作表现出可靠性,能够持续地按照承诺执行,并且不负期望。然而,如前所述,可靠性只是建立信任的一个方面。

建立信任的另一个关键要求是充分、真诚地共享所有使协作关系有效发挥作用所需要的信息。实际上,本书始终都强调信息共享和交流是有效协作的基础,隐瞒信息或者不愿意透露关键信息的企业是不可能得到信任的。

与信息共享相关的是解释。有时,企业迫于竞争压力,可能会采取它的供应链合作伙伴认为具有威胁性的行为。例如,一个制造商开创了一条新的分销渠道,可能会威胁到目前的经销商。当约翰迪尔公司在引进草坪拖拉机的第二条生产线时,绕过了传统的经销网络,而选择家得宝公司和其他独立经销商,便产生了这样的情况。在这种情况下,可以通过详细解释推动这种决策的根本原因和企业所处的情况来维持信任。

在很多情况下,供应链管理的所有问题都涉及协作关系管理。本书关注的是与供应链中物流过程有关的问题以及如何管理跨越企业边界的物流过程。供应链参与者之间的运作关系在真正协作的强度和程度上都有很大的区别。权力、领导力、冲突、合作、风险和报酬是关系管理中应该考虑的重要问题。但是,要解决这些问题必须依靠供应链参与企业之间的信任。

12.3　长期的供应链协作关系管理

对物流管理者来说,协作关系管理通常是一项艰难的职责。[4] 与内部管理情境不同,供应链协作关系中的企业代表往往并不为领导联盟的企业工作。因此,常见的以职权为基础的主管—员工关系并不存在。在其中起到平衡作用的是协作关系中的各方达成共识,认为协作安排有助于它们共同获得成功。因此,以共识与合作为基础的领导模式必须取代传统的以职权为基础的指挥控制关系。本节将探讨建立、实施、维护以及终止供应链协作关系的目标及挑战。

12.3.1　协作关系的建立

联盟通常由供应链协作关系中作为客户角色的企业发起。产生这种模式的一个可能原因是购买力的作用。在买方/卖方关系中，卖方经常要根据客户的要求进行一些合理的变动，以促进企业之间的交易。卖方也可以主动接触潜在客户，表示想与之结成联盟，但是这样提出的建议在分量和影响上却比不上买方提出的建议。

建立协作关系时，应该考虑的另一个重要问题是，发起企业必须对自身内部的做法、政策和文化进行深入评估。发起企业还应该评估自身是否具有为建立和支持成功的协作关系而进行必要的内部变革的能力。例如，在制造商/原材料供应商联盟中，制造商必须重新评估采购价格的重要性。买方在竞争力评价中，需要采用一定的方法来估算联盟带来的无形收益。买方考虑的关键问题是如何评价所有权总成本，而并非严格的采购价格。

内部评价还包括企业授权给关键的联盟联系人，让他们管理协作关系。例如，制造商需要客观评价与服务提供商之间的运作和战略整合水平。如果要通过整合获得战略联盟最初设想的竞争优势，如提高对客户订单的快速响应能力等，就必须进行广泛的信息共享。要考虑的问题涉及很多方面，如系统能力水平、数据收集与分析、绩效测量以及实现及时准确信息共享所需的培训等。

如果联盟涉及大量合作工厂、仓库或商店，它们在不同条件、不同能力或者不同竞争要求下进行运作，那么还需要评价其整合能力。这对有多个仓库或商店设施的企业来说尤其重要。在这种情况下，内部单位使用相同运作规范和相容信息系统的能力十分关键。

12.3.2 协作关系的实施

成功实施协作关系的关键是明智地选择合作伙伴。合作伙伴应该具有兼容的文化、共同的战略愿景和相互支持的运作理念。组织文化不需要完全相同，但是战略愿景和理念必须兼容，这样才能确保核心能力和优势可以彼此互补。

例如，制造商发起与服务提供商的联盟，部分原因是为了改进仓库运作、运输的可靠性和增加合并运输能力，支持它在市场中独特的竞争优势。虽然服务提供商是领导者，但是制造商可能在质量、绩效测量标准和专业知识方面有更加完善的构思与运作能力。在很大程度上，合作伙伴之间的吸引力取决于服务提供商对制造商的问题是否有能力且愿意提供解决方案，这些方案必须以信息为基础，具有创造性和创新性；还取决于服务提供商是否愿意接受吸收内化制造商标志性的质量及绩效测量技术。在这种方式下，联盟合作伙伴的运作理念才能相互支持、相互补充，尤其能够改进它们共同的战略愿景，改善系统范围中的物流运作。

联盟应该从小规模做起，这样才能相对容易地获得成功或者早期的胜利。这种早期的胜利很重要，它能激发关键联系人的合作意愿，并且树立起对联盟绩效的信心。例如，在制造商/原材料供应商联盟中，从小规模开始意味着最初不需要对信息技术进行投资，手动的交流系统就已经足够了，它为关键联系人提供了很多交流机会。其关键点在于，以最简单的形式实施联盟，当协作关系的进展能够增加大量价值时，再使用复杂的技术调整相关安排。

12.3.3 协作关系的维持

能否长期维持协作关系主要取决于三个方面：①共同的战略及运作目标；②双向的绩效衡量标准；③正式和非正式的反馈机制。

在实施联盟时，双方必须共同确定战略及运作目标。但是，企业尚未充分理解的是，必须经常跟踪、评价并且更新这些目标以获得长期的改进。例如，如果制造商开发了一种新产品，就应该针对产品定位与分销商（即制造商的客户）确定共同的目标，尤其是产品的市场投放目标。这个目标还必须考虑零售商在引进和接受新产品中的关键作用。

目标应该转换成具体的、可持续跟踪的绩效测量指标。应该共同确定使用的绩效测量指标和测量频率。同时，绩效测量也应该是双向的。通常，制造商和原材料供应商之间的绩效测量指标会更多地关注供应商的绩效特征，如准时配送和质量等。在我们所研究的联盟中，有一组联盟共同开发了一个联合测量指标——总体系统库存。制造商认为，合作伙伴双方都应该减少库存，而不仅仅是制造商减少库存，这一点很重要。总体系统库存的测量考虑了双方的库存，确保库存真正有所减少，并使双方都能获利。

绩效反馈可以通过正式和非正式的方法进行。年度审查是对联盟绩效的正式评估。这些审查通常由高层管理者进行，主要目标是检查和更新战略目标。季度或者月度审查不像年度审查那样正式，通常不涉及高层管理者，关注点在于追踪和审查战略目标与运作绩效。当进行非正式审查时，可以对运作实践进行改进，以实现战略目标，并且为持续改善既定方案创造条件。

每周或每日的审查也是非正式的。这些审查应该由关键联系人来管理，他们计划需要解决的具体问题，寻找潜在的改进机会。这些审查对解决或者避免冲突十分重要，并有利于关键联系人之间建立紧密的工作关系。这种非正式的工作关系最终将导致不断增加的合作行为。

劳氏公司与惠而浦公司之间联盟关系的发展与实施呈现了供应链联盟通常经历的演进过程。多年以来，缺乏沟通与合作是两家公司关系的重要特征。例如，惠而浦公司引入了一条新的生产线，两家公司都希望能够尽快把线上的产品送进零售店出售。发行日期确定后，劳氏公司团队的负责人问道："你们的生产线即将进入市场，这事你们什么时候知道的？"得到的答案是："我们几个月前就知道了。"由于惠而浦公司没有及早与劳氏公司分享这一信息，两家公司不得不洽谈如何分摊处理现有生产线的各项成本。这件事情促使两家公司开始建立更为紧密的合作关系。

两家公司起初聚焦协作性需求计划，集中关注预测。这种合作主要依靠统计预测，有关各自公司营销计划的探讨很有限。但是，一旦这一过程发展稳妥，它们便开始转向供需计划方面的合作。两家公司了解彼此要求的目标库存水平，这时二者的合作聚焦于产品层面上的供需计划，预测团队对供需预测进行复核。但是，该阶段高水平的协作有限，销售计划很少包括对方公司未来的广告或促销活动。

接下来，劳氏公司和惠而浦公司决定通过惠而浦公司内部的销售和作业计划进一步发展协作关系。它们还在销售和营销的中层管理层面建立起协作联系，制订了一套统一的预测和销售计划。两家公司开始就促销活动、产品上线、特别活动计划等进行合作。尽管此时二者的合作取得了很大进展，但依然面临一些挑战。二者的合作规划周期相对较短，公司高层并没有常规介入。于是，它们进一步构建新的协作关系，把规划周期延长为一年。高层管理者每个月定期进行审核，使得两家公司可以围绕共同的业务目标确定流程。这种一体化业务计划的结果是帮助两家公司在若干关键指标上取得了进步：单位产品销售量增长了12%，而整体库存成本降低了5%，并且及时送货情况得到了大大的改善。劳氏公司和惠而浦公司均认为，产生这些结果的基本驱动因素是协作关系的建立和演进。

12.3.4 协作关系的终止

在未来的某个时点，当初建立时看起来发展前景甚好的联盟关系将难以满足合作方的期许，作为协作关系管理重要的组成部分，企业必须对这一情况进行预测和计划。尽管有的协作关系会由于失去动力而自然终止，但有的关系会一直维持，直至不能满足一个或多个参与者的要求或者不再代表领先的管理实践为止。和大多数管理问题一样，供应链联盟处于不断的动态发展中，必须不断进行重新评估、重新定位，有时还必须终止。

例如，卡夫公司与星巴克公司长期的合作关系在 2010 年时到达一个紧要关头。从 1998 年开始，两家公司达成协议，卡夫公司在遍布美国的各大超市配销星巴克袋装咖啡及西雅图极品咖啡。12 年间，配销产品的年销售额从 5 000 万美元增长至 50 000 万美元。后来星巴克公司打入了单杯咖啡市场，但是这一举措对卡夫公司的业务构成了威胁。

星巴克公司推出 Via 速溶咖啡，取得了极大的市场成功。公司也期望能与单杯咖啡市场上的绿山咖啡焙炒公司合作，该公司还售卖克里格牌单杯咖啡机，而卡夫公司配销的 Tassimo 咖啡机是克里格咖啡机最主要的竞争产品。星巴克公司还宣布计划收购其他公司以拓展其在超市的配销活动。为了抓住这些机会，星巴克公司想要终止与卡夫公司的配销合作关系。卡夫公司发布了媒体声明，声称最初的配销协议要求星巴克公司必须偿付公平的市场价值，外加合同终止的额外费用。另一方面，星巴克公司也发布了媒体声明，称作为咖啡分销商的卡夫公司表现"差得难以接受"，终止与其签订的协议是合法合理的。

唐纳德·斯奈德是斯奈德运输公司的创办人，长期领导该公司，他在密歇根州立大学讲授物流课程时精辟地总结了有关协作关系终止的问题。他告诉学生，讨论终止关系的最佳时机是在关系形成早期。他的理由是，在协作关系成立之初，相关各方期望很高，均认为所提议的协作关系应做出全面的约定，这时大多数参与者会乐意接受合理的、公平的协作关系终止程序。

本章小结

物流正经历着巨大的变革，有关最好的企业如何实现物流目标的新观念和新想法日益涌现。问题是如何从经过时间证明的实践中找出最佳实践，并将它们与最可行的新观念和新想法结合起来。

通过仔细回顾物流组织的发展，我们发现大多数先进的企业都经历了许多形式的职能整合。企业在发展之初是一个高度分散的结构，物流职能分散到许多不同的部门。50 多年来，企业已经把日益增加的物流职能和职责整合为一体化的组织单元。

对于关键过程的管理引出了所谓的整合组织。如今，行业领先的企业开始进行过程管理并把它作为一种克服存在于内部功能间断层现象的手段。这个概念对物流管理者特别具有吸引力，因为物流管理正面临着运作时间和运作地理范围的重大挑战。

也许最困难的工作是组织中的变革管理。不论变革是战略性的、涉及基础性的新过程，还是运作性的，或者仅仅是人事方面的，管理者必须培养新的技能，使变革能够在不破坏组织核心的情况下进行。

除了管理内部组织外，供应链管理者还密切地参与了组织之间的关系管理。协作关系提供了一个机制来降低运作费用、提高生产力和满足客户要求。要想成功进行整合，就需要跨组织的程序来推动运作、技术、计划和关系管理。建立、实施和维持与供应商及客户的关系在很大程度上依赖于公司之间的信任。尽管可靠性是信任的一个重要方面，但是当公司决定参加哪一个供应链的时候，协作关系管理最终的成功取决于对特性的评价。

学习型思考题

1. 如果物流管理以过程为基础,而不是以职能为基础,讨论有可能面临的三个问题。描述每个问题,并举一个例子来说明应该如何克服这些问题。
2. 奖励体系是如何阻碍企业整合的?
3. 用你自己的话描述并解释严重断层现象。你是否相信严重断层现象如本书中指出的那样普遍?试举例说明你的观点。
4. 区别以可靠性为基础和以特性为基础的信任。为什么以特性为基础的信任在协作关系中十分关键?
5. 区别不同类型的供应链协作关系。是什么造成了这些区别?
6. 在建立物流联盟中,应该考虑的主要问题是什么?在实施、维持和终止协作关系中,应该考虑的主要问题分别是什么?

挑战型思考题

1. 以本章劳氏公司和惠而浦公司的例子作为背景,探讨随着协作关系从初始阶段发展至成熟阶段,你认为各个公司将面临哪些问题?
2. 劳氏公司和惠尔浦公司的合作促使几个方面的业绩得到改善。你认为针对改善业绩的协作关系,供应链管理者可以采取哪些具体的措施?
3. 针对劳氏公司和惠尔浦公司协作关系下一步可能的发展,你会提出哪些建议?
4. 如果要更友好地终止协作关系,卡夫公司和星巴克公司在建立配销合作关系之初应该怎么做?请进行尽可能详细的探讨。

注释

1. 本章吸取了密歇根州立大学10多年来的相关研究成果,这些研究由供应链物流管理委员会出版,包括:Donald J. Bowersox et al., *Leading Edge Logistics: Competitive Positioning for the 1990s*(Oak Brook,IL: Council of Logistics Management,1989); Donald J. Bowersox et al., *Logistic Excellence: It's Not Business as Usual*(Burlington,MA: Digital Press,1992);The Global Logistics Research Team at Michigan State University, *World Class Logistics: The Challenge of Managing Continuous Change*(Oak Brook, IL: Council of Logistics Management, 1995); and Donald J. Bowersox, David J. Closs, and Theodore P. Stank, *21st Century Logistics: Making Supply Chain Integration a Reality*(Oak Brook,IL: Council of Logistics Management,1999)。
2. 见第1章。
3. 有关供应链关系文献更综合的述评,请参见 Patricia J. Daugherty," Review of Logistics and Supply Chain Relationships and Suggested Research Agenda ", *International Journal of Physical Distribution and Logistics Management* 41,no. 1(2011),pp. 16 31。
4. 这一节改编自 Judith M. Schmitz, Robert Frankel, and David J. Frayer, "ECR Alliances: A Best Practice Model," Joint Industry Project on Efficient Consumer Response, Grocery Manufacturers Association, Washington, DC, 1995。
5. 这段讨论改编自 Larry Smith, Joseph C. Andraski, and Stanley E.Fawcett. "Integrated Business Planning:A Roadmap to Linking S&OP and CPFR," *Journal of Business Forecasting* 29,no.4(2011),p.4。

第 13 章

绩 效 测 量

要想通过高绩效的供应链物流来取得竞争优势,必须整合绩效测量系统。人们常说:"如果你不对绩效进行测量,就无法对其进行管理。"这一点无论是对组织内部的物流活动,还是对与外部供应链合作伙伴之间的物流活动来说,都同样适用。正是由于这个原因,必须建立一个绩效测量的框架。

13.1 测量系统目标

有效的测量系统必须能够完成以下三个目标:监控、控制和指导物流运作。

监控是通过建立合适的测量指标来实现的,通过监控这些指标来跟踪系统绩效,为管理者提供报告。例如,人们通常通过制定测量指标和收集数据来汇报基本的服务绩效,包括订单完成率、按时交货率以及运输、仓储等物流成本。**控制**通过规定测量指标的标准值,用实际值与标准值进行比较,指出物流系统何时需要修改或者需要引起注意。例如,如果订单完成率低于标准,那么物流管理者就必须找出原因,并且进行调整,从而使整个流程重新恢复到相应的水平。**指导**与员工激励和绩效奖励有关。例如,一些公司通过激励仓储人员来提高生产率水平。在分拣或者装载作业的测量指标的标准值的基础上,他们应该按照 8 小时工作支付工资。如果他们在 8 小时内完成了工作,那么剩下的时间就可以由自己支配。

物流绩效的最重要目标是提升**股东价值**。卡普兰和诺顿提出了一个测量绩效的框架——平衡计分卡。[1] 这个框架建议在考虑提高股东价值的同时,必须构建一个综合评估系统以衡量资产利用率。并且,资产利用率应该既能体现出财务指标又能体现出非财务指标。平衡计分卡从四个方面来综合测量绩效,如图 13-1 所示。

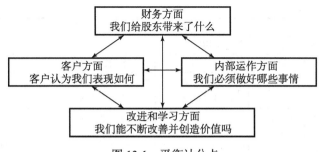

图 13-1 平衡计分卡

资料来源: Adapted from Robert S.Kaplan and David P.Norton, "The Balanced Scorecard-Measures That Drive Performance," *Harvard Business Review* 70, no.1(1992), p.72.

客户方面的关键问题是客户对公司的感觉如何，这部分显然含有客户的主观成分。在物流领域，与之相关的指标包括物流服务水平、物流服务质量和客户满意度。内部运作方面关注的问题是企业内部应该怎样运作，与之相关的指标包括过程质量（良品率、误操作频率等）、运作效率和生产率。改进和学习方面关注的问题面向未来发展，聚焦于过程改善和人力资源提升等，这些通常被认为是一个组织的改进动力。标杆管理也可能是改进和学习方面关注的一个方向。最后，财务方面关注的问题是每个部门必须实现的财务收益。仅仅达到上面三个方面的目标是不够的，企业最不容忽视的目标就是通过提高利润率和资产回报率来提高股东价值。

平衡计分卡并没有给企业提供测量绩效可用的具体指标。企业应该针对自身的经营策略来制定适合企业自身的测量指标。选择低成本经营战略的企业和选择高品质服务战略的企业强调的测量指标肯定不一样。物流管理者的任务是在明确企业经营战略之后选择合适的指标作为企业绩效的测量指标，并将其作为监督、控制和指导企业成功实施战略的方向。

13.2 运作评价

物流绩效评价系统首先需要从职能角度进行评价。除了基本的职能绩效以外，测量客户服务的改进方法也受到了许多企业越来越多的关注。整合供应链绩效的测量是现行管理中一个主要的问题。基准测量是物流评价中考虑的第四个问题。

13.2.1 职能角度

多年的研究表明物流绩效的职能测量可以分为以下几类：①成本管理；②客户服务；③质量；④生产率；⑤资产管理。[2] 表 13-1 概括了与这五个方面有关的测量标准。当然，还有许多其他示例。

表 13-1 典型的绩效测量标准

成本管理	客户服务	质 量	生 产 率	资产管理
总成本	订单完成率	损坏频率	每个员工运送产品数量	库存周转
单位产品成本	缺货	订单输入准确率	每一美元劳动力运送产品数量	库存水平、库存周期
成本占销售额的百分比	发货误差	拣货/发货准确率	每个销售代表的订单数量	过期库存
入库运费	准时交货	单证/发票准确率	与历史标准比较	净资产回报率

(续)

成本管理	客户服务	质量	生产率	资产管理
出库运费	延迟订单	信息可用率	计划目标	投资回报率
行政管理	周期时间	信息准确率	生产率指数	库存分类 (ABC)
仓库订单处理	交货一致性	信用索赔次数	设备停工期	经济增值 (EVA)
直接劳动	查询响应时间	客户退货数量	订单输入生产率	
实际与预算比较	响应准确率		仓库劳动生产率	
成本趋势分析	完成订单		运输劳动生产率	
直接产品收益率	客户投诉			
客户部分收益率	销售人员投诉			
库存持有成本	整体可靠性			
退回商品成本	整体满意度			
损坏成本				
服务失误成本				
延迟订单成本				

1. 成本管理

最能直接反映物流绩效的是完成特定运作发生的实际成本。如表13-1所示，成本绩效通常用每项职能花费的总费用来衡量。本书的前面几章提到一体化物流运作包括五个相互关联的主要环节：订单处理、库存管理、运输管理、仓储和物料搬运、设施网络。[3] 总物流成本（有时称为总到岸成本）是以上各个环节的相关成本之和。不容乐观的是，研究表明有能力汇集所有相关信息来衡量总物流成本的企业为数不多。一个原因是不同的组织对哪些环节影响总物流成本的看法各不相同，另一个原因是企业获取数据较为困难。不管怎样，高层管理者都应该密切关注总物流成本。各个部门内部也应该对总物流成本加以重视，以便在管理过程中做出适当的判断和控制。企业可以针对各个具体活动，例如仓库职能中的订单拣选和装运活动，进一步调整和测量成本数据。

同样，企业也需要监控和汇报类似于成本占销售额的百分比或者单位体积成本这样的数据。例如，运输成本的计算方式通常是按照销售额的百分比以及每运输一个订单所花费的运输费用。仓储成本通常也是按照销售额的百分比以及每个活动的成本进行汇报，如一个产品的分拣成本或者每个订单的装运成本。这种测量方式与历史水平或者绩效标准相比，提供了采取正确行为所需要的关键信息。当考虑到不同物流活动的数量（从输入订单到分拣产品，再到卸货），以及测量绩效的不同方式（如销售额、订单数量或者产品重量）时，可以形成一个很长的成本绩效标准的列表。关键是物流管理者能够找出最适合组织的测量标准，并且一直运用这些标准来控制和指导物流活动。

表13-1也反映了与物流绩效成本相关的其他测量标准，如直接产品收益率、客户部分收益率和服务失误成本。实际上，大多数企业都认识到了这些测量的重要性，但是缺乏准确评估这些成本需要的信息。要准确评估这些关键要素需要精确的会计数据，而近年来才能够获得这些数据。本章随后将讨论一种更加准确地评估与客户和产品直接相关的成本的方法，即作业成本法。

2. 客户服务

在第4章中，基本客户服务的要素包括可得性、运作绩效和服务可靠性。一个有效的基本服务平台需要具体的测量标准来评价每一方面的绩效。

可得性通常反映一个组织的完成率。但是，必须指出的是，完成率可以通过许多方式来测量

$$产品完成率 = \frac{交付给客户的产品数量}{客户订购的产品数量}$$

$$产品线完成率 = \frac{完整交付给客户的采购订单产品线数量}{客户订购的采购订单产品线数量}$$

$$价值完成率 = \frac{交付给客户的总货币价值}{客户订单的总货币价值}$$

$$订单完成率 = \frac{已完成的订单数量}{客户订单数量}$$

很明显，订单完成率，也称为订单发运率，是对企业与产品可得性有关的绩效最严格的测量指标。在这种测量标准中，如果某个订单中只有一个生产线上的一个产品没有交付，那么便认为该订单没有完成。企业通常也跟踪某个时期内出现的缺货数量和延迟订单数量，将它们作为可得性的测量指标。

运作绩效与时间有关，通常可以通过平均订单周期、订单周期的一致性或准时交货率来测量。**平均订单周期**通常是指从接收订单到交付给客户之间的平均天数，或者其他时间单位。**订单周期的一致性**是对大量的订单周期进行测量，并将实际绩效与计划绩效进行比较。例如，假设平均订单周期是5天，如果20%的订单在2天内完成，30%的订单在8天内完成，那么这就与平均订单周期很不一致。当交货日期或者时间由客户确定时，那么测量订单周期能力的指标就应该是**准时交货率**，即实际满足客户交货需求的次数的百分比。

3. 质量

与服务可靠性相关的绩效通常在组织对物流质量的测量中反映出来。如表13-1所示，许多质量测量指标是为了监控单个活动的有效性，而其他指标关注的是整体物流职能的有效性。通常会对诸如订单输入、仓库分拣和单证准备这些活动绩效的准确性进行跟踪，通过正确执行活动的次数和执行活动的总次数的比率来计算其准确性。例如，分拣准确性为99.5%代表在仓库分拣作业中，每100次中有99.5次是正确的。

评估整体质量绩效的方法也有很多。典型的测量指标包括损坏频率，即损坏的货物数量占全部货物数量的比率。尽管可以在物流过程的多个节点计算损坏频率，如仓库损坏、装运损坏和运输损坏，但是在很多情况下，直到客户收到运送的货物时，甚至是在收到货物之后的某个时间才发现损坏情况。因此，许多公司会对客户退回的受损物件或瑕疵产品的数量进行监控。同时，公司还会评估客户投诉以及退款情况。

其他质量绩效的重要指标与信息有关。许多企业会特别评估它们提供信息的能力，通过记录不能按照需要提供信息的情况进行评估。当信息不准确时，通常也会跟踪这些情况。例如，当实际清点的库存数量与数据库中报告的库存情况不符时，必须更新信息系统以反映实际的运作情况。此外，为了便于将来采取相应的措施，应该将不准确信息的情况记录下来。

4. 生产率

生产率描述了一种关系，即货物产量、完成的工作或创造的服务与用于该产出的投入或资

源数量之间的关系。如果一个系统可以清楚地测量产出,并且可以清楚地测量与该产出对应的投入,那么生产率测量将变得十分简单。

如表13-1所示,通常物流管理者非常关注劳动力的生产率测量问题。尽管投入的劳动力可以通过许多方式量化,但是最典型的方式还是通过劳动力费用、劳动时间或者员工数量来确定。因此,运输中典型的生产率测量包括每个员工、每一美元的劳动力以及单位劳动时间运送或交付的货物数量。仓库劳动生产率可以通过每个员工、每一美元或者每小时收货、分拣和存储的单位数量来测量。类似的测量也可以应用到其他活动中去,如订单输入和订单处理。同时对管理者来说,他们要经常设置生产率的改进目标,并将实际绩效与目标绩效进行比较,或者至少和上一年度的绩效进行比较。

5. 资产管理

资产管理关注的是投资于设施和设备的资本以及投资于库存的流动资产的利用。物流设施、设备和库存占据公司资产的很大一部分。例如,对批发商来说,库存通常超过其总资产的80%。资产管理的测量标准关注的是物流管理人员对投入在物流运作中的资产的利用情况。

设施和设备通常用产能利用率,或者使用的能力占总生产能力的百分比来测量。例如,如果仓库每天的发货能力是10 000个纸箱,但是实际只发货8 000个,那么产能利用率仅为80%。同时,也经常根据时间来测量设备利用率。物流管理者通常会关注设备没有利用的时间占总时间的百分比,即**设备停工率**,停工率可以应用到运输、仓储和物料搬运设备中。这些测量指标反映了资产投资的有效或者无效利用。

资产管理绩效同样也关注库存。**库存周转率**是最常见的绩效测量指标。在本书中,提高库存周转率一直是物流管理者关注的重点。因此,理解公司如何具体测量库存周转率非常重要。实际上,存在三种具体的测量标准,它们在不同类型的企业中被使用。

$$库存周转率 = \frac{时间段内售出产品的成本}{同期按成本计价的平均库存价值}$$

$$库存周转率 = \frac{时间段内的销售收入}{同期按销售价格计价的平均库存价值}$$

$$库存周转率 = \frac{时间段内售出的单位产品数量}{同期平均库存数量}$$

大多数企业使用第一个公式来计算库存周转率。一些零售企业使用第二个公式。实际上,这两个公式的计算结果大致相同。两个计算结果之间的任何差别都源于这段时期内总的毛利润(销售收入和销售产品的成本之间的差额)的变化。

第三种方法使用的是单位产品数量,而不是金额,它特别适用于那些在较短时间内,成本和销售价格会发生显著变化的产品。例如,汽油的成本和销售价格每天都在变化,所以最合适的测量方法是通过计算销售的汽油单位数量和库存单位数量来进行测量,而不是通过金额进行衡量。

计算库存周转率时最后要指出的是,使用尽可能多的数据点来确定平均库存是非常重要的。例如,假设一家企业在年初没有库存,在余下的11个月买进和持有大量库存,然后在年底卖出所有库存。如果仅仅使用年初和年末的库存情况进行计算,那么平均库存是零,库存周转率是无限大。很显然,这将误导管理者。

库存周转率通常被看作一个"滞后"指标，因为它是通过前一个时段（如前一年）的库存管理来测量绩效。通常。企业考虑的另外一个库存测量指标是供应天数，这是一个"前瞻式"指标。**供应天数**，也被称为**销售天数**或**库存天数**，指的是假设在不购入或生产任何新库存的条件下，现有库存可以支持业务运作的天数。

当供应天数通过"未来预期需求"或"每日使用"数据来计算时，意义最为重要。每日使用或每日销售指标来自预测，或根据最近实际销售/使用的经验数据来计算。例如，汽车的成品库存会以现有库存能够满足消费者需求天数的形式频繁地公布出来，甚至会公布在《华尔街日报》等刊物上，这一数据是以最新的日销售量为基础的。假设经销商及生产厂家现在共有 2 000 000 辆成品汽车，而预期的销售量是每日 50 000 辆，那么供应天数即为 40 天。

当然，计算出来的 40 天汽车供应天数假定现有的汽车库存都是消费者实际想购买的汽车类型。如果消费者想买混合动力车，而现有库存主要是 V-8 汽油动力车，那么 40 天这一供应天数便会误导管理者。在库存管理中，经常测量特定商品的绩效指标比测量整体库存更有意义。

高级管理者最感兴趣的是**资产回报率**和**投资回报率**。回报率指标非常重要，本章后续将对其进行详细讨论。

大多数企业在过去的 10 年间都大幅度地改进了它们的职能绩效测量系统。具体测量指标的数量增加了，并且信息的质量也提高了。信息质量的提高很大程度要归因于技术水平的提高。几年前，测量准时交货率实际上并没有实际对客户接收货物进行监控。大多数企业也没有一个机制来获得与客户何时收货有关的信息。取而代之的是，它们通常根据准时发货率来进行测量。这主要基于这样一个假设，即如果货物准时离开供应商的仓库，那么该货物也将准时送到客户手中。因此，订单周期中的运输配送被忽略了。今天，使用 EDI 连接、卫星和网络跟踪，许多企业都可以监控订货是否准时送到了客户的手中。

13.2.2 测量客户服务

第 4 章得出一个结论，即对一家真正致力于卓越物流运作的企业来说，基本的物流服务绩效是必要的，但并不是充分的。今天，许多企业更加关注测量满足客户需求能力的其他方法。因此，那些不仅仅追求测量基本客户服务的企业需要一套额外的测量指标。完美订单率、绝对绩效和客户满意度这三个指标是企业经常采用的。客户成功是客户关系的终极目标，虽然没有明确的指标来衡量，但是企业应该始终坚持致力于实现供应链管理的目标。

1. 完美订单率

第 4 章讨论了完美订单的概念，它可以作为企业零缺陷物流承诺的指标。完美订单的交付情况是对物流运作质量进行最终测量的方法。完美订单率评估的是企业总体整合物流绩效的有效性，而不是单个职能的有效性。它衡量一个订单是否能完美无瑕地通过订单管理的各个阶段——订单输入、信用结算、库存可用性、准确的分拣、准时交付、正确地开出发票以及不折不扣地付款，即是否能快速无误、无异常处理或无人为干预地管理订单。实际上，可能有 20 个不同的物流服务要素影响一个完美订单的履行。从测量的角度来说，完美订单率是指一段时间内，履行完美订单的数量与该段时期内履行订单的总体数量之比。

先进制造研究（AMR）机构认为企业可以从较高的完美订单率中得到巨额的回报，评估结果是完美订单率每提高 3%，利润就可以增加 1%。事实上，测量完美订单率并非一项简单的工作。为了掌握所有影响完美订单的因素，企业的不同信息系统必须互相整合并联结初始的采购订单。美国生产率和质量中心（APQC）的完美订单绩效定义中包括四个要素：准时交付订单的百分比、履行订单的百分比、无损坏订单的百分比、具有准确文档订单的百分比。APQC 的研究表明，在中等水平上，企业的完美订单指数为 80%[4]。换句话说，所有发货的订单中有 20%都存在某种形式的错误。这种错误率可引起许多企业的高度警惕，尤其是对于使用职能绩效指标（如按时发货率和生产线/生产单元完成率）作为客户满意度指标的企业。

2. 绝对绩效

大多数基本服务和质量测量，甚至完美订单测量都是对一定时期内的许多订单进行汇总来测量的。一些管理人员之所以采用这种"在一定时期内进行平均"的测量方法来汇报，是因为他们倾向于掩盖公司对客户群体的实际影响。现在管理人员意识到运用这样的测量方法会在公司内部产生自满的情绪，而更加恰当的方法是尽可能实时地追踪绝对绩效。这种绝对方法更好地反映了公司的物流绩效对客户的实际影响。例如，一些管理人员认为 99.5% 的准时交货率代表了最佳绩效。但是，正如一家大型配送公司的管理人员所说："对我们来说，99.5% 的准时交货率意味着在某一天有超过 5 000 个客户收到了延迟的订单。给如此多的客户造成这样的影响，我们不可能感觉很好。"这家公司以及许多其他试图获得最大市场影响的公司，它们既监控成功和失败在单位时间内的发生次数，也监控那些通常使用的比率和百分比指标。

3. 客户满意度

正如本章开头所提到的，衡量客户的感知和观点是平衡计分卡的基础。所有企业内部的与基本服务、完美订单，或者绝对绩效有关的统计数据，都可以作为测量客户满意度的内部指标，但是要对满意度进行量化就需要监控、测量并收集来自客户的信息。尽管关于采访和调查的综合讨论超出了本书的范围，但是通常满意度测量都要求仔细调查客户期望、需求，以及客户对与物流运作所有方面相关的企业绩效的感知。例如，典型的调查会对客户期望和绩效感知进行测量，这些绩效包括可得性、订单周期时间、信息有效性、订单准确性、问题的解决和物流质量的其他方面。除了收集客户对特定物流活动的评价之外，收集客户对于满意度的整体印象也是十分有用的。为了了解客户对竞争对手的绩效的感知，可能还会设计一些额外的问题。只有收集来自客户的信息，才能评估实际的客户满意度。更进一步说，只能从客户的角度去评估那些为促进客户成功而付出的努力。第 4 章中讨论的客户衡量服务的方法就是一个很好的例子。

13.2.3 选择适当的测量指标

迄今为止已经出现了很多对绩效指标的不同描述，却没有用来评价指标适用性或是对指标重要性进行排序的框架。实际上，某些物流著作中已经提出过一些不同的框架。格里菲斯、库珀、格士柏和克劳斯就提出了一个特别有用的框架。[5] 这个框架从三个角度进行测量，它们分别是：①竞争基础；②测量焦点；③测量频率。

竞争基础反映了在响应型物流和效率型物流之间的战略选择。为了提高响应性就不得不牺牲效率。测量焦点是指企业从运作层面到战略层面的一系列测量指标。测量频率是指有些指标需要每日监控，而有些指标可能只是为了诊断企业的运作问题，所需要的测量频率比较低。

图 13-2 对这个框架进行了说明，并举了一个应用例子。假设某个企业需要对其运作效率进

行频繁地评测（如图中☆所示），并且只考虑两个指标：①产品的总物流成本占销售收入的比例；②错误分拣率。如果企业要了解订单履行情况，第二个指标比第一个指标更接近评估的目的，但是这并非说明第二个指标对其他企业来说也同样适用，因为企业需要评估的对象不同，适用的评估指标也随之变化。我们建议管理者尽可能地往框架里填充各种各样的指标，以便选择最适合其评估要求的指标。[6]

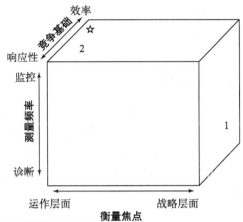

1：总物流成本占销售收入的比例；
2：错误分拣率；
☆：测量要求。

图 13-2 测量框架说明

资料来源：Stanley E. Griffis, Thomas J.Goldsby, Martha Cooper, and David J .Closs, "Aligning Logistics Performance Measures to the Information Needs of the Firm," *Journal of Business Logistics* 28, no.2(2007), pp.35-56.

20 世纪 90 年代后期，一些行业中领先的企业创办了一个组织，叫作"供应链委员会"。它们共同制定了**供应链运作参考模型**（通常被称为 SCOR 模型）。[7] SCOR 模型包括相关指标，提供了制订计划的工具，并描述了供应链相关流程。SCOR 模型的原则之一是各种指标必须分等级顺次从上一级到下一级。也就是说，高级主管监控的战略绩效指标必须有更详细的下级指标作为支持，这些指标可以用来诊断、控制战术层面上的运作。例如，该模型建议把完美订单这一指标用作战略层面的指标，而在战术层面相应的支持指标包括订单完成率、按时交付率、受损率等。当战略层面出现诸如完美订单绩效下滑等问题时，这些运作指标便能让管理者认识到实际问题所在。SCOR 模型的制定使得企业可以实现内部及供应链成员之间的有效沟通。这一框架也提出了大量指标的标准定义及测量数据要求，以便比较和衡量组织绩效。

13.2.4 合理化绩效指标

随着时间的流逝，组织倾向于在其测量系统中添加新的绩效指标，却很少删除任何绩效指标。这种指标的激增会导致出现大量的数据，这些数据往往会使得无法判断到底哪些指标才能真正地实现战略目标。定期对测量系统进行详细审查，并提出与每个单独指标有关的一系列问题可能会是个有用的解决方法。这些问题应该包括：

- 谁使用此测量信息？可能正在跟踪的许多测量指标实际上并没有任何人关注。
- 测量会影响哪些决策？识别受影响的决策是绩效测量控制目标的关键。

- 负责测量的个人或团体是什么？测量激励了哪些行为？了解已经做出的行为（实际的决策）可以帮助识别那些有助于实现战略目标的测量指标，以及那些无法实现战略目标的指标。
- 他们对影响各自的因素有控制权吗？如果个人或团体对影响各自的因素没有控制权，那将无法采取任何有意义的纠正措施。

这种类型的审查可以帮助企业维护一个绩效测量系统，并有助于完成该系统设计之初就设定好的监视、控制和激励目标。

13.2.5　供应链综合测量指标

目前人们关注的是整体供应链的绩效和有效性，这就要求测量指标能够综合反映各个方面。这种测量指标必须能够在企业职能和供应链组织之间进行比较并保持一致。如果没有整合的测量指标，不同职能部门和不同企业的管理者对实际物流绩效就会有不同的看法。需要考虑的具体测量指标包括：现金循环周期、现金周转、库存供应天数、闲置时间、货架上现货的百分比、供应链总成本以及供应链响应时间。

1. 现金循环周期

现金循环周期评估的是企业对现金的有效利用。虽然库存在资产负债表中反映为流动资产，但是汇报的库存价值并没有反映企业真实的资产配置情况。一些库存也许已经交付给客户，但是由于销售的贸易信用条款，客户还没有支付款项。相反，一些企业也许已经拥有了产品或零部件，但是还没有向供应商付款。现金循环周期是将花费在库存上的资金转化为销售收入所需要的时间。它可以通过一个企业的库存周期加上应收账款天数，减去应付账款天数进行计算。假设一个零售商的库存周期为30天，在供应商处有30天的贸易信用天数，并且仅用现金方式销售给终端客户。在理论上，该企业的现金循环周期为零，因为它将产品销售给客户并取得货款的时候，正是向供应商付款的时候。更加重要的是，无论资产负债表是如何反映的，该企业的实际库存投资为零。

尽管物流是影响现金循环周期的一个重要方面，但现金循环周期并不仅仅受物流影响。它测量的是企业的内部流程，因为它包括市场营销部分，如客户定价和销售条款，还包括采购部分，如供应商定价和条款。它从整合角度反映了企业库存实际占用的资金。

企业太过专注于现金循环周期，会带来一定的危险。因为这可能导致企业管理层得出一个结论，那就是，改善现金流量的一种简单方法就是花更多的时间向供应商付款。近年来，无数企业采取这种方法而毫不关心对供应商的影响。虽然改善了自身的现金流，但企业可能会使其供应商陷入财务困境。

2. 现金周转

描述整个供应链减少资产的潜在好处的一个流行术语是**现金周转**，有时也称为**自由现金周转**。其理念是减少与供应链绩效相关的整体资产。如果通过重新设计的供应链，可以减少一美元的库存或仓库投入，则这部分现金可用于其他用途，比如开发新项目、减少债务或以其他方式推动组织发展。当然，自由现金周转并不是只适用于供应链，它还适用于企业的所有领域。供应链现金周转的潜在吸引力是企业之间相互协作的机会。

3. 库存供应天数

传统的库存绩效测量指标，如库存周转率和供应天数关注的是单个企业。从供应链的角度来看，这种测量方法的缺陷是一个企业可以仅仅通过把库存转移到供应商或客户手中来提高其绩效。供应链库存供应天数关注的是供应链中所有地点的总库存，通常是所有工厂、仓库、批发商和零售商的全部产成品库存，以最近销售活动的可供销售天数表示。这种测量方法还可以扩展到包括制造工厂和供应商持有的原材料与零部件库存。这些半成品库存将转化为等量的产成品，并作为供应链总体库存的一部分。当供应链中的所有成员都采用这种测量方法时，人们关注的就是一体化运作的绩效。

4. 闲置时间

闲置时间反映了整个供应链资产管理的绩效。库存闲置时间是供应链中库存闲置不用的天数与库存被有效利用或配置天数的比率。尽管由于质量控制或者缓冲不确定性的原因，有时库存闲置是必要的，但是长期的闲置仍然能够反映出没有投入生产的库存的潜在数量。闲置时间同时也可以用于其他资产的计算，特别是运输设备。例如，轨道车的利用率可以由轨道车闲置和空置的天数比上它装满货物的天数来计算。减少资产闲置时间是许多物流管理者的关键目标，因为闲置资产对供应链的生产率没有任何贡献。

5. 货架上现货的百分比

最终，供应链中所有参与者的一个关键目标是，无论何时何地消费者要购买，都要有可用的商品供应。与仓库或者零售商店的完成率相关的单个企业的测量标准，很难确保当消费者在购物时，有商品可供其选择。由于这个原因，在一些供应链关系中，一个测量整体绩效的关键指标是货架上现货的百分比，即零售商店中货架上摆放有商品的时间占总时间的百分比。其基本原理是一个消费者不可能或不愿意选择和购买一个在零售商店货架上不容易得到的商品。增加货架上现货的百分比不仅使零售商受益，还可以使供应链的所有成员受益。尽管它关注的是对零售的影响，但是它也考虑了当客户想购买商品，但商品却不在货架上时对供应商的影响。

6. 供应链总成本

迄今为止，很多关于成本的讨论关注的是单个企业的物流成本。图13-3说明了供应链总成本是供应链上所有企业成本的总和，而不是单个企业的成本。这种观点对供应链的有效管理是非常重要的。仅仅考虑单个企业的成本会导致局部优化，并且一个企业可能会将成本转移给其他企业。如果供应链管理的目标是降低总成本，那么一个企业的成本增加，而供应链中其他企业的成本降低，这样就是合理的。只要降低的总成本大于供应链中某个成员增加的成本，那么作为一个整体的供应链就得到了改进。但是，那些成本降低了的企业有义务将利益与那些成本增加了的企业分享，并进行公平的补偿。供应链管理的真正本质就是愿意分享与一体化运作有关的收益和风险，这一点在以前的章节中有所讨论。

7. 供应链响应时间

综合供应链绩效的一个有趣并且非常有意义的测量标准是**供应链响应时间**（SCRT）。SCRT是指供应链中的所有企业都认识到市场需求的根本变化，并将这一变化内在化，然后重新计划和调整输出来满足需求所用的时间。例如，在汽车行业，当发现市场上对运动型多功能车的需求非常大时，汽车企业要花上几年的时间来开发足够的生产能力，重新安排供应商关系，并满足客户需求。在大多数情况下，SCRT 的实际测量标准是一个理论的近似值，而不是一个真实的测量结果。但是，对供应链管理者来说，当产品需求与预期相比有很大幅度的增加（或减少）时，考虑整个供应链从原材料采购到最终分销的过程中所有准备活动所需要的时间是非常有用的。

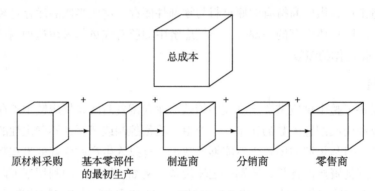

图 13-3　供应链总成本

13.2.6　基准测量

基准测量是绩效测量的一个重要方面，它使管理者意识到什么才是一流的企业实践。许多企业已经把基准测量作为一种工具，通过与领先企业的运作对比，来评估自己的运作，这些企业可以是竞争者也可以不是竞争者，可以是相关行业也可以不是相关行业。虽然基准测量的绩效指标已经成为一个相当标准的测量指标，但是许多企业却不用基准测量来评价企业运作。

基准测量的一个重要决策是选择基准企业。许多企业对企业内部涉及相似运作的单元绩效或处于不同地区运作的单元绩效进行比较。例如，强生公司的运作单元超过了 150 个，所以有充分的机会进行内部基准测量。由于从事多种经营的大公司的业务单元通常都不知道其他单元发生的事情，因此内部基准提供了知识共享和绩效改进的渠道。

然而，内部基准测量不能提供与竞争对手绩效有关的信息。因此一个企业可能已经落后于竞争对手，自己却没有意识到。与竞争对手绩效有关的信息可用来确定哪些地方是最需要改进的，然而获得竞争对手运作过程的信息是非常困难的。

无限制的基准测量致力于将测量指标和运作与最佳实践进行比较，而不考虑相关的实践来自哪个行业。它不会将信息来源限制为某个特定的企业或者行业。它基于这样一种理念，即一个企业有可能从与其不相关行业的企业那里学习，只要该企业的绩效显著或使用了创新的方法。里昂比恩（L.L. Bean）公司是一家商品邮购公司，它的订单履行过程被许多不同行业的企业作为基准，如食品、个人护理和电子行业等。

基准测量是企业绩效测量系统的一个重要工具。表 13-2 显示了一项有关供应链最佳实践企业的研究，研究发现那些具有高水平供应链运作能力的企业与那些供应链表现一般的企业相比，更加愿意从事基准测量活动。表 13-2 显示了与基准相关的一些研究结果。在所有分类中，高绩效的企业与绩效一般的企业相比，更加愿意进行基准活动。显然，领先企业认为基准测量是绩效测量的一个必不可少的方面。

表 13-2 绩效基准的差异 (%)

绩效方面	获得高指数企业的百分比	获得平均指数企业的百分比
客户服务	92.5	56.0
成本管理	80.0	47.1
质量	70.0	31.0
生产率	77.5	38.5
资产管理	55.0	25.8

注：所有差异的统计显著性水平是 0.05。

资料来源：Donald J. Bowersox, David J. Closs, and Theodore P. Stank. *21st Century Logistics Making Supply Chain Integration a Reality* (Oak Brook. IL. Council of Supply Chain Management professionals, 1999). p. 9

13.2.7 信息技术与测量

先进的信息技术大大增强了企业跟踪、监控物流绩效指标的能力。企业再也不需要通过人工或电子表格来收集、分类或分析绩效数据。例如，如今大多数的运输管理、仓储管理、客户关系管理以及供应商关系管理软件都具有测量和监督物流绩效的功能。这些软件提供的信息使得物流管理者能够在实时环境中采取必要的纠正性措施。

例如，在IBM，相关系统会追踪每个供应商的成本及按要求交付的情况，判断单个供应商的表现是否符合公司的要求。在客户方面，IBM在合同中会规定主要的测量指标，合同双方可以通过考虑这些指标确定关系是否运作良好。为了保证持续提高绩效，公司主管每个季度都会与供应商和客户开会，就有必要改善绩效的地方探讨相应的解决方案。

与此类似，吉列集团采用的技术应用可以跟踪详细的产品配送交付信息。该集团是百事可乐的分销商，总部设在威斯康星州。对于每一笔货物要配送给谁、由哪位司机配送、是否及时送达、哪些客户退回了过期产品以及其他相关信息，公司都了如指掌，这使得公司可以在配送过程中做出必要的调整和改进。

当然，并不是所有的业绩改进都需要使用复杂的技术来提供关键信息。例如，爱尔兰的啤酒酿造商健力士公司很惊讶地发现，其美国分销商对它的准时交付率评价只有50%，而它自身的估计接近100%。问题在于，健力士公司评价自身服务的标准是货物离开爱尔兰厂家的时间，而美国分销商关注的是货物何时抵达。两家公司主管进行的深入分析使得中间的差异显现出来。这一差异促使健力士公司详尽地调查了从都柏林装运货物到抵达美国之间的所有步骤，并且开始使用相应的技术以更清楚地了解每笔货物的状态。

这些例子强调了绩效测量中至关重要的一课：在监控物流系统状况时，数据和指标十分关键。尽管技术是该过程中重要的推动者，但绩效控制依然是管理者的责任。为了提升绩效，管理者必须利用信息来决定物流运作中应当做出的调整和改变。

13.3 财务评价

如前所述，平衡计分卡将提高股东价值看得非常重要。因此物流管理者必须掌握供应链活动和供应链过程对企业整体财务状况的影响。测量系统必须使物流管理者将供应链绩效和财务成果直接联系起来。为了有效地做到这一点，物流管理者必须掌握财务评价的两种重要工具：

成本/收益分析和战略盈利模型。

13.3.1 成本/收益分析

要进行物流整合必须建立一个成本/收益分析框架。传统的会计方法使物流管理者很难制定这样一个框架。**作业成本法（ABC）**是识别和控制物流费用的最成功的方法，对于边际贡献法和完全成本法进行了有效的补充。

1. 公共会计方法

企业的两个主要财务报表是**资产负债表**和**利润表**。资产负债表反映了一个企业在某个特定时间点的财务状况。资产负债表的目的是总结资产和负债并指明所有权的净值。利润表反映了某段特定时期内与特定运作相关的收入和成本，利润表的命名是为了确定运作在财务上的成功。物流职能是两个报表不可或缺的部分，然而物流成本核算和分析的主要缺陷在于标准会计成本的确定、分类和报告的方法。很遗憾的是，传统的会计方法不能充分满足物流成本统计的需求。

第一个缺陷源于这样一个事实，即会计方法中成本的累计是以一个标准的或自然的账目为基础的，而不是以活动为基础的。将支出归类为自然账目，如工资、租金、公共事业费用和折旧等，这种方法不能确定和分配运作责任。为了防止自然账目堆积在一起，利润表通常会按照一个企业中的管理或组织领域再次划分。内部利润表通常按照企业的预算项目进行成本的归类和划分，这样就根据管理责任对成本进行了细化。然而，许多与物流绩效相关的费用在企业的组织单元内是相互交织的。例如，降低库存将减少库存持有成本，但是会导致更多的订单延迟，这将增加运输总成本。这些会导致整体绩效测量的数据不充分。

第二个缺陷涉及报告运输费用的传统方法。会计中仍然保留的标准方法是一方面从销售总额中扣除运入货物的费用作为商品成本的一部分，得到毛利；另一方面，运出货物的费用通常作为运作支出。然而，问题远远不止运费应该计入哪种账目这么简单。在许多采购情况中，运费并不作为一项具体的成本出现。许多产品以交付价格进行采购，交付价格就已经包含了运输成本。许多先进的采购过程为了准确估价，要求包括运输费用在内的所有服务费用都从总采购成本中剥离出来。

传统会计方法的第三个缺陷是不能明确识别并分配库存成本。其体现在以下两个方面：第一，与库存维护相关的所有成本都没有被明确识别出来，如保险和税金，这将导致报告的库存成本不完全或者模糊；第二，对投入到原材料、在制品和产成品库存中的资产的财务负担没有明确测量，也没有从企业其他形式的资产费用中分离出来。实际上，如果企业使用内部资金来支持库存需求，在利润表中就可能会显示没有资本支出。

为弥补这些不足，需要对传统的会计方法进行修正以追踪物流成本。尤其是物流中两项最大的独立支出，即运输和库存，在传统的报表中都没有显示出它们的重要性。虽然目前情况有所改观，但是在大部分企业中，对物流成本的分离和汇报还没有形成标准的方法。

为了控制成本并提高运作效率，有必要使用恰当的方式来识别并收集所有与成本相关的信息，这对决策制定者是非常有意义的。物流成本也必须给管理者提供信息，以确定业务中某个具体的部门是否盈利，如客户、订单、产品、分销渠道或者服务。这需要将具体的收入和成本相匹配。

有效的成本核算需要确定分析框架下的具体费用。有两种常用的分析框架，分别是**贡献利**

润法和**净利润法**,每个分析框架都有大量的支持者。

2. 贡献利润法

纯粹的贡献利润法要求所有成本都根据支出行为确定为固定成本或者可变成本。固定成本是指那些不随活动量直接改变的成本。简而言之,即使活动量减至零,固定成本也会保持不变。例如,一辆运货卡车的成本是固定的。如果卡车的成本是 40 000 美元,不论卡车是运输一次还是 1 000 次,企业都必须支付 40 000 美元(或者进行适当折旧)。可变成本是那些随活动量变化而变化的成本。运行一辆运货卡车耗费的汽油就是可变成本,总汽油成本依赖于卡车行驶的频率和距离。

在贡献利润法分析中,确定什么是直接成本,什么是间接成本也很有必要。直接成本主要是因产品、客户以及其他所要考虑因素的存在而产生的成本。如果这些因素被取消,直接成本将不再存在。所有的可变成本都可直接追溯到具体的产品、客户和渠道等。如果某些固定成本支持某个具体的业务部门,那么该固定成本也是直接成本。例如,一个仓库设施是为了支持某条特定的产品线或者某个重要的客户而建立的,那么该仓库设施的成本就是直接成本。间接成本的存在是为了服务一个以上的业务部门,当某个特定的部门取消时,该间接成本将继续存在。对支持多产品线的仓库来说,即使取消了某条产品线,该仓库仍将存在。因此,该仓库成本对产品而言,就是间接成本。

用贡献利润法分析的利润表可以通过确定固定、可变、直接和间接成本而得出每个部门的盈利性。表 13-3 中的假设事例就是这样一种利润表,它分析了一家企业的两个客户的利润率,这两个客户分别是一家医院和一个零售商。销售产品的可变成本与每个客户销售部门的产品组合直接相关,它只包括直接人工、原材料和供应量。所有企业的一般管理费用在贡献利润法中都作为间接成本。可变直接成本包括:销售佣金、折扣、与服务每个客户相关的一定的物流成本,以及随着销售给每个客户的销售量变化而直接变化的任何其他费用。固定直接成本包括可以直接追溯到某个客户的任何其他成本。这些成本可能包括销售成本的某些方面、工资和费用、广告、运输、仓储、订单处理和其他物流活动,关键是这些费用必须直接由客户引起。间接固定成本包括不易追溯到特定部门的所有费用。其中,许多都可能是与物流相关的成本。例如,公共仓库、运输设备和其他共用的资源,这些都应该划为间接成本。

表 13-3 两个客户的贡献利润表 (单位:美元)

	医院	零售商	总计
收入	100 000	150 000	250 000
减:销售产品的可变成本	42 000	75 000	117 000
可变毛利润	58 000	75 000	133 000
减:直接可变成本	6 000	15 000	21 000
部门贡献毛利润	52 000	60 000	112 000
减:直接固定成本	15 000	21 000	36 000
部门贡献净利润	37 000	39 000	76 000
减:间接固定成本			41 000
净利润			25 000
部门贡献净利润率	37%	26%	30.4%

在表 13-3 中,两个客户都包括直接成本,并且在间接固定成本上有很大的贡献。然而,医

院的部门贡献净利润率要比零售商的高很多,分别为37%和26%。产生这种差异的很大一部分原因是可变毛利润的区别,分别为58%和50%。这个差异建议零售商应该分析其产品组合,以确定经营重点是否应该放在更加盈利的产品组合上。尽管如此,取消零售商将是一个明显错误,因为这样的话医院一方将不得不承担所有间接固定成本,会导致4 000美元净损失。

许多企业开始意识到,必须更好地了解特定业务板块的获利能力。它们也发现,与物流相关的成本是决定哪些客户和产品对企业总体盈利做出实际贡献的首要因素。例如,阳光心情公司脱离宝洁公司后,发现自身只不过是偌大行业中一个小公司。管理层很快认识到,必须集中精力提高客户盈利能力。这要求他们对营业额、贸易推广、产品销售成本、物流以及其他与客户成本相关的因素进行规划,提高公司整体的效率和销售额。

阳光心情公司的管理者分析了两家相似但盈利能力稍有差异的客户,查看为什么会存在差异。分析表明,盈利能力的差异是由物流所致,而且并不是因为运费成本差异,而是由于入库处理费用和滞纳金不同。经过探讨协商,盈利能力稍逊的客户能够较好地处理订单,给自己也给阳光心情公司节省了大笔费用。

阳光心情公司也对兼并后的公司进行了盈利能力分析。例如,在新近兼并弗利芬公司时,部分产品线被认为难以盈利。但是,阳光心情公司对细致到"每包费用"的数据进行分析,发现贸易推广方面的投入费用比最初认定的更有效率。因此,有些本来要被裁掉的产品实际上的盈利能力很强。

3. 净利润法

对各部门进行财务评价的净利润法要求把所有运作成本都分配给一个运作部门。这种方法的支持者认为企业的所有活动都是为了支持生产、产品配送以及服务客户。事实上,许多企业的大多数成本都是联合或者分摊成本。要确定一个分销渠道、区域或者产品的真实盈利情况,每个部门都必须公平地分摊这些成本。在前面的例子中,如果根据销售量来分摊间接成本,那么医院将要支付40%,即16 400美元,零售商要支付60%,即24 600美元。那么,为医院提供服务的净利润为20 600美元,来自零售商客户的净利润为14 400美元。

很明显,这种方法在决定如何公正平等地分配间接成本的过程中会出现很多问题。贡献利润法的支持者认为,这种成本分配方法必将导致武断的分配,并且会误导财务评价。他们指出了常用的依据销售量进行成本分配方法的内在弊端。例如,在前面的例子中零售商的销售量占60%,但这并不一定意味着它必须分摊60%的活动费用,这些活动包括广告、仓储、订单处理等。在每一项费用中它应该承担的成本有可能多,也有可能少,这取决于具体的情况,并不仅仅与销售量有关。

然而,净利润法的支持者反驳说,关于固定成本和可变成本、直接成本和间接成本的传统观念过于简单。许多所谓的间接固定成本,事实上根本不是间接的或固定的。这些支出的增加和减少,依赖于各个运作部门的业务需求。

4. 作业成本法

作为一种在一定程度上解决武断地分配成本问题的方法,作业成本法(ABC)建议首先应该将成本追溯到执行的活动,然后将活动与具体的产品或企业的客户联系起来。例如,在前面假设的例子中,订单处理费用主要是间接固定成本,总计5 000美元。如果按照销售量的方法分摊,那么医院将承担2 000美元,零售商将承担3 000美元。然而,很有可能医院这一年下了很多次订单，每次的订货量都很少，而零售商也许只下了几笔大的订单。如果医院下了80个订单，零售商下了20个订单，按照作业成本法，医院将承担订单处理费用的80%，即4 000美元，零售商承担订单处理费用的20%，即1 000美元。通过确定活动和成本的动机，将类似的逻辑应用到其他间接固定成本，可以使客户的收益率更加准确。

作业成本法中最大的问题是确定活动、相关费用和成本的动机。订单处理成本可能与一家公司的订货次数有关，也可能与另一家公司的订货产品线数量有关。仓库分拣费用可能与一家公司分拣的商品数量有关，也可能与另一家公司分拣的商品重量有关。运输费用则可能与为一家公司送货的次数有关，也可能与为另一家公司送货的里程数有关。作业成本法的支持者认为，有一种成本不应该分配到活动中，即剩余能力的成本。因此，如果一个订单处理系统每年能够处理500万个订单，但实际只处理了400万个，那么剩余的能力不应该分配到任何部门中。类似的是，假设一个仓库和它的员工可以处理100 000次发货，但是实际上只处理了80 000次，这种剩余能力成本是一个时段成本，而不是发生实际贡献的成本，也不应该分配到目前的运作部门中。所有其他成本都应该通过基于作业的成本系统进行追溯。

随着分析人员开发出更好的方法来确定支出行为，贡献利润法和净利润法之间的许多区别正在消失。只要成本追踪原理反映了活动的真实成本，那么直接成本核算法和贡献利润法的拥护者也会赞成将成本分配到各个部门。很长时间以来，他们一直争论的是成本分配方法是否公平合理。同时，即使是完全成本法的最强烈的支持者，他们也不会赞成对成本武断分配。最近一些研究成果，如时间驱动的作业成本计算方式，不仅提高了精确性，在解决这一矛盾方面也有一定的贡献。[8]

13.3.2 战略盈利模型

当成本核算和盈利能力评价成为财务控制的重要方面时，衡量战略成功的最重要指标是**投资回报率**（ROI）。可以从两个方面来看投资回报率：一是**净值回报率**（RONW），它衡量公司所有者所投资金的获利能力；二是**资产回报率**（ROA），它衡量公司所运营资产的获利能力。尽管大多数公司所有者和投资者对净值回报率要感兴趣一些，但资产回报率也可以反映管理层利用资产获取利润的能力。

图13-4用假设数据说明了**战略盈利模型**（SPM）。公司经常使用战略盈利模型来分析投资回报率。实际上，战略盈利模型是得出资产回报率的一种工具，它将利润表和资产负债表的数据合并，然后显示这些数据之间的关联关系。

战略盈利模型的一个主要优点在于它能够非常清楚地显示公司的一个关键财务目标，即实现和提高资产回报率。但通常来说，管理者关注的目标很有限。例如，销售管理者可能将销售作为业务的主要目标，因此所做的决策也是以销售量为基础的。物流管理者可能关注的是成本最小化或者周转率，因此他们制定决策的基础是降低成本或者促进公司资产的有效利用。战略盈利模型显示公司可以通过两种途径提高资产回报率：管理净利润率和管理资产周转率。物流运作对这两方面的影响都很大。

1. 净利润率

净利润率是用净利润除以净销售额，以百分比表示。然而，除了这个简单的表述以外，净利润率实际测量的是每1美元的销售额中，有多少被公司作为净利润保留。例如，假设某一公司的净利润率是5%，这意味着每1美元中，有0.05美元是公司的净利润。必须说明的是，净利润率也可以分成许多具体的组成部分。这些组成部分有销售额、销售成本和运营费用。为了充分评价一个公司的净利润率是否合适，以及是否需要改进，有必要调查每一个组成部分，以决定是否增加或者减少任何一个组成部分或组成部分的任何组合，以提高净利润率。

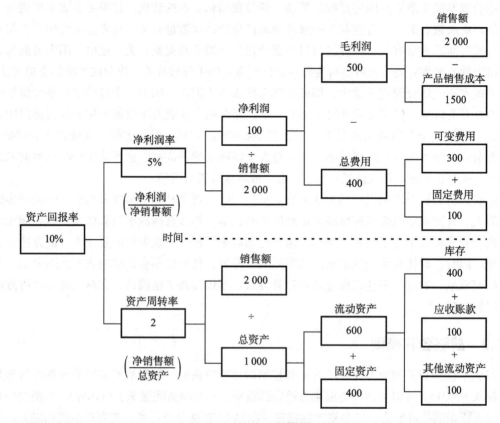

图 13-4 战略盈利模型

2. 资产周转率

总销售额除以总资产的比率就是资产周转率，它衡量资产使用的管理效率。它体现公司每投入1美元，可以产生多少美元的销售额。例如，假设一个公司的资产周转率为2∶1，那么公司每投资1美元，会产生2美元的销售额。如图13-4所示，有很多资产被用来创造销售收入。其中，最重要的有库存、应收账款和固定设施。对许多公司来说，库存都是非常重要的资产，因为它占了资产的很大一部分。因此，通常物流管理者对库存周转率的管理尤其重视。

3. 战略盈利模型的应用

战略盈利模型可用于多种不同类型的物流分析。应用最普遍的两种分别是物流活动或者过程的变化对资产回报率的影响分析，以及各部门的资产回报率分析。

图13-5举例说明当一家公司能够减少100美元的库存时，如何重新计算资产回报率。减少库存最显著的影响是库存资产从400美元降低到了300美元。总资产的相应变化导致新的资产周转率变为2.22，而不是以前的2.0。为了便于解释，假设销售量保持不变。

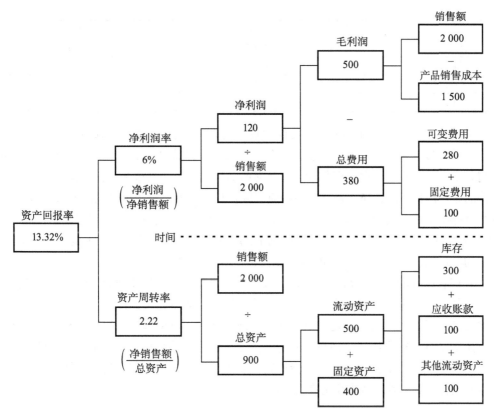

图 13-5 战略盈利模型（库存减少）

然而，平均库存的减少也会影响运营费用，例如，第 7 章讨论的库存持有成本就会减少。在该例中，假设库存持有成本是 20%，那么费用就减少了 20 美元，净利润增加到了 120 美元，并且净利润率增加到了 6%。库存减少对利润率和资产周转率的双重影响使资产回报率从 10% 增加到了 13.3% 以上。由于减少库存的作用如此显著，因此很多公司都很重视库存管理的改进方法。

使用战略盈利模型可以将销售不变这一简化的假设运用到进一步的研究中，可以提出并分析更多因素的变化，如数量、费用和投资的变化。实际上，战略盈利模型框架非常适合电子数据表格的形式，利用电子数据表格可以研究并分析物流运作中的许多变化以及它们对资产回报率的影响。由设施结构或者方法的变化而导致费用、资产投资和销售水平的变化也可以进行分析，并能够预测该变化对资产回报率的影响。

战略盈利模型与成本 / 收益分析中讨论的概念可以一起被用来计算一家公司不同客户或者产品分类的投资回报率。表 13-4 举例说明如何计算两种产品的**库存投资利润回报率**（CMROI）。每个产品的贡献利润是通过那些与该产品直接相关的费用计算出来的。

表 13-4　两种产品的库存投资利润回报率　　　　　　　　　　　　　　　　　（单位：美元）

	产品 A	产品 B
销售收入	100 000	50 000
产品成本	60 000	35 000
毛利润	40 000（40%）	15 000（30%）

(续)

	产品 A	产品 B
直接费用	25 000	9 000
贡献利润	15 000（15%）	6 000（12%）
平均库存	40 000	10 000
CMROI	37.5%	60%

这个例子没有考虑分配间接成本。类似的是，还应该确定直接投资到每种产品的资产。本例中，唯一的直接投资资产是库存投资。值得注意的是，尽管产品B的毛利润和贡献利润都比较低，但是由于它的平均库存投资很少，因此它的回报率反而要高很多。在其他情况下，例如，分析资产的客户回报率时，还应该将客户的应收账款和其他直接资产投资包括进来。

使用战略盈利模型还可以分析其他部门的利润率和投资回报率。这需要仔细思考并确定这些部门的成本和资产投资。使用这种方法，物流管理人员就拥有了一个强大的、有用的工具，可以确定物流过程、活动和决策是如何影响组织的财务目标的。

物流管理者面临的一个问题是其他高层管理者通常并不认为物流绩效评价的手段或方法很有意义。例如，每英里的运输成本、仓库分拣费用以及与成本相关的测量标准，这些指标对管理具体的活动是很有意义的，但是对财务和销售部门来说却难以理解。战略盈利模型框架是一种非常有用的工具，它将物流活动与企业的整体财务目标联系起来，提供了一种跟踪机制，能够将物流资产和成本的变化与一些测量指标直接联系起来，如利润率、资产周转率和资产回报率，而这些指标对其他管理者来说更有意义。

13.3.3　财务报告的要求

由于出现了多起大型公司财务管理不善的事件，因此2002年美国国会通过了《萨班斯—奥克斯利法案》（简称《SOX法案》）。尽管法案针对的是公司报告给股东的财务报表，但是此后不久，该法案对物流和供应链管理者都产生了很大的影响，尤其是关于如何测量并汇报绩效。

《SOX法案》的第404节要求公司在提交公司年度报告的同时，必须提交一份内部控制报告。证券交易委员会通过评价公司的内部控制来确定公司是否能够确保财务报表的一致性和准确性。因此，法案涉及的每家公司都必须接受证券交易委员会的要求，具备所需要的内部测量能力。必须指出的是证券交易委员会并没有规定公司必须进行哪种内部控制和测量，但是却要求内部控制必须确保财务信息的真实性。从本质上说，公司必须证明它们的财务数据能够准确反映真实信息，这些财务数据包括收入、产品销售成本、费用、资产和负债等。

对物流和供应链管理者而言，遵守《SOX法案》的规定尤其重要。《SOX法案》要求公司评估并报告所有资产负债表中的债务、合同负债以及其他影响财务报表的业务活动。像供应商管理库存、长期采购协议以及上架费协议等都属于此类业务活动。因此随着《SOX法案》要求的公开，公司采用以上措施来提高竞争优势的方法逐渐被公众所了解。

除了汇报以上活动外，公司还必须报告其他任何对财务报表有重大影响的事项。例如，假设由于安全风险或者运输延迟，产品运输的提前期将会很长，或者有可能在外国的边境存放很长时间。在许多情况下，买方都会根据合同的规定付款，而不管什么时候收到产品。因此，有时候买方已经拥有了产品库存，但是却没有实际所有权。[9] 以前，高层管理者根本不知道这些事情，但是在目前的财务约束及相关风险的环境下，这些情况必须汇报给高层管理者。从根本上说，由于充分披露公司财务状况的要求，高层管理者能够更好地了解物流运作的详细情况。这也促使公司必须实时准确地监控运输地点和运输状态。

尽管许多管理者感觉《SOX法案》的要求对公司来说是一种负担，但是也有一些管理者将这看成一种改进的机会。由于《SOX法案》要求详细了解从始发地到最终目的地的过程中，产成品和原材料在所有时间位于什么地点，因此公司就必须提供更多的资源来实现供应链的可见性，以便于管理。反过来，有了更好的可见性，就更有机会根据这些更好、更及时的信息来改进决策。

本章小结

要有效地管理物流运作和实现供应链的一体化就必须建立一个绩效评价和财务控制的框架。平衡计分卡提供了一个监控系统绩效、控制活动和指导工作人员的框架，以提高生产率。

综合绩效测量系统包括每一项物流职能的测量指标。职能绩效可以分为以下五个方面：成本管理、客户服务、质量、生产率和资产管理。行业领先企业将它们的职能测量系统扩展到了满足客户服务能力的测量指标。其中，包括一些绝对绩效的测量指标，而不是平均绩效，如完美订单、基于客户的测量和客户满意度等。既然能够用于物流绩效评估的指标多种多样，那么对企业来说选择最合适的评估指标就成了一个难题。企业必须按照自身的需求选择合适的评估指标。为了帮助实现供应链一体化，行业领先企业已经建立了一套跨企业的测量标准，如库存供应天数、库存闲置时间、现金循环周期和供应链总成本。

有效的财务评价要求具备成本/收益分析和战略盈利模型的知识。传统的会计方法通常不能充分地核算物流成本。有效的决策支持要求管理者能够将收入与服务具体客户、渠道和产品的费用相匹配。贡献利润法和净利润法代表了成本/收益分析的两种方式。作业成本法使管理者能够将物流费用更加明确地追溯到产生收入的部门。控制的另一种工具是战略盈利模型。该模型使管理者能够评价物流决策对利润率、资产利用率和资产回报率的影响。它还使管理者能够更加精确地评价各个部门的利润和投资回报率。《SOX法案》需要企业提供外部财务报告，包括重要的物流活动和其他影响资产负债表和企业利润的重要事项。

学习型思考题

1. 简要地讨论制定和实施绩效测量系统的三个目的。
2. 平衡计分卡是怎样帮助物流管理者建立绩效评估系统的？
3. 完美订单的想法是现实的运作目标吗？
4. 为什么供应链绩效测量的综合指标，如供应链总成本，开发起来如此困难？
5. 比较或对比成本/收益分析中的贡献利润法和净利润法。
6. 为了分析服务某类特殊客户的资产回报率，如何将战略盈利模型和成本/收益分析这两种方法结合起来使用？

挑战型思考题

1. 你认为诸如吉列集团和健力士这样的公司在开发提供实时物流绩效信息的测量系统时会面临哪些困难？在探讨涉及健力士的内容的时候，要注意你在回答中应考虑准时交付而不是准时装运的情况。
2. 假设你在一家小公司工作,这家公司在技术投资方面能力有限。如果你要获得吉列集团和健力士等大公司通过技术投资所获取的绩效测量信息,应该采取哪些措施?
3. 你认为在实施客户及产品盈利能力分析时(如阳光心情公司所示),主要障碍有哪些?
4. 除了例子中探讨的决策外,阳光心情公司和其他公司还可以通过客户及产品盈利能力分析进行哪些类型的决策?

注释

1. Robert S. Kaplan and David P. Norton, "The Balanced Scorecard-Measures That Drive Performance," *Harvard Business Review* 70, no.1(1992), pp.71-79.
2. Donald J. Bowersox et al., *Leading Edge Logistics: Competitive Positioning for the 1990s* (Oak Brook, IL: Council of Logistics Management, 1989); World Class Logistics Research Team at Michigan State University, *World Class Logistics: The Challenge of Managing Continuous Change* (Oak Brook, IL: Council of Logistics Management, 1995); and Donald J. Bowersox, David J. Closs, and Theodore P. Stank, *21st Century Logistics: Making Supply Chain Integration a Reality* (Oak Brook, IL: Council of Logistics Management, 1999).
3. 见第3章。
4. Supply and Demand Chain Executive, "Metric of the Month: Perfect Order Performance," April 22, 2016, https://www.sdcexec.com/warehousing/article/12193325/.
5. Stanley E. Griffis, Thomas J. Goldsby, Martha Cooper, and David J. Closs, "Aligning Logistics Performance Measures to the Information Needs of the Firm," *Journal of Business Logistics* 28, no.2(2007), pp.35-56.
6. 同上述文献第47页。
7. 有关供应链运作参考模型更详细的信息,请参考 www.supply-chain.org。
8. Patricia Everaert, Werner Bruggeman, Gerrit Sarens, Steven Anderson, and Yves Levant, "Cost Modeling in Logistics Using Time-Driven ABC: Experiences from a Wholesaler," *International Journal of Physical Distribution & Logistics Management* 38, no.2(2008), pp.172-189.
9. Peter M. Tirshwell, "How to Avoid This," *Journal of Commerce*, November 2, 2004, p.1.

第 14 章
供应链的发展趋势

在过去的 50 年中,供应链管理中的物流学科及其相关学科已经从事务型的"后台"活动演变为一系列前端过程,这些过程使商业组织和非营利组织均可以实现其目标并创造竞争优势。物流和供应链管理通过减少费用、增加收入和提高资产利用率来帮助组织创造竞争优势。然而,消费者需求和技术能力的变化既增加了对当今物流和供应链系统的需求,也为提升供应链绩效提供了新的机会。

本章以在约翰·H.麦康奈尔基金会(John H. McConnell Endowment)及美国生产和库存管理协会(APICS)的支持下,在密歇根州立大学完成的"超越视野"(BTH)研究为基础。[1] 通过广泛的访谈和调查,BTH 项目的研究确定了未来物流和供应链管理专业人员将面临的主要趋势和挑战。[2] 这些挑战基于供应链专业人员心目中的相对排名,主要包括:①理解端到端供应链管理;②培养供应链管理人才;③管理风险和复杂性;④管理威胁和环境变化;⑤理解安全、监管和合规环境;⑥理解采购和总成本管理。本章将根据这些挑战依次展开,详细讨论并描述每个挑战及其产生的影响,并提出未来的发展方向。

14.1 理解端到端的供应链管理

第一个挑战是理解端到端供应链的范围和维度。从历史上看,执行人员只专注于涉及直接供应商和直接客户的供应链。从本质上讲,这相当于一个两到三级的供应链,通常涉及制造商、供应商和分销商。这还包括对于整个供应链中的产品和运输流程特征的理解。

现代物流的挑战是要在公司的整个端到端供应链(即从基本原材料供应商到最终消费者)中具有合理的可见性,并能够理解供应链各阶段之间的流动。图 14-1 举例说明了从制造商到客户的端到端供应链的一部分。对于汽车行业,这将包括从铁矿石矿场到汽车消费者的整个供应链。对于葡萄酒或啤酒行业，端到端的供应链涉及从种植葡萄到配送给客户的全部范围。

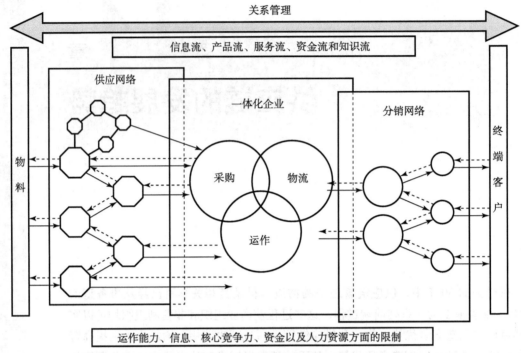

图 14-1 端到端供应链

尽管大多数供应链管理者并不担心其上下游的供应链在两到三级以上，但是由于供应链合作伙伴的失败可能导致风险和责任，因此这种情况正在迅速改变。风险包括：

- 第四级或第五级供应商无法满足主要制造商的产能需求；
- 关键零部件供应商的产品质量不合格；
- 产品或零部件在供应链中移动时已被伪造或掺假；
- 产品或零部件通过多个渠道移动，导致供应链需要建立多个流程；
- 为找出最终赔偿者，提出法律诉讼导致多家供应商承担连带诉讼责任；
- 由于海关规定，产品或零部件被扣押在边境；
- 产品或零部件在供应链中丢失或损坏。

在这种情况下，挑战来自多个层次、多个流程以及损坏或掺假的多重风险，这可能会导致延迟交货、产品损失或法律责任。这些变化也可能会改变对交付、包装和退货处理的要求。

上述情况导致当今的供应链专业人员要对更长和更复杂的供应链负责。公司的品牌和法律责任也更加重要，尤其是那些拥有大量资产和品牌权益（也称为品牌资产）的公司。即使该公司并不是问题的主要原因，也必须承担品牌和法律责任。

14.2 培养供应链管理人才

第二个挑战是获取供应链管理人才，包括专业人员和操作人员。企业越来越认识到供应链管理专业知识有助于企业发展和提高竞争力，因此对于供应链人才的需求大大增加。需求增加的原因是提出需求的企业范围越来越广，比如服务供应链也正在寻求供应链人才。据估计，在过去几年中，每个受过训练的供应链专业人员都曾经收到过6～8个工作机会。虽然对于那些正在寻找工作的人来说机会是巨大的，但这对正在寻求人才的高层管理者和企业来说是一个真正的挑战。

专业人员（经理和管理人员）以及技术工人都需要供应链人才。专业人员需要监督供应链的过程和活动，而技术工人需要监督生产、物料搬运和运输设备的操作。专业人员通常需要大学本科或研究生学位，技术工人则越来越需要大学副学士或专科学位。

基于密歇根州立大学的研究，培养供应链管理人才的阶段是：①人才引进；②人才培养；③人才保护；④留住人才。[3] 下面我们将简要讨论每个阶段。

14.2.1 人才引进

人才引进要求企业吸引感兴趣的候选人，发展专业候选人，并就职位等级等事项达成共识。吸引感兴趣的候选人需要企业利用互联网、大学和持续的公共关系来创建潜在的、感兴趣的候选人的人才库。人才库中包括对企业感兴趣的候选人，并能判断如果提出工作邀约，谁可能会更愿意接受。

发展专业候选人可以识别最吸引人的候选人并将其转移到正式的甄选过程中。此步骤将从上一阶段确定的可能的候选人中选择最适合的候选人，包括与潜在候选人进行专业会谈和会议交流，以便更多地了解候选人。

商定职位等级要求组织确定是否要聘用未来的领导者、专业技术人才或满足多样性要求的候选人。具体来说，企业要确定是为能力还是多样性而招聘，还要确定正在寻找的人才到底是不是具有特定技能的专业人才。企业内部的讨论可确保人力资源和物流专业人员就人才的寻找方向达成共识。

14.2.2 人才培养

人才培养要求企业进行小组面试，同时要防止领导短视，并找到具有领导潜力的人。企业应该使用代表不同组织观点的面试小组来对潜在候选人进行判断。这一行为的目的是确保潜在候选人对于领导力、合作、技术、问题解决等方面的观点能够经住考验，了解其潜在贡献的广度。

防止领导短视意味着高管需要保持谨慎，不要轻易相信会找到一个符合所有期望的理想人选。每个候选人都有权衡取舍，需要对他们进行评估并与职位等级相匹配。通过轮换计划对员工进行轮转，以确保他们不受单个领导者的培养和控制。轮换计划应将员工安排在多个地理位置、部门和职位类型中。图14-2说明了供应链专业人员需要在多个级别和门类培养经验并建立关系网络，以成长为高级物流和供应链管理人员。

重要的是，员工应该有机会向高级管理人员展示他们的潜在领导力，以免他们的发展潜力受到限制。企业应通过正式的沟通和审查流程使员工与高级管理人员接触。

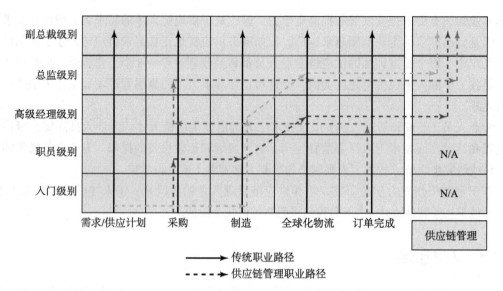

图 14-2　供应链管理职业路径：拓展技能和工作经验的深度和广度

资料来源：John Dischinger, David J. Closs, Eileen McCulloch, Cheri Speier, et al., " Supply Chain Management Review," *Framington* 10, no. 1 (January/February 2006), pp. 62–68.

14.2.3　人才保护

一旦人才得到了引进和培养，下一步就是维护或保护人才。人才保护包括对员工进行认证和教育、对其绩效潜力进行分类、训练和指导员工。由于商业和技术环境的快速变化，个人能力很快就会过时，因此使员工积极进行个人能力的提升是非常重要的。提升个人能力的一种常见的方法是通过认证计划和获取高级学位。许多供应链专业组织，例如美国供应链管理专业协会和 APICS 提供类似的专业认证。如果员工希望获得学士学位或研究生学位，那么有很多大学可以供其进行校园学习和在线学习。

对绩效潜力进行分类要求企业定期评估员工技能，以确定他们可以在哪些方面为公司做出最重要的贡献或在哪些方面需要最好的发展。一般的技能类别包括分析、人员管理、行动力和包容性。应该根据员工的技能优势安排与之相匹配的职位，或是在他们较弱的技能上进行训练。

人才保护还需要一个良好的训练和指导系统，为员工提供指导和非正式反馈。训练和指导会议应包括频繁的、定期的、正式和非正式的、详细记录的会议。

14.2.4　留住人才

最后一步是留住人才。在当今非常活跃的人才市场背景下，一项重要的任务就是留住企业已经引进和培养的人才。留住人才包括调整职业路径、考虑工作与生活的平衡以及保留退休人员的知识。调整职业路径需要了解供应链人才的潜在职业路径。例如，在销售和市场营销方面，职业路径通常是从销售人员到销售经理再到市场总监；在会计方面，职业路径通常是从会计到管理会计再到财务总监。在供应链中，职业路径不是很清晰，因为员工可能会在不同地域、部门和职能之间进行轮换，这通常会导致没有明确的职业阶梯。供应链的职业路径更像是一种职业网格，每个人朝着不同的方向前进。由于供应链专业人员没有标准的职业路径，因此向员工提供一些成功的职业路径发展案例很重要。成功的职业路径发展案例非常有用，可以帮助员工识别机会，并有动力挑战风险。

留住人才还需要考虑工作与生活的平衡以及其他工作模式。考虑工作与生活的平衡是指为员工开展工作和照顾家庭提供灵活的雇佣政策，工作方式的灵活性使员工能够在非标准工作时间内工作，并可以居家办公。友好的家庭照顾政策给员工一定的灵活性，使他们可以迟到或早退以接送孩子或就医。这些工作模式的组合使得那些员工可用性有限的企业更具吸引力。

留住人才很重要，其中包括留住退休人员的知识。现在企业中拥有 25~35 年经验的员工越来越多，他们拥有大量的流程和工作的专业知识。许多高管非常关注由制度历史、流程和技术构成的组织知识体系。企业针对退休人员采取了两项举措。第一是规范从未来退休人员那里转移知识的流程。典型的流程是将一名初级员工分配给即将退休的员工，以便初级员工可以开始了解即将退休员工的流程和关系知识。在某些情况下，会为退休人员参与的工作提供奖金或延期工资。第二个举措是在退休公告和正式退休之间留出足够的时间，以便进行工作交接。

14.2.5 小结

当今企业面临的一项重大挑战是引进、培养，保护和留住人才。随着对供应链专业知识的潜在利益的了解不断加深，对供应链人才的需求也在迅速增长。企业必须更加主动地开展人才和领导力培养计划，否则企业将失去高级人才带来的竞争优势。

14.3 管理风险和复杂性

供应链管理面临的第三个挑战是风险和复杂性管理。以下两节将分别对风险和复杂性进行讨论。

14.3.1 风险管理

从历史上看，供应链风险主要是由需求和交货期的不确定性造成的。**需求不确定性**通常与预测和需求的变化有关。交货时间的可变性导致了**交货期不确定性**。与供应链运作有关的风险正在不断增加。表 14-1 说明了供应链组织中遇到的风险类型，主要包括合规性、绩效、重大环境事件，财务和市场细分。

表 14-1 供应链风险类型

合 规 性	绩 效	重大环境事件	财 务	市场细分
● 供应商行为准则	● 卓越标准	● 自然灾害	● 上市公司	● 相关产业
● 供应商高风险审核	● 交付要求	● 劳动力中断	● 私营企业	● 包装
● 受限物料	● 质量要求	● 地缘政治风险	● 交付方式改变	● 自然资源
● 认证	● 审核结果	● 贸易壁垒	● 破产	
	● 能力约束	● 关税	● 所有权变更	
		● 大规模流行病	● 公众新闻发布	
		● 恐怖主义		
		● 火灾		

合规性风险与企业确保自身和供应商遵守供应商行为准则、供应商高风险审核、受限物料、

认证等的能力有关。遵守供应商行为准则要求供应商遵守与贿赂和奴隶劳工或童工有关的道德规范；供应商高风险审核要求供应商在其设施和设备及周围应用安全的工作规范；受限物料要求限制使用地方政府定义为稀缺资源的物料或是通过奴隶劳工获得的物料；认证是针对那些需要满足特定标准的物料，如未通过转基因或产品纯度认证的谷物。

绩效风险与供应商交付的绩效水平有关。企业面临的风险与供应商未能满足卓越标准、交付要求、质量要求、审核结果和能力约束有关。绩效风险最终表现为供应商无法及时交付的产品数量和质量问题。

环境风险是指企业无法控制的事件带来的风险，包括地震、海啸、洪水、大规模流行病等灾害。在这些情况发生时，运输基础设施可能会受到严重破坏或毁坏。超出企业控制的其他环境风险包括劳动力中断、地缘政治风险、贸易壁垒、关税和恐怖主义等。在这种情况下，由于劳动力限制、能力限制、政府限制或恐怖主义给员工带来风险，企业的业务可能受到抑制。

财务风险是指供应链合作伙伴财务状况变化带来的风险，包括客户或供应商所有权的变化、付款条件的变化或破产。由于缺少供应商或现金流受限，这些事件可能会使企业难以继续运作。

市场细分风险是指由相关行业的行动所造成的限制。例如，2008~2010年期间汽车行业处于低谷，而农业设备行业则并非如此，这两者都以钢铁为原材料。在此期间，农业设备行业的钢材采购没有问题。但是，当汽车行业回归时，由于汽车行业对钢材的需求明显增加，农业设备行业开始出现钢材采购问题，结果就是拥有较低采购量的行业面临着供应商的挑战。包装行业或其他自然资源行业也可能出现类似的情况。

14.3.2 复杂性管理

复杂性是指产品和过程的复杂性，其中包括产品变体和过程体的数量。产品变体是指由颜色、尺寸、包装和其他差异化特征而产生的库存单位（SKU）的数量。过程变体是指产品在工厂的生产过程中可能采用的加工路径数量，更多的路径变动增加了工作单元和转换的数量并降低了规模经济性。其他复杂性包括供应商的数量、分销渠道的数量、每个 SKU 的功能和组件变化、包装变化和地域管制。

图 14-3 说明了 SKU 与收入、成本以及利润之间的关系。随着 SKU 数量的增加，收入最初随着消费者购买产品的增加而增加，因为企业可以通过增加功能数量和功能变化，针对客户进行量身定制。但最终收入增加却趋于平缓，因为 SKU 数量的增加使消费者感到困惑，他们放慢了购买速度。随着 SKU 数量的增加，相应的供应链成本以增长的速度增加。这是因为增加的 SKU 会增加原材料的安装、保修和采购成本，同时降低了规模经济效益。其结果是利润曲线表现为先增加达到最大值，然后下降。最初利润增加是因为收入的增长速度高于成本的增长速度。但是，一旦由于 SKU 数量和运作复杂性的增加而使成本开始迅速增加，利润就开始下降。我们可以得出这样的结论：每家企业的每个产品种类都有一个最佳的 SKU 数量，如果 SKU

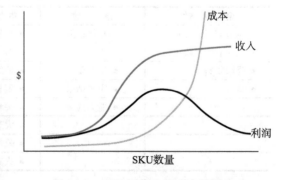

图 14-3　SKU 对收入和成本的影响

数量过少，则其利润较低，因为消费者对所提供的产品范围不满意；如果 SKU 数量过多，则由于维持产品变体的成本较高，利润仍然会很低。

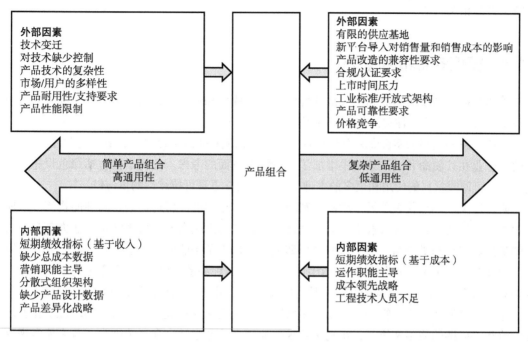

图 14-4　影响产品组合复杂性的因素

资料来源：David Closs, Mark Jacobs, Morgan Swink, and G. Scott Webb, "Toward a Theory of Competencies for the Management of Product Complexity: Six Case Studies," *Journal of Operations Management* 26 (2008), pp. 590–610.

图 14-4 描述了影响产品组合复杂性的因素。中间的条形表示整个产品组合，左侧的两个方框表示驱动较简单产品组合的外部因素和内部因素，右侧的两个方框表示驱动较复杂产品组合的外部因素和内部因素。外部因素即在企业控制范围之外的因素，内部因素即在公司控制范围之内的因素。

导致产品组合复杂性的外部因素通常是由对定制技术、多样化应用或一系列产品性能的要求引起的。这些要求通常由行业、政府法规或客户控制，企业很难对其进行控制。

导致产品组合复杂性的内部因素是由于企业只关注收入，而对总成本数据的了解不足。换句话说，企业采用了最大化收入目标，却不了解与 SKU 变化有关的总成本，因此企业增加了 SKU 的数量以出售更多的产品。

推动产品标准化或通用化的外部因素包括有限的供应基地、价格竞争、合规要求和可靠性要求。在这种情况下，标准化程度的提高提供了更高的规模经济性和可靠性，从而降低了制造成本。

推动产品标准化或通用化的内部因素包括基于成本的绩效指标和由运作职能主导。在这种情况下，企业试图重新设计流程并做出降低生产成本的决策。

14.3.3　小结

消费者对产品功能需求和定制需求的增长引发了供应链中更多的风险和变化，导致了过程和零部件的更多变化。虽然管理者希望降低供应链的风险和复杂性，但今天的全球化运作和消费者需求将导致更高的风险和复杂性。当今的物流和供应链管理人员的责任是平衡风险带来的收益机会和相关成本。

14.4 管理威胁和环境变化

第四个挑战涉及对物流和供应链环境中的一般威胁和环境变化的管理。这些威胁和环境变化包括可持续性、阶段性关注焦点和盈利能力。

消费者越来越要求零售商和全渠道合作伙伴在物流和供应链运作中，更多地关注可持续性。因此，企业在其使命和运作策略中增加了可持续性方面的考虑。此类举措包括绿色设施、可替代燃料、可回收材料的使用和更多的本地采购，以建立更具可持续性的供应链。[4]

阶段性关注焦点代表着另一种威胁和环境变化。正如前面所讨论的，高性能物流和供应链管理主要关注关键客户和首选供应商。关键客户和首选供应商通常代表涉及企业大部分买卖业务的最大的客户和供应商。由于这些客户和供应商代表了企业的主要业务，因此企业在渠道关系上的潜在变化就变得至关重要。一个例子可以反映这种关系变化：处方药零售商西维斯（CVS）收购安泰保险（Aetna），收购的结果是其他医疗保险公司可能倾向于改变与 CVS 的关系。[5]

总之，物流和供应链管理者面临众多威胁和环境变化的挑战。这些威胁和环境变化要求完善物流和供应链的战略及执行，特别是要求企业更多地考虑社会和环境因素。若未能考虑这些因素，企业的长期竞争力可能会降低。

14.5 理解安全、监管和合规环境

第五个挑战是理解安全、监管和合规环境的快速变化。安全环境是指纳入供应链以保护产品和环境的政策和限制。安全限制包括：①确定产品是否可以进出口；②确保产品包装正确；③保护产品在供应链中不被偷盗或损坏。

监管主要是指有关产品流通的政府法规。随着产品越过国家和州边界，对产品的限制越来越多，监管通常是为了限制违禁品或农产品的进出口。违禁品限制的目的是禁止进口可能用于恐怖主义的药品、武器或化学制品。农产品也经常受到限制，以防止外来物种进入一个国家，这可能会损害进口国的农作物。另外一个供应链限制的例子是对未经处理的木质托盘进口的限制，因为这些未经处理的木质托盘有可能带来昆虫侵扰。

合规性是指海关和监管机构对进出口的规定。海关的限制包括：①可以进出口的产品限制；②对产品来源的限制；③每年可进口产品数量的限制。合规性还包括环境限制，例如对水、能源或材料的限制。供应链的监管环境日益严格，对物流和供应链管理者而言，遵守法规至关重要，应尽量避免罚款和其他对法律的挑战。

14.6 理解采购和总成本管理

最后的挑战是理解与采购和总成本管理有关的全球化问题。**全球化采购**引入了许多与货币

价格波动、工资水平和供应基础管理有关的问题。这使采购决策更具动态性，因为采购决策可能需要每月一变甚至每周一变。企业还需要监视价格的变化趋势和产品可用性，以便进行投机性采购。税收和关税的变化可能会改变供应链产品的流动，税收和关税增加可能会导致原材料采购发生变化。

尽管本书主要关注最小化端到端供应链总成本，但更广泛的考虑是最大化端到端价值链的利润。最小化供应链总成本着重于最小化整个价值链中的所有组成部分的成本，还必须考虑其他非供应链成本。必须考虑的具体因素是零部件和产品在价值链中移动时所应缴纳的关税和税费。虽然并不总是最显眼的，但是关税和税费所占的成本百分比可能比许多其他组成部分还要大。关税占产品销售价格的10%~20%并不罕见。因此，将供应链决策从最小化总成本扩展到最大化总利润很重要。

本章小结

前面的章节介绍了物流的运作功能和策略，但该学科是动态发展的，本章所讨论的各种挑战就说明了这一点。物流和供应链管理中的许多问题随时都会发生变化，这要求物流专业人员必须改进其运作和战略。基于对物流和供应链高层管理者的访谈，本书的这最后一章回顾了他们识别出来的主要挑战。

这些挑战包括：①理解端到端的供应链管理；②培养供应链管理人才；③管理风险和复杂性；④管理威胁和环境变化；⑤理解安全、监管和合规环境；⑥理解采购和总成本管理。理解端到端的供应链管理要求管理者了解从原材料的最初来源到最终交付消费者的全流程。培养供应链管理人才要求企业在引进、培养、保护和留住人才方面更加主动。在当今的环境中，对于人才的需求大大超过了供应。管理风险和复杂性要求物流和供应链专家能够评估和核算与风险相关的机会和成本，并做出权衡。管理威胁和环境变化建议物流专业人员跟踪市场、可持续性和环境变化。理解安全、监管和合规环境要求物流专业人员必须重视供应链运作所处的安全、监管和合规环境。物流专业人员必须培养专业技能以进行适当的权衡。理解采购和总成本管理要求企业及其价值链合作伙伴致力于最大程度地提高盈利能力或向其目标细分市场交付解决方案，而不是简单地将总成本降至最低。

学习型思考题

1. 描述企业收入、成本和SKU数量之间的关系。
2. 描述与安全、监管和合规相关的一些物流和供应链挑战。
3. 讨论供应链风险对供应链成本的影响。
4. 从管理职能角度描述有效管理供应链所需要的技能类型。

挑战型思考题

1. 讨论供应链人才日益短缺的原因。讨论确保企业有充足人才供应的关键任务是什么。
2. 描述驱动SKU复杂性的内在和外在因素。
3. 描述驱动SKU通用性的内在和外在因素。

4. 讨论关税和税费在物流和供应链设计中的作用。关税和税费的独特特征是什么？
5. 产品复杂性与产品通用性之间的权衡是什么？讨论企业可用于管理产品复杂性的举措。

注释

1. John McConnell Endowment and APICS（2016）.
2. David J. Closs, Patricia Daugherty, and Nick Little, *Beyond the Horizons*（Chicago:APICS, 2017）.
3. David Closs and Nick Little, *The 12 Steps to Develop Supply Chain Talent*（Chicago: APICS, 2017）.
4. David J.Closs, Cheri Speier, and Nathan Meacham, "Sustainability to Support End-to-End Value Chains: The Role of Supply Chain Management," *Journal of the Academy of Marketing Science* 39, no.1,（February 2011）, pp.101-116.
5. https://cvshealth.com/newsroom/press-releases/cvs-health-acquire-aetna-combination-provide-consumers-better-experience.